La Casa

Fernando Rueda es el máximo especialista español en asuntos de espionaje y autor de diecinueve libros. Entre estos, unos de investigación, como *La Casa* y *Yo confieso*, con gran repercusión en la opinión pública; otros, *true crime* como *Destrucción masiva*, la conmovedora historia de los agentes asesinados en Irak en 2003; y novelas como *La voz del pasado* o *El regreso de El Lobo*. Periodista de amplísima trayectoria en medios escritos, radio y televisión, es responsable desde hace veintisiete años del espacio «Materia reservada», en el mítico programa *La Rosa de los Vientos*. Doctor en Periodismo y profesor en la Universidad Villanueva, ha recibido diversas distinciones como el Premio Ejército, el Premio Especial del Festival Aragón Negro al Mejor de los Nuestros y la Medalla al Mérito de los Santos Ángeles Custodios.

La Casa

El CESID: agentes, operaciones secretas y actividades de los espías españoles

Fernando Rueda

rocabolsillo

Penguin
Random House
Grupo Editorial

Primera edición en Rocabolsillo: enero de 2025

© 1993, Fernando Rueda
© 2017, 2025, Roca Editorial de Libros, S.L.U.
Travessera de Gràcia, 47-49. 08021 Barcelona
Diseño de la cubierta: Penguin Random House Grupo Editorial / Claudia Sánchez
Imagen de la cubierta: © Shutterstock

Printed in Spain – Impreso en España

ISBN: 978-84-10197-15-2
Depósito legal: B-19.204-2024

Impreso en Novoprint
Sant Andreu de la Barca (Barcelona)

RB 9 7 1 5 2

Nota del autor

Veinticuatro años después de su aterrizaje en las librerías y en las listas de los libros más vendidos en todo el país, que presidió durante tres meses, *La Casa* regresa convertido en un libro mítico, el primero que se publicó en España sobre el servicio secreto y que reflejaba con todo lujo de detalles cómo eran sus agentes, las más llamativas de sus operaciones secretas y sus escondidas actividades que sobrepasaban la legalidad.

Fue un placer para mí romper con los tabúes que hasta ese momento, 1993, habían impedido a la opinión pública conocer a qué se dedicaban en realidad los espías españoles. Y lo es aún más constatar que con el paso de los años *La Casa* sigue siendo el referente de periodismo de investigación sobre servicios de inteligencia.

La Casa es una película detallada, llena de colores, de una etapa de España y de su servicio de inteligencia, llamado entonces CESID, que refleja cómo actuaban en ese momento los espías españoles. El libro tiene ahora una lectura histórica sobre una de las etapas más convulsas de España, aquella en la que el servicio secreto traspasaba todas las normas. De hecho, los escándalos posteriores como las escuchas masivas destapadas en 1995, ya aparecían citadas en el libro. El portavoz del Partido Popular en la oposición, Francisco Álvarez Cascos, le recriminó al vicepresidente Narcís Serra, en el Congreso de los

Diputados, que debía haber atendido las denuncias sobre el espionaje político formuladas en *La Casa*. Y en el mismo debate de junio de 1995, José María Mur, del Grupo Mixto, salió al atril con un ejemplar del libro y le dijo a Serra: «Nos ha informado usted bastante menos de lo que informa este libro, que está al alcance de todos los españoles en cualquier quiosco».

Basándome en esa transcendencia histórica, he decidido no introducir ninguna modificación en el original para permitir su lectura como lo que ha llegado a ser: un referente sobre lo que fue el espionaje español en un complicadísimo momento histórico. El CESID aparece como lo que era: un espionaje en crecimiento, que tenía una visión de la realidad que en algunos casos la perspectiva de los años ha mostrado errónea.

Ahora que estoy concluyendo el manuscrito sobre la visión actual de lo que es el CNI en lo que será *La Casa II*, hay numerosos aspectos de la primera entrega que han cambiado, como es lógico, con el transcurrir de los años. Recuerda Alberto Saiz, en el prólogo que ha escrito para esta edición especial, al general Manglano, ya fallecido, «esperando que la historia lo recupere y le agradezca la modernidad y el prestigio que dio al Centro». Sé que este libro fue duro con el director que estuvo al frente del servicio durante catorce años, pero también que plasma los grandes avances que gracias a él se produjeron desde el momento en que tomó el mando, tras el intento de golpe de Estado del 23-F, cuando era un servicio de quinta fila. El momento actual del CNI no se comprendería sin analizar lo que pasó en su mandato, en el que lo convirtió en un servicio secreto moderno y eficaz. El libro refleja, gracias al paso de los años, que muchos de sus objetivos no se cumplieron, que la perspectiva de entonces tuvo muchos fallos. Quizás esos datos que pueden chirriar al lector de hoy sean el mejor ejemplo para analizar lo que se pensaba entonces y lo que ha pasado en la realidad.

Alberto Saiz califica *La Casa* como un «magnífico libro» y se lo agradezco de corazón. Que alguien, que hizo tan gran labor al frente del espionaje, escriba eso supone para mí un gran orgullo.

Índice

Prólogo

por ALBERTO SAIZ

Exdirector del CNI

Cuando Fernando me propuso escribir este prólogo mi reacción instintiva, aprendida durante más de cinco años en el CNI, fue negarme, y como una tortuga a la que acecha el peligro hice además de meterme en mi caparazón para eludirlo. Pero casi inmediatamente fui consciente de que no tenía la obligación de guardar silencio monacal, excepto en aquellas cuestiones que casi ni el tiempo desclasifica porque pueden comprometer la seguridad nacional o son, sencillamente, incontables ya que afectan a procedimientos de trabajo, fuentes... en definitiva, a asuntos muy íntimos de La Casa.

Todo el que siguiera la prensa antes y después del revuelo que se orquestó, y que finalmente me condujo a presentar al presidente Zapatero la opción de mi salida, podrá entender que transitara por una fase en la que solo deseaba olvidar, con independencia de la obligación de callar. Pero estos dos factores que se han impuesto en mi comportamiento desde que abandoné el CNI, nunca han amortiguado la necesidad de contar un día cómo viví el proceso y cómo fue mi experiencia al frente de los espías españoles.

Ha sido decisivo en esta ruptura limitada y controlada del silencio autoimpuesto que la petición viniera de Fernando. Él me trasmite la tranquilidad del profesional que es y de los conocimientos que durante años de investigación ha adquirido sobre el CESID, como muestra en este libro, y ahora el CNI, porque no ha dejado de trabajar y de especializarse en esta materia. Con él me encuentro cómodo hablando de estas cuestiones porque además de no necesitar muchos detalles para comprender lo que trato de transmitirle, maneja los matices y las inflexiones del lenguaje, y conoce y comprende los límites que tengo y el compromiso de discreción que debo a la institución y a su gente, a todos ellos que fueron mis colaboradores y compañeros en el CNI, a los que sigo debiendo lealtad.

Afortunadamente el tiempo ha actuado sobre mí, según la teoría kantiana, como algo interior y personal que me ha permitido organizar mis experiencias íntimas. Pero también ha actuado como una separación entre el pasado y el presente, como un espacio en el que he ido despojándome de unas buenas dosis de subjetividad, de emociones dañinas (tóxicas se dice ahora), de recuerdos desechables y de algunos nombres del CNI y de fuera de él con capacidad para determinar los acontecimientos y para condicionar el futuro. Aunque debo confesar que lo primero que recuperé, al poco tiempo, fue el optimismo, el sentimiento positivo de mi experiencia como espía y la consciencia de haber servido a España contribuyendo, como parte del sistema de seguridad, en la lucha contra el terrorismo.

No creo que nadie se sorprenda si digo que en mi salida de La Casa, los políticos han sido actores principales, porque también el CNI es un lugar en el que «falta gestión y sobra política», como dijo el actual presidente de Telemadrid sobre esta cadena. Esto se percibe inmediatamente al llegar allí y comenzar a trabajar. El CNI a pocos o a casi nadie interesa, o lo que es lo mismo, no interesa la gestión, pero todos, llegado el momento, lo utilizan. Sirva como ejemplo el conocido y traumático atentado del 11M, que fue ampliamente tratado en los medios de comunicación, aunque no es el único ejemplo que podría ilustrar este pensamiento.

Este aspecto sobre el uso interesado del Centro, es aplicable también a los de dentro, aquellos que de manera callada, abandonan la gestión y la ética para darle un sentido práctico a sus intereses, para ocuparse de lo que sucede y no del deber. Sí, al más puro estilo maquiavélico.

Mi balance personal es de una gran gratitud hacia esa institución en la que aprendí lo que nunca hubiera imaginado, y entre lo confesable fijé numerosos conocimientos sobre el comportamiento humano: el miedo, el patriotismo, el valor, la ética, la traición, la entrega, la falta de escrúpulos, la ambición, la lealtad, la generosidad... Aprendí que todos estos rasgos del comportamiento son universales, no hay ninguno de ellos que defina en exclusiva, ni a un país, ni a un individuo, ni a una institución. Y el CNI no es ajeno a ello.

No hay que olvidar que yo llegué al CNI poco después de los graves atentados del 11M, cuando las instituciones de seguridad atravesaban una crisis de credibilidad debido, en una parte, a la mala gestión que el poder político había hecho de la crisis y porque para la mayoría de nuestro conmocionado país había fallado la prevención. El reto mayor, por tanto, era devolver a la institución el equilibrio perdido para que pudiera seguir sirviendo al país como siempre lo había hecho, discreta y eficazmente.

Mi mayor recompensa fue salir de La Casa con ETA agonizando. Fuimos capaces de organizarnos de otra forma, una forma diferente de afrontar las nuevas y las viejas amenazas entre las que también se encontraba la amenaza global del denominado terrorismo internacional. La ampliación de las relaciones internacionales entre Servicios homólogos fue otra de las tareas que emprendimos desde el Centro y que también contribuyeron notablemente a tener éxitos en terrenos complejos para un país de nuestra talla y para una institución con esa misma dimensión.

Agradezco al CNI, a las mujeres y hombres que lo conforman, que me han acompañado en el cumplimiento de las misiones que tienen como fin preservar la seguridad de nuestros compatriotas, su apoyo sincero tanto en momentos de éxito como en los más difíciles. Son gente entregada, patriota y cargada de valores.

Y finalmente, quiero manifestar mi más profunda gratitud a Fernando, por dedicar su tiempo a esta compleja tarea que es la Inteligencia, por haberme invitado a prologar esta edición de su magnífico libro, por haberme dedicado su tiempo, por su sensibilidad y su generosidad hacia mí y hacia los espías.

Y ahora sí termino, con un recuerdo a la memoria del general Manglano, esperando que la historia lo recupere y le agradezca la modernidad y el prestigio que dio al Centro.

Querida Elena: los primeros folios de *La Casa*, aunque no te acuerdes porque solo tenías tres semanas, comencé a escribirlos a las tres de la madrugada de un día del verano de 1991, mientras velaba tu sueño. Este libro es para ti.

«El fin justifica los medios.»

Introducción

Cuando, hace unos años, Chicho, uno de mis alumnos en la Facultad de Periodismo del CEU, me explicó su opinión sobre tres de sus compañeras me quedé absolutamente perplejo: «Ana, Carmen y Cristina juntas tienen las características de la mujer perfecta: la madre, la amiga y la amante». Desde ese día, su comentario (formulado jocosamente, eso sí) ha marcado mi visión de la realidad, porque, aun cuando no estuviera de acuerdo con él, resumía algo en lo que siempre he creído: que la realidad no es única, y que para conocerla profundamente habría que sumar varias realidades.

De hecho, los acontecimientos que han sucedido en España en los últimos diez años no pueden ser realmente interpretados si no se conocen numerosos hechos trascendentales que por lo general no llegan a revelarse a la opinión pública. Sobre una parte de ellos, los más oscuros y secretos, versa el presente libro. Los estadounidenses están acostumbrados a las actividades clandestinas de «La Compañía» (la CIA), los ingleses a las de «El Circus» (el MI5), los israelíes a las de «El Instituto» (el Mossad) y los franceses a las de «La Piscina» (el SDECE). En cambio, en España las operaciones de los «topos» pertenecientes a «La Casa» (el CESID) siempre han permanecido en el más estricto silencio.

Cuando en 1988 comencé a investigar seria e intensamente las actividades del servicio secreto español, la materia se me presentó arisca e impenetrable. Nadie quería hablar del asunto, y la sola mención del CESID levantaba un muro que, lejos de amilanarme, me lanzó a profundizar en su estudio. Además, no tardé en comprobar que a los españoles les interesaban los temas de espionaje, respondiendo fielmente al pensamiento de Alfred Savuy: «En un régimen democrático, la opinión pública es sensible y temerosa a un poder oculto, real o supuesto: eminencia gris, mafia, sinarquía, *inteligenzia, trust,* etc. Cualquier afirmación del tipo "la cuestión está en saber quién mueve los hilos" encuentra siempre un asombroso éxito».[1]

Años después (principios de 1991) recibí la complicada proposición de Ymelda Navajo, directora de Temas de Hoy, de plasmar en un libro lo que hasta entonces había sido un conjunto de informaciones publicadas por mí en el semanario *Tiempo* sobre los hombres más clandestinos que se mueven por España. Fue el comienzo de un vía crucis cuyo resultado nunca creí llegar a ver materializado.

Motivos de seguridad me llevaron inmediatamente a actuar en la sombra para conseguir que nadie en La Casa supiera a qué dedicaba el tiempo libre que me dejaba mi trabajo en la revista. Porque, desde el primer momento, quedó muy claro que este libro no contaría con la colaboración oficial de los hombres de Emilio Manglano, lo que, en mi opinión, le hubiera quitado esa característica de objetividad que necesariamente debía impregnarlo. Esto no supone, desde luego, que en su elaboración no hayan participado todas las personas vinculadas directa o indirectamente al CESID a las que he podido acceder. Sin embargo, ninguna de ellas ha llegado a saber que los datos y comprobaciones que les he pedido iban a ser utilizados para escribir esta obra. Les pido perdón por lo que de engaño haya tenido mi actitud, pero de otro modo *La Casa* jamás habría visto la luz.

Igualmente, decenas de personas que nunca pertenecieron al CESID pero que de algún modo se relacionaron con la institución han sido interrogadas en la búsqueda de nuevos datos. La realización de mi tesis doctoral sirvió en la mayor parte de las ocasiones para que los interlocutores (muchas veces altos cargos en activo o de regreso a la actividad privada) abrieran su memoria para narrarme acontecimientos sueltos que ahora podrá conocer el lector. Únicamente la necesidad de secreto, ya expuesta, puede disculparme, y espero que lo haga.

Después de todo lo dicho, creo que ha quedado suficientemente claro que el presente libro no es la biografía de un agente que, por hastío, denuncia o deseos de transparencia, quiera contar su pasado de espía. Más bien se trata de todo lo contrario. Es un trabajo de investigación periodística, basado en cinco años de ardua búsqueda, en el que se trata de acercar el oculto mundo del espionaje español y su realidad (muy similar a la que hemos leído en libros y novelas sobre la CIA y el MI5) a la opinión pública.

A la hora de enfrentarme al controvertido contenido de una obra tan especial como esta, y teniendo en cuenta que nunca se había escrito sobre el CESID, me impresionó el pensamiento de Bob Woodward, uno de los periodistas del Watergate, sobre el secreto: «Por un lado, resulta fácil adoptar una posición reverente ante la clasificación de documentos y asumir que solo porque alguien haya marcado unos papeles con el sello *secret* o *top secret* ello quiere decir realmente que tal información es tan importante que debe mantenerse a buen recaudo. Por otro lado, es fácil convertirse en un escéptico y asumir que tal clasificación no tiene sentido, que solo es un ritual para encubrir cualquier política deshonesta y embarazosa. Dejándome guiar por mis mejores fuentes de información, he intentado quedarme a medio camino entre ambas posiciones a la hora de escoger qué debía revelar y qué no. Pero ninguna versión esterilizada de esta historia podría tener mucho sentido y, desde luego, la presente no lo es».[2] En lo que respecta al presente libro, mi pensamiento coincide plenamente con el del periodista norteamericano que tanto ha escrito sobre la CIA.

Permítaseme mencionar, por último, a varias personas que en distintos momentos de la elaboración del manuscrito me ayudaron con absoluta entrega, desconociendo lo que me traía entre manos: mis maravillosas compañeras Nativel Preciado, Belén Sánchez, Isabel Durán y Lourdes Garzón, que me arreglaron citas, me proporcionaron datos y me ayudaron en las llamadas que yo no podía hacer. Además, debo citar de manera muy especial a alguien que siempre estuvo a mi lado empujándome y prestándome un apoyo mucho más que moral. Elena Pradas, mi deliciosa mujer, retrasó la presentación de su tesis doctoral para pasarse horas y horas leyendo y comentando, casi siempre criticando, todos y cada uno de los folios. Sin su ayuda nunca habría concluido. Este libro es tanto suyo como mío.

Notas

1. Savuy, Alfred, *La opinión pública*, Oikos Tau S.A., Barcelona, 1971, pág. 97.
2. Woodward, Bob, *Veil: las guerras secretas de la CIA. 1981-1987*, Ediciones B, Barcelona, 1987, pág. 13.

1

Un espía llamado Manglano

*E*ran cerca de las seis de una tarde de marzo de 1992 cuando descolgué el auricular del teléfono y escuché la voz familiar de una de mis mejores fuentes en el CESID. Hacía bastante tiempo que no hablábamos. Por motivos de seguridad, hay determinadas personas a las que nunca llamo a su trabajo o a casa, y si quiero contactar con ellas utilizo diversos métodos indirectos, como dejar un recado a algún amigo común. Ahora bien, cuando necesitan contarme algo, no dudan en tomar la iniciativa y me llaman a *Tiempo*. El tono de su voz me produjo cierta inquietud.

—¡Joder, Fernando! ¿No te he dicho muchas veces que tengas cuidado? —me lanzó como saludo, olvidando cualquier fórmula de obligada cortesía.

—¿De qué me estás hablando exactamente? —le respondí colocándome a la defensiva, porque intuía que pretendía echarme una bronca por algo que había escrito… era lo habitual.

—Te lo he dicho ya tantas veces… ¡y tú ni caso! Tienes que tener cuidado con todas tus pertenencias… incluido el dichoso ordenador.

Intenté pensar rápidamente a qué se estaba refiriendo, pero no alcanzaba a entender nada de nada. Preferí huir hacia delante, colocándome en una postura digna y aparentando seguridad.

—Lo siento, pero no te comprendo. Precisamente ahora estamos haciendo unos cursos de informática, porque dentro de unas semanas nos van a instalar los videoterminales. Pero todavía no los tenemos.

Noté que dudaba un momento (le había pillado por sorpresa) y se le trabó la lengua al responder.

—No puede ser... ¿Seguro que no trabajas con un ordenador?

En ese momento mis ojos se clavaron en el viejo Amstrad PCW8256 que, por motivos de antigüedad en la sección, tenía encima de mi mesa de trabajo. Nunca escribía mis informaciones en él porque la suciedad del teclado trababa las letras, incomodísimas de pulsar, pero era un viejo compañero electrónico con mucha memoria que utilizaba sistemáticamente para almacenar notas y anécdotas, algunas francamente valiosas, que recogía durante las comidas de trabajo o en conversaciones privadas, pensando que en futuras informaciones podrían serme de utilidad. Eran notas sobre líos amorosos de algunos agentes del Centro o determinadas irregularidades detectadas en la actuación de Emilio Alonso Manglano. En cualquier caso, preferí seguir mintiendo a mi amigo y sin embargo espía.

—Lo siento, pero no escribo mis informaciones en el ordenador.

—Te digo que no puede ser. La semana pasada vi en La Casa una cinta tuya que comenzaba con la frase «Las Navidades en el CESID».

Un escalofrío me recorrió toda la columna vertebral mientras guardaba un profundo silencio. Abrí el primer cajón de mi mesa a sabiendas de que allí encontraría el único disquete que poseía descuidadamente (a la vista está) en la revista y lo introduje en la ranura del ordenador. Cuando apareció el menú del programa en la pantalla de color verde fosforito, busqué un documento que «discretamente» (qué gran horror, o error, que para el caso da igual) había llamado «La Casa» y pulsé las teclas necesarias para tenerlo en pantalla. Fueron segundos eternos en los que, con el teléfono en la mano temblorosa, era incapaz de pensar nada. Cuando apareció el texto, leí la primera línea, que estaba destacada con mayúsculas: «Las Navidades en el CESID». Y sentí que un ridículo supremo recorría hasta el último pespunte de la imagen de *yuppie* que presentaba aquel infortunado día.

No recuerdo cómo terminó nuestra conversación. Mis pensamientos ejecutaron un rápido barrido por los comentarios que varios espías me habían hecho en los últimos años... y que yo no había tomado en cuenta; «no te fíes de nadie», «en todas las redacciones importantes siempre hay un colaborador del CESID», «no escribas mi nombre y número de teléfono en tu agenda», «¡ten cuidado, te están doblando!», «a ese de *El País* lo estuvimos siguiendo durante meses y le pusimos micrófonos hasta en la cama», «hay otros métodos más útiles y sutiles que pincharte el teléfono».

Traté de ordenar mis pensamientos, pero no pude. Guardé el disquete en el bolsillo interior de la chaqueta, abroché el botón y me marché a casa. El aire frío, casi helador, y el atasco que me tuvo paralizado en la calle Velázquez me permitieron llegar menos tenso. «A fin de cuentas... ¿qué más da?», me repetía una y otra vez. «Desde luego, no es tan grave... es una verdadera tontería. Eso sí, es la primera y la última...», y así sucesivamente. Cuando me acomodé, algo más relajado, en el sofá de casa frente a la imagen de los entrañables vídeos familiares, me reí de mí mismo: llevaba un largo rato intentando proteger la información que guardaba celosamente en aquel disquete escondiéndolo en cualquier rincón inaccesible de mi casa, precisamente cuando ya la tenía en su poder el CESID. Analicé lo que había podido pasar. Un colaborador del Centro había entrado en la redacción en un momento en que estuviera vacía, se había dirigido a mi mesa y se había llevado el disquete, procediendo a devolverlo días después, tras haberlo grabado, sin que yo me enterara de nada debido al poco uso que hacía de él. Aunque también podía haberlo copiado en poquísimos minutos, ahorrándose el segundo paso. En cualquier caso, yo no había tenido la más mínima sospecha, como seguro les habría pasado antes a otros muchos pardillos. Pero el mal de muchos no me consolaba en ese momento.

Había pecado de inocente al no valorar en su justa medida la importancia y capacidad de las personas con las que trataba. Era absolutamente lógico que, después de haber investigado durante tantos años sobre el servicio secreto, los jefes de este intentaran descubrir cuáles eran mis fuentes y si las informaciones que estaba preparando les podían perjudicar. Más valía no engañarme: me habían prevenido muchas veces, pero no había hecho caso y ahora estaba pagando merecidamente por mi falta de discreción.

Pasadas unas horas, me tranquilicé del todo. En definitiva, ellos hacían conmigo algo parecido a lo que yo hacía con ellos, aunque desde ese momento haría lo posible por ponerles bastante más difícil el trabajo de controlarme. No iba a volverme neurótico viendo espías a mi alrededor en todo momento, pero adoptaría las medidas de precaución que tantas veces me habían recomendado. Tenía muy claro que mi misión social como periodista consistía en contar todo lo que interesara a la opinión pública. La suya, por el contrario, era y es la de procurar por todos los medios que jamás se sepa nada de lo que a ellos les concierne. Sin duda, estamos en bandos enfrentados y definitivamente irreconciliables.

Uno de los hombres más poderosos de España

Nada más bajarse de su coche oficial y entrar en el lujoso hotel Felipe II de El Escorial, seguido a pocos pasos de su inseparable escolta, un joven guardia civil de buena planta, aunque con cara de pocos o ningún amigo, atravesó la recepción sin fijarse en las decenas de personas que en ese tórrido día del verano de 1991 le estaban esperando. Aquel hombre de estatura media y también mediana edad, de complexión firme y robusta, como exige lo castrense, y tez insistentemente bronceada y presidida por nariz aguileña, habitual «sonrisa del momento» e insinuantes entradas semiplateadas, resultaba un cromo estelar digno de ser guardado celosamente por el coleccionista más ávido de imágenes de actualidad sobre el poder y la historia reciente de España; de hecho, se trataba de uno de los hombres más inteligentes y poderosos del país. Había mucha, muchísima expectación ante su llegada, pero, curiosamente, los congregados ni se molestaron en mirarle. Desconocían su aspecto físico, dado que su fotografía casi nunca aparecía en los medios de comunicación.

Emilio Alonso Manglano saludó rápidamente a un hombre y a una mujer extranjeros, mostrando una escueta mueca de alegría cuya sinceridad resultaba imposible de descifrar, y, en solitario, eludiendo las miradas inquisitivas de quienes sí le habían reconocido a la legua, atravesó una elegante puerta de madera noble situada al final del *hall* «importante». Bajó veloz las escaleras hasta toparse de frente con otras dos puertas, mucho más discretas que la anterior, y penetró por una de ellas (en la que se leía «Caballeros») con absoluta decisión. Diez minutos después iba a pronunciar, por primera vez en su vida, una conferencia entre cuyo auditorio se incluiría un nutrido grupo de periodistas. Estos no querían perderse por nada del mundo algo que todos sospechaban que se cancelaría irremisiblemente en el último minuto: la primera vez en la historia española que un director del CESID o de cualquier otro servicio secreto iba a hablar públicamente sobre su trabajo, sus agentes y sus operaciones.

Era uno de los días más importantes de su carrera. En los diez años que llevaba guiando el duro timón del barco del espionaje había tenido que tratar con muchos piratas: siniestros traficantes de armas respetados y admirados por la sociedad, asesinos con orden internacional de busca y captura ocultos en algún tugurio, prostitutas de clase alta dispuestas a cualquier cosa a cambio de una cifra astronómica de millones y prestigiosos jefes de Estado extranjeros urgidos de ayuda para salvar sus caducos regímenes. En todas las ocasiones se había mostrado impenetrable e incluso invulnerable, a fin de impedir que cualquiera de ellos detectara el menor resquicio de duda o debilidad en su actitud y captaran así instantáneamente todo el poder y la influencia que solo su persona era capaz de ejercer. Sin embargo, ese luminoso día de agosto de 1991 había sentido una necesidad apremiante de ir al cuarto de baño, traicionado por unos nervios que casi nunca le habían delatado antes y cuya causa, sin duda, era la presencia de un puñado de periodistas que iban a escudriñar hasta el más mínimo detalle de su aspecto más reciente y sus palabras para contarlo después todo con su propio estilo en prensa, radio y televisión. Les despreciaba a todos. Les consideraba mercenarios sin escrúpulos al servicio de extraños intereses ocultos, pero por una vez necesitaba de ellos para que el Gobierno, las capas influyentes de la sociedad y el pueblo en general recibieran un mensaje que necesariamente él en persona debía transmitir: «Los espías no somos un poder oculto de la sociedad, y para demostrarlo aquí estoy yo mismo dando la cara».

Algo más tranquilo, tragándose la tensión inicial, salió del cuarto de baño y lentamente subió los peldaños de la escalera para dirigirse de nuevo al vestíbulo. Uno de sus ayudantes le estaba esperando para contarle los últimos detalles del seminario sobre espionaje que había organizado la Universidad Complutense dentro de sus cursos de verano. Hablaron en voz baja, como se supone que tienen que conversar los espías, y después de unos minutos abrió con decisión la puerta (una especie de espeso telón que le separaba del público y los críticos), encontrándose con un enjambre de fotógrafos que le ametrallaron con sus flashes. Instintivamente se abrochó el primero de los dos botones de su elegante chaqueta y comenzó a conversar con gesto amable y sonriente con los espías extranjeros invitados al seminario. Había recuperado ya por completo la tradicional imagen de tranquilidad y control de sí mismo. Los nervios habían quedado aparcados en su estómago, ocultos a la inquisitiva mirada de todos los presentes. Su traje azul (perfecto para las cámaras de televisión) había sustituido al *beige* que llevaba puesto por la mañana, cuando tuvo que acudir urgentemente al hotel con el fin de evitar que el curso que había diseñado con tanto esmero para que fuera un deslumbrante envoltorio de su presentación en sociedad resultara un estruendoso fracaso: Christine Keeler, la prostituta que desencadenó en Inglaterra con su morboso cuerpo juvenil el escándalo Profumo, quería más dinero para intervenir en una ponencia en la que tenía que compartir tribuna con Aline Griffith, condesa de Romanones, «la espía vestida de rojo», que ha trabajado toda su vida para la CIA. A Manglano le bastaron unos minutos para leer la cartilla a la avejentada inglesa, que, sumisa, aceptó finalmente cumplir con su compromiso sin generar más problemas. Después habló con la condesa de Romanones con la cordialidad y la simpatía de quien la había invitado a cenar en su casa en frecuentes ocasiones. A su mujer, Susan Lord Williams, también norteamericana como Aline Griffith, le gustaba la condesa, una mujer distinguida y amable, aunque demasiado encorsetada en su nobleza.

La intervención de Manglano en el seminario, que rompía con la vieja tradición del espionaje de esconder el rostro, las manos, las palabras y cualquier otra forma de expresión al conocimiento general, fue precedida de un silencio que merecía calificarse de sepulcral. Muchos de los espías y militares presentes en la pequeña sala rodeada de grandes ventanales (vigilados discretamente desde el jardín por varios guardias civiles) se seguían preguntando qué hacía sentado en la mesa de los oradores el gran maestro de los secretos. Aunque su medio natural eran las sombras, por espacio de unas horas había decidido situarse delante de la intensa luz de los focos, sin miedo a quemarse. Después de diez años ocultándose, maniobrando en las siniestras esquinas políticas y militares de todo el mundo, escuchando con cara de póquer a extraños interlocutores e informando después al Gobierno con palabras medidas que pretendían ser fiel reflejo de la situación, de cualquier situación, había llegado este su día, su gran día. Era su presentación oficial en sociedad, aunque desde luego no lo hacía como un joven debutante, sino como un experimentado espía. Era el justo premio a los éxitos alcanzados al frente del CESID, a donde llegó casi, casi, por casualidad.

Siempre le había gustado la política, y desde joven frecuentó ambientes de la oposición democrática al régimen. Cuando, a los dieciocho años, ingresó en la Academia General Militar de Zaragoza, sus ideas políticas ya eran críticas con el franquismo, algo normal teniendo en cuenta que en su ambiente familiar en Valencia había mamado la simpatía por la desterrada monarquía. A los veintidós años, tras recibir el despacho de teniente de Infantería, se fue a la Legión, el cuerpo glorioso de la época, en el que obtuvo la «marcha» que necesitaba y pedía un joven militar. En su época de teniente tuvo una de las experiencias más importantes de su vida: siendo uno de los militares menos franquistas del momento, fue destinado al Regimiento de la Guardia del jefe del Estado, un cuerpo con apariencia de lujo y boato que pagaba tan poco y mal como el resto de las Fuerzas Armadas. En aquellos años comenzó a acudir a tertulias donjuanistas, en las que estaban presentes conocidos personajes de la vida política posterior, como el que sería embajador en Portugal y con anterioridad secretario general de la Casa Real, José Joaquín Puig de la Bellacasa, y el expresidente del Gobierno, Leopoldo Calvo Sotelo.

En su vida privada se salió claramente de la norma de sus

compañeros de promoción. No encontró novia en Zaragoza, algo todavía hoy frecuente entre los cadetes, y prefirió dejar que pasaran los años aprovechando las ventajas y libertades que ofrece la soltería. Durante algún tiempo estuvo viviendo en una residencia de oficiales situada en la plaza de Oriente y que ya había abandonado cuando mantuvo una relación con Carmen Diez de Rivera, que muchos años después fue persona de la máxima confianza de Adolfo Suárez. Finalmente, cayó en las redes amorosas de su actual esposa, Susan Lord Williams, hija de un pastor protestante, con la que tiene dos hijos.

El intento de golpe de Estado del 23 de febrero de 1981 le pilló como jefe de Estado Mayor de la Brigada Paracaidista. Su actuación fue, como era de esperar, de incondicional apoyo al Rey y a la democracia, pero abiertamente, sin tapujos ni dobles interpretaciones. Su vida militar, de una limpieza encomiable, había transcurrido con normalidad y discreción, si bien es verdad que, al emprender el complejo e interminable curso de Estado Mayor, abrigaba la esperanza, quizá con más intensidad que otros, de alcanzar algún día el sueño del generalato. Fue precisamente durante su estancia en la Escuela de Estado Mayor cuando su figura comenzó a ser admirada entre sus compañeros. El estallido del conflicto de Ifni llevó a los altos mandos militares a solicitar voluntarios, lo que inmediatamente generó numerosas solicitudes de la mayor parte de los alumnos. Sin embargo, únicamente dos fueron los elegidos, ambos paracaidistas... y uno de ellos era Manglano. No le importó perder el ansiado curso de Estado Mayor, pues por encima de todo deseaba servir a su país, una actitud encomiable que le granjeó sin duda alguna mucho prestigio en la profesión.

Su gran sorpresa se produjo pocos meses después de la llegada de Calvo Sotelo al palacio de La Moncloa, cuando, en el tono de confianza mutua que habitualmente se venían demostrando en los últimos veinte años, el presidente le telefoneó amistosamente para que fuera a visitarle a su despacho. Manglano no sabía aún que Calvo Sotelo llevaba tiempo buscando afanosamente el jefe idóneo para el CESID con un perfil muy claro: militar, demócrata y de confianza, sobre todo de confianza. Era un puesto transcendente en el organigrama estatal y él necesitaba resultados inmediatos.

—No se trata —le comentaba un día Calvo Sotelo a un colaborador— de que me facilite grandes informes sobre lo que pasa en el país y en los cuarteles, no es eso. Lo que yo necesito pura y simplemente son informes. Porque hasta ahora no es que sean buenos o malos, es que sencillamente no existen.

Así que, cuando los dos hablaron del tema, la comunicación fue muy fácil. El único inconveniente que realmente podría haber surgido era el visto bueno del Rey, a quien Calvo Sotelo consultaba todos los nombramientos trascendentes en las Fuerzas Armadas. Pero don Juan Carlos, que conocía bien a Manglano y sus inclinaciones políticas tradicionales, abiertamente volcadas en la defensa de la Monarquía, no pudo sentirse más que encantado, lo que definitivamente sirvió para dar al traste con las ilusiones abrigadas por otros candidatos que habían estado moviendo hilos para conseguir tan ansiado puesto.

De entre todos los personajes que desde la sombra soñaron con liderar el espionaje español brillaba con luz propia la figura de Manuel Monzón (actual máximo responsable de la Policía Municipal de Madrid), que en 1981 era jefe de prensa del ministro de Defensa, Alberto Oliart, aunque colaboraba como asesor con otras instituciones, una de las cuales era el Ministerio de Asuntos Exteriores, dirigido en ese momento por su gran amigo José Pedro Pérez Llorca. Aunque no está claro si fue por iniciativa de Pérez Llorca o por la del propio Monzón, el hecho fue que este, amparándose en la desastrosa actuación del CESID durante el 23-F, preparó un exhaustivo informe para crear sobre sus cimientos un nuevo servicio secreto, al estilo occidental, que respondiera a las necesidades reales de la democracia española. En el extensísimo documento se proponía una reconversión del servicio, que en primer lugar traspasaba su dependencia directa del Ministerio de Defensa al de Asuntos Exteriores. Además, consideraba un error que el director de La Casa fuera un militar y proponía que, en caso de designarse a un uniformado para el puesto, este tuviera que pedir inmediatamente la excedencia y tomar posesión como civil. En definitiva, el modelo del nuevo CESID era bastante parecido en su vislumbrado funcionamiento al de la siempre reconocida y admirada CIA, y para evitar suspicacias del Gobierno, anunciaba que sus relaciones habrían de ser buenas y amistosas con el presidente (de quien dependería en última instancia) y con los ministerios de Defensa e Interior, con los que compartiría diversas parcelas.

Lo que llamativamente brillaba por su ausencia en el mencionado informe era la referencïa expresa o tácita a un «pequeño detalle» que de manera consciente se escapaba de la letra y que respondía a un deseo escopetado de su autor y de muchos conocido: que el candidato para dirigir ese reformado CESID era el propio Manuel Monzón. Pero poco o nada pudo hacer. Calvo Sotelo prefirió a las claras a su amigo Manglano, a quien ya conocía sobradamente y del que tenía la certeza de que lucharía con eficacia contra la gran lacra histórica de aquellas primeras andaduras de la democracia en España: el golpismo.

Un aterrizaje de lo más movido

—¿Cómo estás?... ¿Cómo ha ido estos días el seminario?

—Estupendamente. Todos los conferenciantes han tenido una altura que no se podrá igualar en mucho tiempo. Y ahora tenerte a ti es el perfecto broche de oro.

—Lo que ha sido un broche de oro es que tú aceptaras dirigirlo.

Manglano era sincero en sus palabras. Sentado en el centro de la mesa de conferencias de la sala principal del hotel Felipe II, y controlado el inicial cosquilleo anatómico, habitual hasta en los conferenciantes académicos más curtidos, que desde luego no era el caso, comenzó a relajarse. Quizá su sosiego comenzó por una simple cuestión de estética o, mejor, de *marketing*. Nada mejor para el relajo de un orador principiante y al mismo tiempo tardío que verse flanqueado por la exquisita compostura de una mujer tan bella y sagaz como la condesa de Romanones, que proyectaba en ese instante y al completo la perfecta imagen de categoría y distinción de que estaba tan falto un espionaje estereotipado en demasiadas ocasiones como profesión baja y ruin, y ante todo gris. Al otro lado tenía a José Antonio Escudero, director de los cursos de verano de la Complutense y sin duda artífice de la organizada y espectacular aparición archipública del superespía, con quien hacía muchos años había pasado tardes enteras compartiendo su gran afición al billar. Meses antes, durante una comida de viejos amigos, Manglano le planteó su idea del seminario.

—Pues mira… Sería el primer encuentro internacional abierto sobre espionaje que se celebraría en el mundo.

—Hombre, nosotros estaríamos encantados, sobre todo si tú mismo lo cierras con una conferencia.

—De acuerdo. Además, yo me encargaré de que prestigiosos directores de agencias de espionaje de todo el mundo asistan. Dalo por hecho.

—Estupendo, lo dejo en tus manos. Pero tenemos que pensar también en una persona de prestigio que lo dirija y que a ser posible sea española.

Pocas semanas después, Aline Griffith, como siempre impecable y ligeramente afectada de ademanes, aceptó el ofrecimiento de Manglano durante una cena en la casa del director del CESID. La antigua amistad que los unía hizo que la condesa de Romanones no dudara un segundo en aceptar la conducción del seminario que iba a sacar de las catacumbas a Manglano para hacerle aparecer de pronto como un personaje normal, accesible y poco o nada siniestro. Algo radicalmente contrario a lo que habían sido todos y cada uno de sus predecesores en el cargo y también frontalmente opuesto al desdibujado perfil fotográfico que hasta ese momento ofrecía la oscura institución del espionaje español.

En el salón de actos del hotel escurialense, Manglano comenzaba por momentos a mostrar una imagen distendida. De ello hablaban claro sus ademanes relajados y su fuerte complexión apoyada placenteramente contra el respaldo del asiento. Cualquiera de los que vieron por primera vez a Manglano sentado en la solemne mesa de conferenciantes de la Universidad de Verano de la Complutense podría pensar que era un hombre abierto, jovial, algo *playboy* y, en definitiva, bastante normal. Contemplado desde las típicas sillas universitarias con apoyabrazos para tomar apuntes (de la manera más incómoda posible), en poco se distinguía de los cientos de profesores que durante los meses de la época estival imparten las conferencias sobre los más variados temas que año tras año han prestigiado al centro que dirige el rector Gustavo Villapalos.

Sus palabras, lanzadas al auditorio con un lenguaje llano y asequible, eran recibidas con una atención inusual, las miradas clavadas como puñales sobre su robusta persona y sobre todo con ese respeto que solo pueden despertar las personas a las que se concede una elevada autoridad moral en el tema que están desarrollando. Hablaba y hablaba sin parar, con un discurso memorizado y ágil, sobre todos los aspectos fundamentales del espionaje, eso sí, sin proporcionar dato alguno que pudiera resultar apasionadamente novedoso. No obstante, todo lo que *largaba*, ni más ni menos que por proceder del jefe del servicio de inteligencia, parecía repleto de contenido. Incluso llegó a conseguir en un momento que la coqueta condesa de Romanones dejase de juguetear con sus pequeñas y cosmopolitas gafas (hoy azules, ayer rojas, antes de ayer amarillas, siempre a juego con el elegante vestido del día) y le contemplase lánguidamente con una esplendorosa mirada de admiración femenina no exenta de morbo.

—Los oficiales de inteligencia somos personas normales, a quienes les gusta el vino y otras cosas que nos gustan a todos.

«¡Qué hombre más normal!», debían de pensar en ese instante los asistentes, «¡si hasta reconoce públicamente su pasión varonil por las mujeres!» (y también en el mismo instante ya más de una le habría tildado de machista empedernido). Pero nada más lejos de la realidad: es inimaginable pensar en Manglano como un hombre que acaba una juerga con sus amigos compartiendo una noche loca con cualquier mujer. Manglano es más bien un ser solitario y muy de su casa y sus cosas siempre que le sea posible, un hombre al que le gustaría permanecer lo más posible en el anonimato social, en los rincones apartados de las fiestas y reuniones preceptivas, que no acude a ningún acto que no sea oficial y que cuando se deja caer por un restaurante nunca se le verá sentado en una mesa normal riendo el chiste de otro comensal. Su vida, como su quehacer profesional, se desliza entre sombras de intensidad variable que poco tienen que ver con la normalidad mal entendida. Muchos piensan que es un hombre prepotente, un tanto rudo y difícil, un jefe del espionaje a quien le gusta jactarse lo suyo y de lo suyo, así como, entre otras cosas, de llegar tarde a los pocos actos oficiales a los que acude; tanto es así que, cuando en alguna ocasión Julián García Vargas se retrasa más que él, no se corta un pelo al soltarle pretenciosamente:

—¿Es usted acaso el ministro de Defensa?

Al encontrarse con él, los militares siempre se preguntan dónde y cuándo se ha dejado olvidado el entrañable uniforme que ellos visten con tanto orgullo; Manglano lo colgó de manera definitiva y deliberada el día que fue nombrado director de La Casa.

—Que se metan conmigo es parte del sueldo… y tampoco el sueldo es tanto.

Manglano no es de esos hombres que se infravaloran, que hablan bajito para no asustar a las moscas y que tienen miedo de decir lo que piensan por si a sus mandos les disgusta alguno de sus pensamientos. Guiado por tales principios, este hombre enérgico, de fuerte carácter, adusto y firme hasta el extremo en su verborrea, con mirada peligrosa y moreno de yate, se había tenido que enfrentar hacía ya diez años a un servicio secreto con unos moldes absolutamente desvaídos y deformados que había tenido que transformar por completo a fuerza de tesón, mano dura y mucho esfuerzo. Pero también se guiaba por un comportamiento marcadamente malicioso y sin escrúpulos, aunque lo desmintiera de manera tajante durante su intervención:

—No soy nada dramático ni siniestro.

Porque en cualquiera de sus acciones siempre se contemplan dos versiones contrapuestas, y el protagonista no duda en encontrar una justificación que le avale y acabe por tranquilizar su conciencia. No obstante, es cierto que, en ocasiones, la situación es tan escandalosa que sin mano rígida no se solucionaría nada. Como aquella mañana de Navidad, a los pocos meses de ocupar su mullido sillón de espía, entre el aroma tradicional de muérdago, abeto y espumillón, cuando regresaba a su despacho en la antigua sede de Castellana 5 y se encontró con una camioneta parada delante del edificio, que en sus laterales tenía pintados unos enormes rótulos que hacían publicidad de una de las más famosas casas de regalos de Madrid. Mientras abandonaba el coche oficial y entraba en el edificio que le esperaba con los brazos abiertos, como cada mañana, no pudo apartar los ojos de aquella llamativísima camioneta de colorido y corte publicitario: no cabía duda de que en el Ministerio del

Interior, edificio con el que convivían pared con pared como malos vecinos, se iban a poner las botas sus funcionarios con tantas y tan caras cestas de Navidad.

Minutos después, en su despacho de la Castellana, ya postergado al olvido aquel contenedor con ruedas neumáticas de ingente cantidad de presentes navideños nunca suficientemente merecidos, tuvo que bajar, por tareas de la jefatura, a la planta baja del edificio. Lo que contempló entonces jamás se le olvidará, quizá como aquel *muñegote* estridente de la infancia salido malintencionadamente de una chillona caja de sorpresas; decenas de botellas de whisky con denominación de origen, porcelanas de raza, turrones, mazapanes y jamones de la tierra se condensaban en la clandestinidad a la espera de sus destinatarios, los cuales, desde luego, no eran funcionarios del Ministerio del Interior, sino sus propios agentes... secretos. Pero ahí no acabó su sorpresa. Los regalos iban dirigidos a todos y cada uno de los jefes de división del Centro y a otros directivos de grado medio, con tarjetas individuales en las que figuraban el nombre y los dos apellidos y el puesto que desempeñaban. Es decir, que lo que debía ser un secreto de Estado era conocido, y sin un resquicio de vergüenza ante el deber de ocultación, por el remitente de los susodichos y pródigos presentes navideños: el Mossad israelí.

Definitivamente, a Alonso Manglano se le agrió el «Campana sobre campana» y una sensación «muy caliente» le invadió hasta la altura del esternón, aunque su prodigiosa mente siguió requetefría. Sin más, con su archiconocido en la profesión «gesto solemne», ordenó abrir una investigación y descubrió que otros servicios, entre los que destacaba la CIA norteamericana, seguían la misma trivial, aunque extravagantemente costosa, costumbre. Su orden fue tajante:

—Aquí no se aceptan regalos, excepto los institucionales. Y si alguien se salta la norma, ¡¡a la calle!!

Situaciones tan bochornosas como esta, propia de república bananera, no pasaron de ser la anécdota dentro de los profundos cambios que Manglano tuvo que introducir tras ser designado en mayo de 1981 director del CESID. Antes incluso de ocupar su nuevo despacho y sentarse en el trono de la inteligencia española, ya sabía que debería poner La Casa patas arriba, limpiar profundamente cada rincón con la mejor aspiradora del mercado, seleccionar de entre todo el mobiliario solo aquello que podía servirle y, por último, rediseñar todas las habitaciones.

Lo que tuvo que hacer en ese momento lo definió siete años después, con cierto tono crítico, el exmiembro de la UMD (Unión Militar Democrática) y diputado del PSOE Julio Busquets: «En nuestro país los servicios se crearon o se desarrollaron precisamente durante el anterior régimen político, de contenido antitético al actual, lo que posiblemente los vició en su origen en alguna medida, ya que ni los organigramas, ni la dependencia, ni las pautas de conducta de los agentes son las mismas en una democracia que en una dictadura. Quienes estaban habituados a determinadas prácticas durante años difícilmente pudieron cambiarlas al llegar a la democracia, y algunas podrían subsistir pese al esfuerzo de renovación de personal que, como es sabido, se hizo a raíz de la llegada del actual director del CESID, teniente general Emilio Alonso Manglano».[1]

En realidad, lo que ponía en duda Busquets era el primer fin que se propuso Manglano: fichar a hombres de su confianza y echar a cualquier sospechoso de servir a otros intereses que no fueran los representados por la democracia y la estricta profesionalidad. En lugar de encargarse él personalmente de la limpieza, prefirió nombrar nuevos jefes de división y área, sustituyendo a la mayor parte de los que había en la época del 23-F, para que se encargaran ellos de la engorrosa tarea. Como ocurre con todo lo que se hace precipitadamente, acertó en unos casos y en otros, evidentemente malogrados, tuvo que sustituir a sus hombres al poco tiempo tras comprobar que no eran las personas adecuadas para los puestos designados.

En los primeros años de Manglano hubo toda una gama de personajes que le ayudaron a lavar la cara del espionaje. Uno de los más importantes fue Luis Ruiz de Conejo Sánchez, que desempeñó el puesto de subdirector del Centro, aportando su larga experiencia adquirida en el espionaje cuando coordinó las relaciones con la Policía y anteriormente mientras estuvo en la División Exterior del Alto Estado Mayor.

Junto al actual general Ruiz de Conejo, inicialmente el brazo derecho de Manglano, destacó el papel asumido desde un primer momento por el insustituible Santiago Bastos, que fue la persona a la que Manglano encomendó la complicadísima tarea de acabar con el golpismo en las Fuerzas Armadas, una vez que la legislación arrancó esta competencia del ámbito de los servicios de información de los tres ejércitos (inoperantes el día del asalto al Congreso) y la colocó en el terreno del CESID. La desarticulación del 27-O, la detención del coronel Carlos de Meer cuando buscaba financiación para tareas involucionistas y la situación actual, en la que ya no existen ruidos de sables, son pruebas del incuestionable éxito de Bastos. Aunque, eso sí, sus compañeros siempre le han achacado mucha capacidad para sacar chorizos de donde no hay cerdos.[2]

El otro puesto trascendental en el organigrama de la operación para acabar con la pesadilla del omnipresente 23-F era el del elitista Grupo de Apoyo Operativo, que había estado a las órdenes de José Luis Cortina, acusado y posteriormente absuelto en el juicio por el frustrado golpe, y que contaba entre sus destacados agentes con Vicente Gómez Iglesias, que sí fue condenado. En este caso, se trataba de desmontar el *staff* y levantar una estructura totalmente nueva. Con este fin fue designado el comandante Ortuño, quien consiguió que el capitán Francisco García Almenta, el número dos de Cortina y jefe de operaciones, abandonara voluntariamente el Centro. Después introdujo una serie de cambios que terminaron por no gustar a Manglano y que finalmente le valieron su sustitución por Juan Perote; este ocupó el puesto hasta 1992 y consiguió un elevadísimo nivel de operatividad por parte de los agentes más secretos, sagaces y peligrosos de La Casa.[3]

A estas tres piezas tan trascendentales en el nuevo CESID se unieron otras que consiguieron acabar con los reductos de franquismo y con la falta absoluta de operatividad, imponiendo criterios más profesionales e introduciendo los métodos más modernos existentes en el mercado. Al mismo tiempo, abrumado por los innumerables problemas que se encontró en La Casa tras su llegada, Manglano decidió que el primer paso para hacer el servicio más competitivo era conseguir una legislación oficial que recogiera claramente sus competencias. Esa necesidad de reforma le llevó a solicitar de Leopoldo Calvo Sotelo y Alberto Oliart una orden que recogiera sus anhelos para el nuevo CESID; dicha orden se firmó el 23 de octubre de 1982, cinco días antes de que la UCD perdiera escandalosamente las elecciones. Manglano ya había desplegado sus relaciones con el futuro presidente Felipe González, pero prefería ponerse a su mando con una estructura que estuviera previamente definida.

La orden, producto de la durísima experiencia que había soportado en La Casa durante poco más de un año, ponía la primera piedra para dejar clara su dependencia del presidente del Gobierno, aunque funcionalmente estuviera subordinada al ministro de Defensa, lo que suponía convertirse en el más importante servicio de inteligencia del Estado. Además, establecía una nueva división del Centro, más acorde con los retos del momento: Inteligencia Exterior, Contrainteligencia, Inteligencia Interior, Economía y Tecnología y Grupos de Apoyo Operativo.

La nueva norma le permitía adueñarse del contraespionaje («oponerse a las actividades de los servicios de inteligencia extranjeros... dentro y fuera del territorio nacional»), asumir la lucha contra el creciente robo de tecnología y contra el espionaje industrial («velar por la seguridad de la información, tecnología, procedimientos, objetivos e instalaciones de interés para la defensa») y dejaba clara su competencia para perseguir a los golpistas, sin menoscabo de las actividades de la Policía («obtener, evaluar y difundir la información relativa a los procesos internos que, mediante procedimientos anticonstitucionales, atenten contra la unidad de la Patria»). Finalmente, quedaba claro que el director general del CESID sería nombrado por el presidente del Gobierno, a propuesta del ministro de Defensa, sin que fuera condición necesaria pertenecer al estamento militar. Un paso más para deshacerse del pesado lastre que suponía el hecho de que el Centro fuera una institución castrense.

El principal problema que debió superar eran las suspicacias de la Brigada de Información del Ministerio del Interior en el tema de la persecución de los golpistas e incluso de los terroristas de ETA. Manglano vendió la idea de que trabajando juntos resolverían mejor el problema, y la plasmó en el *Manual de Inteligencia* editado por el Centro en septiembre de 1983: «Conviene que cada servicio dirija su trabajo hacia temas diferentes. Por ejemplo, varios servicios pueden trabajar en terrorismo interior, pero uno debe hacerlo a nivel operativo deteniendo comandos, otro puede ocuparse del abastecimiento exterior de armas y explosivos, un tercer servicio puede estudiar los apoyos de la población al grupo terrorista y las medidas para reducirlos y, por último, el servicio de nivel nacional atenderá a la estrategia del grupo terrorista y a la forma de combatirla».[4]

Un presupuesto astronómico y una sede como la de la CIA

La conferencia de Emilio Alonso Manglano en la Universidad de Verano de la Complutense estaba resultando finalmente un contundente éxito si se contemplaba el extasiado rostro de interés de los escasos universitarios que se habían apuntado al curso, o podía analizarse como un medio fracaso si, por el contrario, se analizaban los gestos inmutables y hasta cierto punto abúlicos de los numerosos espías que también optaban al simbólico diploma. Los primeros se habían pasado los tres días del seminario disfrutando de unas vacaciones pagadas en el lujoso hotel Felipe II, ubicado en El Escorial, uno de los lugares de veraneo más típicos de la sierra de Madrid. Por la mañana acudían a una conferencia («siempre que no tenga pinta de ser un coñazo»), comían gratis en el hotel, por la tarde bajaban un rato al pueblo y por la noche visitaban los numerosos bares de copas, para terminar en alguna tórrida discoteca intentando ligar lo que se terciara. Sin embargo, los militares de las divisiones de inteligencia de los tres ejércitos y de la Guardia Civil y los espías del CESID (todos matriculados como alumnos de pago) no se perdían una charla, aunque por la noche, eso sí, compartían sin problemas las susodichas copas con sus jóvenes compañeros de curso e incluso intentaban impresionar a alguna que otra universitaria trasnochadora que se pusiera a tiro.

Los jóvenes estaban gratamente impresionados por las palabras de Manglano. Creían sinceramente que tras la caída del muro de Berlín y los cambios introducidos en la Unión Soviética había una clara intención por parte de los espías (u oficiales de inteligencia, como le gusta llamarles al director) de salir de las cloacas. Sus palabras sobre un trabajo dedicado exclusivamente a servir a España, respetando de manera escrupulosa la ley, y sobre todo sus explicaciones en torno a los graves problemas psicológicos que muchos agentes atraviesan por culpa de las arriesgadas misiones que deben cumplir les llegó a lo más hondo del corazón. Mientras tanto, los espías-alumnos, fuera cual fuera el servicio al que pertenecieran, se mostraban escépticos.

—Las palabras están muy bien, pero a la hora de la verdad lo que cuentan son los resultados —decía un jefe militar.

—Manglano habla muy bien, pero no cuenta nada, aunque en realidad nunca pensé que dijera algo —replicaba un amigo.

—Está aquí para que le hagan las fotos que sean necesarias y aparecer en televisión, pero nada más... Todo un montaje institucional.

—Bueno... el espionaje siempre será el espionaje, amigo mío.

Sin embargo, como Manglano pudo comprobar al poco tiempo de su nombramiento, el *modus operandi* de una época no tenía nada que ver con el de la otra. Tras su llegada, entre otros problemas, debió enfrentarse a uno muy especial: la calidad y cantidad de los hombres a su servicio y la desmoralización que padecían como consecuencia de su clara falta de credibilidad a los ojos del pueblo y sus dirigentes, debido a las sospechosas ideas golpistas que les atribuían y a su probada ineficacia. Manglano decidió rápidamente que sus quinientos agentes eran insuficientes para acometer los nuevos retos que planteaba la democracia y que necesitaba alcanzar la paradigmática cifra de dos mil. Sabía que en 1981 no tenía dinero suficiente para pagar a tanta gente, pero se planteó la meta para finales del decenio, lo que consiguió y sobrepasó gracias a su conocida tozudez.

El nuevo personal debía responder a un tipo distinto de agente. Ya no quería tantos militares, solo necesitaba guardias civiles adiestrados en misiones de alto riesgo comprobado —entrar en viviendas para colocar micrófonos sin ser vistos—, y de policías prefería pasar, dada la mala imagen que tenía en el Ministerio del Interior trabajar para el CESID. Ahora deseaba contratar civiles, pero no solo para los puestos burocráticos de análisis de información, sino para cumplir trabajos operativos en la mismísima calle. Y la perspectiva histórica demuestra que también en este caso consiguió lo que quería. Centenares de universitarios escrupulosamente seleccionados ocupan en la actualidad puestos en las oficinas de la carretera de La Coruña, analizando informes, traduciendo documentos en árabe, interpretando mensajes criptográficos, manejando los más modernos ordenadores o actuando «en directo» en misiones encubiertas desde Moscú hasta Tánger.

Este cambio de imagen de cara al interior fue acompañado de otro mucho más impactante para la opinión pública. Decenas de mujeres, tanto *marujonas* de culebrón como excitantes damas *top model* o ejecutivas de a pie (maletín en ristre), empezaron a ser fichadas a gran escala en igualdad de condiciones que los hombres, ante la sorpresa y malestar de sus compañeros militares (era inevitable).

—Las quiero en puestos importantes, obteniendo información en la calle.

—¿Cree que servirán?

—Por supuesto. Tenemos que buscar a mujeres que respondan al arquetípico estilo de tenacidad y entrega. La intuición la ponen ellas directamente. Créame: en muchos casos nos serán de mayor utilidad que los hombres.

—Pero, ¿piensa que se integrarán bien en La Casa?

—Sin duda. Siempre las he considerado especialmente preparadas para el espionaje, y desde luego sobran las pruebas para ello en muchos rincones del mundo. Sencillamente ha llegado el momento de que demuestren de lo que son capaces en nuestro país.

—En resumidas cuentas... que nos vamos a llenar de Mata-Haris.

—Eso es, pero sin su trágico final, porque no quiero que me las fusilen... a ninguna de ellas, y menos en Francia.

Pero para todo esto se necesitaba dinero... mucho dinero, lo que en 1982 (su primer presupuesto de Inteligencia) todavía no pudo conseguir. Ese año, sus gastos reservados, que constituyen la principal partida presupuestaria, fueron de 626.592.000 pesetas, cifra que se ha duplicado con creces en nuestros días. Precisamente con esta partida de gastos astronómicos el Gobierno dejó clara su voluntad de favorecer económicamente al CESID, en detrimento de los servicios de información policial y de los cuarteles generales de los tres ejércitos.

El uso que Manglano hace de esta partida es uno de sus

secretos más celosamente guardados y que sin duda alguna, como se suele decir, se llevará a la tumba. Una parte importante se dedica a repartir sobres con los que premia a sus agentes, consiguiendo literalmente que antes de abandonar La Casa se lo piensen dos veces, dado el montante de dinero fresco que perderían en el caso de trabajar en otro sitio. En concreto, los militares, popularmente conocidos por su gran austeridad financiera, reciben un veinticinco por ciento más en su nómina del CESID, gracias a esos sobres, de lo que ganarían en cualquier regimiento.

Otra parte considerable va dirigida directamente a pagar a los famosos «confidentes», a pesar de que la regla general de La Casa sea precisamente evitar el pago de información, excepto cuando se considere imprescindible. Algunos soplones son tan cutres que hacen lo que muy pocos aceptarían.

—Manolo, soy Carlos.

—¿Cómo estás, hombre?

—Muy bien. Te llamo porque tengo algo para ti.

—Tú me dirás.

—Me dijiste que te interesaba saber cualquier dato sobre mi compañero de mesa.

—Sí, eso te dije.

—Y que me lo pagarías, aunque fuera una tontería.

—Sí, quedamos en 10.000 pesetas.

—Pues bien, ha quedado a comer con un tal Rodríguez.

—¿Dónde?

—En la marisquería Villas.

—¿Sabes dónde está?

—Creo que por Luchana, pero exactamente la calle no la sé.

—Perfecto. No sé si nos interesará, pero cada vez que tengas un dato como ese te pagaré lo convenido.

En otras ocasiones, el confidente puede ganarse entre 20.000 y 50.000 pesetas si hace tareas algo más complicadas.

—Carlos, necesitamos que nos hagas un favor.

—Tú dirás.

—Queremos hacernos de inmediato con la agenda de tu compañero. Ya sabes que es solo para saber si la persona a la que estamos vigilando entra o no en su círculo estrecho de amistades.

—Bien. ¿Y cómo coño hago yo eso, si se puede saber?

—Tranquilo… Es muy fácil. En un momento que salga a la calle, se la quitas y te vas a fotocopiarla. Después, cuando esté descuidado, se la metes en cualquier cajón.

—¡Joder! ¿Y si se entera?

—No te preocupes. Lo más que puede pensar es que la ha perdido simplemente, y entonces al día siguiente se la metes en cualquiera de sus cajones. Pensará que la había buscado mal y ya está… ¡Que no pasa nada, hombre!

Los que sí exigen cantidades cósmicas son los traficantes de armas, los espías de servicios extranjeros que se convierten en agentes dobles o los militares que venden vilmente a sus compañeros. A algunos de ellos, sin embargo, se les compra a cambio de favores, como es el caso de un conocido fabricante de armas español denunciado continuamente en la prensa por utilizar conductos ilegales para hacer llegar su armamento a países que figuran en la lista negra. El CESID le ha garantizado que el Gobierno no actuará contra él a cambio de que les facilite con periodicidad calculada la información sobre las actividades de sus contactos.

Por encima de estos supuestos hay uno que se lleva la máxima partida presupuestaria, y es el que se refiere al pago de las operaciones secretas, las cuales incluyen diversos capítulos fundamentales. Convertir a un cordial diplomático extranjero que se encuentra de visita rutinaria por España en un futuro colaborador puede requerir un ingente trabajo de escucha y filmaciones, sobornos y halagos de tipo sexual en los numerosos casos de personas receptivas en este terreno. Pero también se requiere la utilización de pisos millonarios en zonas residenciales de lujo y una cantidad elevada de personas *serias* que den credibilidad a la acción encubierta.

Si Manglano consiguió hacer realidad su sueño de ser el español que más millones maneja sin tener que dar cuenta a nadie de lo que hace con ellos, es fácilmente comprensible que su otra gran aspiración también la consiguiera: tener una sede tan espectacular y deslumbrante como la de la CIA. Aunque en 1981 esto era para algunos un problema menor, a él le retrasaba considerablemente en su trabajo la enorme dispersión de sus hombres (eso sin contar sus ansias de grandeza). Cuando llegó al cargo, los agentes de Inteligencia Interior eran los únicos que estaban junto a él en el número 5 de la Castellana. Los de Exterior tenían su sede en la planta baja del Estado Mayor de la Defensa, en la calle Vitrubio. Contrainteligencia estaba en la calle Menéndez Pelayo, aunque posteriormente se fueron a Goya, en pleno centro de Madrid. Los demás estaban en pisos y chalets diseminados por toda la capital. Los integrantes del Grupo de Apoyo Operativo, los que realizan las acciones encubiertas, tenían sus bases en pisos, apartamentos, talleres o empresas no solo ubicados en el casco urbano, sino también en las zonas más lujosas y envidiables del extrarradio de Madrid, donde podían entonces, y pueden todavía hoy, pasar más inadvertidos a los ojos de los curiosos.

En 1985, cuatro años después de su nombramiento, consiguió el visto bueno sin demasiados problemas y ordenó a sus hombres que le buscaran terrenos para levantar una sede tan presentable como la de la CIA en Langley. Todo salió al final como él había soñado siempre: unos terrenos en el kilómetro 8,8 de la carretera Madrid-La Coruña, a dos pasos de los palacios de La Zarzuela y La Moncloa.

Con la construcción de una sede propia más que impresionante, y que, dicho sea de paso, costó más de 3.000 millones de pesetas, concluyó el plan inicial que Manglano se propuso tras ocupar el sillón más importante del espionaje español. A finales de la década de los ochenta, ya nadie dudaba de la importancia del CESID y del poder terrenal que tenía en sus manos su director. El cambio de imagen de un servicio franquista a otro democrático había finalizado.

Las relaciones de Manglano con el Rey, González, Serra y Guerra

«¿Qué opinarán a fin de cuentas Felipe González y Narcís Serra de mis palabras?» Este debió ser sin duda uno de los primeros pensamientos que asaltaron a Manglano cuando concluyó su ajustada (sobre todo en los términos) y esperadísima conferencia en la Universidad de Verano de la Complutense. Los aplausos de los asistentes, acompañados de una amplia sonrisa de aprobación procedente de la condesa de Romanones, ponían punto final a algo más de una hora de intervención, que solo había sido interrumpida por las risas intencionadamente provocadas por el destacado orador.

Su cara de enorme satisfacción traslucía la serenidad y la relajación que impregna el rictus del deber cumplido. Deber hacia el Rey y el Gobierno, al que había informado previamente de las líneas generales de lo que iba a decir. Y deber hacia sus hombres, a los que hacía ya diez años había encontrado desmoralizados y desmotivados y que ahora veían final y felizmente que su director hacía un homenaje público a su callado trabajo. Era el colofón a tantos sinsabores motivados por críticas mordaces que Manglano había considerado injustas y que muy pocas veces le habían afectado, porque sus relaciones con el poder casi siempre habían sido buenas. Pero por encima de todos esos sinsabores estaba su amistad con Narcís Serra, que, guiado por su extrema habilidad, siempre le había protegido.

Como aquella vez que el diputado del PP Gabriel Elorriaga preguntó al entonces ministro de Defensa: «¿Por qué, en lugar de ocupar la vivienda de la sede del Ministerio, ha alquilado un chalet en El Viso?» Serra no le dio una respuesta satisfactoria (como hace casi siempre) en el Congreso, pero días después telefoneó al veterano e incisivo diputado por Castellón, que se quedó sorprendido cuando su secretaria de la sede de Génova le comunicó quién le llamaba.

—Gabriel, ¿cómo estás? —dijo el ministro en un tono amable y conciliador.

—Muy bien, ¿y tú? —respondió Elorriaga, respetando las formas que tanto cuida.

—Bien. Mira, te llamaba por lo de la pregunta que me formulaste y que por razones que seguro entenderás no he podido explicarte públicamente.

—Te escucho, ministro.

—Yo nunca he tenido problemas para quedarme a vivir en el piso que ocupó Fraga y en el que ahora, como sabes, está viviendo Luis Reverter. No me importa que sea muy pequeño, porque yo no necesito mucho espacio. Y a mi mujer tampoco le importa.

Mentía, y Elorriaga lo sabía. Concha Villalba, la mujer de Serra, bastante había aguantado teniendo que seguir a su marido desde Barcelona; vivir en el pequeño apartamento estaba bien para Luis Reverter, la mano derecha del ministro, pero no para ella.

—Lo que pasa —prosiguió Serra— es que Manglano me ha aconsejado que no lo haga por motivos de seguridad.

—Pero, ministro —intervino Elorriaga—, ¿es que la sede de Defensa no es segura?

—Claro que lo es, pero Manglano considera que allí podría ser un blanco fácil si se llegara a producir un intento de golpe de Estado y me ha aconsejado, en contra de lo que yo pensaba, que no viva en la sede del paseo de la Castellana.

Gabriel Elorriaga nunca más volvió a preguntar al ministro por su lujosa residencia. Consideró que la cuestión estaba cerrada. El nombre de Manglano era suficiente para convencerle, aunque creía que era una exageración.

Y es que la relación Serra-Manglano es profunda y sincera. El principal valedor del espía desde que el PSOE ganó las elecciones del 28 de octubre de 1982 ha sido el actual vicepresidente. Cuando el entonces alcalde de Barcelona aterrizó en Madrid, se sentía solo y preocupado. Luis Balbé Mallol, su secretario personal, Antonio Flos, secretario general técnico, y Luís Reverter, director general de Relaciones Informativas y Sociales de la Defensa, desembarcaron con él y fueron su escudo en un primer momento. Un escudo que inicialmente se demostró frágil e inoperante.

Serra tuvo que optar por la prudencia y tragarse todos los sapos y culebras que en los primeros meses le lanzaron los altos mandos militares. En muchas ocasiones, las andanadas no iban realmente contra él, sino contra Reverter, al que pronto calificaron despectivamente los uniformados como «el droguero». Era una forma de humillar a Serra, quien nunca se dio por enterado.

Así, al poco tiempo de llegar al cargo, el Rey, el ministro y Reverter viajaron en helicóptero a Cádiz para asistir a una cena de gala en un buque militar. Les acompañaba el jefe del Estado Mayor de la Armada, Saturnino Suances de la Hidalga. Tras hacer una breve parada en un hotel para descansar un rato, Reverter bajó las escaleras y se encontró con uno de los ayudantes del almirante.

—¿Dónde es la cena? —preguntó al marino.

—Ya han salido, y lo siento, pero usted no está invitado.

El brazo derecho de Serra se encolerizó, pero su gesto no se torció ni un milímetro mientras decidía regresar a la habitación y acostarse. A la mañana siguiente le despertaron unos golpes enérgicos en la puerta. Era uno de los ayudantes de campo del Rey.

—Señor Reverter, Su Majestad le pide que baje a desayunar con él, si puede.

—Por supuesto —respondió el catalán, que no entendía nada.

Minutos después, don Juan Carlos le invitaba a sentarse junto a él. Estaban los dos solos. Para un hombre tan campechano como Luis Reverter, era un momento inolvidable.

—Luis —le dijo el Rey al cabo de un rato—, ¿por qué no viniste ayer a la cena?

—Es que, señor, el ayudante del almirante Suances me dijo que no estaba invitado.

—Es lo que me imaginaba. Pues nada, vamos a desayunar a lo grande.

Varios años tardó Reverter en contar a sus conocidos este suceso, que siempre rubricaba con un comentario: «Narcís no hizo nada por mí, mientras que el Rey, siempre pendiente de las personas, me invitó a desayunar con él como signo de desagravio».

Efectivamente, Serra no hizo nada por su amigo, por su confidente, por su mejor camarada, porque su situación era tan difícil que no quiso enfrentarse con el almirante Suances por un motivo aparentemente menor. Esta situación la aprovechó perfectamente el entonces coronel Manglano, que mostró ante Serra sus mejores cualidades de demócrata, de persona preocupada por la información y, sobre todo, de militar de total y absoluta confianza.

Serra necesitaba saber a las claras lo que pasaba en los cuarteles, lo que pensaban los generales, y Manglano se lo fue contando. Sus informes hacían que Serra abandonara cualquier otro asunto y se metiera de inmediato en su lectura. Lo de menos en aquel momento era que todos los datos se refirieran casi exclusivamente a lo que ocurría en España y que poco se dijera sobre el exterior. Serra había venido con la misión de apaciguar a las Fuerzas Armadas, y en 1983 todo lo demás apenas le importaba. Poco a poco, Manglano se convertiría en el militar más importante en la carrera política de Serra. Su fidelidad, probada reiteradamente, hizo que el político catalán fuera su valedor ante cualquier instancia durante las frecuentes campañas de desprestigio que sufría, provenientes principalmente de los altos cargos del Ministerio del Interior.

Serra llegaría a tener una dependencia crónica, casi patológica, del ya para entonces mítico Manglano, a quien en diversos momentos pidió que no prestara atención a algunos controvertidos informes sobre el programa FACA, que supuso la compra de setenta y dos cazabombarderos F-18 y en el que intervino junto al ministro el que en aquella época era subsecretario Eduardo Serra.

Cuando llegó la ocasión, el ministro puso todo su empeño en pagar los favores. Así ocurrió en 1987, año en que planteó el ascenso de Manglano a teniente general, como colofón a su meteórica carrera militar. El Consejo Superior del Ejército, que debía ser oído antes de tomar la decisión, se opuso virulentamente. A los miembros de ese órgano no les gustaba el superespía, a quien no consideran un militar «de los de verdad», curtido en complicados mandos de campo. Sin embargo, Serra no les escuchó, y directamente ascendió a su colaborador.

Así que, siempre en la sombra, Manglano convirtió a Serra en el político que mejor llegó a conocer el entramado de las Fuerzas Armadas desde la llegada de la democracia. Cuando los partidos políticos se empeñaban en controlar las acciones del CESID o en criticar alguna de sus acciones, el ministro no dudaba en poner todo su prestigio personal y político en favor de su amigo. De este modo, cuando, a comienzos de 1988, el entonces comunista Enrique Curiel lanzó su admirada oratoria parlamentaria contra el director del Centro, Serra salió como una maternal leona en su defensa: «En cualquier país democrático de Europa, usted no conocería el nombre del teniente general Emilio Alonso Manglano.»

Con el paso de los años, Manglano consiguió irse sacudiendo de encima a numerosos enemigos que sembraban de minas su camino. No le bastaba tener la máxima confianza del ministro, quería ser el más grande. Para ello, propuso a Serra reducir al mínimo las actividades de los servicios de inteligencia de los tres ejércitos. No deseaba que se metieran en su terreno de élite. El político catalán procedió a la liquidación de dichos servicios, aunque permitiéndoles seguir actuando en temas menores, con lo que satisfacía el ego de los jefes de Estado Mayor.

Si Serra tuviera que seleccionar a un solo militar para acompañarle en la aventura de volver a reformar las Fuerzas Armadas, designaría, sin ninguna duda, a Manglano. Por eso, no es de extrañar que, tras su nombramiento como vicepresidente del Gobierno, haya seguido contando con el jefe de los espías entre sus más estrechos colaboradores. Sabe que la información es poder, y no ha renunciado a ella. Serra utiliza a Manglano con este fin y el espía hace lo propio con el vicepresidente para garantizar su indudable fortaleza en el puesto.

Otra de las inestimables relaciones personales de Manglano es el Rey, que nunca le ha recibido oficialmente en el palacio de La Zarzuela, aunque mantiene con él un contacto mayor que con la mayoría de los políticos. Don Juan Carlos tiene una ventaja sobre cualquier otro español: conoce a la mayor parte de los integrantes de las Fuerzas Armadas y sabe lo que piensan y cuáles son sus problemas. Únicamente la historia podrá desvelar ese papel de «mecánico para todo» que ha desempeñado y desempeña el jefe Supremo de las Fuerzas Armadas. El 23-F fue el ejemplo más importante, pero en el día a día su labor ha sido, si cabe, más trascendental.

El Monarca conocía a Manglano antes de que Alberto Oliart propusiera su nombramiento a Leopoldo Calvo Sotelo. El director de La Casa procede, como antes se ha señalado, de una familia monárquica, y su tío, el barón de Terrateig, fue miembro del Consejo Privado de don Juan de Borbón durante la dictadura y su representante en Valencia. Gracias a ese contacto, el capitán Emilio Alonso Manglano mantuvo en aquella época estrechas relaciones con el entonces Príncipe don Juan Carlos.

Manglano no ha ocultado que, pese a tener dos claras dependencias (con respecto al presidente del Gobierno y al ministro de Defensa), existe una tercera lealtad, prioritaria para él, que es la que debe al jefe del Estado. Y don Juan Carlos lo sabe. Todavía recuerda cómo Manglano dejó todos sus asuntos para descubrir quién había sido el fotógrafo que, parapetándose detrás de unas rocas, había robado unas fotos de los miembros de la Familia Real mientras se bañaban y tomaban el sol en una playa de Mallorca, despreocupados de las formas sociales y convencidos de que nadie les estaba observando. Manglano estuvo dispuesto a utilizar a los «007» de los Grupos de Apoyo Operativo, pero el Rey se negó en redondo, aunque dejó bien claro que no compraría esas fotos, como le había propuesto un intermediario. Nunca aceptaría un chantaje. Y las fotos no salieron publicadas.

El Rey tiene mucha confianza en Manglano, quien diariamente le envía la misma información que remite al resto de las autoridades del Estado. Tienen hilo directo, y no pasa mucho tiempo sin que conversen sobre los temas más candentes de la actualidad.

Casi tan buenas son las relaciones de Manglano con Felipe González. Al poco de guardar sus maletas en La Moncloa, Serra comentó al presidente lo válido que era el jefe del CESID, y ya en esos momentos el presidente afirmó: «Me han hablado muy bien de él. Espero que aciertes, Narcís».

A diferencia de Serra, el aprecio de González ha sido más duro de mantener para el director. El motivo tiene nombre propio: Alfonso Guerra. El durante tantos años íntimo colaborador del presidente quiso que el Centro dependiera operativamente de él y de los hombres de su confianza. Gran amante de la información como vehículo para ejercer el poder, Guerra sabía que Felipe González no iba a ocuparse directamente del tema y no quería que Narcís Serra lo utilizara a su antojo.

Esta fue una de las pocas batallas que Alfonso Guerra no ganó durante los primeros años del Gobierno socialista. Siempre se llevó bien con Manglano, aunque nunca se fió de él. Le utilizó para algunas misiones específicas, como controlar las actividades de la ONCE, pero no pudo disponer de La Casa para sus «trabajos particulares» en la medida en que le hubiera gustado hacerlo.

Su astucia le llevó a ceder, pero intentando continuamente descabezar el Centro para poner a un hombre de su confianza. Resaltaba ante Felipe González sus fallos, intentando minar la confianza de este, pero siempre aparecían Serra y el propio Manglano para convencer al presidente de la bondad del servicio. Cuando estalló el *caso Juan Guerra*, los hombres del vicepresidente saltaron como víboras contra el CESID. Aseguraron que era una operación de Serra, basada en los trabajos de Manglano, que pretendía exactamente lo que luego pasó: el ascenso del catalán a la vicepresidencia. Felipe se mantuvo al margen. Manglano siempre le gustó y sus análisis constantes de la realidad nacional e internacional le parecían acertados.

Una de las primeras complicaciones importantes para Manglano se planteó a finales de 1983. La prensa denunció el espionaje ejercido sobre Jerónimo Arozamena, vicepresidente del Tribunal Constitucional. Manglano lo negó todo e intentó demostrar al presidente que ellos no habían sido. La forma en que lo hizo no se sabe, pero le convenció, y seguro que en ello tuvo algo que ver la indiscutible capacidad del director del CESID para echar los balones al campo contrario.

El último gran acoso que sufrió el director del Centro coincidió con el día en que cumplía los sesenta y cuatro años y por edad debía pasar a la reserva militar. El presidente, ya un amigo para el pragmático Manglano, decidió mantenerle en el puesto como civil. Todos los oficiales de inteligencia de España sabían ya que, mientras Felipe González fuera jefe del Gobierno, solo el propio Manglano podría acabar con su meteórica carrera, una de las más brillantes de los últimos quince años.

La llegada de Julián García Vargas al Ministerio de Defensa no supuso cambios importantes para Manglano. Únicamente, una persona más a la que informar de su trabajo. García Vargas no ejercería el control que antes mantenía Serra, pues el vicepresidente se llevó esa competencia a La Moncloa. El nuevo ministro de Defensa ni lo discutió. El político seguidor del Real Madrid recibía mucha información del CESID y eso le bastaba. Además, cuando necesitara favores personales, Manglano estaría dispuesto a hacérselos con todo gusto. Así ocurrió en marzo de 1992. García Vargas recibió en su despacho, por uno de los teléfonos directos, una llamada del CESID.

—Ministro —dijo la inconfundible voz de Manglano—, hay un *dossier* circulando por los medios de comunicación sobre tu persona.

—¿Qué dices? —respondió García Vargas preocupado—. ¿Conoces su contenido?

—Todavía no.

—Pero, ¿quién lo ha distribuido?

—No lo sé, pero te mantendré informado.

Por la tarde se repitió la llamada.

—Sabemos que el *dossier* habla de supuestas actividades económicas que habéis llevado a cabo tu mujer y tú en los últimos años —dijo en tono muy serio Manglano.

—Todo eso es mentira. ¿Sabes quién lo tiene y si lo van a publicar?

—Parece que los directores de un periódico y una revista lo tienen, pero pienso sinceramente que no lo van a publicar, aunque de los periodistas nunca te puedes fiar.

Recordando el reciente escándalo de Renfe que costó el puesto a su compañero García Valverde, el ministro se secó el sudor. Antes de despedirse, unas palabras pronunciadas por Manglano le dejaron extrañamente tranquilo:

—No te preocupes, yo me encargo.

Y nunca salió publicado el *dossier*.

Notas

1. Julio Busquets, «Los servicios de inteligencia ante la ley», *Cambio 16*, núm. 844, 1 de febrero de 1988, pág. 20.

2. El capítulo cuatro está dedicado exclusivamente al trabajo desarrollado por la División de Inteligencia Interior, que durante tantos años mandó Santiago Bastos, actualmente general en la reserva, pero que sigue como civil en el CESID.

3. Todo el trabajo superoculto de los hombres del Grupo de Apoyo Operativo es descrito detenidamente en el capítulo tres.

4. El *Manual de Inteligencia* es uno de los libros que muestran la doctrina del Centro y que deben ser estudiados por todos los nuevos agentes.

2

Los agentes secretos españoles

$\mathcal{N}$o puedo evitar la tentación de plasmar en un papel las frases que me gustan cuando veo una película o leo un libro. Una de mis preferidas (la verdad es que no me acuerdo de dónde la saqué) la tengo apuntada en un trozo de papel que llevo guardado en una chaqueta; en su reverso están anotados algunos teléfonos de esos amigos a los que siempre prometes llamar, pero que nunca lo haces por culpa de la frenética vida que desgraciadamente a veces llevamos. Un día, pocas semanas antes de comenzar mis vacaciones de verano del maldito 1992, me encontré la frase haciendo limpieza de papeles inútiles: «Viejos libros para leer, viejos leños para encender, viejos vinos para beber y viejos amigos para charlar». Pocas horas después había quedado a comer con un viejo amigo, de esos que hace tanto tiempo que conocemos que parecen haber estado siempre presentes en nuestra vida. Es una de las mejores personas que conozco, tanto por su infinita bondad como por su absoluta entrega a las causas perdidas, que defiende con una pasión desbordante. Siempre ha sido un maravilloso amigo y espero que la lectura de las siguientes líneas no me prive de su afable compañía. Como excepción en estos textos introductorios a cada capítulo, en los que cito con nombres y apellidos a los testigos y protagonistas de las historias que he vivido con el CESID, a él no le identificaré, lo que no evitará su disgusto, pero al menos dejará más tranquila mi conciencia. Su vieja amistad es muy importante en mi vida, y si un día me cuelga el teléfono sabré que el único culpable de todo habré sido yo. Pero lo que pasó fue tan gordo, me dejó tan mal cuerpo, que necesariamente tengo que contarlo.

Ese día cercano al verano de 1992 había quedado a comer con mi amigo, al que llamaremos Antonio. Por teléfono me había contado que necesitaba hablar urgentemente conmigo y yo le hice un hueco en mi agenda, como siempre hago con las personas a las que quiero y aprecio. Vino a buscarme a la puerta del Grupo Zeta y nos fuimos a comer a un restaurante cercano. Antonio estaba nervioso, no podía aguantar la tensión y yo no sabía lo que pasaba. Los temas mundanos de la política y de nuestros comunes amigos nos duraron poco. Rápidamente cortó en seco la conversación y fue al grano, entreteniéndose demasiado en un preámbulo complicado de entender, que demostraba lo poco que le gustaba hablar conmigo del todavía secreto tema.

—Fernando, para mí es muy desagradable hablar contigo de este asunto, pero me han pedido que haga de intermediario y después de pensármelo mucho creo que es mi deber decírtelo —me dijo nervioso, tenso, preocupado, hablando aceleradamente y sin terminar las frases.

Yo no entendía nada. Le tenía enfrente, con un plato de carne muy hecha delante que se le estaba enfriando, pues no prestaba la más mínima atención a nada de lo que nos rodeaba. No podía comprender qué era lo que le ponía en ese estado.

—Tú eres mi amigo —añadió— y yo no quiero que por lo que te voy a decir te ofendas, porque yo simplemente hago de transmisor de lo que me han contado. Hace dos semanas —¡al fin comenzaba el relato!— un antiguo amigo que ahora está en el CESID quedó conmigo a comer y me pidió que hiciera de intermediario contigo para que les ayudes en algo que está sucediendo y que es gravísimo. Yo nunca te habría dicho nada, pero ya sabes que hay determinados temas que despiertan mi sensibilidad y ante los que me niego a ser indiferente. Lo que voy a hacer es contarte todo lo que él me pidió que te transmitiera. Yo cumplo y en paz. Luego, tú haces lo que te dé la gana. Al final te diré una cosa, pero por favor, no te ofendas, porque yo me limitaré a repetir lo que me han dicho.

Me estaba poniendo mal de los nervios. Repetía sus excusas una y otra vez y me desagradaba ver lo fatal que lo estaba pasando. Le pedí que hablara sin problemas, que ya sabía que nuestra amistad estaba al margen de lo que me dijera en nombre del espía que había conocido hacía muchos años.

—Saben que tienes una fuente dentro del Centro que tiene acceso a muy diversas e importantes informaciones y que durante los últimos meses ha estado filtrándote algunas noticias. A ellos no les ha importado hasta ahora, porque lo que tú has sacado estaba dentro de los límites de lo permisible. Pero ese hombre está poniendo ahora en peligro la seguridad del Estado.

—¡Vaya cínicos! Es decir, que no les preocupa que esté contando sus actividades —le interrumpí, consciente de que algo raro pretendía decirme.

—Ellos dicen que no, y yo, que te sigo, puedo decir que lo que tú cuentas es muy fuerte, pero nunca has puesto en peligro la seguridad de ningún español.

—Bueno, lo que tú quieras.

—Mira, yo te cuento lo que me han dicho. Esa fuente tuya de la que te hablo llamó a un colega tuyo para decirle algo que ha producido un enorme daño. Telefoneó a Melchor Miralles, de *El Mundo,* y le contó que el CESID había instalado un micrófono en el despacho de su amigo Txema Montero. Miralles le debió preguntar que dónde, pero tu fuente no quiso decírselo.

—Brillante, Antonio. Lo que me estás diciendo es que en La Casa tienen pinchado el teléfono de Melchor Miralles.

—No, ellos se enteraron porque a Miralles no se le ocurrió otra cosa que llamar a Txema Montero por teléfono, y entonces fue cuando lo supieron. Además, para colmo, Montero tuvo la poca precaución de decirle a su amigo por teléfono que al día siguiente encargaría a una compañía de barridos que le buscaran los micrófonos ocultos.

—Lo que me estás diciendo es muy fuerte.

—Yo jamás te habría dicho nada, pero ya sabes que el terrorismo es uno de los temas ante los que no puedo ser indiferente. Pensar que por culpa de ese espía que te filtra noticias y por su deseo de vengarse del Centro tuvieron que sacar precipitadamente los micrófonos, con lo que se ha estropeado una de las fuentes informativas para luchar contra ETA, me produce ganas de vomitar. Además, si es capaz de eso puede poner en peligro cualquier otra misión secreta.

—Perdóname, Antonio, pero no entiendo con qué fin me cuentas esa historia, suponiendo que sea verdad que una de mis fuentes en el Centro coincida con esa persona de la que me hablas y suponiendo también que la historia que me cuentas sea verdad.

—Pues porque mi amigo quiere que te diga, para evitar que tu fuente pueda hacer más mal, ya que no sabemos de lo que es capaz, que estarían dispuestos a hacerte una oferta a cambio de que le identifiques.

Perplejo, me quedé solemnemente perplejo, aunque solo sería el comienzo de una conversación que habría preferido que no existiera o que, al menos, no tuviera como artista invitado a mi amigo Antonio.

—No entiendo lo que me estás diciendo.

—Pues que estarían dispuestos a ofrecerte la exclusiva de la noticia o a darte otras informaciones relacionadas con el Centro a cambio de que les des el nombre o que al menos les ofrezcas alguna pista para localizarle. Eso sí, él nunca sabría cuál habría sido tu intervención.

—¡Antonio! —espeté sorprendido, sin capacidad para añadir nada, lo que le permitió terminar su historia.

—Ahora viene lo que tengo que decirte y que es una mera transmisión de lo que me han dicho. Están dispuestos a pagarte una cantidad razonable por la información, si es que aceptas.

Ya no supe qué decir. Nunca nadie me había ofrecido dinero, y mucho menos por delatar a una de mis fuentes, precisamente una de las más necesitadas en permanecer en la sombra. Seguimos hablando, aunque él se pasó la mayor parte del tiempo excusándose por la oferta barriobajera que me había hecho. Cuando nos despedimos, se fue bastante hundido. Mientras lo veía alejarse pensaba en lo duro que había sido para él y lo canalla que había sido el agente secreto, que había utilizado a uno de mis grandes amigos para lanzar la piedra y esconder la mano. Días después hice un intento para cazar al espía impresentable que había manipulado tan suciamente a Antonio.

—Jamás delataría a una de mis fuentes, pero estoy dispuesto a hablar con el del CESID para que me convenza personalmente de la necesidad de que le dé el nombre.

—Me parece muy bien. Ya sabes lo mal que me sentó tener que decirte esas cosas…

—Ya vale, Antonio. Lo entiendo y sé por qué actuaste. Haz el favor de hablar con tu amigo y transmitirle mi mensaje.

Días después me devolvió la llamada para decirme que su amigo actuaba a título personal y que no podía quedar conmigo porque para ello tendría que notificárselo previamente a Manglano, que sin ninguna duda no lo autorizaría. Me quedé aún más perplejo que antes: un miembro del Centro había intentado comprarme sin que el director, el todopoderoso Emilio Alonso Manglano, lo supiera. Hablé con mi fuente y le avisé de que estaban intentando localizarle por cualquier medio. Durante meses no mantuve ningún contacto con él, pues desconfiaba de lo que serían capaces de hacer para darle caza. Mientras tanto, Antonio me pidió que nunca contara lo que había sucedido. Lo hizo de todo corazón y ahora, por primera vez, no le hago caso. Espero que algún día pueda perdonarme.[1]

El reclutamiento: un curioso anuncio en el tablón de la facultad

«El Ministerio de Defensa busca licenciados en Geografía e Historia, Ciencias Políticas, Derecho y Económicas para realizar trabajos de análisis e interpretación de política internacional y política de defensa. Los interesados deben llamar al teléfono 3 73 32…, extensiones 1484 y 1738, y preguntar por el señor Boada.» Pegado, junto a otros muchos, en el panel de anuncios de la Facultad de Derecho de la Universidad Complutense de Madrid, este texto no despertó ninguna sospecha en Carlos Varela, un joven de veintidós años, pelo moreno, poco más de 1,65 m de altura y a punto de culminar su último año de carrera. Como cada día, se detuvo a leer las ofertas de trabajo. Era una manía que había adquirido hacía varias semanas, cuando un rayo le recorrió toda la columna vertebral durante una conversación con varios amigos. Era el mes de mayo, tenía la mili terminada y todavía no había comenzado a buscar trabajo en serio. Muchos hablaban de estudiar oposiciones, como si fuera la única alternativa al paro. Él, cuando acabara, no quería volver a oír hablar de libros.

Delante del tablón de anuncios, en uno de los impersonales pasillos que tres años después contemplarían fríamente los pitidos e insultos de los estudiantes al vicepresidente Narcís Serra cuando iba a dar una conferencia sobre el Tratado de Maastricht, pensó que la oferta de trabajo que acababa de leer era uno más de los numerosos anuncios que empresas públicas y privadas estaban sacando en busca de mano de obra nueva y barata. Lo que no se podía imaginar es que aquel folio blanco, pegado con una chincheta, fuera el camino elegido por la Subdirección General de Personal del servicio secreto para reclutar nuevos agentes, ante la imposibilidad de publicar anuncios en las páginas de *El País* solicitando «jóvenes profesionales que quieran ser espías».

Carlos apuntó los datos. Su padre era teniente coronel del Ejército y vería con agrado que su hijo trabajara en Defensa. A él también le apetecía eso de ocuparse de temas internacionales, relacionándose con militares. Pero un codazo de un desconocido compañero de Facultad que estaba tomando nota del mismo anuncio le devolvió a la realidad. «Será mejor —pensó para sus adentros—, que no me haga ilusiones, porque, como siempre, habrá diez plazas y nos presentaremos cien millones.»

Al llegar a su casa prefirió no hablar del posible trabajo. Seguro que no saldría, y así evitaba ver la cara de su madre compadeciéndole por su mala suerte. En un momento en que nadie podía escucharle marcó el número (el de la centralita del CE-SID, no el del Ministerio, como él pensaba) y una amable señorita le pasó con el despacho del señor Boada.

—Mire —dijo el joven en su tono más amable—, llamaba por el anuncio que han puesto en la universidad.

—Muy bien, me tienes que dar tus datos para que rellene una ficha —le respondió una voz impersonal.

—Me llamo Carlos Varela y vivo en…

—¿Dónde has visto el anuncio? —preguntó el de la oficina de contratación, sorprendiendo al joven, que no sabía qué utilidad podría tener el lugar donde vio el anuncio.

—En la Facultad de Derecho.

—¿Has terminado la carrera?

—Estoy en quinto, pero no tendré problemas en junio.

Mentía, porque en el primer parcial le habían suspendido Derecho Mercantil y Derecho Procesal y le quedaba el Civil de cuarto, pero no le pareció oportuno contar sus miserias.

—Dame el teléfono en que podemos localizarte —continuó el hombre con el mismo tono de amabilidad—. Hay una larga lista de solicitudes y nosotros te avisaremos para que vengas a una entrevista.

—Pero ¿me puede concretar algo del trabajo? —le espetó Carlos harto de contestar a sus extrañas preguntas y no obtener ningún dato.

—Lo siento, pero nosotros solo seleccionamos, y no estamos autorizados a decirte nada.

«Vaya mal rollo», pensó tras colgar el viejo teléfono negro de su casa. Estaba convencido de que no tenía nada que hacer. Mientras, Boada, o como se llamara en realidad su interlocutor, pasó la ficha que acababa de rellenar al Servicio de Seguridad del Centro, que mandaba Juan del Río. En la sección encargada de la «limpieza» de los espías, un agente comenzó el trabajo rutinario. Pidió la ficha policial de Carlos y metió sus datos en el archivo informatizado de la Guardia Civil. No había nada alarmante y sí algo muy positivo: su padre, de igual nombre y apellido, era militar. Una cualidad que sumaba puntos a la hora de la elección. Pasada una semana, un miembro de la Oficina de Personal telefoneó a Carlos. No estaba, pero dejó el recado a su madre.

—Somos de la empresa de contratación que selecciona personal para el Ministerio de Defensa.

—¿De dónde dice? —respondió la mujer sin entender nada.

—Del Ministerio de Defensa. Su hijo nos llamó para decirnos que le interesaba trabajar en el Ministerio.

—¿Mi hijo? —siguió preguntando la madre de Carlos.

—Sí, señora. Haga el favor de decirle que tiene una entrevista pasado mañana, a las diez, en Menéndez Pelayo, 39.

—Perdóneme, pero mi hijo, que es un estudiante estupendo y además tiene el mismo carácter emprendedor que su padre…

—Muy bien, usted dígale que hemos llamado.

—Es que, sabe usted, mi marido es militar.

—¡Ah!, estupendamente.

La mujer pensó que había metido la pata. No debía haber mostrado sorpresa al recibir la llamada. No debía haber sido tan seca. No debía haber comentado nada de su hijo. No debía haber…, «pero es que Carlos vale tanto…». Nerviosa, impaciente y preocupada, decidió llamar a la oficina a su marido. Él seguro que sabría algo y se le habría olvidado comentárselo.

—Carlos, han llamado a Carlitos del Ministerio de Defensa —le soltó en cuanto oyó su voz en el teléfono.

—¿Del Ministerio?… ¿para qué le han llamado del Ministerio? —respondió sintiéndose fuera de juego.

—No lo sé, yo pensaba que tú me lo dirías.

—¿Cómo te lo voy a decir si no lo sé? Cuéntame qué ha pasado.

—Mira —siguió la mujer—, han llamado del Ministerio de Defensa para que Carlitos vaya pasado mañana a hacer unas pruebas. Él les llamó diciendo que estaba interesado. ¿Tú crees que ahora que va a terminar su carrera querrá ser militar?

—No, hija, eso seguro que no. Cuando fue alférez en la mili se lo pasó bien, sobre todo por el dinero que ganaba, pero de eso a reengancharse hay un abismo. No te preocupes, esta noche hablaré con él.

Cuando Carlos llegó a casa, sus padres estaban esperándole en el salón. Notó que le miraban de una forma extraña. Algo pasaba. Su madre, rápidamente, le contó lo de la llamada. El no supo qué decir y se limitó a explicarles que había visto el anuncio en la Facultad y que había llamado, aunque no albergaba muchas esperanzas de que saliera bien.

—Mira, Carlos —le dijo su padre—, el Ministerio nunca contrata personal mediante una empresa de cazatalentos, tú deberías saberlo teniendo un padre militar.

—Pues yo me he limitado a llamar al número que ponía en el anuncio.

—Esto es muy raro —siguió el padre—, y nos vamos a enterar de lo que pasa inmediatamente.

Sin decir nada más, se dirigió al teléfono y marcó el número de un amigo, también militar. Sospechaba algo, pero no estaba seguro. Si era lo que él pensaba, su compañero le sacaría de dudas. Los dos se saludaron efusivamente. Llevaban varios meses sin verse, pero mantenían la confianza que da el haber convivido durante los años de la academia militar. El padre de Carlos siempre había contado en casa anécdotas sobre su amigo, que ahora estaba destinado en el CESID.

—Oye, te llamo porque Carlitos acaba este año la carrera y ha visto un anuncio en la universidad. Ha llamado para hacer las pruebas y todo va bien. Pero hay algo que no entiendo. La empresa que busca licenciados es... el Ministerio de Defensa.

—Ya sabes que hace mucho tiempo que no sé nada de lo que pasa en el edificio del paseo de la Castellana.

—Pero yo tengo mis sospechas de que el trabajo que le ofrecen no es para el Ministerio de Defensa.

—¿Y qué quieres que yo te diga?

—Solo quiero saber dónde va a terminar trabajando mi hijo.

—Mira, Carlos. Tú y yo no tenemos secretos. Solo te voy a decir una cosa y es más de lo que debería: lo siento, pero no puedo decirte nada.

—Muchas gracias, eso es lo que necesitaba saber.

El joven estudiante de Derecho saltó de alegría cuando su padre se lo dijo: «Buscan gente para el CESID, los espías». Durante la cena los tres conversaron largamente. La madre estaba un poco asustada. El trabajo le parecía muy peligroso, y, además, eso de investigar trapos sucios le parecía demasiado arriesgado. Su padre fue menos duro. Le habló de lo que tendría que afrontar si seguía adelante. Un trabajo poco agradecido, ser mal visto por los militares y un ambiente nada normal. El muchacho solo les escuchó a medias. Estaba inmerso en sus propias aventuras imaginarias. Misiones arriesgadas, muchos viajes, micrófonos ocultos y mujeres a las que seducir y luego engañar, eso sí, por una causa justa.

Dos días después, con un cuarto de hora de anticipación, llegó a la dirección señalada, frente al parque del Retiro. Él no lo sabía, pero el piso había sido utilizado hacía años por el Servicio Central de Documentación de Carrero Blanco y posteriormente por la División de Contrainteligencia. Cuando esta se trasladó a la sede de la carretera de La Coruña, en lugar de vender el piso se lo pasaron a la Oficina de Personal, menos necesitada de medidas de protección ante el espionaje extranjero.

Al entrar en el piso se quedó perplejo. Era verdad que nunca había estado en un examen para espías, pero jamás habría adivinado lo que allí se acababa de encontrar. Varias decenas de chicos y chicas esperaban para hacer la prueba. Ellos con chaqueta y corbata y ellas con una elegancia impecable (minifalda, sí, pero sin excesos), a lo Nina Ricci. Era como el día de la fiesta de fin de curso. Después de un año de verse a las ocho y media de la mañana desarreglados, con vaqueros roídos, jerséis gordos y mocasines, ese día ellos aparecían con idénticos trajes azules o chaquetas a cuadros y ellas con vestidos por encima de la rodilla y muy ajustados en la cintura. Se acordó de su compañera de clase María. Durante todo el primer año de universidad ni se había fijado en ella, pero en la fiesta de despedida del curso sustituyó sus horrorosas gafas por unas lentillas y los pantalones y camisas anchas por uno de esos vestidos pegados al cuerpo como con pegamento. Nunca pensó que estaría tan *buena*. Fue incapaz de retirar sus ojos de aquello que había permanecido oculto durante tantos meses. Ahora, en aquella oficina, tenía la misma sensación que entonces, solo que al revés. «Todas estáis para devoraros —pensaba, pero habría que veros a las ocho de la mañana, con legañas en los ojos.»

Había varios examinadores. Jóvenes, con pinta de *yuppies* y de tener don de gentes, podían ser relaciones públicas del restaurante Jockey o representantes de un producto de élite; en definitiva, cualquier cosa menos militares. Trataban a los jóvenes con cercanía y amabilidad. Pasados unos minutos, que a Carlos le parecieron más largos de lo normal, los chicos y chicas pasaron a una gran habitación bastante parecida a cualquiera de sus conocidas aulas universitarias. Hasta las sillas de brazo olían a examen. Varios de los «profesores» tomaron la palabra sucesivamente y hablaron y hablaron, pero no dijeron nada. «Un trabajo interesante» (como todos), «con mucho futuro» (como todos), «después de esta deberéis hacer otras pruebas» (como era de esperar), y «si aprobáis realizaréis un cursillo previo» (como era de esperar). De repente, algo se salió de la monotonía: «Los que sean aceptados, cobrarán un sueldo mensual de 180.000 pesetas, para empezar». Las caras tensas, despistadas, casi indiferentes a los aburridos parlamentos, recuperaron vida. Al fin habían sacado el tema importante. 180.000 pesetas es mucho dinero para unos jóvenes sin compromisos, que viven en casa de sus padres y que van a trabajar por primera vez.

—Hay muchas plazas para cubrir y cada una tiene unas características especiales, distintas para las variadas carreras que aquí representáis. En esta primera fase de selección no podemos daros más detalles, pero los que pasen a la segunda recibirán más información.

Los examinadores jugaron al secreto y los jóvenes les siguieron dócilmente por la senda del misterio. Carlos miraba a sus compañeros de prueba. Veía caras perdidas y plutónicas a su alrededor («no saben dónde se están metiendo»), pero otras muchas comenzaban a denotar sospechas, sabían ya que algo raro había detrás. Los jóvenes examinadores empezaron a distribuir los cuestionarios, tarea que repetirían en varias ocasiones durante toda la larga mañana. No había preguntas sobre sus ideas políticas. Ningún detalle respecto a sus familias y forma de vida. Nada relacionado con sus estudios. «Es lógico —pensó Carlos—, ya lo deben saber todo sobre mí.»

Los exámenes consistían en interrogantes que conducían a determinar la personalidad del encuestado, pero de forma poco convencional. El primer inciso tuvo que hacerlo cuando se encontró la pregunta «¿Das besos a tu padre?». Precisamente, su progenitor le había dado un buen consejo: «Di siempre la verdad. Es el único camino de conseguirlo. Si no, los psicólogos te pillarán, porque siempre repiten las mismas preguntas con enunciados distintos».

Según pasaban los minutos se iba quedando literalmente alucinado. Nunca nadie le había formulado esas preguntas. Estaba claro que deseaban conocer lo más profundo de su personalidad, eso que un seguimiento rutinario es incapaz de desvelar. Preguntas como «¿prefieres ser un violador o un asesino?» debían de tener un fin, una justificación… pero no lo entendía. Contestó el cuestionario, sin darle muchas vueltas, y punto. Lo que también hicieron los demás.

Tuvo que pasar una semana antes de que volvieran a llamarle. Nuevas pruebas escritas, pero en esta ocasión también una entrevista. Un hombre joven, que tampoco olía a uniforme (y eso lo distingue perfectamente un hijo de militar), le recibió en una oficina limpia de papeles. No es que tuviera apariencia de que nadie había trabajado allí, más bien habían retirado todos los documentos. El tipo se le hizo antipático a primera vista.

—Tus notas no son una maravilla —afirmó el examinador en un tono que Carlos no supo interpretar, pero que le hizo sentirse molesto.

—Son normales, pero tengo un curso en Inglaterra —respondió con un cierto tono de agresividad, negándose a que le amedrentase un borde con la intransigencia universitaria que estaba a punto de dejar atrás.

—Veo que sabes inglés.

—Escribo, traduzco y además lo hablo muy bien —remató sintiéndose superior a un interrogador que a sus más de cuarenta años no pertenecía a la generación de los bilingües.

—¿Tu padre es militar? —preguntó, sabiendo de antemano la respuesta, que figuraba en la investigación y además en el currículum.

—Sí —contestó el muchacho sin saber qué añadir.

—Y a ti, ¿te gusta el Ejército?

—Por supuesto, me encanta —señaló convencido de que en esa dirección debían ir sus respuestas.

—Pero no quisiste ser militar —añadió intentando ponerle en una contradicción.

—Me gustaba, pero preferí estudiar Derecho.

Durante poco más de media hora siguieron hablando de temas personales, de gustos, aficiones y deseos. Carlos Varela desconocía el hecho de que todas sus palabras estaban siendo grabadas. Nuevamente pasó otra semana antes de que volvieran a llamarle. Por tercera vez pisó la extraña y fría oficina, que se le estaba haciendo sumamente antipática por momentos, pero el dinero es el dinero, y el primer empleo es el primer empleo. Estaba desconcertado por el último encuentro, aunque ya se había acostumbrado a que ahí dentro pasaban cosas un tanto extravagantes. No sabía si había hecho bien o mal los tests, porque, entre otras cosas, no entendió a qué venían tantas preguntas sobre su vida íntima. Pero lo aceptó todo. Había decidido que quería ser espía, pasando por lo que hubiera que pasar. En su fuero íntimo se repetía hasta en la cama: «Joder, voy a ser espía». Esta vez solo le quedaba la entrevista final.

De nuevo, el interlocutor era distinto. De más edad, le inspiraba aún menos confianza, pero curiosamente empezaba a acostumbrarse. Su apariencia rompía con la de todos aquellos con los que había tenido contactos hasta ese momento. Primero aparecieron los *yuppies,* después el antipático investigador y ahora un militar (este sin duda lo era), con aspecto de progenitor despechado y aire de suficiencia con respecto a todo lo que tuviera menos de treinta años. Pero, para su tranquilidad, era el encargado de levantar el telón y narrar el espectáculo en el que, para su deleite periódico y personal, acaba finalmente quitándose la careta.

—Solo te falta una prueba, pero antes voy a decirte exactamente el trabajo que realizarás. Si eres admitido, tu puesto estará en el CESID. ¿Sabes lo que es? —le preguntó con el mismo tono que habría utilizado para dirigirse a un retrasado mental.

—Sí, el servicio de inteligencia —respondió, orgulloso de conocer su destino, pero sin demasiado énfasis, para que no pensara que el tonto que tenía delante era demasiado despierto.

—Nosotros somos la parte de Defensa que nos ocupamos de realizar las misiones que garantizan la seguridad del Estado. Necesitamos gente con características muy especiales, sin miedo al trabajo y con valores que ahora no se dan en la juventud.

Carlos no separó los labios. Se limitaba a escuchar y asentir con la cabeza. Llevaba casi un mes esperando este momento. Sin darse cuenta, dejó de estar sentado en el borde de la silla y comenzó a sentirse cómodo por primera vez.

—Necesitamos personas que asimilen conocimientos con rapidez, que sean capaces de captar cuanto les llega y distinguir entre lo prioritario y lo secundario, con el objeto de poder extraer conclusiones objetivas y poder transmitir con precisión sus conocimientos. También tienen que ser personas activas, sociables, decididas y emocionalmente estables, para poder realizar un trabajo tan complicado como el que te ofrecemos, en cualquier ambiente. Incluso algunas veces, probablemente, deberás afrontar situaciones de máximo riesgo, para las cuales, no te preocupes, nos encargaremos de prepararte.

—Estoy de acuerdo —respondió Carlos, e inmediatamente se arrepintió. Acababa de decir una tontería, pero ya no tenía remedio. Se sentía abrumado. Tantas palabras grandilocuentes le habían emborrachado después de tanta sequía argumental.

—Comprenderás —prosiguió el seleccionador que, como debía tener por costumbre, hablaba para sí mismo más que para Carlos— que el secreto es connatural a nuestra profesión. Hasta ahora no te habíamos dicho nada porque no estábamos seguros de ti. Pero en estos momentos tienes que empezar a darte cuenta de la importancia de nuestra misión.

Cuando el militar dejó de hablar, Carlos no pensó en nada. Sentía mucho calor y estuvo a punto de aflojarse el nudo de la corbata, pero se reprimió. Tanto tiempo esperando y ahora solo deseaba llegar a casa para contárselo a sus padres. El entrevistador le había dicho que durante el próximo verano haría un curso de preparación, pero eso no le importaba lo más mínimo. Estaba en las nubes. Lo que le habría molestado conocer es lo que se había cocido a sus espaldas durante las semanas que duró su aceptación por el Centro. El agente asignado por el Servicio de Seguridad había ido confirmando uno por uno todos los datos de su personalidad. Investigó a sus padres, a sus hermanos y hasta a sus inofensivos abuelos. También preguntó a la portera de su casa acerca del tipo de vida que llevaba el joven, haciéndose pasar por un antiguo compañero. Siguió a sus amigos e incluso acompañó a casa, sin que se diera cuenta, a Maite, la chica rubia de ojos azules con la que salía últimamente. A él le siguió por las noches para conocer a todos sus acompañantes y los bares de copas que frecuentaba. Apuntó los libros que compraba y hasta llegó a observar los besos que le daba a Maite, «no fuera a ser marica».

Su espía particular no le dejó en paz tras su admisión. En los meses siguientes se convirtió en su sombra, hasta que estuvo totalmente seguro de su lealtad y fiabilidad. Con todos los datos recogidos abrió una carpeta llamada «Carlos Varela», que guardó en el archivo de La Casa y que únicamente podría ser consultada por un reducido grupo de personas.

Tras la última entrevista en el piso de la calle Menéndez Pelayo, Carlos se sintió muy satisfecho. El hombre que le había comunicado finalmente que era el CESID quien le iba a contratar le despidió en la puerta con una amable sonrisa de complicidad. Un chico y una chica esperaban para hablar con su interlocutor. Les miró, pero no se fijó en sus caras. Pensó que también ellos habían superado las pesadas pruebas para acceder al Centro. Pero se equivocaba.

El joven era un superespecialista en ordenadores. No había visto ningún anuncio en la universidad ni se había presentado a ninguna prueba, y ni siquiera su padre era militar. Unos días antes, un catedrático de la Facultad de Informática, entrañable a todas luces, abierto y muy preocupado por el séquito de alumnos que le siguen a todas partes y con los que incluso comparte risas y chismorreos en el bar entre clase y clase, le llamó a su despacho. Era un lugar pequeño, frío e impersonal, y el joven pensó que aquel cuchitril no le pegaba a una persona de tanto prestigio; pero así suelen ser los despachos de los catedráticos en la universidad: nada de *marketing* y mucho de austeridad.

—Me han llamado de una empresa importante del país para que les recomiende algunos alumnos. Pagan bien y además se encargan de darte formación específica —le dijo con ese cariño y atención que solo unos pocos catedráticos de nuestra fría y gris universidad ponen en sus alumnos, sabiendo que no van a ganar nada con ello pero con la satisfacción de proporcionar a sus mejores discípulos un apoyo del que quizás ellos no dispusieron.

—Profesor —le dijo con el respeto que realmente le profesaba, una vez que comprobó que ya no tenía nada más que decir—, ¿qué empresa es?

—No me han autorizado a decírtelo, pero tú ve a la entrevista. Hablas con ellos y si no te gusta les dices que muchas gracias, pero que habías pensado seguir otro camino. Ten en cuenta que son ellos los que buscan a alguien de tus características y no al revés.

El *manitas* del Cobol, del Natural y de cualquier lenguaje de programación que le quisieran poner por delante se entrevistó el mismo día que Carlos con aquel militar que hablaba para su propia satisfacción. Le hicieron algunos test, pero para él todo fue más fácil. El CESID había ido a buscarle porque necesitaban un agente con unas características especiales: uno de esos tipos que tratan ciertas máquinas como simpáticas mascotas compañeras de andanzas y con un tino especial para averiguar al instante sus más oscuros secretos. De lo que no se libró fue de la investigación necesaria para cumplir los requisitos imprescindibles: pertenecer a una familia con «garantía» (si hay algún militar, mejor) y no haber tenido relación con comunistas o personas de ideología extremista.

La chica que esperaba junto al cerebro informático era la antítesis de las que le gustaban a Carlos. Él las prefería *pijas*, desenvueltas, coquetas y muy femeninas. Sin embargo, la apariencia de su futura colega, enfundada en inconexas prendas de color negro, era la de una joven volcada en sus estudios, *progre* y defensora radical de la igualdad entre sexos. Estaba orgullosa de lo que era y no habría cambiado su aspecto lo más mínimo para intentar dar una imagen más agradable ante el machista de turno encargado de contratarla. A ella también la habían enviado a una entrevista de trabajo y no había tenido que presentarse a ninguna selección previa. Hablaba perfectamente el ruso, y la directora de la academia donde lo estudió le había transmitido la posibilidad de ocupar un trabajo que días antes un miembro del CESID, durante una comida, le había planteado. La chica fue también admitida. Su vida privada no presentaba peligro (era honesta, sencilla, trabajadora y ambiciosa, igual que su novio, un brillante estudiante de Económicas) y su particularidad, conocer el idioma ruso, no tenía precio para el CESID.

El Centro, ante la necesidad de reclutar agentes que cumplieran requisitos muy específicos, en los últimos años había seguido la tendencia impuesta por la CIA norteamericana y el MI5 inglés de mantener reuniones con decanos de facultades y directores de colegios universitarios fuera de toda sospecha para que les facilitaran la selección de candidatos. La idea que les venden es una de las que el general Uxó, antiguo director de los servicios de información del Ejército de Tierra, tenía a gala en su trabajo: «Los hombres más limpios, para los trabajos más sucios».

Durante los tres años que Carlos lleva ya trabajando en el Centro nunca ha cruzado una palabra con el informático ni con la «rusa». Aquel día emprendieron caminos separados, y la compartimentación de las secciones de La Casa hace que entablar relaciones resulte muy difícil, al contrario de lo que ocurre en cualquier empresa.

Varios meses después de su admisión, Varela pasó con su Peugeot 205 por delante de la sede del CESID, en la carretera de La Coruña. Era su primer día de trabajo y sabía que debía entrar por la puerta de atrás, no por la principal, que da a una de las más importantes vías de salida de Madrid. A poca velocidad, vio en el muro exterior del recinto el escudo oficial, cuyo lema es *Ex notitia victoria,* que hace referencia al triunfo de la información (hasta 1991 la leyenda era más simple: «Saber para vencer»). Por su padre sabía que los agentes de la CIA que entran por primera vez en el vestíbulo principal de la sede central en Langley, Virginia, pueden ver una leyenda que les marcará el resto de sus vidas: «Y conoceréis la verdad y la verdad os hará libres (Juan, 8, 32)». Pensó que ambos lemas tenían un cierto paralelismo, aunque le gustó más el de los americanos. Pero fue una ráfaga en su pensamiento, pues estaba muy nervioso viendo que se acercaba el momento de conocer su puesto de trabajo y a sus nuevos compañeros.

Aquel curso del verano del 90

El verano que acababa de terminar fue muy duro. Había asistido a un curso para nuevos agentes que se celebró en el campo, en unas instalaciones del Centro en las afueras de Madrid. Antes de la fiesta campera de despedida, donde la carne poco hecha (él la prefería quemada) y el vino circularon por primera vez con camaradería entre profesores y alumnos, pasó varias semanas muy difíciles.

Lo que más le llamó la atención de este período de aprendizaje, tras el cual pasó a ser un oficial de inteligencia, fueron aquellas materias que le preparaban para actuar en la clandestinidad. Con la boca abierta (lo que desde luego nunca consiguieron sus profesores de Derecho), escuchaba cada palabra que salía de los labios del instructor. Sus compañeros reaccionaban igual que él, aunque rápidamente pudo comprobar que allí cada uno iba *a su bola.* Algunos intentaban hacerse los listos (lo que no dejaba de ser curioso cuando precisamente por primera vez en sus vidas se encontraban rodeados de miembros de los servicios de «inteligencia») y siempre que podían levantaban la mano para preguntar cualquier cosa, aunque a veces fuera una ridiculez, tratando de aparentar una naturalidad que, dadas las circunstancias (decenas de redomados novatos en las lides del espionaje), resultaba absurda. Otros no decían esta boca es mía, intentando que el virus de la inteligencia no les atacara, por el momento, el sistema respiratorio. Por su parte, Carlos prefería jugar a adivinar la personalidad de los profesores-espías. Por ejemplo, el que hablaba ahora y le tenía absorto seguro que era comandante o teniente coronel, porque sus ademanes y su edad eran muy similares a los de su padre. Una cosa les separaba: su progenitor era un cachondo y el *seño* no sonreía por ningún motivo.

—Nadie, a ser posible ni vuestros familiares, debe saber que trabajáis para el Centro. Si alguien os pregunta por vuestra profesión, debéis decir que ocupáis una mesa en el Ministerio de Defensa. Además, eso queda muy bien —risas del auditorio—. Incluso a los amigos a los que deis vuestro teléfono, contadles lo mismo. No os preocupéis, porque la telefonista que pasa las llamadas tiene instrucciones para responder que están hablando con Defensa.

Carlos se sentía cada vez más a sus anchas. Se había rodeado de varios chicos y chicas que se habían caído muy bien, lo que le permitía llenar las horas libres con charlas entretenidas, aunque el tema de conversación fuera reiteradamente el mismo, el que se había convertido en una auténtica obsesión: el espionaje. En su pequeño círculo todos habían estudiado en la Complutense o en la Autónoma y preferían el mismo tipo de diversiones, con algunos excesos propios de la gente de veintitantos. Además, con pequeños matices, compartían un cierto alejamiento del socialismo y de Felipe González que les permitía poner a parir a un Gobierno que tenía sobre sus espaldas en ese momento el «caso Guerra», lo que servía para relajar sus frecuentes conversaciones. No es que fueran muy carcas (eso es lo que decían ellos mismos), pero no les gustaba Felipe. Cuando hablaba «el profesor sonrisas», como llamaban al militar incapaz de hacer una mueca, todos ellos le escuchaban con admiración. Quizás por esta razón su gesto permanecía impenetrable: era tan importante lo que deseaba transmitirles que sobraban muecas.

—La seguridad de la alta misión que desarrollamos está en que nadie sepa nada que no deba saber. Los compartimentos aislados en que se dividen las secciones no se hacen por falta de confianza, sino para garantizar que la información que manejamos no llega a manos enemigas. Es por esto por lo que, sin excepciones, no debéis comentar a nadie los asuntos en que estéis trabajando.

El profesor preferido de Carlos también era militar, pero él sí que se parecía a su padre. Bromista, dicharachero y mujeriego (algunos militares, con tanto viaje, siempre tienen al alcance de la mano alguna aventura, aunque sea de una noche), les hablaba como colegas, lo que les entusiasmaba, y llenaba con su desbordante personalidad las aburridísimas cuatro paredes que les albergaban durante las clases. Les hablaba con apasionamiento de los distintos caminos para obtener información de fuentes secretas, de la forma de elaborarla confirmando por distintas fuentes los datos más explosivos y de las vías de difundirla para que finalmente pudiera ser de utilidad en las complicadas decisiones del Gobierno. En este punto les mencionaba la transcendencia de la objetividad en todo el proceso, recalcándoles que la ideología política de los gobernantes no debía importar a nadie, y menos que nadie a ellos cuando estuvieran realizando su trabajo.

—Nosotros trabajamos para el Gobierno de la nación —decía una y otra vez—, nunca para un partido. Las luchas entre los políticos no nos importan, nosotros estamos por encima de eso. Solo servimos a España. Dedicamos todas nuestras horas a garantizar al máximo su seguridad en todos los frentes.

Durante las semanas que duró el curso (al que posteriormente siguieron otros sobre materias más concretas), Carlos fue incapaz de contar las veces que les exaltaron el trabajo de los oficiales de inteligencia: «Eso de *espías* es un término peyorativo de novela». Una y otra vez les repetían ideas como seguridad, discreción, iniciativa, lealtad, responsabilidad y serenidad, sobre todo serenidad. Según pasaban los días se familiarizaron con conceptos como *defensa nacional, indicio, fuente, inteligencia básica* o *elemento complementario de información*.

De entre todas sus nuevas amistades, Carlos nunca olvidará la relación que mantuvo con un economista que, como él, había pertenecido a la tuna de la universidad. Por las tardes se encerraban en un dormitorio para estudiar la relación entre la inteligencia y la defensa nacional, las áreas de interés informativo, las características de la inteligencia y la misión de los servicios de información en el apoyo a las decisiones del Gobierno. Cuando se cansaban (lo que tardaba en producirse), hablaban de sus vidas particulares y de lo buenas que estaban varias de sus compañeras, aunque no tenían claro si les convenía liarse con una espía. «¿Y si lleva un micrófono oculto en el sostén?», decían entre carcajadas, perdiendo momentáneamente el respeto a la profesión que pensaban que iba a absorber toda su vida y suponiendo que, en la era de las prótesis, aquel era el lugar idóneo para esconder cualquier cosa.

—¿Tú crees —le decía el economista— que tienen razón cuando dicen que follar mucho puede ser un peligro para el Centro?

—Yo lo que creo es que, hagas lo que hagas, no se van a enterar, porque no pueden estar pegados a nuestro culo todo el día.

—Déjate de chorradas y dime en serio: si cada vez que salimos de copas tenemos que desconfiar de todas las tías, ¿qué vamos a hacer?

—Tú puedes hacer lo que quieras, porque yo, mientras no me líe en serio, pienso seguir enrollándome como me venga en gana —respondió Carlos negándose a aceptar que en el curso les estaban delimitando mucho más que un trabajo, les estaban marcando la ruta por la que a partir de ese momento debía deslizarse su vida.

Carlos y el economista siguieron al final caminos distintos dentro del Centro. El «sonrisas» se lo había dejado bien claro: «Al principio realizaréis un trabajo más burocrático, aunque tan importante como cualquier otro, porque no se puede levantar una casa sin un obrero que coloque los ladrillos. Después, según vuestras apetencias y dotes, asumiréis distintas misiones con mayor o menor riesgo». Los dos nuevos amigos contravinieron a medias una de las últimas órdenes que recibieron antes de salir del «campamento de verano»: «Si os encontráis por la calle, no os saludéis, porque no os conocéis, nunca os habéis visto». Los dos continuaron siendo amigos. Precisamente en el economista estaba pensando Carlos Varela cuando aparcó su coche en el descampado cercano a la puerta trasera de la sede del CESID y, por primera vez, iba a traspasar la puerta más vigilada de España.

Cómo es el espía español: retrato robot lejano de James Bond

El traje se lo diseñaron a medida en el mejor sastre del país. Su belleza masculina, su cuerpo atlético y su impecable aspecto resultan irresistibles para cualquiera de las muchas mujeres que habitualmente rodean su vida. Su mirada, a veces tierna, a veces dura, muestra su personalidad desbordante. Ocultas en algún lugar recóndito de su cuerpo lleva dos pistolas, una tan pequeña que pasaría desapercibida en cualquier registro policial. Ha estado viajando varias semanas con el único fin de encontrar al jefe de la banda que amenaza al mundo entero con dos bombas nucleares robadas en una hábil maniobra a una fragata norteamericana. Acaba de amanecer y está escondido a pocos metros de la puerta de la lujosa mansión custodiada por dos matones armados con fusiles Kalashnikov, de fabricación rusa. El agente secreto piensa durante unos segundos la mejor forma de acceder a la casa sin ser descubierto. En pocos segundos trepa por el muro, aprovechando que los guardias se han entretenido un momento para conversar. Un pequeño fallo que el espía no perdona.

Una vez dentro, se sacude con gesto varonil la chaqueta y los pantalones para quitarse restos de barro y hierbajos arrastrados al caer desde el muro. Mira alrededor con altanería, sin agacharse, y corre hacia el matorral que tiene más cercano. No hay nada sospechoso por el momento, aunque piensa que debe de haber gorilas acechando por los alrededores de la casa. De pronto, mientras avanza con sigilo en dirección a la suntuosa mansión, una extraña sensación le hace mirar hacia uno de los centenarios pinos. Detecta con su clarividencia habitual una cámara oculta, cuya misión es descubrir a las visitas ingratas. La bordea y sigue adelante. Opta por entrar en la casa por la parte trasera, intuyendo que allí habrá menos vi-

gilancia. Se acerca a un ventanal y escudriña el interior de la estancia. Lo que ve le relaja de la tensión e inmediatamente le hace cambiar el gesto. Una explosiva rubia, con un cuerpo a la vez delicado y exuberante, pasea por la habitación con sugerente lencería blanca semitransparente, visión envolvente que inunda su pensamiento de sedas, encajes y perfume de Tiffany. Embriagado con la sugestiva imagen, que le hace olvidarse por el momento de su misión, siente en el cuello la fría presión de una pistola. Lentamente, con un movimiento que denota su conocida sangre fría, se da la vuelta y se topa de frente con el consabido, sarcástico y repugnante sicario, que se mofa de haberle pillado in fraganti. *A su lado, Escaramanga, el mafioso que quiere tener el mundo a sus pies y que sabía que le mandarían al espía para acabar con sus planes, le espeta con sorna: «Es tu fin, James Bond». Y siempre, en el desenlace, ocurrirá todo lo contrario.*

Las películas del 007 y los libros de espionaje nos han suministrado una imagen espectacular de los agentes secretos como aventureros capaces de hacer cualquier cosa por recuperar un documento comprometedor, socavar el régimen del país enemigo o salvar al mundo del holocausto final. Todos son de una inteligencia sin igual, despiertan pasiones en el sexo contrario y utilizan los más sofisticados sistemas tecnológicos para cumplir sus peligrosas misiones. La realidad, por desgracia, es muy distinta. Ni el agente de carne y hueso Kim Philby (el magnífico infiltrado ruso en el servicio secreto británico), ni los personajes de novela James Bond (*playboy* creado por Ian Fleming) o Smiley (docto e inteligente personaje salido de la mente de John Le Carré) representan a los actuales espías españoles. Quizás Philby y Smiley sí se acercan algo en sus aptitudes, de las que tanto se ha alardeado, de soldados anónimos que no dejan rastro de su actuación y de funcionarios inofensivos que analizan los datos que diversas fuentes ponen en sus manos.

La vieja leyenda de hombres que se sirven a sí mismos y a peligrosos intereses ocultos es cada vez menos cierta, aunque por parte de la opinión pública sigue vigente la sospecha de que muchos espías todavía hoy actúan en esa dirección. Todos los servicios de inteligencia del mundo pretenden que sus hombres sean profesionales con una vasta formación técnica y universitaria, a pesar de lo cual en un centro de inteligencia puede encontrarse de todo. Lo que tienen muy claro es que el individualismo mostrado por Bond es imposible en el mundo actual del espionaje, donde lo único que funciona es la labor de equipo.

Carlos Varela, con sus limitaciones y miserias, su buena voluntad, sus conocimientos de leyes y su entusiasmo, representa al agente medio del servicio secreto español. No se viste en Loewe, y verdaderamente no le hace ninguna falta. No utiliza pistolas, ni microsistemas, pero ¿para qué?, si nunca ha tenido que rescatar a una princesa cautiva, ni tampoco ha debido vérselas con un matón de tres al cuarto. No enamora con una mirada de soslayo y ni siquiera denota una firmeza excitante, aunque tiene un éxito aceptable entre las chicas de su edad, que en realidad es lo único que le importa.

Junto a él, más de dos mil personas están en la nómina del CESID y todas ellas se encuentran lejos del estereotipo de solterón, egocéntrico y altanero archiexplotado en Hollywood. Representan la variada gama de personas, tipos y caracteres que se pueden encontrar en la actual sociedad española, que no es menos cosmopolita que la francesa, la británica, la italiana o la norteamericana. Civiles, militares, policías y guardias civiles. Hombres y mujeres. Universitarios y técnicos especialistas en tan «extrañas materias» como la fontanería y la pintura de brocha gorda. Trabajadores con dedicación exclusiva y de media jornada. Unos viven en ciudades españolas y otros están destinados en Tánger. Los más tienen una mesa, pequeña o grande, en la sede central, pero algunos trabajan en pisos y chalets aparentemente corrientes. Y muchos de ellos se juegan la vida a diario, en situaciones reales, con peligros tangibles.

En la cúspide de la pirámide, ejecutando y dirigiendo las diarias tareas, están los agentes de más alto nivel, los llamados directivos, encumbrados a su puesto por sus conocimientos en el mundo del espionaje y su probada (en la mayor parte de los casos) capacidad para ejecutar las más variadas misiones. Cualquiera los puede reconocer por la letra D que llamativamente destaca en la tarjeta de identificación que llevan colocada durante el tiempo que están en la sede. Hay dos tipos de directivos, con pocas similitudes entre sí. Los civiles son profesionales con carrera universitaria de humanidades (preferentemente Derecho), jóvenes, de buen aspecto y de familia de clase media o media-alta, los típicos ejecutivos *bien*. Después de varios años, y si alcanzan el plus de peligrosidad (los que efectúan misiones con cierto riesgo), ganan 250.000 pesetas netas mensuales. A cambio, tienen un régimen de libre disposición que les hace estar al servicio de La Casa, a cualquier hora del día y de la noche, fines de semana incluidos. Curiosamente, la austeridad que caracteriza a los funcionarios públicos impide, por mucho que esté generalizado en ciertos ambientes profesionales, que la mayor parte de ellos lleven *busca* o teléfono en el coche, lo que haría, sin lugar a dudas, más operativo su trabajo. Los militares, mucho más selectivos, exigen determinadas características para el acceso al cuerpo de directivos. Como mínimo, tienen que ostentar el empleo de capitán y haber estudiado en una de las elitistas academias generales de los tres ejércitos, situadas en Zaragoza, Marín y Murcia.

Todos ellos, civiles y militares, fueron los responsables de los dos mil quinientos informes que el Centro distribuyó durante 1991 entre las más altas autoridades del Estado y que ayudaron al Gobierno en la toma de importantísimas decisiones.

Manuel R., de cuarenta años, es uno de ellos. Su apariencia es la de cualquier hombre normal de su edad. No lleva sombrero, ni el típico maletín inútil, ni se viste en Armani. Suele usar trajes impersonales, lo que, unido a su apariencia militarmente intachable, su 1,75 de estatura y su nulo parecido con Roger Moore o Kevin Costner, le hacen pasar suficientemente desapercibido, cualidad inestimable para La Casa. En el edificio central tiene un despacho diseñado específicamente para su trabajo, en el que los complementos útiles, sin concesión al lujo, son poco reconocibles para el que entra debido a un llamativo exceso de iluminación solar del que solo tienen la suerte de disfrutar los que trabajan en mitad de la carretera de La Coruña, en una de las mejores zonas residenciales del país.

Pertenece a la clase media y en la actualidad está satisfecho con su sueldo, cerca de 80.000 pesetas netas, más (pellizco monetario envidiable) de lo que ganaría si detentara el mando de comandante en cualquier regimiento vistiendo el austero y sacrificado uniforme militar. Vive a dos minutos del estadio Santiago Bernabéu, zona elitista del centro de Madrid, donde su incansable madre regentaba hace años el negocio familiar, una librería.

El directivo del CESID estudió preuniversitario en el selectivo Centro de Estudios Universitarios San Pablo (CEU), tras lo cual ingresó en la Academia General del Aire, llevado por su pasión de volar y el sueño de surcar los cielos siendo dueño y señor de un veloz caza bombardero, ese tipo de sentimiento que algunos, sin saber muy bien por qué, albergan desde la infancia y que finalmente los menos consiguen hacer realidad. Tras recibir el despacho de teniente, en un emotivo acto presidido por el rey don Juan Carlos, que como él es un auténtico apasionado de la aeronáutica, desempeñó varios destinos en unidades de combate, pero al poco tiempo de ascender a capitán los médicos le ataron al suelo. Era diabético y corría demasiado riesgo con un ingenio de 5.000 millones de pesetas en las manos. En ese momento le cerraron dramáticamente una puerta, pero una mano amiga le abrió una ventana al ofrecerle la posibilidad de entrar en el CESID, lo que, por una serie de razones, aceptó gustosamente y de inmediato. Debía cubrir una vacante en la sección de Relaciones Exteriores, donde no tendría que estar amarrado a una mesa de despacho ni desempeñar un trabajo burocrático que se limitase básicamente a tener que fichar a las ocho de la mañana en turnos inacabables de ocho horas, algo detestable a todas luces desde el punto de vista de un militar de altos vuelos.

Su labor consistiría en mantener los contactos de rigor del Centro con instituciones de cualquier tipo, extranjeras o españolas, que le produjeran al servicio secreto nacional algún beneficio o que le resultasen imprescindibles para mantener su presencia cotidiana en la vida diaria española, como, por ejemplo, el Ministerio de Defensa, el Congreso de los Diputados y los pasillos de los tribunales de justicia. Pero lo más atrayente era que, durante los viajes institucionales que algunos servicios secretos extranjeros realizan a nuestro país, dentro de los intercambios previstos para mejorar las relaciones y el mutuo conocimiento que redunde en una mayor cooperación internacional, podría enseñar el funcionamiento del CESID a ciertos espías ingleses que trabajaron con Philby, antes de su deserción a la Unión Soviética, o acompañar en la visita al monasterio de El Escorial a los agentes de la CIA que colaboraron en la liberación de ciudadanos norteamericanos en Irán a cambio de armas, provocando el escándalo posteriormente conocido como «Irangate». Además, tendría que relacionarse con españoles de distinto rango y catadura moral que de alguna manera, casi siempre secreta, y para escándalo de muchos si llegara a conocerse, colaboran con el Centro.

A pesar de que ocupa un puesto similar al de un relaciones públicas convencional, nadie de los que le conocen en la intimidad diría que es una persona especialmente abierta o simpática. Sin embargo, entre sus cualidades más valoradas por La Casa está su facilidad para entablar conversación con desconocidos (políticos, periodistas, jueces, espías extranjeros o incluso personas de la calle), lo que verdaderamente no tiene precio para el servicio secreto español. Desde que se levanta y hasta que se acuesta, incluso quizás mientras duerme, su única obsesión estriba en la mejor forma de realizar un contacto particularmente interesante o en elegir el camino idóneo para conseguir que sus clandestinos invitados extranjeros se lleven una inmejorable opinión del Centro. Y esto es importantísimo para el CESID, dado que en los momentos actuales, de colaboración internacional organizada a todos los niveles, la buena relación con otros servicios constituye la piedra angular del funcionamiento de una buena política informativa.

Su mujer no le pone pegas por sus frecuentes retrasos en la hora de llegar a casa, porque intuye que su marido disfruta con el trabajo que desempeña y no tiene más remedio que cumplir como el que más. Este es el respaldo inestimable, desde el punto de vista de Manuel R., que le permite meterse de lleno en el estrés que supone una vida carente de horarios y en ocasiones de incentivo. Algunos días interminables, a las cuatro de la madrugada, se sostiene todavía a duras penas en la puerta del hotel Meliá, despidiendo a un grupo de pelmas colegas árabes (a esas horas, ya dormida la paciencia, siempre acaba por utilizar «semi en sueños» el dichoso calificativo), que después de visitar el Centro han insistido en comportarse como auténticos e insaciables turistas. Sabe que no puede dejarles tirados por nada del mundo, que debe acompañarles a cualquier lugar que deseen conocer (¡ojalá los consabidos pelmas se diesen por contentos con ver a las espectaculares tías del Scala!) y llevarles, sanos y salvos, a la hora que sea, a su hotel.

Acompañar a agentes extranjeros es solo una parte de su trabajo, pero son tantas las veces que acaba desquiciado, sobre todo con algunos tercermundistas, que es la única ocasión en que se le puede pasar por la cabeza la idea de pedir el traslado. En el fuero ínterno de Manuel R., todos deberían comportarse como los estoicos espías del MI6 británico. Con ellos, todo es muy sobrio, muy institucional e impregnado de la medida del tiempo, de la educación y de las buenas maneras. No solo no aceptan que sus colegas españoles les paguen la estancia, sino que hacen gala de llevar en Madrid una auténtica vida de curas o, por lo menos, procuran mantener el principio de que la imagen es el todo (habría que verles de turistas veraniegos en Jávea). Y, por supuesto, a las doce, a lo más tardar, se van a la habitación.

Pasado el tiempo, Manuel R. alberga ahora nuevos sueños. Satisfecho con su labor y sus buenos resultados, reconocidos por sus superiores, desea seguir en el servicio muchos años más y, tras su reciente ascenso, ha desterrado totalmente la idea de volver a vestir algún día el uniforme azul del Ejército del Aire, aunque quizás siempre permanecerá la nostalgia. También hay muchas mujeres directivas. Cuando Manglano llegó a la dirección del CESID en 1981, el porcentaje de mujeres era mínimo y casi todas estaban en puestos administrativos. El entonces teniente coronel tenía muy claro que podían desempeñar puestos clave igual o mejor que los hombres, lo que produciría una verdadera revolución en un servicio secreto hasta entonces dominado por el sexo masculino. Ahora, faldas y pantalones combinan perfectamente en los pasillos del Centro.

Es el caso de María Dolores Vilanova, mujer de una feminidad que asusta, la cual ha resultado ser una de las mejores agentes del área del Magreb dentro de la División de Contrainteligencia, encargada de controlar el espionaje extranjero en España. De profesión abogada, su marido trabaja unos cuantos despachos más allá del suyo, lo que no le ha impedido destacar por sí misma sin necesitar de manos que la auparan, aunque al poco de ocupar su puesto en La Casa las envidias de rigor despertaran comentarios machistas que le hicieron mucho daño. Es una mujer capaz y despierta que actualmente desarrolla su labor con normalidad, una vez superadas las desconfianzas de los militares que intentaron bloquear su trabajo, con ese tinte sexista que durante años ha impregnado el uniforme castrense.

María Dolores nunca se ha dejado amedrentar. Poco a poco ha demostrado que puede efectuar cualquier misión y, para disgusto de los varones, ha probado con orgullo que pertenecer al sexo débil puede resultar, en ocasiones, una gran ventaja. Desde que comenzó su carrera supo entablar conversación en el autobús o en la cola del mercado, sin levantar sospecha, con algunos de esos españoles que por sus actividades comienzan a percibir en un momento dado el marcaje al que les somete el CESID; en las lujosas recepciones de las embajadas, sofisticadamente ataviada, se manejaba con más desenvoltura que nadie con los corteses, elegantes y flirteadores diplomáticos, y en los rutinarios seguimientos de sospechosos pasaba más desapercibida que sus colegas masculinos, gracias a que los españoles, cuando piensan que alguien les está siguiendo, no le imaginan con falda, tacones y varios libros de texto en el brazo. Y desde luego, lo que ignoran todas esas personas es el implacable procesador de datos que oculta la mente de esta mujer.

Un dato curioso: aunque no es el caso de María Dolores, dado que su marido también es espía y en su hogar se respira un peculiar ambiente de obligada complicidad, la mayor parte de las féminas llevan peor que los hombres la necesidad de guardar secreto sobre el desarrollo de las operaciones que tienen entre manos. Eso de que el novio o marido ignore por completo el oscuro entramado de presiones al que están sometidas, exigencia primerísima de la profesión más inconfesable que existe, les acarrea serios problemas de conciencia. Por esta razón, a la hora de realizar la selección de candidatas para puestos directivos, el Centro prima a las mujeres que están casadas, porque las considera emocionalmente más estables. Pero, solteras o casadas, La Casa ha demostrado confiar en ellas para puestos de responsabilidad, aunque todavía está lejano el día en que una española emule a Stella Rimington, de soltera

Stella Whitehouse, que en la actualidad, y como caso único en el espionaje internacional, es jefa del MI5 británico.

Tras los directivos existe un segundo escalón, distinguido con las letras «AY», que está formado por los ayudantes. Realizan trabajos de apoyo a los directivos, básicamente en misiones burocráticas de asistencia técnica y preparación de trabajos. Son muchos y tienen una implicación abierta en las tareas de información, aunque no la consigan directamente, ni lleguen nunca a elaborar ese importante *dossier* sobre la visita de Fidel Castro que, quién sabe, puede terminar en manos del mismísimo presidente del Gobierno. Ana P. M. es uno de los casos más representativos. Casada y perteneciente a una familia de raigambre militar, ingresó en el servicio gracias al apoyo incondicional de un tío carnal que ocupaba un alto cargo, o más bien altísimo, en La Casa. Cada mañana se encamina a su trabajo igual que cualquier homóloga del Ministerio de Educación y Ciencia, aunque pasadas las doce no le resulta tan fácil abandonar su despacho para hacer la compra o acompañar a su hija a las clases de ballet. Realiza diversos trabajos relacionados con una habilidad adquirida desde niña: los idiomas. Habitualmente traduce mensajes escritos o cifrados en inglés o italiano y redacta cartas e informes en las mismas lenguas. Está muy bien catalogada y es muy trabajadora. Constituye un pequeño eslabón sin el cual el engranaje no funcionaría, aunque a la vista de cualquier curioso resulta casi inapreciable.

Un tercer nivel está integrado por los auxiliares («AX»), los administrativos («AD») y los técnicos de información («TI»). Son personal civil contratado y suboficiales que tampoco mantienen una relación activa con la información. Se ocupan del trabajo más burocrático (elaboración de archivos, distribución de documentos, obtención de billetes de viaje, redacción de cartas, notificaciones y, en general, labores de secretaría relacionadas con el apoyo a los mandos) y, aunque sea anecdótico, están sujetos a las mismas inclemencias que el resto de los trabajadores civiles del mismo nivel, como el bajo sueldo, las nulas expectativas de ascenso y, en ocasiones, unas complicadas relaciones laborales con los jefes.

A veces, es posible que algunos agentes de alto nivel se aprovechen de su posición para obtener favores de sus subordinados o subordinadas. Esta supuesta falta de rigidez moral contrasta con la actuación que mantuvo el Servicio de Seguridad en cierta ocasión, cuando se descubrió un pequeño incidente amoroso en el que estaba implicado un directivo. Fernando de la Malla, jefe de la División de Economía y Tecnología, mantenía relaciones sentimentales con una secretaria, razón por la cual recibió un contundente toque de atención, del que hizo caso omiso. La historia terminó bien: actualmente está felizmente casado con la funcionaria del Centro.

Siguiendo el organigrama que estamos describiendo, se entra de lleno en el atrayente mundo de los auténticos elegidos de La Casa, envidia de los aficionados a las novelas de espionaje y orgullo secreto del Estado español. Son los A.O., los integrantes del Grupo de Apoyo Operativo, élite entre la élite y reyes indiscutibles de la clandestinidad en una empresa en la que ya de por sí prima el valor de lo oculto. Son verdaderos especialistas que efectúan las más variadas misiones, dentro y fuera de España, que por su elevado riesgo y por la necesidad sistemática de utilizar sofisticadísimos recursos no pueden cumplir los agentes normales de cualquier otra división. En un instante se arriesgan a que les caiga encima con toda su fuerza el rigor del Código Penal, al tiempo que se deslizan como gatos negros en la noche en el interior de la vivienda del más peligroso narcotraficante del momento para realizar uno de esos «pinchazos inocentes» del Centro. Y la mayor parte de las veces lo consiguen sin problemas. Al rato, conducen deportivos a 180 kilómetros por hora en cualquiera de las grandes arterias de comunicación del país sin que se les altere el pulso tras ese sospechoso que muchas veces lleva guardaespaldas. Hoy vigilan a los asistentes a una velada de la alta sociedad y mañana, sin cambiar el gesto, recorren los antros del barrio chino barcelonés en busca de ese *capo* escurridizo que oculta información inestimable. Quizás pasado mañana abran con técnica afinada, sin forzar, las puertas de una de las torres de Colón y accedan a la información deseada, siendo capaces de burlar la vigilancia mejor pagada del país. El mes que viene toca una ansiada «escapada» a París o a Bogotá, y es aquí donde los A.O. se superan verdaderamente a sí mismos. En definitiva, ellos son los imprescindibles y alargados brazos del CESID. En una era en que parece querer demostrarse la supremacía de la técnica sobre el hombre, la realidad es que el trabajo de un auténtico espía es insustituible.[2]

Los A.O. integran el grupo de agentes más mimado por Alonso Manglano. A ellos, a su valentía y a ciertos problemas personales, de todo punto explicables, dedicó la parte más emotiva del discurso público, antes citado, que pronunciara el director del Centro a finales de agosto de 1991 en el hotel Felipe II de El Escorial:

«La exigencia de la discreción en los servicios es bastante fuerte y condiciona a veces las relaciones de amistad y familiares de los agentes. Hay personas que están realizando acciones operativas que no se las pueden decir ni a su mujer, ni a sus hijos, ni a su novia, ni a su amante, ni a quien sea. Esto a veces crea problemas que no hemos sabido resolver, porque ni los psicólogos, que son magos, pueden resolverlos. Se puede abrir un proceso de desconfianza en la familia por el compromiso que el agente ha asumido de ser discreto».

Cuando Carlos Varela entró a formar parte de los hombres de Manglano, lo que menos podía pensar es que a él o a cualquier otro espía español, aun perteneciendo a los A.O. y por muy rudo que pudiera ser, le aguardasen problemas psicológicos. Eso era algo de desequilibrados, de personas con debilidad mental, incapaces de afrontar los problemas con el mínimo de entereza necesaria. Pero ciertamente se equivocaba, como comprobó a los pocos días de empezar su trabajo. Antes incluso de que le asignaran una mesa, le explicaran el tipo de trabajo que realizaría y le presentaran a sus nuevos compañeros, un hombre de algo más de cuarenta años, un poco gordo y con pinta de chusquero reenganchado al Ejército, le entregó para firmar un escrito en el que debía comprometerse, so pena de que cayera sobre él todo el peso de la ley, a no desvelar nada, absolutamente nada, de lo relacionado con su trabajo. Ni siquiera podría responder, sin autorización expresa de sus superiores, a preguntas formuladas por jueces o parlamentarios. No dudó ni un momento en estampar su firma, aunque supo en ese momento que la confidencialidad que asumía iba todavía más allá de lo que ya había sospechado desde el primer momento. Ni a su padre, un militar íntegro fuera de toda sospecha, podría contarle nada de lo que hacía durante toda su larga jornada laboral.

No recuerda muy bien cómo empezó la historia. Puede que fueran los comentarios de ciertos compañeros o el ambiente de frío desapego y secretismo que se respiraba en la sede, pero un día, de forma imperceptible, se encontró mirando de manera extraña, no exenta de desconfianza, a todos los que le rodeaban, absolutamente a todos. Y la cosa resultaba incomodísima. Nadie se lo dijo (y ni siquiera hizo falta, porque es uno de los atributos de los agentes), pero estaba seguro de que alguno de sus compañeros era un «topo» que informaba personalmente a alguien de lo que él hacía y, sobre todo, de lo que decía. A partir de ese momento empezó a medir las palabras, a no fiarse de nadie y a sentirse solo en un trabajo en el que había cientos de personas que se sentían igual que él, aunque a simple vista parecían tenerlo bastante asimilado. De hecho, todos actuaban con una desenvoltura inusual en un ambiente que a él le resultaba por momentos francamente irrespirable. No podría tampoco explicar el motivo, pero no había tardado en descubrir que le estaban investigando sus propios compañeros. Tal vez fue que Mari, su cotilla y deslenguada portera, le contó que un chico joven, asegurando ser ese amigo de toda la vida distanciado por las circunstancias, había indagado a las claras sobre extraños detalles personales y luego se había olvidado de dejar su nombre y un teléfono de contacto. O tal vez había sido la última conversación mantenida con su amigo-agente el «economista», que le transmitió su irreprimible sensación de ahogo tras los primeros días de trabajo en una sección distinta y distante de la suya.

—Son gente muy rara, macho, te lo aseguro. Te juro que en la sección no se fía de mí ni su puta madre. Me endosan auténticos coñazos, que los podría hacer cualquier *mindundi*. Y, además, cuando estoy cerca bajan la voz para que no me entere de las gilipolleces que hablan.

—¡Joder!, pues estamos buenos, a mí me pasa lo mismo. Es como si estuviera apestado. Y ese tío, que debe llevar currando dos o tres años, en lugar de hablarme, cuando se dirige a mí rebuzna y no para de interrogarme —respondió Carlos, no sin alivio, dándose cuenta de que finalmente no era un bicho raro con problemas de adaptación.

—Además, tengo la sensación de que me están siguiendo. Es como si alguien quisiera saber cada cosa que hago cuando estoy fuera de la carretera de La Coruña. Me jode un huevo esta situación, porque yo quiero estar a mi rollo, trabajar en paz —añadió el «economista», que, por momentos, estaba comenzando a meterse en la *depre*.

—Mi padre me ha dicho que en cualquier trabajo el primer mes es jodido, hasta que te adaptas o te aceptan. Eso es lo que debe estar pasando, macho. Tenemos que pasar de asfixias, porque creo que nosotros solos nos estamos cagando.

El día siguiente sería muy especial para Carlos. Uno de esos que todos los agentes de La Casa han debido superar para sobrevivir como tales. Los más débiles o los más íntegros, que nunca se sabe, tras ese fatídico día comienzan una escalada de tensión que antes o después les lleva a renunciar, para quitarse de encima lo que se está convirtiendo en una profunda depresión. Carlos, ese día, salió del Centro mosqueado. Sintió, como empezaba a ser habitual, que le seguían. No sabía si era un hombre o una mujer, pero lo cierto es que le seguían. Entró en el metro en la plaza de Alonso Martínez y, sin tomar ningún tren, salió poco después por otra boca. Sin mirar atrás, aceleró sus pasos en dirección a la glorieta de Bilbao. De improviso giró en la primera intersección a la derecha e inmediatamente se quedó parado. Disimulando, encendió un pitillo, en un intento por aparentar tranquilidad, aunque un cierto temblor en las manos le traicionaba. Mientras buscaba el mechero en los bolsillos, comenzó a caminar en dirección contraria deshaciendo los pasos que había dado. Miró uno por uno los rostros de las personas con las que se cruzaba, intentando descubrir al mal llamado compañero que llevaba un tiempo pisándole los talones, mientras mascullaba un «joder, esto no hay quien lo aguante». No sirvió de nada: no llegó a reconocer ninguna cara familiar y, en cualquier caso, acostumbrado ya a ciertas artimañas, su sombra particular muy bien podía encontrarse en la acera de enfrente, incluso riéndose de su falta de astucia, lógica en un principiante. De nuevo se metió en el metro y se subió al primer tren que pasaba, aunque no sabía bien adonde le llevaría. Se bajó apresuradamente en la segunda estación y no paró de correr hasta entrar en su casa. Agotado, tirado encima de la cama, trató de imaginar la cara de su perseguidor, con quien tal vez se habría cruzado alguna vez por los pasillos del Centro. «O tal vez —pensó—, nadie me está siguiendo y simplemente alucino. Joder, qué situación.»

Y Carlos aguantó estoicamente sus espasmos psicológicos pensando que «ya pasaría la *neura*», como así fue realmente. Seguía teniendo clara su meta y desde ese momento supo y llegó a aceptar, no sin problemas, que durante el resto de sus días en el Centro los hombres del Servicio de Seguridad le investigarían periódicamente para comprobar su fidelidad y garantizar que nada de lo que supiera iba a terminar en manos indeseables. Transcurrieron los meses y llegó a convivir de tal manera con la situación que, incluso cuando se daba el *lote* con su novia, pensaba que un par de ojos estarían escudriñando tan inmejorable momento. Pero, con todo y con eso, superada la primera fase, sus problemas de estrés no habían hecho más que empezar. Uno de ellos, aparentemente sin importancia, aunque él sí se la daba, era el hecho de que, con el paso del tiempo, llegaría a envidiar a policías y guardias civiles, que en definitiva realizan trabajos similares al suyo, pues cuando estos lo necesitan pueden enseñar un carnet que les acredita como agentes de la autoridad. Él, sin embargo, jamás podría mostrar a nadie su verdadera identidad.

Para evitar sorpresas y advertir a los hombres y mujeres que quisieran entrar a formar parte del CESID sobre los problemas personales que puede suponer trabajar en el mundo del espionaje, Manglano dibujó muy claramente la situación durante su reseñada intervención en El Escorial:

«Hay que conocer mínimamente los estados emocionales, porque habrá personas que tendrán que estar sometidas a unas presiones muy fuertes y hay que garantizarles que aguantarán. Hay un cansancio, que ahora está muy de moda, que es el estrés, en el cual yo creo poco, pero que existe. Y hay otro estrés que es más complicado, que es la perturbación que produce una operación muy delicada en el extranjero o en España y que entraña mucho riesgo. Esta situación produce grandes niveles de ruptura del nivel emocional y nosotros tenemos que garantizar la estabilidad de los agentes».

Dentro del contexto de tensión, nervios y desconfianza en

que se mueven los agentes, hay algo que puede parecer crudo mencionar, pero que en realidad constituye una de las iniciativas sociales que ha emprendido el CESID y de que carecen otros colectivos estatales, como las Fuerzas Armadas, de cara a premiar «ciertos sacrificios profesionales» de sus empleados: un sólido seguro de vida. Lo tienen todos los agentes por un valor mínimo de cinco millones de pesetas, lo que desde luego no soluciona la pérdida del ser querido, pero algo ayuda. Otro tipo de ayudas son las bolsas escolares, préstamos sin interés y ayudas para la educación de hijos con problemas. Sea como sea, en esos difíciles momentos por los que atravesó Carlos tras su ingreso en el Centro habría querido que le hablaran de cualquier cosa, especialmente de merecidas primas económicas, pero no precisamente de seguros de vida. Este asunto, cuando se presiente un acoso de origen incierto, puede resultar hasta macabro.

Medidas de seguridad en la sede central: la máquina de la verdad

De entre sus múltiples avatares profesionales, Carlos Varela siempre recordará su primer día de trabajo. Al regresar a casa, su padre le hizo las preguntas de rigor sobre qué tal le había ido su primera jornada, y a él, un estoico castellano de raigambre manchega marcado por un peculiar y juvenil orgullo regional, solo se le ocurrió responder: «Un escándalo, ha sido un auténtico escándalo». Era la expresión más fuerte y educada que acostumbraba a pronunciar delante de sus padres cuando se había sentido desbordado por una situación y no había sido capaz de hacerle frente. Así lo resumía todo.

Ese día de septiembre de 1991, al volante de su flamante Peugeot-205 «fin de carrera», había llegado a la sede central de la inteligencia en España (nada más y nada menos) en mitad de un ataque de nervios que intentaba disimular lo mejor posible. Le rechinaban los dientes y parecía anunciado el típico encajamiento de mandíbula que ya le acompañó otras veces, la última cuando su novia le iba a comunicar el resultado del Predictor. Además, antes de salir de casa había ido cuatro veces a orinar, algo que siempre le ocurría cuando la tensión le sobrepasaba. Dejó el utilitario en la calle Argentona, que más que una calle es un descampado que sirve como perímetro de seguridad del Centro. Lo único que hay en las cercanías es el colegio Mater Amantissima, cuyas alumnas no preocupan al CESID, y un criadero de perros que aparentemente se encarga de adiestrar a estos animales para cualquier interesado, pero que en realidad cuida exclusivamente de los canes del Centro, cuya única e importante misión es vigilar todo el perímetro de la sede durante la noche, para evitar asaltos. De esta forma, desde cualquiera de los edificios se percibe cada poco una singular y perfecta sinfonía de ladridos. Su aspecto de fieras corrupias al ataque permanente hace recomendable a los visitantes del restaurante La Pérgola, pegado a la entrada principal del Centro, no equivocarse de destino y entrar por donde no es, por si acaso. Desde el momento en que acaba el horario de tarde de los funcionarios hasta que comienza una nueva jornada, miembros del Servicio de Seguridad, acompañados cada uno por un perro, que ha recibido una preparación especial para la detección personal y el rastreo, recorren el interior y el exterior de toda la zona. Aunque cámaras ocultas permiten a los vigilantes desde la sala de control saber lo que pasa en el exterior, la misión de los perros es evitar que un «accidente» fortuito o intencionado pueda ser aprovechado por extraños para penetrar en el recinto. A Carlos nunca le han gustado los perros y menos que ninguno esos dichosos y «ecológicos» compañeros del CESID en los que piensa sobresaltado cada mañana, más que nada imaginándose un infortunado encuentro.

Ajeno todavía a estas cuestiones, el primer día se dirigió, aparentando despreocupación, hacia el guardia de la puerta. Su nombre estaba en la lista de agentes que se acababan de incorporar, por lo que no hubo ningún problema. Únicamente, el vigilante, seco y distante con el novato, le notificó que debía solicitar una tarjeta personal, que le facilitaría no solo la entrada y salida del Centro sino también el movimiento por las distintas dependencias. Con la confusión habitual que suele acompañar los primeros momentos, traspasó el umbral inmerso en una nebulosa plagada de incógnitas, muchas de las cuales comenzarían a despejarse paulatinamente a partir de ese momento. El recinto tenía la apariencia de un inofensivo campus universitario. Coronado por cuatro grandes edificios de distinto aspecto y fachada fría de grandes ventanales, destacaban por su estética los amplios jardines con hierba recortada de manera exquisita y prácticamente sin árboles. Carlos todavía no lo sabía, y no tardaría mucho tiempo en descubrirlo, pero acababa de introducirse de lleno en el más sofisticado sistema de seguridad que existe en España, muy por encima del que han instalado al Rey en el palacio de La Zarzuela y a Felipe González en La Moncloa. Está basado en un dispositivo de control central, que coordina la vigilancia de todos los edificios y terrenos circundantes, y en varios subsistemas vinculados a cada uno de los bloques de oficinas, que gozan de una autonomía parcial para hacer frente a las contingencias que puedan producirse. Cuando se presenta un problema, la Central decide en unos segundos si el subsistema le hace frente con sus propios medios de respuesta o si actúan ellos. Todo mediante ordenadores, radiotransmisores, pantallas de televisión, perros guardianes y miembros del Servicio de Seguridad bien armados.

Oficialmente para que no se perdiese y en realidad para controlar sus movimientos, una secretaria fue a buscar a Carlos a la puerta de entrada y le acompañó hasta su nuevo destino. Nunca hubiera imaginado lo complicado que podía resultar en aquel lugar algo tan rutinariamente sencillo como suele ser alcanzar tu mesa de despacho y tu silla el primer día de trabajo. Caminaron unos pocos metros hasta el gran edificio central de forma estrellada, el más cercano a la carretera de La Coruña y el más importante, sencillamente porque en él trabaja el director y su gabinete. Carlos no entró por la puerta principal del edificio, que se reserva a Manglano, a sus más importantes colaboradores y a aquellas visitas de ministros o altos cargos de la Administración que merecen un trato especial. De esta forma, solo ellos podrán contemplar una extraña y retorcida obra en hierro que, colocada cerca de la entrada, supone la única concesión exterior al arte. Unas sobrias columnas blancas, junto a las amplias escalinatas, dan a esta entrada la categoría y el grado suficiente de elegancia arquitectónica que se merecen los ilustres visitantes.

Camino de su nuevo puesto de trabajo, el joven pudo contemplar el helipuerto, que habitualmente no se usa, pues se reserva para casos de emergencia, y los numerosos aparcamientos (solo una parte de ellos cubierta) que albergan diariamente los cerca de doscientos vehículos de los agentes, lejos de las miradas curiosas de la gente. También se fijó en una enorme antena levantada en el edificio principal, que permite establecer comunicaciones con cualquier país del mundo.

Aunque no se aprecia desde fuera, el edificio central tiene seis niveles en total (algunos en el subsuelo), que comparten las más importantes divisiones. El macroedificio evoca interiormente la funcionalidad americana, aunque presenta una pulcritud inexistente en cualquier país del mundo. El mármol es el lujoso, duro y frío material que preside el centro neurálgico del espionaje español; resulta llamativo que el cristal, más habitual en cualquier oficina funcional moderna y que permite traslucirlo todo, se encuentra en la lista negra y es muy poco usado. Como amante de las películas futuristas, Carlos se quedó perplejo ante la espectacularidad del engranaje de seguridad que envuelve cada movimiento en la sede. Recorrió los amplios, luminosos e interminables pasillos con puertas a ambos lados, accediendo a las sucesivas estancias una vez que su acompañante cumplía con la exigencia de teclear su número personal y confidencial. En ese momento, un ordenador graba el nombre del peticionario y la hora, mientras busca en su memoria si el agente está autorizado a traspasar la puerta herméticamente bloqueada. Si todo es correcto, se abre y cierra de forma automática mediante un enganche especial.

Su «cicerone particular», una niña abiertamente simpática que comprendía el gesto de sorpresa del joven a cada nuevo paso, comenzó a explicarle algunos detalles.

—Dependiendo de la zona, el acceso será libre para todos o más o menos restringido. Mira, en el área de la División de Economía y Tecnología hay estancias a las que pueden acceder casi todos los agentes, pero no los de la Contrainteligencia. En otras solo pueden acceder los jefes, y no todos. Así que ten cuidado y no te equivoques.

—Y, con tanta puerta igual a la anterior, ¿cómo haces para no perderte? —preguntó Carlos, abrumado ante tanta dificultad para llegar a su destino.

—Es mucho más sencillo de lo que piensas. Es un juego de niños, pensado para que ni siquiera una pequeña de dos años se pierda. Cada ala, correspondiente a una división o sección, tiene asignado un color distinto claramente visible en todos los pasillos. Así, si te encuentran donde no debes estar, no te molestes en explicar que te has perdido, porque o estás chalupa o lo has hecho a propósito.

Después del curioso periplo y tras ser presentado a los que iban a ser sus compañeros, finalmente, y con el consiguiente alivio del que acaba de recorrer un largo trecho a tal fin, le señalaron su mesa de trabajo. Era pequeña pero utilitaria, y solo mostraba un solitario y moderno teléfono de color blanco. Los cajones tenían una llave que, según le explicaron inmediatamente, debía utilizar de forma sistemática cada vez que se ausentase, aunque solo fuera para departir en la cafetería. Y a partir de ahí se sucederían a lo largo de su primera jornada laboral inacabables directrices de conducta, no exentas de buenos propósitos, algunas de las cuales llamarían poderosamente su atención.

—Cuando termines la jornada, antes de irte —le dijo uno de sus nuevos compañeros— nunca dejes un papel escrito encima de la mesa, aunque solo contenga notas de una conversación. La mesa debe estar limpia, o en caso contrario los de Seguridad te llamarán la atención. Cuando todos nos hemos ido, recorren los edificios y tienen orden de confiscar cualquier cosa que se encuentren.

—Y no intentes esconderte en el baño —pareció añadir de coña otro de sus colegas, aunque no daba a simple vista la imagen del típico gracioso—, porque incluso allí hacen sus comprobaciones.

Por fin, sentado por primera vez ante su mesa y su solitario teléfono blanco, intentó mentalmente hacer suya la susodicha «manía de los papeles», repitiéndose varias veces «no hay que dejar papeles», tarea que le resultaría harto complicada teniendo en cuenta el diario estado de la leonera particular que cada mañana, antes de salir de casa, delegaba en las amorosas manos maternas. Y quizá por asociación de ideas, su vista comenzó a escudriñar la estancia en busca de la ansiada papelera, absolutamente inexcusable para tales menesteres, y nada, que no había ni una. En su inocencia, más que nada por lo absurdo del asunto, acabó preguntando por ellas a una de las secretarias (únicos seres que allí parecían ir de normales), la cual, mediante una compleja perorata, le explicó amablemente (empezaba a acostumbrarse a un exceso inusual de explicaciones) que no encontraría ninguna del tipo convencional que él conocía: «Aquí lo que tenemos son trituradoras de papel». En los días siguientes, afectado a ratos por el aburrimiento de rigor que acompañaba su inicial inactividad, cogería en varias ocasiones algunos folios en blanco para contemplar cómo aquellas psicodélicas papeleras los hacían materialmente añicos. Como era lógico, Carlos por entonces desconocía que una de las mejores fuentes de información de los servicios secretos son las basuras, que guardan restos aparentemente inútiles pero que, investigados con habilidad, pueden facilitar interesantes datos. Un diplomático tan experimentado como Inocencio Arias cuenta que en algunas reuniones a las que asistió hace años en el extranjero tomaba notas de todo lo que se hablaba y, antes de abandonar la sala, sacaba un papel, garabateaba las primeras palabras que se le ocurrían, todas sin sentido, y lo dejaba encima de la mesa. «Así —decía—, si algún espía lo robaba, les tendría locos durante varios días tratando de descifrar mi opinión sobre la reunión.»

Tras la infructuosa búsqueda de lo que hasta ese momento había considerado simples e inocentes objetos donde arrojar diversas incongruencias desechables, volvió sobre sus pasos hacia su mesa y su teléfono blanco, más que nada para cogerles el gusto, al menos el primer día. De nuevo sentado, reflexionó sobre las sensaciones experimentadas y las ideas que comenzaban a agolparse en su mente, y no por casualidad. Algo tenía ya claro: percibía en el ambiente que quizá en aquel lugar ni los más simples objetos podrían recibir la catalogación de «inocentes», a no ser, claro está, que hubiese quedado demostrado lo contrario. Si hasta sus rutinarias anotaciones iban a quedar expuestas a inspección por parte de algunos compañeros de trabajo, ¿qué no acabaría pasando, por ejemplo, con su hasta entonces «inocente» teléfono blanco? Seguidamente recordó una de las recónditas dependencias que le acababan de enseñar: el archivo del Centro. El silencio era sepulcral, y en un extraño tono susurrante le habían explicado que para acceder a cualquiera de los informes archivados necesitaba la autorización escrita del jefe y rellenar una ficha haciendo constar la fecha y su firma. «Aquí, salvo contadas excepciones, los documentos no pueden fotocopiarse. De forma que te limitas a tomar nota de lo que te interesa, y punto.» En cierto tono de amenaza, su peculiar acompañante femenino le había puesto sobre aviso: «No te vaya a ocurrir lo que a algún compañero que se ha pasado de listo intentando fotocopiar ciertos asuntos privados. Las fotocopiadoras exigen una clave concreta que te delata inmediatamente».

Estaba claro. Tampoco las fotocopiadoras eran consideradas «objetos inocentes», y Carlos iba tomando buena nota de todo ello intentando asimilar como principio las lógicas precauciones documentales existentes en su sin par quehacer profesional. De lo que conscientemente no le advirtieron y tuvo que enterarse meses después es de que todos los informes que frecuentemente se distribuyen entre distintas secciones incluyen variaciones imperceptibles relativas a una palabra concreta o a ciertos signos que no ocupan su lugar habitual en el documento. La operación está tan bien montada que realmente nadie, salvo el experto en este tipo de montajes, es capaz de detectar el elemento concreto que diferencia uno de esos informes del resto, de manera que, si se produjera una filtración, se encontraría rápidamente al agente traidor.

Pero, más que el archivo electrónico, lo que le llegó a impactar vivamente fue el gabinete de vídeos, integrado por una espectacular memoria audiovisual que procesa y almacena todo tipo de datos a nivel nacional e internacional. Con toda libertad, podría solicitar cualquier información abierta captada lo mismo en la televisión gallega o andaluza que en la italiana o francesa. Ahora bien, si quisiera acceder a ciertas imágenes robadas por los propios agentes en operaciones clandestinas, la única fórmula posible de visionarlas volvía a consistir en la dichosa autorización escrita del jefe de la división, aunque, dicho sea de paso, hasta el momento Carlos nunca ha llegado a utilizar tal mecanismo. Con la desenvoltura lógica que solo puede desarrollarse tras ciertos meses de experiencia, ha logrado manejar con soltura y eficacia suficientes los siempre ilustrativos vídeos del Centro. Pero todavía hoy, cada vez que acude al mencionado gabinete piensa qué demonios contendrán esas cintas secretas...

¿Entrevistas con desertores, conversaciones con políticos que encubiertamente colaboran con el Centro o intensas escenas de cama robadas en algún hotel de lujo a un diplomático extranjero? No lo sabe, y posiblemente nunca lo sabrá. A lo mejor, a estas alturas ni siquiera le importe, siendo esta en definitiva la mejor forma de mantener el sentido común del que suelen vanagloriarse muchos hombres del espionaje español.

En fin, en este su primer día no podía faltar la obligada visita matinal al bar. Sus compañeros, al verle agobiado y pensativo, no tardaron mucho tiempo en llevarle a tomar un café. La cafetería le pareció a simple vista pulcra e inesperadamente grande y bien distribuida, e incluso reparó en sus pulidos suelos al estilo de una famosa marca anunciada en televisión. Apenas habían transcurrido cuatro horas desde su llegada y ya estaba firmemente dispuesto a no dejar escapar ni un detalle, por inocuo que pudiera parecer. De camino, y entre distendidas bromas cotidianas, había emprendido con sus compañeros un rápido recorrido por los lugares de libre acceso para un recién incorporado agente. Le enseñaron el gimnasio, prácticamente tan grande como el bar y dotado de los medios más modernos para la práctica de cualquier tipo de ejercicios y para la puesta a punto de todos los agentes. No tardó en comprobar hasta qué punto tales actividades eran especialmente promovidas desde la dirección. A pesar de que el detalle no parecía incluido dentro de la «frívola» ruta turística a la que le sometieron de sopetón sus recién estrenados compañeros de trabajo, de camino al ya para entonces postergado café pudo constatar su ingreso en una potente empresa al comprobar que el modestamente apodado «botiquín» podía, mucho más por sus medios que por sus dimensiones, llegar a desatar las envidias de algunos ambulatorios del país. Según le aseguraron, el trabajo que allí realizan los médicos (siempre hay alguno de modo permanente, cuando en la generalidad de las empresas suelen estar un par de horas para cubrir el expediente) no solo consiste en atender a quien lo necesite, sino en someter periódicamente a todos los agentes a escrupulosos reconocimientos médicos.

Finalmente le mostraron la sala de conferencias. Después de ampliar su formación en los dos años posteriores, aquel lugar terminaría por resultarle muy familiar. Dispone de una amalgama de sofisticados artilugios audiovisuales, buena muestra de tecnología puntera en lo relacionado con todo tipo de aparatos, pantallas y cámaras, que hacen las delicias de cualquier orador que pretenda exponer con la claridad requerida las más complejas materias. Cercana a la sala de conferencias, solo unas cuantas puertas más allá se encuentra una de esas estancias rodeadas de un cierto halo de clandestinidad de la que nunca le hablaron. Únicamente supo de su existencia cuando llegó a sus oídos la celebración de uno de los conocidos y prolongadísimos «encierros» protagonizados por los jefes con ocasión del intento de golpe de Estado en la Unión Soviética contra Mijail Gorbachov el 19 de agosto de 1991. Totalmente insonorizada, y con cabinas telefónicas, televisores y vídeos diseminados por doquier, la sala de crisis está presidida por una gran mesa ovalada y dieciséis confortables sillones de directorio. A buen seguro, lo que han visto y oído esas paredes sería pagado por cualquier medio de comunicación con lingotes de oro.

De regreso a su puesto de trabajo, le asaltó el agradable deseo de escuchar una voz familiar. Dispuesto a utilizar por primera vez su flamante y aparentemente inocuo teléfono blanco, marcó el número de su novia. La echaba de menos, y el día anterior había quedado con ella en que la llamaría para contarle cómo le iba. Charlaron intrascendentemente durante algo más de diez minutos, que se le pasaron con rapidez. Carlos había intentado transmitir la sensación de optimismo y tranquilidad que estaba resuelto a conquistar, y que a decir verdad brillaba por su ausencia en aquel preciso momento en que se enfrentaba a la realidad del desconocido y complicado mundo en el que se acababa de iniciar. Al igual que con el asunto de las papeleras, su ignorancia primeriza le volvía a traicionar, esta vez con motivo de una pequeña *característica* de su teléfono blanco, de la que llegó a albergar una incipiente sospecha, aunque verdaderamente en aquel caso carecía de importancia. Con el tiempo acabaría descubriendo hasta qué punto su vida estaba marcada por toda una curiosa gama de férreos marcajes y controles, como el que supone el hecho de que todas sus llamadas sean interceptadas de manera automática y memorizadas por un ordenador que periódicamente facilita un listado detallado sobre cada extensión, especificando cuándo se produjo la llamada, a qué número de teléfono fue realizada y cuánto tiempo duró la conversación. Aparte del considerable ahorro que este procedimiento supone para el Centro, debido al temor de los empleados a que sus jefes puedan pensar que se dedican a perder el tiempo, cada área puede comprobar fácilmente la fidelidad de sus agentes. La desconfianza, característico mecanismo de garantía de eficacia de cualquier servicio secreto, lo impregna todo en la sede central, y sus alargados brazos pueden llegar a activar medidas de gran espectacularidad.

A pesar de las constantes precauciones en esta dirección, la de la enfermiza obsesión por el «control de fidelidades», una de las costumbres habituales de los miembros del CESID es obtener, por cualquier vía a su alcance, una copia de alguna de las acciones comprometedoras del Centro. Es como un seguro de vida, que guardan en la caja fuerte de un banco cuya llave solamente conoce algún amigo de la máxima confianza. De esta forma, si alguna vez tuvieran problemas o quisieran irse y no les dejaran, siempre dispondrían de una bala en la recámara.

Al mismo tiempo, para evitar en la medida de lo posible este tipo de conductas, el Servicio de Seguridad utiliza a los inestimables soplones. Su sistema de trabajo se basa en una idea muy simple, aunque de perturbadores efectos: cualquiera que esté a tu lado puede ir con el cuento de lo que estás haciendo o diciendo. Lo que conlleva una respuesta psicológica contundente y generalizada: no puedo fiarme de nadie.

Cuando, a pesar de todo, se detecta que un agente puede no estar siendo honesto, se monta un implacable y eficaz dispositivo de seguimiento durante las veinticuatro horas del día. Si finalmente se mantienen las sospechas, la primera medida es someterle a la máquina de la verdad, familiar y conocido sistema de garantizar fidelidades. Utilizada por la mayor parte de los servicios de inteligencia del mundo y de resultados altamente fiables, sigue siendo un trago difícil de digerir para el que tiene que pasarlo. El agente a quien se le aplican los modernísimos polígrafos de que dispone La Casa sabe perfectamente que someterse a la máquina es algo voluntario, pero también sabe que negarse puede suponer su baja inmediata. En España, por ejemplo, la Escuela Superior de Estudios de Seguridad, encargada de seleccionar escoltas para personalidades y empresas, exige a todos los candidatos a un puesto de trabajo que se sometan voluntariamente al polígrafo, para lo cual tienen que mostrar su predisposición por escrito, dado que sería ilegal obligarles a pasar la prueba.

El método de interrogatorio no solo va dirigido a los agentes sospechosos de filtrar informaciones, sino a aquellos otros que realizan trabajos especialmente controvertidos. Sentado en una sala pequeña, que más parece un montaje para análisis clínicos que otra cosa, el agente permanece inmóvil mientras los cables incrustados en la piel van transmitiendo una serie de impulsos que son grabados en una cinta de papel continuo. El interrogador le hace una serie de preguntas (la primera siempre es su nombre y apellidos) cuya respuesta será interpretada a continuación como cierta o falsa. Solo existe una posibilidad de engaño entre cien mil y el agente lo sabe. Únicamente saldrá bien parado si contesta la verdad. En caso contrario, sus pecados quedarán patentes y tendrá que reconocer después, en un interrogatorio en condiciones, con o sin focos, todo lo que ha hecho.

En 1990, con su habitual desparpajo, la CIA norteamericana puso un anuncio en la revista especializada *American Polygraph Association* para solicitar especialistas en el detector de mentiras: «Como polígrafo de la CIA hará mucho más que utilizar un instrumento, pensará deprisa, pensará acertadamente, hará las preguntas precisas, hará los juicios adecuados a un sistema de pruebas extensivo. Le probará a usted mismo todos los días y será compensado con un salario competitivo, beneficios excelentes y la seguridad de que se encuentra en lo más alto de su especialidad profesional». Curiosamente, en este anuncio se exigía a los candidatos «flexibilidad y movilidad para salir de los Estados Unidos», dado que, entre otros destinos, había que cubrir una vacante en la Embajada norteamericana en Madrid.

El final de la jornada hizo resoplar a Carlos. Para un día, ya había tenido bastante. Dependencias ocultas, claves secretas, llamativas medidas de control y un chaparrón de instrucciones diversas coronaban emblemáticamente su primer día en el Centro. Había grabado en su mente un sinfín de rostros nuevos y había departido con algunos compañeros, que oficialmente no eran empleados del servicio secreto, sino de la Secretaría de Estado de la Administración Militar, la antigua Subsecretaría de Defensa, a la cual estaban adscritos como tapadera. Al salir, el antipático agente de la puerta tomó nuevamente nota de su salida (¡hasta cuando sales te tienen que controlar!) y volvió a respirar hondo. Carlos Varela, un agente del CESID como tantos otros, regresó a casa y durante varias semanas vivió en el mundo particular que su mente construyó con la percepción individual que hizo de todo lo que pasaba a su alrededor. Hoy mira hacia atrás y sonríe cuando recuerda tantas cosas que ahora piensa que carecen de la importancia que les dio en aquel momento. Le gusta su trabajo, ha hecho algunas buenas amistades y espera realizar en el futuro misiones cada vez más importantes. Para él, los servicios secretos son básicos para el funcionamiento del mundo y «España no podría vivir sin el CESID».[3]

Notas

1. Posteriormente, Melchor Miralles me confirmó la historia que el agente del CESID le había filtrado a Antonio, excepto en un pequeño «detalle»: su fuente nunca ha pertenecido al Centro, y está convencido de que los micrófonos tampoco eran de La Casa. Le creo.

2. La descripción del trabajo de los Grupos de Apoyo Operativo se desarrolla en el capítulo cuatro.

3. Carlos Varela es un agente del CESID cuyo nombre verdadero no ha sido utilizado, para evitar que La Casa tome represalias contra él, que podrían significar su expulsión. Con el límite de no contar nada que suponga desvelar secretos oficiales, solicitó, tras manifestar sus dudas, y así lo ha hecho el autor, que algunos datos sobre su vida fueran cambiados para evitar ser reconocido. Gracias, Carlos.

3

Los grupos de apoyo operativo

El 7 de junio de 1990, pocos minutos después de las cuatro y media de la tarde, conocí a «Alberto K», el mejor espía que ha tenido el CESID durante los últimos diez años. Se trata de un retrato a la española de John Wayne en una de sus películas de soldados e indios, en las que siempre, montado en su caballo blanco, va al frente de sus hombres arriesgando su vida más de lo conveniente en virtud de su mando y que después de dos horas, cuando piensas que como recompensa a su altruista entrega se podrá casar con la chica del largo vestido con miriñaque, desaparece discretamente por un callejón, con el corazón roto, dejando el terreno libre a un impulsivo, romántico e imberbe joven. Que un agente de su importancia, necesitado de la más absoluta discreción, accediera a conversar conmigo fue un golpe de suerte que tuvo lugar gracias a un cúmulo de acontecimientos, de esos que con cierta frecuencia se producen en la vida diaria de un periodista.

Dos semanas antes del encuentro, el 24 de mayo, Ahmad Rafat y Carlos Naranjo, dos compañeros de *Tiempo* con el olfato periodístico demasiado desarrollado, habían asistido en Bucarest a una extraña fiesta de compatriotas alejados de casa en la que estuvieron presentes varios agentes del CESID, los cuales nunca reconocieron serlo. Ahmad ha bregado mucho por el mundo, en circunstancias muy difíciles, y además es un especialista en temas de inteligencia, por lo que no tardó en descubrir las verdaderas identidades de los espías, lo que se tradujo en un comentario al oído de Carlos Naranjo. Este, como quien no quiere la cosa, con discreción y sibilinamente, descargó un carrete entero de fotos sobre todos ellos. En Madrid, Pepe Oneto, Pedro Páramo y Miguel Rodrigo vieron rápidamente la transcendencia de la noticia y me encargaron que confirmara todos los extremos y me pusiera en comunicación con el jefe del grupo, que respondía al extraño nombre de «Alberto K». Decidimos que lo mejor era esperar unos días para que se acercara el cierre del semanario y nada de lo que pasara en un posible encuentro pudiera ya influir en lo que publicáramos esa semana.

Fue en la mañana del jueves cuando marqué el número que el jefe del grupo de espías le dio a Ahmad para que se pusiera en contacto con él, por si necesitaba algo, lo que nunca habría hecho de imaginar que su tapadera de coronel del Ejército había sido descubierta.

—Alberto, soy Fernando Rueda, de *Tiempo*; Ahmad me ha hablado de ti —le espeté directamente, utilizando el tuteo para aligerar la barrera de hielo que nos separaba.

—No sé de quién me hablas —contestó sorprendido de veras por la llamada.

—Es un periodista de *Tiempo* con el que estuviste la otra noche en Rumanía, en casa de un diplomático español.

—Lo siento, pero no conozco a ese árabe, o lo que sea, del que me hablas —respondió seco, aunque sin dar por concluida la conversación.

—Iba con otros periodistas de medios españoles que estaban cubriendo las primeras elecciones tras la caída de Ceaucescu —añadí, consciente de que el espía estaba decidido a mentirme hasta la evidencia.

—Te repito que no entiendo el asunto que me estás mencionando.

—Vamos a ver, ¿tú estuviste la pasada semana en Rumanía? —le dije pensando que se me escapaba de las manos el control de la situación y con ello la oportunidad de conocer en persona a un verdadero James Bond.

—Sí —respondió escuetamente y guardó silencio.

—Tenemos fotos de la juerga de aquella noche y me gustaría hablar contigo antes de que salgan publicadas la próxima semana.

—No es verdad, no tienes fotos.

¡Al fin! Su flanco débil había quedado al descubierto. Ninguno de los cinco agentes del Centro se había dado cuenta de las trece fotos que se hicieron aquella noche. Con enorme pericia y discreción, Naranjo consiguió obtener imágenes absolutamente nítidas sin que nadie reparara en que fueran otra cosa que recuerdos de una noche de fiesta en Rumanía. La sorpresa que tanto pregonan los militares en sus libros de estrategia fue la clave del éxito de mi conversación telefónica con «Alberto K». Accedió a encontrarse conmigo para ver las fotos, aunque sospechaba que yo jugaba de farol.

—Muy bien —añadió—, nos encontraremos esta tarde, a las cuatro y media, en la cafetería Ghirardelli.

—¿Cómo te reconoceré?

—Si de verdad tienes esas fotos, no tendrás ningún problema.

En ese momento no comprendí la transcendencia de la reunión, porque yo creía que «Alberto K» era simplemente el jefe de un comando del Grupo de Apoyo Operativo y no el jefe de todos ellos. Posteriormente descubrí que la «K» del supuesto coronel que montó una juerga en uno de los países comunistas por antonomasia con el fin de conseguir ayuda en la misión secreta que le había llevado a Rumanía sirve para designar al «gran jefe», al militar o civil que dirige una sección importante de La Casa. Por esa razón, no interpreté adecuadamente el hecho de que un barbudo de mediana edad con un periódico enrollado en la mano, como cuando de jóvenes íbamos a las manifestaciones, me siguiera desde el momento en que salí de un taxi con destino a la cafetería donde se iba a celebrar la reunión; que otro, con igual pinta de guardia civil disfrazado de paisano, paseara aparentando despreocupación por delante del toldo medieval rojo que avisa a los despistados del lugar donde está Ghirardelli; y que uno más con igual aspecto de escolta de alto cargo y con calcetines negros reglamentarios me observara casi escudriñándome con cara de pocos amigos desde el fondo de la cafetería.

Cuando me había sentado (diez minutos antes de lo concertado) en uno de los incómodos taburetes clavados al suelo que había junto a la barra, comprendí mi primer error. En lugar de llevar una ampliación en papel tenía una diapositiva, lo que por su reducido tamaño dificultaba el reconocimiento de mi interlocutor. ¿Cómo no habría caído en ese estúpido detalle? Pedí un café tristemente solo que me bebí de un sorbo, y no se me ocurrió otra cosa que hacer ostentación de la dichosa diapositiva, pues en aquel momento ninguno de los hombres que había sentados en distintos lugares de la cafetería me parecía «Alberto K». Con la mirada del guardia civil de calcetines negros incomodándome desde un extremo de la barra y la tensión del momento empapándome las manos, hice un nuevo recorrido por los hombres (no había ni una mujer) que, aparentemente despreocupados y solitarios, ocupaban diversos asientos en aquella cafetería de ambiente distinguido. Casi todos habían cumplido los cuarenta (como Alberto), ninguno me prestaba la más mínima atención (como imaginaba que haría Alberto), todos tenían unas facciones normales que me parecieron absurdamente vulgares (como Alberto) y en su mayor parte mostraban aspecto de ejecutivos (como Alberto).

Empecé a impacientarme. Todo estaba a punto de irse al garete. Me sentía decididamente ridículo mirando con gesto extravagante una diminuta diapositiva en la que una figura pequeñita, que no terminaba de distinguir, junto con otras cinco personas, aparentaba pasárselo muy bien durante una fiesta en Rumanía. En ese momento, por detrás de mí y en dirección al cuarto de baño, pasó Juan Manuel Borlaf, uno de los fotógrafos del semanario. En lugar de tranquilidad, me produjo nerviosismo. Después de todo, por no haber ampliado la foto, todo iba a salir mal. Pasados un par de minutos, nuevamente mi compañero pasó a mi lado y, según lo convenido, me prestó la misma atención que a un gato que hubiera estado durmiendo en una aburrida acera de la Puerta del Sol. De repente, un señor que podría ser «Alberto K», pero que perfectamente podría no serlo, se levantó de un taburete de la barra. No le había visto hasta ese momento. En décimas de segundo tuve que tomar una decisión. Le miré a la cara, esperando un gesto por su parte que no se produjo, y cuando ya me había rebasado le grité, o eso me pareció en ese momento: «¿Tú eres Alberto?» Se quedó paralizado y frenó su decidido camino hacia la puerta de salida. Volvió sobre sus pasos y me contestó que sí. No dudó de que yo era Fernando Rueda, lo que no me extrañó, porque en La Casa deben de tener unas cuantas fotos mías.

Durante los tres cuartos de hora que duró la entrevista, tensa y dura, no pude interpretar convenientemente algunas de sus afirmaciones, debido a mi desconocimiento de su puesto real. Fue varias semanas después cuando descubrí que su verdadero nombre es Juan Perote Pellón, el brazo derecho de Manglano y el máximo responsable de los comandos operativos, los que realizan las misiones más peligrosas. Allí, en una elegante cafetería, me pareció mucho más normal de lo que en mis fantasías podía habérmelo imaginado. Era mayor de cincuenta años, llevaba unas gafas que no aparecían en la foto de la juerga de Rumanía, le sobraban unos cuantos kilos en la tripa y ofrecía un aspecto de padre de familia que me recordaba al infatigable trabajador y tierno hombre que es mi progenitor. Tenía las mismas entradas que este en el pelo, que le dejaban dos explanadas vacías a cada lado de la cabeza, llevaba una camisa amplia de esas que compran las esposas cuando quieren que su marido disimule la barriga, y sus manazas no eran precisamente las de un oficinista.

Guando comenzó a hablar tuve la sensación de que me conocía perfectamente. Sabía que para reunirse conmigo debía haber pedido autorización a Manglano y que la sección encargada de controlar a los periodistas le habría pasado mi *dossier*.

—Es verdad que estuve en Rumanía, pero ni soy coronel ni he hecho el curso de Estado Mayor.

—Eso ya lo sabemos —mentía, pero tenía que aparentar estar bien informado—, es la tapadera que usaste.

—Y lo que también es mentira es que tengas fotos de aquella noche.

No le respondí. Simplemente, con un gesto altanero que mostraba mi satisfacción, le entregué la diapositiva de sus sufrimientos. La miró a la luz y le cambió el gesto, que ya de por sí era bastante arisco.

—Me parece muy mal que publiquéis esas fotos.

—Lo siento, pero ya no se puede hacer nada, porque la revista está en los talleres imprimiéndose.

—Bueno, me da igual, yo no tengo nada que perder, porque ya llevo muchos años en el servicio y no me queda mucho —añadió poniéndose a la defensiva y preparándose una trinchera por si yo quería hacer algún trueque a cambio de no sacar las fotos.

—Nosotros lo que queremos saber es si quieres añadir algo a la historia. Tenemos la información que nos han mandado nuestros enviados especiales y además hemos confirmado en diversas fuentes en Madrid todos esos datos.

—Yo no tengo nada que decir. Además, me imagino que estarás grabando nuestra conversación.

«Como siga creciendo el nivel de tensión —pensé—, va a estallar y toda la cafetería quedará destrozada por el impacto.» Opté por montar el número de quitarme la chaqueta para demostrarle que no llevaba micrófonos encima e inmediatamente tuve que reprimirme para no devolverle la pregunta, pero preferí no hacerlo. Seguro que estaban grabándonos, pero no tenía ni idea del cómo, dado que el Centro podía haber metido un micrófono hasta en una de las patillas de sus gafas. Hablamos y hablamos. En cierto momento le dije que quería ser sincero con él.

—Ya sé que eres una persona sincera, que hablas claro —me respondió.

—¿Quién te lo ha dicho?

—Yo sé muchas cosas —afirmó sonriendo.

Eran cerca de las cinco y media cuando abandonamos la cafetería. Seguimos hablando, pero no me acuerdo de qué temas. Estaba nervioso, mirando al suelo, esperando que sucediera lo que habíamos previsto en la revista, pero con el temor a que todo se estropeara en el último momento. Al llegar a la altura de una señal de tráfico de dirección prohibida, me paré. Me moví a su alrededor, le hice andar en un sentido y luego volvimos a detenernos. Vi pasar tenso cerca de nosotros al guardia civil de mirada asesina. Debía de haber descubierto lo que estaba ocurriendo, pero no se atrevió a intervenir. Ellos se encargaban de cuidar a su jefe, pero, escondidos en un coche, dos estupendos reporteros gráficos, Antonio Tiedra y Juan Manuel Borlaf, culminaron la historia con brillantez. Los carretes de sus cámaras son el mejor notario que he encontrado en toda mi carrera periodística.

Así actúan los A. O.: una misión en Rumanía

El breve párrafo apareció publicado el 3 de junio de 1990 escondido, sin que se le diera demasiada importancia, al final de un larguísimo reportaje sobre los servicios secretos del Este, lo que le hizo pasar desapercibido para la mayor parte de los lectores: «Días después de las elecciones, un grupo de cinco miembros del CESID estuvo en Bucarest intentando, al parecer, hacerse con unas cintas de vídeo con escenas comprometedoras de algún político español antes de que caigan en manos de algún servicio de información extranjero. Dada la corrupción general en Rumanía, son muchos los servicios de información que intentan comprar ahora cintas de este tipo, que existen a millares. Por ejemplo, parece lógico el interés del Mossad israelí y de otros muchos por hacerse con las cintas, citadas por el jefe de los servicios rumanos huido en 1978, Ion Pacepa, que muestran a Yasir Arafat, líder de la Organización para la Liberación de Palestina (OLP), en juegos eróticos con sus guardaespaldas en un dormitorio del hotel especial del Partido Comunista de Rumanía».[1]

Todo había comenzado a principios del mes de mayo de 1990 en la sede central del CESID, cuando el director llamó a su despacho al jefe del Grupo de Apoyo Operativo, el teniente coronel Juan Perote Pellón. Desde hacía algunos años sabían que la Securitate, el servicio secreto de Ceaucescu, tenía en su poder vídeos pornográficos protagonizados por cierto político español que en cualquier momento podían utilizar para chantajearle, ya fuera para conseguir una exportación a mejor precio o para que influyera en una decisión vital de la diplomacia española. La caída del sanguinario dictador comunista, en lugar de despejar la incógnita sobre el paradero final de las imágenes escandalosas, la había convertido en una auténtica bomba de relojería que podría estallar en cualquier momento, dado que nadie sabía para entonces quién poseía el control sobre la Securitate y si, en cualquier caso, las mencionadas cintas estaban al alcance de algún desaprensivo. Durante la reunión, Manglano fue muy claro con su hombre de confianza:

—Tenemos que sacar de la circulación ese maldito vídeo como sea. Hazlo desaparecer o, en el peor de los casos, negocia su congelación. Hay que actuar de inmediato, porque cada día que pasa aumentan las probabilidades de que pase de malas manos a peores.

Perote sabía que «congelar» el vídeo porno sería la única posibilidad, lo que supondría llegar a un acuerdo con los rumanos para que no lo usaran como arma de chantaje a cambio de una contraprestación similar del CESID con algún material comprometedor sobre un político rumano o de algún tipo de favor que él desconocía en ese momento. Porque con las cintas de vídeo nunca se sabe. Te dan una copia, pero nadie garantiza que el vendedor no haya hecho una reproducción o cientos de ellas. Así que, en ese momento, Perote suponía que la juerga sexual del político español podría muy bien estar sirviendo para amenizar las orgías de decenas de degenerados en la Rumanía pos-Ceaucescu.

Perote diseñó la operación con mucho detenimiento y poniendo énfasis en los pequeños detalles, como es habitual en él. Su primera decisión, dada la transcendencia del trabajo, fue asumir personalmente el mando del equipo que debía ir a Bucarest. Se fiaba de sus ayudantes (gente de mucha valía), pero en este tipo de misiones prefería intervenir él directamente. Más tarde pensó que los agentes que le acompañasen debían tener un adiestramiento especial, estar habituados a misiones secretas, legales o no, y, por supuesto, pertenecer todos a su Grupo de Apoyo Operativo. Se inclinó por cuatro jóvenes, dos hombres y dos mujeres, que en los últimos años habían recibido una esmerada formación en el manejo de medios técnicos complejos, el mantenimiento de comunicaciones clandestinas y la realización de actividades secretas que entrañaban riesgos impredecibles. Una vez seleccionados meticulosamente por sus intrínsecas cualidades los mejores hombres y mujeres para la operación, entre los que había guardias civiles y universitarios, a partir de ese momento para ellos, como ocurre en cualesquiera misiones en que intervienen los integrantes del Grupo de Apoyo Operativo, ya no había marcha atrás. Todos estos agentes mantienen un vínculo excepcional con el Centro que se materializa en un contrato firmado por ambas partes sobre un ejemplar único que celosamente se guarda en La Casa, lo que no tiene nada que ver con cualquier contrato normal, en el que el trabajador obligatoriamente se queda con una copia y puede presentarla ante cualquier instancia judicial cuando tiene graves problemas laborales con sus jefes.

Formado el comando de Perote, una pequeña agencia de viajes con la que siempre trabaja el CESID les sacó cinco billetes de avión con destino a Bucarest, aunque para evitar ser detectados por la Securitate desde el momento de su llegada al aeropuerto de Barajas cada uno simuló no conocer al resto de sus compañeros. Perote, con su flamante pasaporte diplomático (una especie de BMW o Mercedes de las aduanas), se hizo pasar por un miembro del Ministerio de Asuntos Exteriores enviado a la zona en misión estrictamente política, para informar de lo que allí estaba pasando. El resto tenía una tapadera distinta. Uno de los hombres (un joven guardia civil de fuertes brazos, ancha sonrisa cínica y acostumbrado a sobrevivir en situaciones límite) se hizo pasar con arrolladora naturalidad por estudiante de la Facultad de Sociología en viaje de estudios a Rumanía, lo que, dada la situación del país, le otorgaba una tapadera extraña, pero perfecta. El otro hombre (también guardia civil, al que llaman «el mudo» por sus interminables silencios) simuló viajar con una de las chicas, y para dar realismo a su historia reservaron una habitación de matrimonio en Rumanía.

Los cinco llegaron a Bucarest sin ningún tipo de incidencia, y no levantaron sospechas entre los numerosos representantes de los servicios secretos occidentales que habían comenzado a desplegarse en el antiguo país comunista. Se instalaron en el hotel Bucaresti, propiedad de la vieja Securitate, en el que las nuevas autoridades habían establecido uno de los centros de prensa para los enviados especiales y corresponsales extranjeros, dotándolo de teléfonos, télex y salas para las conferencias de prensa. Durante los primeros días, sin identificarse en ningún momento, pasearon por la ciudad como turistas ávidos de conocer la nueva realidad del país, fotografiando al poco de llegar, y sin ninguna reserva dado su papel de simples viajeros, una nutrida manifestación que se celebró delante de la plaza de la Universidad y enfrente de la sede de la televisión rumana.

Perote, como «gran K», se encargó inmediatamente de la coordinación con los colaboradores que les iban a prestar apoyo en su misión de recuperar las cintas. En general, el colaborador es una persona conocida y ajena al servicio que coopera en un sentido amplio y que en algunos casos cobra en metálico.[2] Uno de los principales que iban a tener en Bucarest actuando como «señalador», según la jerga del Centro, era el diplomático de la Embajada española Alonso Chinchilla, quien les ayudó a buscar informadores con las características adecuadas y que, en todo momento, estuvo dispuesto a atender los requerimientos de «Alberto K». En otras misiones, el colaborador puede ser cualquier persona que por sus conocimientos sobre ciertas materias o el puesto que ocupa les puede ayudar a resolver una misión satisfactoriamente. En Madrid hay un especialista en informática que con toda su buena voluntad ha ayudado al Centro en el complicado trabajo de evitar que los ordenadores de importantes centros de poder, como el palacio de La Zarzuela, sean pinchados por servicios secretos extranjeros más preparados en este tipo de artimañas. También en la capital, un profesor de la Facultad de Ciencias Políticas ha colaborado desinteresadamente cuando, a la vuelta de alguno de sus viajes a zonas calientes del norte de África, le han pedido un informe sobre la situación de los regímenes que ha visitado.

El diplomático Chinchilla era en Bucarest el colaborador que necesitaban. Los hombres de Perote, sin llamar la atención, intentando en lo posible que nadie reparara en ellos, fueron extendiendo sus redes entre la pequeña colonia española que temporalmente, debido a la caída del dictador, residía en la ciudad, y en su desenfrenada actividad investigadora nunca se les veía juntos a los cinco. Así, bajaron con frecuencia a la sala de comunicaciones del centro de prensa, siempre a primera hora de la tarde, cuando sabían que la mayor parte de los periodistas dictaban sus informaciones a los diarios que les habían enviado a cubrir las noticias que se estaban produciendo en la ciudad. Al mismo tiempo comenzaron a entablar relaciones con otros servicios secretos amigos, solicitándoles cooperación para recuperar las comprometedoras cintas porno, conscientes de que algunos de ellos también estaban interesados en un material similar, aunque con protagonistas distintos.

La noche del 24 de mayo podría haber sido como cualquier otra para el jefe del grupo del CESID, pero tuvo una trascendencia que nunca pudo imaginarse. Esa noche los cinco (por primera vez juntos) fueron a cenar al restaurante Diplomat del hotel Athenee Palace, centro neurálgico de reunión de los corresponsales de prensa después de las duras e interminables jornadas de trabajo. Las dos mujeres del grupo mostraban un aspecto cuidado y elegante, mucho más de lo que resulta habitual a esas alturas de la tarde entre las periodistas, que hacía solo unos minutos pateaban las hermosas calles de Bucarest en busca de un dato novedoso que poder transmitir inmediatamente a su redacción antes del cierre de la primera edición. Una de las espías, que no paraba de reírse sonoramente, llevaba una intachable camisa blanca de seda acompañada por un llamativo traje de chaqueta rojo chillón, ajustado y minifaldero, al que se añadían los inseparables *pantys* de lycra. Aquel era un día señalado para esta joven y rubia espía, y su vestimenta debía ir en consonancia. Sin embargo, tanto ella como sus cuatro compañeros aparentaron en todo momento la normalidad y serenidad a las que estaban tan acostumbrados y ante todo procuraron que los periodistas españoles sentados en una mesa cercana, junto al diplomático Alonso Chinchilla, no se escamasen de su repentino interés en entablar conversación con ellos.

Al final de la cena, tarde para los rumanos y todavía pronto para los españoles, la vivaracha mujer de la minifalda roja comenzó inesperadamente a cantar en español *Granada*, consiguiendo definitivamente atraer la atención de los distraídos comensales de las mesas cercanas. Pronto, los cuatro jóvenes, mientras Perote permanecía sentado, bailaron con sensualidad una liberal *lambada* como si estuvieran inmersos en una juerga privada, al margen del resto de los presentes y en especial de los periodistas españoles. Y a partir de ahí todo el engranaje empezó a encajar con la facilidad de un puzle para bebés. Los agotados enviados especiales, que habían estado hablando de las elecciones celebradas en el país dos días antes, y ansiosos como estaban de cualquier distracción que momentáneamente les apartase de la sordidez de alguna que otra jornada profesional, comenzaron a fijar la mirada en el pintoresco y animado grupo de compatriotas.

De modo que, cuando finalmente el diplomático les invitó a tomar una última copa en su casa para celebrar nada más y nada menos que acababa de ser padre, a todos les pareció una idea genial. Y tampoco pusieron reparos cuando Chinchilla tomó la iniciativa de incluir en la juerga a los cinco divertidos españoles, con los que aparentó no tener sino una mínima relación, y que en todo caso servirían para augurar un apasionante fin de fiesta.

La casa era elegante y con clase, como corresponde a un diplomático en país extranjero y también a una soberbia y añeja mansión de la vieja Europa. Preciosas puertas de cristales biselados, muebles de estilo, impecable tarima en el suelo y amplias salas comunicadas constituían un lujoso decorado para acompañar el baile que rápidamente dio inicio a la reunión. Latas de Coca-Cola y tónica y botellas de whisky y ginebra viajaban de un lado a otro como colofón del intenso trabajo que había llevado a los enviados especiales de medios tan distintos como *La Vanguardia*, *El País* o *Tiempo* a cubrir las elecciones en Rumanía. Perote, el mayor de los presentes, supo integrarse perfectamente en la fiesta mostrando en todo momento un carácter abierto y jovial, si bien no tardó mucho en parapetarse en su edad para sentarse tranquilamente a conversar con los periodistas sobre la delicada situación en Rumanía.

—Me llamo «Alberto» y soy coronel de Estado Mayor —le mintió abiertamente a una de las jóvenes periodistas, pues ni se llamaba Alberto, ni era coronel, ni había realizado curso alguno en el Estado Mayor.

—Y ¿qué haces en Rumanía?

—Pues ahora, si tú quieres, ayudarte a encontrar las tumbas del matrimonio Ceaucescu. Te recomiendo que hables con el general Muresano, que dirige la escuela de la Securitate en Gensha. Él te indicará dónde está la tumba, aunque, obviamente, le tendrías que ofrecer varios millones.

Las horas iban pasando entre vocerío, animación y amigable camaradería entre compatriotas en el extranjero. Nuevas botellas de whisky sustituyeron a las vacías, que se esparcían por una amplia y bajita mesa central de cristal y latón, y también iban cayendo uno tras otro los paquetes de tabaco rubio americano. Perote, sin tiempo que perder, entabló conversación con otro periodista, a quien propuso trabajar para él, quizá como sistema de captación..., quizá para conseguir su ayuda en la ansiada recuperación del material pornográfico.

—Es un trabajo como el que estás haciendo para tu periódico. Yo te indicaré los temas y tú tendrás que investigar y escribir un artículo. La única diferencia es que este no será publicado, pero puedo garantizarte que es un trabajo muy interesante y bastante bien pagado.

«Alberto K», como empezaba a identificarse el supuesto coronel de Estado Mayor, bebía y bebía sin parar, pero no parecía afectarle tanto alcohol como se metía en el cuerpo, tal vez porque en lugar de ginebra disimuladamente se echaba agua. Lo cierto es que la operación para conseguir ayuda de los periodistas no había comenzado con buenos resultados, aunque muy bien podía ser por no haber acertado hasta el momento en la elección de los enviados especiales que había ido «tocando». Nuevamente se acercó a otro, al que pidió una copia de la larga entrevista que había realizado al ministro de Defensa rumano, Victor Anastasio Stanculescu, en la cual el militar, que fue el organizador del golpe contra Ceaucescu, explicaba una parte de los acontecimientos de diciembre de 1989 que pusieron fin al régimen del Conducator.

Finalmente la noche comenzaba a dar sus frutos para el comando, que, cada vez más, estaba «manos a la obra». Las chicas se habían mostrado exageradamente simpáticas y amables, y su inalterable estado de animación y desenvoltura había contribuido a crear la atmósfera propicia para sus fines. Bailaban con unos y con otros sin dejar de sonreír. Su misión era mantener distendido el ambiente y no cabía duda de que lo estaban logrando. Ya estaba amaneciendo cuando, sin pensarlo dos veces, la «espía de rojo» se dirigió a uno de los periodistas:

—¿Te importa acompañarme al cuarto de baño?, porque con tanto cubata me estoy mareando y tengo ganas de vomitar.

El corresponsal no se extrañó. Él y todos se habían pasado con la bebida, aunque siempre unos tienen más aguante que otros. Como un hidalgo caballero español esperó junto a la puerta mientras la chica ponía en orden su estómago. Al salir, la acompañó a la cocina para que bebiera un vaso de agua y suavizara su irritada garganta. Hablaron de lo tarde que era, ella dijo algo agradeciéndole que estuviera allí y terminó mirándole fijamente a los ojos. Mientras el ambiente se caldeaba unos cuantos grados, la joven, con toda naturalidad, se despojó de su blusa blanca para refrescarse la cara y el cuello y ante los asombrados ojos del periodista aparecieron desafiantes sus pequeños pechos. Ella mantuvo la iniciativa.

—¿Quieres que vayamos a mi habitación del hotel? —le dijo tras comprobar la cara de absurdo estupor que mostraba su amable compañero.

—¿Por qué no vienes tú a la mía? —respondió tras superar el desconcierto inicial el periodista, que como los demás comenzaba a desconfiar abiertamente de ese extraño grupo y de su peculiar forma de actuar con todos ellos.

—Es que yo prefiero en la mía, porque tengo allí mis cosas.

—Fíjate que a mí me pasa exactamente lo mismo —añadió el periodista frotándose las manos llenas de callos de tantas guerras que había cubierto informativamente y a quien solo le faltaba que aquella extraña chica le filmara discretamente mientras le echaba un polvo.

Entonces sucedió lo que él había previsto y que acababa por demostrar lo estrambótico de aquella fiesta improvisada y particularmente del grupo en cuestión: ella se negó con amabilidad (¿lo del vómito habría sido real?) y se enfundó la blusa con una expresión indescifrable. Un nuevo fracaso en su misión en Rumanía. Mientras, en el salón, el guardia civil de treinta y tantos años, con la camisa de rayas azules remangada hasta el codo y siempre intentando transmitir una imagen campechana, insistía con otro periodista:

—Me interesa saber qué pasa en Rumanía, porque soy estudiante de sociología y he venido a Bucarest para realizar un trabajo sobre el después de Ceaucescu y los efectos de cuarenta años de dictadura comunista.

—¿Y de qué conoces al coronel? —le preguntó insidiosamente mirando en dirección a «Alberto K».

—Le he conocido en el avión, y como he visto que es un hombre muy cercano he decidido moverme con él —respuesta que para aquel entonces ya resultaba de todo punto intragable para cualquier periodista con un olfato especial para detectar la extravagancia de ciertas situaciones.

Había amanecido hacía tiempo cuando periodistas y espías

abandonaron la casa de Alonso Chinchilla. Los cinco agentes del CESID, con poca información en su poder, se despidieron alegremente. «Alberto K» entregó a varios de ellos su teléfono en Madrid «por si acaso, nunca se sabe..., se produce la oportunidad de vernos». Después, todos ellos se subieron a un Dacia, el tradicional automóvil amarillo de fabricación rumana que con frecuencia se deja ver por el barrio donde se encuentran la Embajada española y las residencias de sus diplomáticos. En ese momento, Perote pensó con optimismo en el resultado de la reunión: los periodistas no le habían servido de gran ayuda, pero, después de todo, con algunos de ellos había comenzado una relación que podría dar resultados positivos al Centro en el futuro, tal y como reza el espíritu de captación que incluyen los manuales de cualquier servicio secreto que se precie. Lo que no podía imaginar es que semanas después la noticia de la juerga y sus reiterados y frustrados intentos de obtener información serían conocidos en toda España. Y nunca hasta entonces y desde entonces un espía español ha quedado en evidencia de manera tan abierta.

Los hombres y mujeres de Juan Perote, alias «Alberto K»

Un año y medio después, Emilio Alonso Manglano, el director, con inexplicable aire de consternación dictaba precisas instrucciones a sus colaboradores inmediatos desde su reducto particular, ese iluminado y a la par soberbio y clásico despacho, escenario de tan buenos ratos y de ratos no tan buenos.

—No quiero ser molestado —le dijo tajantemente por la línea interior a su fiel secretaria.

—Y ¿qué hago con las llamadas que tiene pendientes?

—¿Hay alguna que no pueda esperar una hora?

—No señor, ninguna.

—Entonces no estoy para llamadas de nadie. Sea quien sea el que telefonee, dile que he salido y que le llamaremos cuando vuelva.

Lo que sentía en ese momento se podía explicar de muchos modos, pero lo que quería era sencillamente estar solo. Acababa de sufrir una de las peores decepciones de su vida, uno de esos tragos amargos procedentes de una bebida que siempre te ha gustado, que te ha acompañado en los mejores momentos de tu vida, pero que de repente te produce náuseas. Nunca hasta ese momento había comprobado tan dentro de sí esa manida frase de que del amor al odio hay un paso (y al asesinato, medio). Si un año antes, a principios de 1991, hubiera tenido que elegir a uno solo de sus subordinados por su fidelidad y eficacia, sin ninguna duda hubiera dado el nombre de Juan Perote Pellón, jefe del Grupo de Apoyo Operativo, ese hombre incondicional y abnegado, de profesionalidad sin precedentes y orgullo de La Casa. En aquel triste momento, por el contrario, ante la misma pregunta se habría inclinado por cualquiera de sus hombres menos por Perote, entre otras razones porque ya no trabajaba para él. Acababa de despedirle, aunque con el elegante y, cómo no, discreto estilo con que se lleva a cabo una rescisión de contrato en el servicio secreto español.

El director no podía entender las razones de su tajante cambio de comportamiento. Recordaba perfectamente los motivos que le llevaron a fijarse en él para ocupar un puesto tan trascendental en el organigrama del Centro. Cuando en 1981 el presidente Leopoldo Calvo Sotelo le señaló con su varita para regir los destinos del espionaje español, supo inmediatamente que necesitaba un jefe en A.O. en quien confiar ciegamente, alguien capaz de encumbrar a las alturas al grupo de élite del espionaje en España. Tenía que borrar la profunda huella que el 23-F había dejado entre los operativos, cuyo jefe y «gran K», José Luis Cortina, estuvo directamente implicado en la intentona de golpe de Estado del teniente coronel Tejero; para desgracia de Cortina, tal implicación le acarreó la detención y un amargo juicio en el que lo negó todo, absolutamente todo, consiguiendo al fin que los jueces le creyeran (sin pruebas no hay culpable) y le dejaran en libertad para volver al Ejército, que no al CESID. Pero Manglano no solo necesitaba un hombre en quien confiar, sino también alguien que diera un determinado perfil, con capacidad de dirigir y actuar por sí mismo en las operaciones más arriesgadas y peligrosas del Centro y que al mismo tiempo fuera incorruptible y absolutamente fiel a la democracia. Primero tuvo a Ortuño, que no dejó de ser el hombre en la sombra que pasó sin pena ni gloria, y realmente ya ni siquiera se acordaba de él. Es evidente que no respondió a sus expectativas, y en el poco tiempo que estuvo no hubo cambios trascendentales, ni siquiera realizó mínimamente las reformas necesarias, con lo que el organigrama del Grupo de Apoyo Operativo continuó gozando de la tradicional y rutinaria insuficiencia. Ello explica que no se hubiese molestado en guardarle el más recóndito rincón dentro de su memoria: es como si no hubiera existido. Después, finalmente, dio con la persona que tanto había buscado.

Juan Perote era un hombre con fama de «rojo» en las Fuerzas Armadas, perteneciente a una familia de militares en la que la *progresía* había sido una de sus notas dominantes. Hombre de acción por antonomasia, desde el primer momento demostró que tenía dotes para convertir una sección escasamente operativa, incluso en ruinas (años después Calvo Sotelo comentaría en privado que su gran problema antes de la llegada de Manglano no era que el CESID le engañara, sino que no le pasara informes), en un grupo capaz de afrontar cualquier situación con elevadas posibilidades de obtener resultados positivos, realidad hasta entonces inédita en España. Perote pertenecía a la vieja escuela, esa en la que el capitán de la compañía, en una operación extremadamente peligrosa, no envía a una de sus secciones al ataque mientras él permanece cubierto en la trinchera esperando resultados. Él era de los que saca la pistola de la cartuchera, mira hacia delante fijamente y encabeza la misión, a pesar de que su vida sea la que más peligro corra. Sus hombres le apreciaban precisamente por eso, porque siempre que podía, o si la misión lo requería, asumía todos los riesgos, con independencia del país y la situación más o menos conflictiva donde se llevara a cabo la acción. Manglano no le ponía trabas, le dejaba hacer (y realmente se lo podía permitir), satisfecho de la eficacia que mes a mes iba alcanzando su grupo. Eso sí, para evitar sorpresas desagradables consiguió que el Ministerio de Asuntos Exteriores le facilitara un pasaporte diplomático, que le otorgaba libertad de acción en cualquier país del mundo y, por encima de todo, inmunidad ante cualquier detención cuando en un «trabajo» fuera pillado con las manos o los pies donde no debía.

Perote era exigente y duro, en primer lugar consigo mismo y después con todos sus agentes. Requería de ellos la máxima profesionalidad y les sometía a tan fuertes tensiones que a veces desembocaban en problemas psicológicos. Nadie se quejaba en su presencia, porque sabían que no exigía nada que él no estuviera dispuesto a realizar. Como en Tbilisi (Georgia), a primeros de diciembre de 1991, cuando el presidente Gamsajurdia estaba parapetado en el Parlamento días antes de que los rebeldes tomaran el poder por las armas. Allí estaban varios hombres de A.O. acompañados y dirigidos por el propio Perote. Si la misión que le llevó tan lejos hubiera sido meramente informativa, habrían ido otros de la División de Inteligencia Exterior. Ellos tenían que actuar, ni más ni menos, y si no se quedaban en casa. ¿Qué debían hacer?: ¿apoyar a los rebeldes?, ¿ayudar a Gamsajurdia a escapar cuando le habían cerrado todas las vías de salida?, ¿facilitar la infiltración de algún agente joven, capitán retirado, que se unió a los rebeldes siendo aceptado como mercenario en unas fuerzas que no podían pagarle el sueldo al que suponían estaba acostumbrado?, ¿o acaso tenían que realizar labores de escolta e información para algún alto cargo enviado por el presidente González con la tarea de conectar con los dos bandos e informarle personalmente de la situación en la zona? Nadie sabe a ciencia cierta cuál era la misión que les había llevado a aquella región del polvorín de la Europa Oriental, pero ni las bombas que mataban sin distinguir entre buenos y malos y que les caían a escasos metros de distancia ni la posibilidad de morir bajo los tiros de un francotirador a sueldo cobardemente apostado en cualquier ventana les supusieron un impedimento para arriesgar sus vidas en el cumplimiento de su secreto trabajo.

Y así fue como la sección de A.O. comenzó a experimentar una serie de cambios sustanciales en su trayectoria. Montada por Perote, en principio estaba integrada mayoritariamente por guardias civiles, hombres curtidos en el sufrimiento y a disposición de los jefes a cualquier hora del día o la noche sin preguntar el motivo ni pedir el pago de horas extras, situación que acabó dando un giro de ciento ochenta grados. En los últimos años, siguiendo la corriente general de La Casa, ha aumentado el porcentaje de ingresos de civiles procedentes de la universidad, lo que ofrece algunas ventajas, entre las que figura su posibilidad de representar papeles falsos con mayor credibilidad. Así, pueden hacerse pasar por estudiantes de cualquier carrera con más facilidad, pues han pasado cinco años de su vida pateando el campus de cualquier facultad de la Universidad Complutense y todo lo que digan (como esos pequeños detalles aparentemente sin importancia sobre la falta de sonoridad de algunas aulas preparadas para albergar a doscientos estudiantes) siempre les hará más creíbles. Porque en el espionaje hay una norma: «Siempre que puedas cuenta la verdad, para que cuando tengas que mentir te crean con mayor facilidad».

Pocas personas dentro de La Casa conocen las verdaderas identidades de los hombres de Perote o han visto alguna vez sus caras, lo que se debe a que, mientras la mayor parte de los agentes tienen sus despachos en la sede de la carretera de La Coruña, los de A.O. trabajan en pisos camuflados. El propio «Alberto K», primo del periodista Javier Pérez Pellón, tenía su mesa de trabajo en un chalet situado en una lujosa zona de Madrid, con el teléfono 3.16.2…

El trabajo de estos agentes sin rostro comienza cuando cualquier otra división es incapaz de obtener la información que necesita por los medios habituales y les requiere para una acción de especial riesgo que exige personas altamente cualificadas y con una cobertura especial. Estas misiones van desde colocar un micrófono en la casa de un sospechoso hasta tender una trampa a un inocente ingeniero norteamericano de armamento. Con este fin, asisten de manera continua a cursos de especialización en todas las artes que les puedan ser de utilidad, desde la mejor manera para abrir una carta cuidadosamente cerrada, pasando por la conducción de automóviles a altas velocidades, tácticas de seguimiento en general o escalada de fachadas y azoteas, hasta los caminos para manipular a un agente enemigo rudo, prudente y precavido, descubriendo el lado débil por el que captarle. Para demostrar su aptitud, antes de entrar a formar parte de esta unidad de élite del espionaje Perote les enviaba a conseguir el horario de limpieza de cualquier establecimiento de Galerías Preciados, a entablar conversación y ganarse la amistad del primer desconocido que a partir de las once de la mañana se comprara una maleta en la sección de caballeros de El Corte Inglés o a elaborar la más minuciosa de las agendas acerca de un tranquilo coronel, fuera de toda sospecha, durante varios días con sus noches. Así comienza el aprendizaje de un espía.

Y así ocurre que un agente con escrúpulos, incapaz de afrontar estas situaciones de libro de texto del espionaje o remiso a mentir para obtener alguna información que no parece muy valiosa, es un mal agente. A los A.O. se les exige que realicen cualquier tipo de misión sin preguntarse si está bien o mal, porque deben tener claro que todas las operaciones, sin excepción, tienen como fin el bien de España, una causa justa, un fin siempre bueno y necesario. Por ello, deben limitarse a cumplir las órdenes…, todas las órdenes. Los que lo tienen más difícil, los casos más extremos, son los que realizan misiones que tienen un componente sexual sin el cual no se podrían obtener los resultados deseados. Tanto los hombres como las mujeres que trabajan en este grupo saben que sus encantos personales constituyen a veces un valioso instrumento para obtener la información precisa. Aunque algunos de ellos y ellas provienen de ambientes marginales, en su mayor parte realizan un trabajo perfectamente respetable.

Algunas de las llamadas en el Centro «conejitas» (recordando a las beldades llenas de curvas de la revista *Playboy*) han podido ser prostitutas profesionales, aunque también es cierto que casos como el de la rusa Nadezhda M. nunca se han llegado a producir en España. Era una espía del GRU (el servicio secreto del Ejército Rojo), que fue reclutada tras presentarse a unas pruebas para «agentes especiales del amor». A su marido, militar y también espía, no le importó su nuevo trabajo, porque gracias a él podrían salir de la Unión Soviética, el sueño imposible para la mayor parte del pueblo ruso, como ocurrió finalmente. Además, igual que sucedía en las películas protagonizadas por la desinhibida Emmanuelle, que lanzó a la fama a una Silvia Kristel sensual con cara de niña *pija* buena, el militar pensaba que su mujer se acostaría con cuantos hombres fuera preciso y en los lugares más insospechados, pero que su corazón siempre sería para él. Tendría relaciones sexuales con otros hombres, pero únicamente con él haría el amor. Su viaje fuera de la Unión Soviética les llevó, para colmo de suerte, a la romántica París. Ella se acostó en la ciudad de la torre Eiffel (por el bien de la patria, eso sí) con cuantos espías europeos y diseñadores de aviones la requerían, y él recibía los documentos secretos de los satisfechos hombres, a quienes estrechaba en ocasiones la mano con el asco que le producía pensar que horas antes habían recorrido los rincones más ocultos del cuerpo de su mujer. Al final, la realidad acabó venciendo a los sueños, y los cuernos le pesaron demasiado al militar ruso. Empezó a pensar que su mujer se divertía demasiado, que otros hombres la satisfacían mejor que él. Los celos le invadieron y terminó solicitando el divorcio.

En España existe, al menos, una red de «colaboradoras» al servicio del CESID encargada de cumplir ciertas misiones que siempre requieren el establecimiento de relaciones muy íntimas. Está dirigida por Teresa C., una mujer de San Sebastián que estuvo hace años casada con Jean-Pierre Cherid, colaborador de la Policía que murió en el País Vasco francés al hacer explosión la bomba que se disponía a colocar en la puerta de un bar frecuentado por etarras.[3] En la mayor parte de los casos, los agentes de A.O. buscan a las candidatas ideales en barras americanas, *top-less* y locales de alterne. Cuanto más atractivas, finas y elegantes sean y cuanto más alejadas estén de la imagen habitual de mujer vulgar, mejor para sus fines. Las más adecuadas son las que carecen de escrúpulos que en un momento determinado puedan llevarlas a arrepentirse de engañar, por ejemplo, a un diplomático árabe y les cree un sentimiento de compasión hacia su víctima. En su mayor parte actúan acuciadas por problemas monetarios o por el deseo de proporcionar a sus hijos una vida distinta de la que ellas han llevado.

A esta red no pertenece la mujer del traje de chaqueta rojo de la misión de Rumanía, aunque en su trabajo, a veces, ha hecho uso de sus encantos para conseguir lo que quería. Ella es una agente profesional que ha recibido una formación especial para acometer cualquier misión, pero además nunca ha sido reacia a dejarse querer por un hombre, a coquetear más allá de lo que una señorita de educación tradicional tiene permitido. Su caso no es el de V., una prostituta que, si no fuera por sus raíces míseras, recordaría a alguna de las chicas de Madame Claude. Es europea, aunque no española, y habla, además de un castellano con cierto acento extranjero, un perfecto francés. Es una morena bonita, sin exageraciones ni sofisticaciones, y aunque ha trabajado en un local de alterne de Madrid, cuando se arregla podría muy bien pasar por la cuidada secretaria de cualquier ejecutivo aburrido que se pasa el día soñando, quizá inútilmente, en acostarse con ella. V. fue captada para el Centro en su lúgubre y deprimente lugar de trabajo por una de esas amigas que, por el hecho de conseguir clientes que pagan bien y no se pasan, consideran que les deben la vida. Para ella, el trabajo para La Casa no difiere en casi nada del que hace en su club, con la única diferencia de que el hombre que se acuesta con ella no es el que paga, y que el militar que lo hace desembolsa considerables cantidades que, de otro modo, requerirían muchas noches de trabajo. No se considera espía; simplemente, una prostituta bien pagada.

Famosos internacionalmente en este terreno de las relaciones sexuales son los casos de Pamela Bordes y Christine Keeler, que han pasado a la historia del espionaje por retozar con militares del Este y diplomáticos del Oeste o viceversa. Bordes, *miss* India 1984, desencadenó un escándalo en el Parlamento británico por su amistad (una forma elegante de decirlo) con hombres tan influyentes como el ministro de Deportes, Colin Mounihan, los editores de *The Sunday Times*, Andrew Neil, y de *The Observer*, Donald Trafford, y el exmarido de la princesa Ana, Mark Philips. Con un pase especial de acceso a la Cámara de los Comunes y con una cotización de 100.000 pesetas por una intensa noche de amor, hizo temblar las estructuras ultraconservadoras inglesas.

Muchos años antes, los ingleses habían tenido que soportar un caso que les desprestigió más aún y que fue publicado por los periódicos de todo el mundo, el de la prostituta espía más conocida de los últimos años, Christine Keeler. Era exageradamente joven y bonita, de cara y cuerpo espléndidos, desde su suave cabello pelirrojo hasta sus largas piernas. Cualquiera que la viera se daría cuenta de que estaba hecha para seducir y que, si se lo proponía, podría encandilar a quien le diera la gana, como así sucedió. En Londres trabajaba de bailarina (el guion exigía que lo hiciera medio desnuda) en un local muy conocido por los hombres que gustaban de salir sin compañía femenina por las noches. Su carrera fue mucho más meteórica de lo que se imaginaba, pero no en el arte de los escenarios, sino en el de enloquecer a los hombres. En pocos meses compartió noches de lujurioso amor con el espía soviético Eugene Ivanov y con el ministro de Defensa inglés John Profumo, una combinación demasiado explosiva que al agitarse destapó un gran escándalo. Ello obligó a Profumo a presentar su dimisión y a dedicarse el resto de su vida a las obras de caridad, como forma de expurgar sus pecados públicos. El efecto dominó costó también el puesto al jefe del Gobierno, Harold Macmillan, y determinó la derrota conservadora en las siguientes elecciones generales. Aunque nunca pudo demostrarse en los tribunales que traficara con secretos, su vida desordenada, su falta de personalidad y su inclinación por las pasiones especialmente fuertes la marcaron para la historia como el prototipo de «conejita».

Como se ha dicho antes, la mayor parte de los agentes que formó Perote, incluidas las mujeres, no llevan a cabo este tipo de misiones. Casi todos han demostrado su valía en las situaciones más peligrosas que puedan imaginarse, aunque en algún caso, como sucedió en abril de 1984, la desafortunada actuación de la Policía hizo que acabara mal lo que había comenzado perfectamente. Al mando del capitán Miguel Galante se hallaban el sargento Manuel Parra Sócrates, el guardia civil Antonio Almirón Agüero y la civil María Lourdes Martínez Collado. Estos agentes de La Casa estuvieron en el sur de Francia realizando una misión de control de miembros de ETA que actuaban con cierta libertad gracias a la permisividad de las autoridades galas. Su misión era únicamente de información, y tenían la orden de pasar lo más desapercibidos que les fuera posible, porque de lo que se trataba era de preparar un golpe contra los terroristas de la banda armada, no de actuar directamente contra ellos. Sin embargo, cuando ya había pasado el peligro, cuando se sentían relajados por la proximidad de sus hogares, sucedió lo que nunca debería haber ocurrido. Los cuatro se bajaron del tren en la madrileña estación de Chamartín y se encontraron con un comité de bienvenida formado por varios policías que les pidieron la documentación y les detuvieron, confundiéndoles con los terroristas a quienes acababan de espiar. Todo un fiasco.

Situaciones como esta producían una sensación de cabreo

insoportable en Juan Perote, que no podía entender que un trabajo bien realizado acabara mal por culpa de una pésima coordinación entre el Centro y el Ministerio del Interior. Desde que ocupó el cargo, Perote tuvo que caminar por arenas movedizas, pues debía poner patas arriba toda la sección y ofrecer resultados en el menor plazo de tiempo posible, lo que no le resultó nada fácil. A pesar de todo, no tardó mucho en implantar su propio esquema de trabajo, un calco de lo que había aprendido en la Academia General de Zaragoza. Dividió a sus hombres en cuatro secciones: exterior, interior, gestoría y asesoría. Las dos primeras, a su vez, incluían infraestructura operativa (bases, vehículos, apartados y comunicaciones), coberturas (instalaciones, identidades y actividades), organizaciones pantalla (empresas, despachos y asociaciones) y colaboradores.[4]

Bajo la supervisión de «Alberto K», esta vasta red obligó a que abogados, economistas y psicólogos desarrollaran paralelamente un intenso trabajo de apoyo, al estilo de cualquier gran empresa. El Centro movía millones de pesetas con una celeridad que daba envidia al lento y burocrático Ministerio de Defensa, del que oficialmente depende. Levantaban identidades falsas apoyadas por documentos verdaderos sin que nadie, o casi nadie, fuera capaz de descubrirlo. Y, para colmo, controlaban el estado psicológico de varias decenas de hombres que diariamente se movían en situaciones límite.

Toda la estructura existente en 1992 se debía a Juan Perote. Él, con muchas horas de esfuerzo, no solo la levantó de las ruinas, sino que todavía tuvo horas suficientes para protagonizar las misiones más importantes en España, Chile, países de Oriente Medio o donde se terciara, para relacionarse con directivos de la CIA americana o el MI6 británico y para apoyar a Manglano cuando le solicitaba ayuda en misiones trascendentales requeridas por el Rey, el presidente González o el ministro Serra.

En todo ello pensaba el director tras haber decidido prescindir del hombre a quien durante tantos años había apreciado de una forma muy especial. Tanta era la confianza que le dispensaba, que cuando se celebraban reuniones importantes con otros servicios quería que le acompañara, porque siempre le servía de importante apoyo en sus planteamientos, mostrando una imagen de competencia y solvencia fuera de toda duda. Además, por más que quisiera, no podía olvidar que Perote había acabado con todas las sospechas que, tras el intento de golpe de Estado protagonizado por el entonces teniente coronel Tejero, cayeron sobre el Grupo de Apoyo Operativo. Pero ahora todo se había acabado. Cuando a principios de 1992 Juan del Río, el jefe del Servicio de Seguridad, entró en el despacho de Manglano, este supo rápidamente que le traía lo que él consideraba malas noticias.

—Director, te traigo el informe sobre las actividades de Perote, que confirman nuestras sospechas —dijo el hombre serio, de gesto duro, que se encarga de todos los asuntos relacionados con la seguridad del Centro, tanto interna como externa, lo que le convierte en la persona de La Casa más temida y odiada por los propios agentes.

—¿Existe alguna duda sobre lo que ha hecho? —le respondió Manglano, esperando inútilmente ver un rayo de luz, aunque fuera minúsculo, sobre el asunto que empañaba la situación del que era su amigo y confidente.

—No, los datos son determinantes.

Aunque en el bar de La Casa se habló de que el motivo podía haber sido algún problema financiero, la verdadera causa solo la conocen unos pocos agentes y sus labios están sellados. Nadie debía enterarse del asunto, como hasta entonces había ocurrido. Todo se haría al estilo de La Casa: sin publicidad. A cambio del silencio del Centro y de no adoptar medidas contra él, Perote guardará hasta la muerte los secretos de Estado en que está personalmente involucrado y que, de hacerse públicos, harían temblar las estructuras del país.

Tras este chasco, Manglano decidió que la persona que le sustituyera debía tener sus mismas características de operatividad, y además una hoja de servicios inmaculada. Por ello, la buscó en su círculo más íntimo, el de más confianza, para disminuir las posibilidades de llevarse una nueva sorpresa. Tras muchas dudas, finalmente optó por Manuel López Fernández, su jefe de Gabinete, un hombre de probada fidelidad y con una dureza muy similar a la suya, algo imprescindible para controlar a los curtidos agentes de A.O. A partir de ese momento, el alias «Alberto K» sería sustituido, con honda melancolía por parte de Manglano, por el que López Fernández había utilizado desde que entró en La Casa: «Manuel Losada».

El puesto le encantó al coronel del Ejército. Muchas veces, ante problemas de personal, él había asumido la responsabilidad de llamar al orden a agentes que se estaban saliendo de las estrictas normas del Centro. «Losada» sabía que el puesto de jefe de Gabinete le proporcionaba una considerable influencia ante el director, pero sabía que ahora su poder tendría mucho menos límite.

Por su parte, en el momento de su cese, «Alberto K» era teniente coronel, y poco después ascendió a coronel. En lugar de seguir en el CESID con su nuevo mando, quedó pendiente de destino, de un destino que él sabía que jamás llegaría, como así sucedió. Actualmente es asesor para temas de seguridad del presidente de Repsol, Oscar Fanjul, un trabajo que, sin ninguna duda, desempeñará a la perfección, como nadie lo habría hecho.

Ese fue el final del mejor espía que el servicio secreto español ha tenido en los últimos años. Hizo un gran trabajo, aunque al final todo terminó como nunca lo habría planeado. Pero quizá su estrella había comenzado a apagarse dos años antes, durante el verano de 1990, cuando, acompañado de cuatro de sus hombres, realizó la arriesgada misión en Rumania en la que no consiguió captar para su causa al grupo de periodistas que cubrían la información de la caída de Ceaucescu.

Un material de lo más sofisticado

«El mudo» es uno de los tres hombres de A.O. que participaron en la acción de Bucarest. De frente escueta o mucho pelo, según se mire, mediana estatura, sin unos bíceps especialmente desarrollados, menudo y de aspecto absurdamente corriente, recibe el mote por no tener grandes dotes de comunicación. Es guardia civil, y pertenecer a la unidad de élite del CESID le gusta, porque no teme al riesgo, sino más bien todo lo contrario. Cuando entró a formar parte del grupo que dirigía Perote, recibió un largo curso de preparación en el que aprendió la más variada gama de técnicas prohibidas, las cuales harían feliz a cualquier ratero profesional. Algunas de ellas pudo aplicarlas durante su estancia en Rumanía, como la de fotografiar sin ser visto. Durante sus aparentemente tranquilos paseos por Bucarest, tomando copas con los periodistas o en entrevistas secretas con militares rumanos, hizo lo que para cualquier persona es lo más difícil: tomar fotos en la clandestinidad, sin levantar la más mínima sospecha. Trabajó con tal naturalidad que los transeúntes que asistieron inconscientemente al espectáculo no notaron nada anormal.

Todos sus compañeros en alguna ocasión han tenido que fotografiar sin ser vistos, pues esta es una costumbre íntimamente relacionada con los habituales seguimientos. Así, el archivo del Centro contiene fotografías de prestigiosos directores de diarios y de redactores que informan sobre temas demasiado polémicos, tomadas durante los encuentros con sus fuentes. Es el caso de Melchor Miralles, el conocido investigador del caso GAL, cuyas entrevistas con el dirigente de Herri Batasuna Txema Montero fueron captadas en varias ocasiones. Entre otros miles de ciudadanos, está también Miguel Durán, director general de la ONCE, a quien los espías tienen retratado en diversas ocasiones a la salida de reuniones con empresarios de diversos sectores, cuyo fin debía ser invertir el capital ganado con el cupón.

Y es que el pulso firme y la naturalidad, por mucho que el entorno resulte caótico, son un grado del que pueden vanagloriarse nuestros flamantes espías, pero también es cierto que tanto «el mudo» como cualesquiera hombres o mujeres del «gran K» venían ya beneficiándose en los últimos años de toda una gama de artilugios punteros que nada tenían que envidiar a los extraños y alucinantes dispositivos que de forma rutinaria rodean la vida de James Bond. «El mudo» pudo tomar sus fotografías secretas gracias a que el Centro dispone en su edificio central de un laboratorio en el que se fabrica el más sofisticado material de espionaje, adaptándolo a los objetos más corrientes. Los «mecheros», como habitualmente designan a las cámaras de fotos, pueden ser ocultados en el interior de un paquete de Fortuna o en un pequeño bolso de mano. Esta miniaturización que ha hecho famosos a los fabricantes japoneses ha permitido a compañeros de «el mudo» asistir a reuniones multitudinarias y tomar con toda libertad imágenes del grupo de sospechosos, sin que nadie se mosquee. Vestidos en consonancia con el resto de los invitados, nadie se fija en ellos, y mucho menos en que el maletín que llevan a mano tiene un agujero minúsculo en su parte delantera que permite a la cámara escondida en el interior, de gran precisión de imagen y potente *zoom*, tomar imágenes del acto y de los asistentes. Si en lugar de una cámara fotográfica llevan instalado un vídeo, la imagen puede ser captada instantáneamente por otro espía con un maletín similar, que se halla sentado tranquilamente en un coche aparcado a un kilómetro de distancia y que sigue lo que pasa en la fiesta como si de un partido de fútbol se tratara, incluyendo, si hiciera falta, la repetición de las jugadas más interesantes o polémicas.

Grabar imágenes o sonidos de los actos y reuniones a las que asisten, siendo o no sus interlocutores conscientes de su identidad, es también algo que realizan de oficio. Cuando el autor del presente libro llamó al CESID para anunciar que iba a publicar su conversación con Juan Perote, la fuente oficial se limitó a preguntar:

—¿Qué es lo que vas a sacar?

—Lo que hablamos el otro día.

—¿Únicamente lo que conversasteis?

—Sí, eso y nada más.

—Pues entonces no tenemos nada más que añadir.

Simplemente, como es preceptivo, Perote lo había grabado todo, había pasado la copia para que fuera transcrita por una secretaria y luego la habían leído los altos mandos. Exactamente el mismo camino que utilizan en todas las ocasiones cuando hablan con un empresario, un obrero de la construcción o un actor de teatro. Da lo mismo quién sea el interlocutor: cualquiera de los treinta y ocho millones de españoles que se acerque a ellos debe saber que la conversación será grabada.

Lo que quizá «el mudo» desconoce, entregado como está a la acción en cuerpo y alma, es el hecho de que frente a la sede central, en la carretera de La Coruña, muy cerca del palacio de La Moncloa y a escasos metros de la gasolinera de Campsa con forma de Concorde francés, se encuentra un moderno chalet con piscina en su parte delantera que hace años perteneció a Tita Cervera, cuando todavía no estaba casada con el barón Von Thyssen. La estructura de la casa sigue siendo la misma, aunque los hierbajos se han desarrollado sin la oposición de un jardinero y los objetos volantes no identificados navegan a sus anchas en la antaño confortable piscina. Las enormes estancias y los pretenciosos y escandalosamente grandes muebles de estilo hablan por sí solos del nivel de vida suntuoso del que ya para entonces disfrutaba su antigua dueña. Ahora, la cámara situada en la puerta exterior del chalet denota que sus nuevos moradores temen que visitantes inesperados con malas intenciones puedan acercarse a molestarles. Y no es para menos: la casa se ha convertido en el centro de operaciones de la empresa Snell Internacional, una de las muchas surgidas en los últimos años para vender última tecnología en sistemas de seguridad, y especialmente los dichosos maletines para fotografiar a sospechosos.

Si no en Bucarest, posiblemente «el mudo», «el estudiante de sociología» y «la conejita de rojo» han participado en complicadas misiones que les han obligado a utilizar todos los conocimientos aprendidos durante el curso que los novatos realizan al entrar en el Centro, así como el material que empresas como la de la carretera de La Coruña, siguiendo las leyes del libre mercado, venden al mejor postor. Una de las misiones más complicadas consiste en la penetración clandestina en el domicilio de un sospechoso, tal vez un conocido traficante de armas, del que los agentes han de obtener datos sobre todas sus ilegítimas actividades, incluyendo el más mínimo detalle.

Todo empieza con la necesaria e imprescindible autorización del director, que da paso a una reunión a puerta cerrada entre los integrantes del equipo que va a actuar y el oficial encargado del «trabajo». Esta reunión tiene lugar en el chalet clandestino que les sirve de base y que oficialmente pertenece a una empresa desconocida, aunque está inscrita en el registro mercantil (todo muy legal). Allí estudian paso a paso el plan de actuación, se distribuyen las misiones y, con un gráfico de la vivienda ampliado a escala, memorizan todos los pormenores. El día D, varias horas antes de que llegue la hora H, un vehículo del Centro, quizá con matrícula falsa, no pierde de vista la entrada del domicilio y comprueba que los horarios de salida del resto de los inquilinos del edificio se van cumpliendo milimétricamente, aunque siempre hay quien, dentro de lo previsto, abandona la vivienda mucho más tarde. Para ello, durante semanas, quizás meses (en este tipo de operaciones normalmente no hay prisas), un equipo ha apuntado no solo los horarios de entradas y salidas de los sospechosos, sino los de los vecinos de las puertas más cercanas a la vivienda señalada e incluso los de los otros pisos. Si es necesario, hasta han procedido a intervenir la correspondencia, utilizando un *spray* transparentador, cuya misión es hacer visible el contenido de los sobres permitiendo de esta forma su lectura a la luz. La ventaja que ofrece es que, al cabo de varias horas de su aplicación, se disuelve sin dejar manchas ni desplazar la tinta, y entonces los sobres vuelven a introducirse en el buzón. Este sistema, relativamente moderno, hace inútil el viejo procedimiento antiapertura de cartas que muchos diplomáticos todavía hoy utilizan y que consiste en firmar su correspondencia por la parte trasera, justo en los pliegues que sirven para cerrar el sobre.

Si el equipo oteador no detecta nada extraño, avisa por radio, utilizando palabras en clave, de que el campo está libre. Según se acerca la hora H, la calle donde está la casa y la acera de enfrente comienzan a llenarse de agentes con tal apariencia de normalidad que cualquier pintor los encuadraría en su pintura sin pensar que fueran elementos extraños al paisaje. A pesar de la certeza de que todo marcha bien, minutos antes de la penetración hacen la comprobación definitiva que dará paso al inicio de la acción. Consiste en una llamada a la casa, realizada desde el teléfono de uno de los coches diseminados en la zona, con la intención de saber si algún desconocido todavía permanece en la vivienda. Es la situación que tantas veces se ha repetido en muchos hogares españoles cuando suena varias veces el teléfono y, al descolgarlo, sus moradores no obtienen contestación; entonces, su comentario suele ser: «Un ladrón está llamando para saber si estamos en casa».

Si el teléfono del supuesto traficante de armas no es descolgado, comienza la acción clandestina. Dos agentes se encargan de controlar a los vecinos y, con el horario de sus movimientos habituales grabado en su cabeza, evitan que puedan perturbar la acción sospechando por cualquier razón que algo pasa; otros vigilan la puerta de entrada para detectar la llegada de visitantes inesperados, y otros, normalmente desde una camioneta camuflada, coordinan la operación y se mantienen preparados para intervenir si los imprevistos lo requieren.

Aunque hasta el momento ningún equipo de A.O. ha sido descubierto mientras llevaba a cabo una penetración, sus integrantes siempre ponen todos los medios a su alcance y más para evitar una situación que podría ser desastrosa. Porque en el interior del edificio cualquiera podría encontrarse un equipo similar al que realizó la invasión de la sede del Partido Demócrata norteamericano, lo que más tarde dio origen al conocido escándalo Watergate. Como mínimo, en estas operaciones «Manuel Losada» mete a un especialista en fotografía, otro en transmisiones, un tercero con misiones diversas y el propio jefe de la operación. Todos ellos suelen entrar en la casa vestidos sin ningún tipo de estridencias (excepto la bolsa de deportes que uno lleva en la mano con el material que necesitarán una vez dentro de la casa), aprovechando el momento en que uno de los suyos distrae al portero o a la hora en que este sale rutinariamente a hacer algún recado al banco.

Cuando llegan a la puerta, si no han podido conseguir la llave, el especialista en cerrajería comienza su actuación, que es de una celeridad increíble, pues cuando se coloca delante de su objetivo conoce perfectamente las características de la puerta y la forma en que va a proceder para abrirla. Sabe si tiene la guía a la derecha o a la izquierda y el tipo de ganzúa que debe usar, y cuando empieza a manipularla siente la misma sensación que experimenta un cirujano especialista que se dispone a operar y conoce con los ojos cerrados dónde está ubicado cada órgano del cuerpo del enfermo. Si la puerta tiene uno de los conocidos cerrojos FAC, entonces días antes ha ido a la casa provisto de una llave de latón a la que le ha aserrado la parte superior del lomo. Con un poco de estaño y pasta dentífrica recubre la llave y después la introduce en la cerradura, consiguiendo que los pitones queden marcados en la pasta. Posteriormente, ya con toda tranquilidad en el piso operativo, utilizando una lima y una llave nueva hace las rebajas en el latón, tomando como patrón las marcas dejadas en la otra llave. El día de la operación, cuando consigue abrir la puerta, tras ser el primero en entrar, instintivamente se guarda la llave en el bolsillo, por si tienen que penetrar de nuevo en la casa para retirar los micrófonos o para instalar otros nuevos. Una vez dentro de la vivienda, los cuatro realizan movimientos sorprendentemente rápidos, como si en la casa vivieran ellos y no el traficante, gracias a que antes de la penetración han estudiado los planos y saben a ciencia exacta la disposición de las distintas estancias y, sobre todo, los lugares donde se encuentran los libros, papeles y documentos que deben microfotografiar y los puntos precisos donde van a instalar las escuchas. Mientras cada uno se mueve con celeridad por la casa realizando su cometido, tienen un cuidado especial con todos los objetos, tocando solo lo imprescindible y dejándolos exactamente igual a como se los encontraron. La experiencia propia y ajena les ha enseñado que las personas tienen manías en cuanto a la colocación de los objetos más dispares, y los sospechosos podrían mosquearse si los vieran en una posición extraña.

Mientras se realiza la penetración, los agentes desplegados en la zona tienen la posibilidad en cualquier momento de dar un toque de atención y cancelar inmediatamente todo el operativo. Puede ocurrir que el portero regrese antes de tiempo, con lo que el encargado de su vigilancia daría una orden por el transmisor («el tercer mono ha regresado de su viaje») y todos se pondrían inmediatamente en alerta.

Si lo que sucede es que llega un extraño, otro de los figurantes intentaría, si es necesario, venderle una voluminosa enciclopedia o captarle para los Testigos de Jehová, dando el tiempo suficiente a los que están en la casa para huir. En el caso habitual de que no suceda nada extraño, una vez que hayan colocado los micrófonos desaparecerán sin dejar rastro, como si esa soleada mañana hubiera sido idénticamente igual que la de cualquier otro día.

Cuando de lo que se trata es de colocar un pinchazo telefónico, la penetración es bastante parecida, aunque con matices distintos. Los encargados de realizarlo van vestidos con un mono idéntico al que utilizan los operarios de la compañía nacional y los utensilios que transportan para la realización de la misión en nada se distinguen de los que usan los auténticos profesionales. El supuesto funcionario de Telefónica, subido a una escalera, pega el cable del teléfono del sospechoso al transmisor, pero previamente realiza una llamada a la casa («perdón, me he equivocado») para comprobar que el cable escogido es el acertado. Una vez instalado, realiza otra llamada, esta vez para que el agente que le espera en la camioneta camuflada haga las comprobaciones pertinentes sobre si la grabación se realiza en buenas condiciones de calidad.

Este sistema fue el empleado a principios de 1988 para pinchar el teléfono de Rafael Pastor Ridruejo, director general de Asuntos Consulares del Ministerio de Asuntos Exteriores. Este diplomático eficiente y silencioso representaba a España en el Grupo de Trevi (persecución del terrorismo) y estaba participando en una misión de alto secreto: la liberación de los rehenes franceses secuestrados en el Líbano. Sospechó que algo pasaba, pues el teléfono funcionaba de una forma extraña (esos dichosos ruiditos tan peculiares...), y sin más pidió a la Policía que le hicieran un barrido, lo que puso de manifiesto la existencia de un pinchazo. Primero se dijo que fue la CIA, después el Mossad, pero eso ya no importaba demasiado, porque el hecho era que sus conversaciones habían sido escuchadas ilegalmente.

Las escuchas telefónicas constituyen un hábito firmemente arraigado en la historia de todos los servicios secretos, que se aprovechan de la falta de precaución de algunos importantes personajes públicos. Hace ya muchos años, meses antes de la muerte de Franco, don Juan, padre del entonces Príncipe don Juan Carlos, y Carlos Arias, presidente del Gobierno, acordaron mantener una reunión clandestina en Marbella. Nadie conocía la existencia del encuentro, porque el propio Arias Navarro había querido guardarlo en secreto, aunque los hombres de Carrero Blanco no tardaron en enterarse. Todo fue debido a una tontería de esas que pueden cambiar el rumbo de la historia. Cuando el conductor del presidente se enteró de que viajaban a Marbella, llamó a la casa cuartel desde un teléfono intervenido para reservar habitación.

—Siento avisaros con tan poco tiempo..., pero es un imprevisto.

—¿Es que pasa algo? —le interpeló un compañero, guardia civil como él, que sabía para quién trabajaba su interlocutor.

—Pues nada..., que el presidente se ve con don Juan en

Marbella —respondió mostrando de modo patente sus nulas dotes de prudencia.

Hace menos años, durante los últimos meses de la negociación para el ingreso de España en la Comunidad Europea, Manuel Marín también se comportó con una imprudencia imperdonable. La delegación española disponía de un télex protegido contra pinchazos, vía habitual de contacto con el Gobierno de Madrid. Sin embargo, la fuerte tensión, a veces difícil de superar, y las prisas, que son malas consejeras, llevaron a Marín en varias ocasiones a dar novedades a sus superiores por teléfono, una indiscreta vía por la que también recibía todo tipo de órdenes y consignas. Los servicios de información españoles tienen la absoluta seguridad de que estas instrucciones negociadoras llegaban al mismo tiempo a los oídos de Marín y a los de los adversarios en la negociación. De tal forma que, cuando se sentaba a negociar, alguno de sus interlocutores ya conocía con pelos y señales cuál iba a ser su estrategia.

Las tapaderas: el extraño chalet de Serra

Uzcalar es una de las empresas tapadera más antiguas que tiene el Grupo de Apoyo Operativo del CESID, que actualmente dirige «Manuel Losada». Su misión consiste en conseguir a los A.O. prácticamente cualquier cosa (sea lo que sea) que necesiten para el cumplimiento de sus misiones clandestinas, lo que en las escrituras oficiales de la empresa, fundada en 1978, aparece como compras y alquileres de pisos, adquisiciones de vehículos, maquinaria y material de oficina, y transportes de mercancías por vía terrestre, tanto en territorio nacional como extranjero. Así enunciado, parece una empresa aburridamente corriente (y es lo que se pretende), pero no hay nada más alejado de la realidad. Cada una de las operaciones en que participa, cada transacción, cada viaje de alguno de sus camiones tiene como única función ayudar a levantar el escenario imprescindible para una operación clandestina de los agentes de A.O. y, en muchas ocasiones, de otras divisiones de La Casa necesitadas de un vehículo especialmente potente con que impresionar al directivo de una multinacional, o de una casa, en este caso pequeña y discreta, desde la que controlar los peligrosos movimientos de un miembro de la OLP. Dentro de las numerosas labores de Uzcalar hay una que resulta escandalosamente llamativa: pagar una vez al mes a Mercedes Bustillo el alquiler del chalet de Ebro 5, en el selecto barrio madrileño de El Viso, donde vive el vicepresidente del Gobierno, Narcís Serra.

La razón por la que una de las principales empresas tapadera del Centro realiza tan curiosa labor tiene su origen en una conversación celebrada entre el entonces ministro de Defensa, Narcís Serra, y Manglano, pocas semanas después de que el PSOE ganara con brillantez las elecciones generales del 29 de octubre de 1989. El que fuera alcalde de Barcelona estaba viviendo en la residencia militar El Alcázar, situada a pocos metros de la Embajada norteamericana, que es una de las más lujosas que tiene el Ejército de Tierra. La incomodidad de tener que saludar a decenas de militares antes de poderse ir a la cama y la frialdad de una habitación con tan pocos metros a su disposición le estaban hartando abiertamente, así que la sugerencia del jefe del CESID le pareció muy apropiada.

—Ministro, permítanos ayudarle a buscar una casa en Madrid que cumpla con los requisitos necesarios de seguridad, porque, dada la situación militar actual, lo mejor es que seamos nosotros los que nos encarguemos de su protección.

El juicio contra los participantes en la intentona golpista del 23-F estaba todavía caliente, y la conspiración conocida como el 27-O había sido desarticulada hacía apenas un mes. Por todo ello, y por su patente falta de confianza en el estamento militar, decidió ponerse en manos del espía mayor del Reino.

En los siguientes días, mientras el silencioso ministro de poblada barba acometía su ingrato trabajo de pacificación del estamento militar, su mujer, Concha Villalba, acompañada por María Pilar Soler, la Relaciones Públicas de la Drisde (la Dirección General de Relaciones Informativas y Sociales de la Defensa, que ocupaba el fiel entre los fieles Luis Reverter), recorrió Madrid en un destartalado y discreto coche a la búsqueda de un piso que les permitiera abandonar la residencia militar. No pasaron muchas semanas antes de que la señora Serra, como cualquier mujer ilusionada, llevara finalmente a su marido a visitar el piso escogido para convencerle de que lo alquilaran.

—Desde luego, de todo lo que he visto este es el mejor. Es lo que necesitamos —sentenció Concha Villalba, asumiendo una decisión que sin duda entraba en el terreno de sus competencias familiares.

—Pues no se hable más —respondió su flamante esposo como por decir algo, sabiendo de sobra que precisamente sería este el punto sobre el cual girarían durante mucho tiempo los temas de conversación matrimonial.

Dado que del pago se iba a encargar el Estado, el camino que debían seguir y que no admitía excepciones era una comunicación a la Dirección General del Patrimonio del Ministerio de Economía y Hacienda, que, tras analizar las circunstancias y el precio, autorizaría o denegaría la operación, aunque al final fuese el Ministerio de Defensa el que desembolsara el pago. Sin embargo, el consejo determinante de Manglano sobre su seguridad hizo que Serra se saltara todo lo establecido y que fuera finalmente Uzcalar, la empresa tapadera de A.O., la que se encargara de alquilar el piso y de pagar cada mes el recibo correspondiente.

Lo que hacían los hombres de Manglano en la habitación del chalet desde la que oficialmente controlaban la seguridad del piso, basada en cámaras exteriores, pertenece al secreto del sumario. Algunos aseguran que desde allí controlaron incluso las embajadas y residencias oficiales de diplomáticos extranjeros, entre las que se encuentra la casa del embajador marroquí. En cualquier caso, es la más extraña y siniestra misión que ha realizado Uzcalar en sus muchos años de existencia.

Cuando fue creada en 1978, apareció como presidente Francisco Javier Garrote, como secretario Vicente Lanz Muniaín y como vocales Carlos Moreno Lozano, Luis Requejo y Jaime Sancho. De todos ellos, el único con nómina en el CESID era el secretario, que en ese momento se encargaba de la Asesoría Jurídica y en la actualidad, tras ser jefe de la División de Contrainteligencia, está destinado en la Asesoría Jurídica del Ministerio. Años después, en 1989, fue sustituido por otro jurídico militar, Ricardo Martínez Martín, que es quien realmente controla las actividades de la sociedad, junto con la tesorera María Jesús L., destinada en la Sección de Infraestructura Operativa, una de las que forman el Grupo de Apoyo Operativo, además de Coberturas, Organizaciones Pantalla y Colaboradores.

María Jesús L. se encarga de comprar o alquilar bases operativas, vehículos y apartados de correos necesarios para facilitar el trabajo de los A.O. Ella pone todas las bases operativas a nombre de empresas fantasma, que además de dar credibilidad a los agentes les permiten reunirse y preparar las acciones alejados de cualquier intruso y pasando completamente desapercibidos ante la sospecha de cualquier vecino. Una de las misiones de María Jesús L. consiste en comprar todo tipo de coches, deportivos o utilitarios, y camionetas, y en garantizar que no serán identificados. Para ello, excepto un Mercedes que tiene asignado el director, una de cuyas matrículas es M-3983-MN, la elección de los modelos responde a los gustos de los españoles de clase media, sin muchas estridencias. El tema de las matrículas es uno de los que más problemas le dan. Como tiene la orden de no fiarse de nadie, incluida la Policía, no notifica las numerosas placas que utilizan sus coches y que son sustituidas periódicamente, lo que ha provocado la caótica situación de que el Ministerio del Interior haya detectado decenas de matrículas falsas, correspondientes a identidades supuestas, que son utilizadas por miembros del CESID.

El 9 de julio de 1986, una orden policial avisó a todas las comisarías y brigadas de Madrid para que localizaran un Talbot Horizon GLS, con matrícula M-8755-EF que había sido visto en Móstoles y que era sospechoso de estar siendo utilizado por dos terroristas. El vehículo, según indicaba el ordenador de la Dirección General de Tráfico, había sido adquirido a nombre de Ignacio Rodríguez Jimeno, con residencia en la calle Ballesta, número 28, de la capital. Una posterior comprobación demostró que el DNI era falso y que en ese domicilio no vivía nadie con tal filiación. El impostor Ignacio Rodríguez era un agente del Centro.[5]

Las coberturas de A.O. incluyen cualquier tipo de instalaciones, identidades y actividades. Todas funcionan de una manera similar a como lo hace un garaje de reparación de vehículos situado en San Sebastián de los Reyes, en Madrid. Su dirección aparece en las páginas amarillas de la guía telefónica como uno más de los talleres de su tipo. Su trabajo, sin embargo, consiste en cuidar los vehículos del Centro, arreglando las averías mecánicas, instalándoles equipos de radio para seguimiento de sospechosos o camuflándolos mediante la completa transformación de su apariencia. Está regentado por un teniente de la Escala Auxiliar del Ejército de Tierra, prestigiosísimo mecánico, que para asentar la cobertura tiene todos los papeles de propiedad del taller a su nombre. Sus ayudantes son varios suboficiales del mismo Ejército y, aunque el trato entre ellos es el de propietario y trabajadores, el CESID lo ha dispuesto de tal manera que se mantenga la relación oficial-suboficial típica entre militares en una unidad.

Como hay tanto trabajo con los vehículos del Centro, no aceptan encargos de fuera, aunque discretamente nunca dan un no por respuesta, al igual que lo haría, en definitiva, cualquiera de los cientos de talleres de reparación de vehículos diseminados por toda España.

—¿Qué modelo es su coche? —pregunta el jefe del taller, que en realidad es teniente del Ejército.

—Un Renault 19 —responde el inocente ciudadano.

—¿Qué le pasa?

—En cuanto pongo el aire acondicionado se me cala.

—Muy bien, tráigamelo el 18 de abril.

—¿Qué día ha dicho?

—Tiene que ser dentro de dos meses. Antes me es imposible cogérselo.

—¿De verdad no podría ser antes?

—Lo siento, pero no —concluye el mecánico de La Casa seguro de que se ha deshecho de un nuevo cliente.

Eso sí, para no levantar sospechas aceptan reparar los vehículos de los vecinos. A los amigos de los bares cercanos que les preguntan por la gran cantidad de trabajo que realizan y los pocos coches del barrio que arreglan les cuentan que tienen una contrata con IBM que les sale muy rentable y punto.

Dentro del entramado de empresas que tiene a su disposición «Manuel Losada» destacan las organizaciones pantallas, que son empresas, despachos de abogados y economistas y asociaciones de todo tipo que les sirven para obtener información y facilitar a sus agentes una tarjeta de presentación creíble. Casi todos los afiliados se inscriben de buena fe y desconocen que sus ideales desinteresados están siendo utilizados por el CESID. Para dar credibilidad al montaje, las personas que organizan y presiden las distintas entidades son hombres y mujeres de gran prestigio profesional o intelectual que se prestan a hacerlo a petición del Centro. Entre ellos destaca por sus servicios el nieto de un reconocido y admirado médico que nunca ha aceptado colaborar por otra razón que no fuera por hacer un servicio a España.[6]

Qué hacer cuando los agentes son detenidos

El complejo entramado integrado por agentes especiales dispuestos permanentemente a actuar en cualquier país del mundo aunque las condiciones no sean las más propicias, colaboradores pertenecientes a cualquier profesión y clase social trabajando por amor a la Patria o al dinero, material sofisticado, muchas veces increíblemente diminuto y sin fronteras en su radio de acción, y empresas tapadera levantadas con toda legalidad y dedicadas única y exclusivamente a apoyar cada una de las acciones de los agentes dándoles coberturas falsas, transporte rápido o viviendas discretas, ha hecho que el funcionamiento del Grupo de Apoyo Operativo sea muy valorado dentro de La Casa. Ahora bien, no se puede cerrar el círculo de A.O. sin tener en cuenta un factor trascendental en el que nadie quiere pensar porque, sencillamente, puede atraer la mala suerte: el fracaso estrepitoso de la misión y la consiguiente posibilidad de que los agentes sean detenidos con las manos en la masa y acaben en el calabozo de una fría comisaría acompañando a indeseables «camellos» con el síndrome de abstinencia o a ladrones de bolsos de tres al cuarto.

En muy pocas ocasiones agentes de Apoyo Operativo o de otras divisiones han terminado en la cárcel al ser descubiertos realizando una misión que pise la difusa línea que algunas veces separa lo legal de lo ilegal en su quehacer profesional. En la mayor parte de los casos fracasados, agentes del Centro han sido pillados *in fraganti* mientras realizaban el seguimiento de las actividades de un juez o de un alto cargo, aunque normalmente no han acabado con sus huesos en prisión. Pensando en este tipo de contingencias imprevistas, el Centro tiene elaborada una orden interna sobre la forma en que deben actuar sus agentes si son detenidos por la Policía.

El caso de Álvaro Pedro Picardo, sucedido en abril de 1991, demuestra que manzanas podridas hay en todos los trabajos y que en muchas ocasiones la maldad incomprensible no tiene nada que ver con la ocupación concreta que se desempeñe. Álvaro estudió la carrera de Derecho en el colegio universitario CEU San Pablo, donde conoció a Carlos Ramón Herráiz. Ambos formaban parte de una pandilla divertida que no estudiaba nada entre semana (Ramón era la excepción, como buen número uno de la promoción) y se divertía lo máximo posible los fines de semana. Sacaron bien la carrera y la amistad entre los dos fue a más. Guiados por los mismos sueños laborales, comenzaron a preparar oposiciones a registrador de la propiedad, aunque Álvaro aguantó poco tiempo el tremendo y disciplinado ritmo de trabajo de su amigo, que se había propuesto aprobar costase lo que costase y que nada ni nadie le impidiese alcanzar su meta. Picardo buscó trabajo y no tardó en encontrarlo en el CESID, donde le hicieron un contrato laboral interino. Aunque sus caminos se distanciaron, los dos siguieron viéndose, posiblemente porque Álvaro (un homosexual egodistónico, es decir, que no acepta su condición y la considera además vergonzante) albergaba sentimientos especiales hacia Ramón, quien prefería sin duda la compañía de Eva Calderón, su novia.

Cerca de la medianoche del 25 de marzo de 1991, Álvaro salió de su casa, en la calle General Pardiñas, y se subió a su Opel Corsa recién comprado para visitar a su amigo Ramón en la calle Sombrerería 24. Cuando pulsó con energía el contestador automático del piso tercero B, nadie le abrió, por lo que se imaginó que Ramón todavía no había regresado del aeropuerto de Barajas de despedir a sus padres, que se iban de vacaciones al extranjero. Miró a su alrededor y decidió alejarse de la puerta, para que Ramón no le viera al llegar y pensara que estaba ansioso por estar con él. No obstante, la espera fue breve. Su antiguo compañero de carrera apareció a los pocos minutos y al rato le estaba abriendo la puerta. No se sabe de qué hablaron, aunque no existen dudas de que mantuvieron una tensa discusión mientras bebían champán Benjamín, Ramón en una copa y Álvaro directamente de la botella. En un momento dado, la situación se hizo insostenible para el agente del CESID que semanas antes había estado elaborando informes sobre el desarrollo de la guerra del Golfo y, aprovechando un descuido de su compañero, cogió una botella del carrito que estaba en el pasillo de la cocina y le golpeó duramente en la cabeza. Ramón cayó fulminado al suelo en estado inconsciente, lo que permitió que Álvaro, dando muestras de una considerable sangre fría, intentara simular un accidente. Desnudó precipitadamente a su víctima y la arrastró por las axilas hasta el fondo del pasillo, donde se encuentra el cuarto de baño, en cuya bañera a duras penas le metió. A continuación abrió el grifo del agua, con la intención de que pareciera que se había ahogado.

Para sorpresa de Álvaro, en contra de lo que había planeado, Ramón recobró parcialmente el conocimiento y comenzó a pedir auxilio, lo que provocó una nueva reacción violenta del espía, que se dirigió de nuevo al carrito, cogió una botella de licor de melocotón y se la rompió a Ramón en la cabeza, aunque no consiguió que perdiera el conocimiento por completo. Nuevamente sintió que la situación volvía a estar bajo su control y siguió preparando la escena del crimen para despistar a la Policía. Dispuso un recorte de periódico con teléfonos de saunas junto a un texto manuscrito con un fragmento del juramento de ingreso de los agentes del servicio secreto. De esta forma, si le descubrían podría contar que Ramón le estaba chantajeando y que en un momento de desesperación no había aguantado más y le había matado, algo similar a lo que había estudiado en la carrera de Derecho sobre la defensa propia, aunque interpretada y aplicada con un estilo muy, pero que muy personal.

Como en una película de terror, Ramón recobró el conocimiento de nuevo y, horrorizado por la situación, gritó abiertamente pidiendo auxilio. El espía se lanzó al cuarto de baño y comprobó que su «amigo» había conseguido inexplicablemente salir de la bañera y, gateando malherido, se dirigía al pasillo. Se sentía cercado ante lo que sucedía y no lo pensó dos veces: buscó en su cazadora un punzón de punta cilíndrica que había metido en el bolsillo antes de salir de casa y, empuñándolo con rabia, lo clavó cuarenta y dos veces en el cuerpo de su indefensa víctima, siendo mortales las once embestidas que le asestó en el corazón. Con el joven opositor desangrándose en el suelo, Álvaro se lavó las manos y se secó con una toalla rosa, como si de un rito satánico invadido de enfermiza frialdad se tratase. Todavía antes de salir tuvo tiempo de introducir entre las posesiones de Ramón una fotocopia de su DNI, otra de su juramento ante el CESID y los diez primeros teléfonos de su agenda. Después regresó a casa en su coche nuevo, tirando el punzón, la toalla rosa manchada de sangre y las llaves de Ramón en un contenedor de basura.

Solamente dos semanas tardó la Policía en descubrir al sórdido asesino que había dejado tantas pruebas tras de sí y cuya actuación, sin ninguna duda, había sido guiada por un móvil, su homosexualidad, que quedaría patente en el juicio celebrado un año después. Tras ser ingresado en prisión, Álvaro sabía que una cadena de hombres e influencias se pondría en marcha en cuanto avisara al Centro de que había sido detenido, aunque no era tonto y prefirió ser sincero consigo mismo: no era lo mismo haber sido detenido durante una arriesgada misión con todo tipo de peligros al acecho que haberlo sido por asesinar a un hombre que le despreciaba. Esa cualitativa diferencia le hizo meditar algún tiempo y, finalmente, decidió no enviar el SOS.[7] Si lo hubiera hecho, siguiendo rigurosamente las órdenes pertinentes establecidas por escrito en La Casa, todo habría ocurrido más o menos de la siguiente forma:

—Por favor, páseme con el jefe de servicio —habría dicho escuetamente Álvaro tras marcar el número de la centralita del Centro.

Solo pasarían unos segundos, pero a Picardo le parecerían horas. Intentaría recordar la orden interna secreta que había memorizado hacía meses para los casos en los que en el desarrollo de actividades del servicio o en las prácticas de alumnos asistentes a cursos impartidos por el Centro se produce algún incidente que tiene como consecuencia la detención o puesta a disposición judicial de algún miembro de La Casa por funcionarios de las Fuerzas de Seguridad.

—¿El jefe de servicio? —preguntaría al oír una voz—. Soy Álvaro Picardo, miembro de Gandesa. He sido detenido por la Policía por un asunto ajeno al servicio.

—Muy bien, entendido. Cuando sea requerido para ello, proporcione el nombre de la señora Rosa Ruiz del Corral para prestarle asistencia letrada.

—No es necesario, ya tengo abogado.

El jefe de servicio avisaría inmediatamente al comisario jefe de la Brigada de Relaciones Informativas marcando el 5.64.47.48. Si este no estaba, hablaría con el policía que estaba de servicio para exponerle lo sucedido.

—Infórmese de lo que ha pasado, pero sea lo más discreto posible, porque no nos interesa que el nombre de La Casa aparezca vinculado a este desagradable asunto.

Seguidamente, comunicaría la detención al jefe superior de Picardo, Sabino Manuel Lauda, quien a su vez establecería contacto con la Brigada de Relaciones Informativas para coordinar las gestiones tendentes a conocer los pormenores del suceso. Si en lugar de tratarse de un asesinato el motivo de que se encontrara entre rejas hubiera sido el seguimiento a un sospechoso, aunque en realidad fuera poco sospechoso y lo hubiera hecho por iniciativa propia, sin ningún tipo de autorización, habrían desplegado todos los medios a su alcance para conseguir su inmediata liberación. Incluso, si hubiera sido preciso, habrían avisado al director, aunque estuviera reunido con el mismísimo Rey, para que hablara con quien considerara oportuno a fin de ponerle en libertad en el menor plazo de tiempo posible. Pero evidentemente no era el caso.

Si, después de intentarlo todo, las gestiones llevadas a cabo resultasen infructuosas y el agente detenido fuese puesto a disposición judicial, el jefe de servicio se habría puesto en contacto con la abogada Rosa Ruiz (extensión del Centro 1297 o, fuera del horario laboral, localizando su teléfono a través del sobre cerrado A), para comunicarle los hechos y la situación del detenido.

Si la llamada telefónica se produce por otro tipo de incidencias realmente más arriesgadas, pero que es mejor no detallar, las órdenes del Centro son textualmente las siguientes: «En caso de recibirse una llamada telefónica de un miembro de Montanosa, el jefe del servicio avisará, por este orden, a los señores Porto, Andrade, jefe del área 4 de la División de Inteligencia Interior, jefe de la División de Inteligencia Interior y jefe del Gabinete Técnico, comunicándole al primero que se consiga localizar el mensaje dejado por el interlocutor de Montanosa. Posteriormente, tratará de comunicar el mismo mensaje al jefe del Departamento de Infraestructura Operativa, informándole de las gestiones realizadas».

Pero Picardo se sintió culpable y nunca llegó a poner en marcha el mecanismo del CESID para ayudar a sus agentes detenidos. Y si lo hubiera hecho, Emilio Alonso Manglano, que desde entonces no quiere ni oír hablar de él, le habría asesinado (es un decir simbólico). De hecho, su actitud no pudo quedar más clara cuando, atendiendo el requerimiento del Juzgado de Instrucción número 17, envió un escrito que fue crucial para determinar la posterior condena a veintiocho años de prisión de su exagente, en el que negaba la coartada esgrimida por el abogado de este último relativa a que estaba siendo chantajeado por Ramón para que le diera papeles secretos del Centro: «En este Centro no consta que el señor Picardo haya informado, ni a sus superiores, ni al órgano de seguridad, de que hubiera sido objeto de amenazas por parte de alguna persona u organización con el fin de facilitar los nombres de jefes del CESID u otros datos reservados».

Exactamente un año después del suceso, una esquela publicada en el diario *ABC* ponía la nota final amarga y escalofriante al caso del espía asesino, pendiente hoy de un recurso al Supremo para que le rebaje en algo la condena: «El día 26 de marzo hará un año que perdimos a un ángel llamado Ramón Herráiz Santandreu, licenciado en Derecho con gran brillantez en el colegio privado CEU, a quien segó la vida un demonio. Señor, tenle en tu gloria, como él en su breve paso por la tierra hizo de su vida para con todos nosotros».

Notas

1. *El País* publicó el informe sobre los servicios secretos del Este el 3 de junio de 1990.

2. Los tipos de colaboradores habituales del Centro son los siguientes: el «asesor», que proporciona conocimientos técnicos sobre campos de la información como la economía, la electrónica, la resistencia de ma-

teriales y los idiomas; el «técnico», que desempeña un papel activo en acciones operativas concretas; el «influyente», que utiliza su posición en relación con acontecimientos que puedan interesar al servicio, y que son aristócratas, embajadores, directores de empresa o dueños de conocidas discotecas que prestan su colaboración por las ayudas que puedan recibir como compensación; y el «gestor», que proporciona alguna cosa para una operación concreta, por ejemplo un domicilio para una base de escuchas o el acceso a un local privado.

3. En el diario *El Mundo*, Santiago Aroca publicó el 14 de abril de 1991 una información titulada «El CESID mantiene una sección femenina encargada de infiltrarse en embajadas árabes», en la que habla de Teresa C.

4. El semanario *Interviú*, en el número publicado el 17 de febrero de 1988, ofrece un organigrama del Centro en un reportaje titulado «Nadie fiscaliza el poder del CESID».

5. Carlos Bello, en el semanario *Tiempo*, publicó el 23 de noviembre de 1987 este y otros casos sobre matrículas falsas utilizadas por espías españoles.

6. Hemos descrito el funcionamiento de la sección Interior del Grupo de Apoyo Operativo, pero también existe una sección Exterior, cuyo funcionamiento es bastante parecido, con la salvedad de los problemas que supone tener que actuar en territorio extranjero. Hasta 1992 estaba en «cuadro», y prácticamente era una caricatura de la de Interior. Ese año, en los presupuestos generales del Estado el Ministerio de Defensa sufrió un recorte muy importante que le obligó a paralizar muchas compras de material. Otros departamentos de carácter social aumentaron sus gastos, pero no todo lo que hubieran deseado. Sin embargo, el CESID fue una excepción, pues se elevó su dotación en casi un 35%. La mayor parte de dicha dotación no se incluyó en el capítulo de gastos reservados, que pasó de 1.400 a 1.450 millones, sino en el de infraestructura, que creció en 1.800 millones de pesetas. Casi todo este capital se dedicó a proporcionar los medios necesarios para el trabajo en el exterior.

7. Como Picardo, todos los agentes reciben unas órdenes sobre la forma en que deben actuar si son detenidos por la Policía. El sistema de comportamiento que relatamos es el que se sigue en la actualidad, pero las palabras-clave utilizadas son de hace varios años.

4

Inteligencia interior

*N*unca podré olvidar la sensación de vida propia e incontrolada que me ofrecía mi estómago ese día de 1989 en el que mi cálida y bondadosa madre me había obsequiado a la hora de la comida con una de sus enormes bandejas navideñas abarrotadas de turrones de todos los tipos y adornada con mazapanes y polvorones. No sabía muy bien si había comido demasiado dulce o si eran los nervios por la cita a ciegas que iba a mantener esa fría tarde con alguien que desgraciadamente no se parecería a Kim Basinger pero que para mí era mucho más importante: un espía que me mandaba el Centro Superior de Información de la Defensa. Desde que comenzara a investigar las actividades de los agentes secretos españoles y de sus colegas occidentales y del Este cuando era redactor del diario *Ya*, siguiendo por la etapa pasada en la revista *Época* y en los dos años que llevaba haciéndolo regularmente en *Tiempo*, nunca había mantenido contactos oficiales con el CESID.

El primer paso, aunque indirecto, lo dieron ellos, ofreciéndose a ayudarme en los artículos en que tuviera dudas. No lo pensé mucho. Dejé pasar varias semanas y después marqué el 4.70.24…, el teléfono de su centralita.

—Quiero hablar con Manuel Durbán, extensión 1309.

La telefonista, impersonal y eficaz, no dijo «CESID, dígame», sino un simple «buenos días», al que le siguió un «le paso».

—¿Durbán? Soy Fernando Rueda, de la revista *Tiempo*. Estoy escribiendo una historia sobre vuestra casa y antes de que salga publicada me gustaría hablar contigo.

—Me parece muy bien —dijo con la misma tranquilidad que yo intentaba aparentar—, no creo que haya problemas, pero antes mi director tiene que autorizar el contacto. Esta tarde te llamo y te contesto. Por cierto, dame el teléfono del semanario.

Únicamente la importancia del momento me permitió retrasar la carcajada hasta que había colgado el teléfono. ¿Esperaba realmente que me creyera que el servicio secreto, que tiene ojos y oídos por todas partes, no sabía el teléfono de *Tiempo*? Su actitud me pareció amable, pero su comentario resultaba ridículo y manipulador. Al menos, fue puntual en su respuesta:

—Fernando, tengo la autorización para que nos veamos y estudiemos si es posible una colaboración que nos beneficie a los dos. Si te parece, quedamos a las seis y media en la cafetería del hotel Fénix. ¿Sabes dónde está?

—Ni idea, pero ya me enteraré.

—Está muy cerca de la plaza de Colón... Ah, iré con un compañero que trabaja conmigo.

—Me parece estupendo, porque yo también acudiré con mi amigo Julio Trujillo.

El lugar del encuentro, cercano a la plaza de Colón, era un punto tradicional de reunión de espías cuando la sede central de La Casa estaba en Castellana 5, pegada a los despachos de los altos cargos del Ministerio del Interior. Julio y yo llegamos un cuarto de hora antes. Les buscamos por la cafetería, pero no estaban. Decidimos sentarnos a una mesa discreta del amplio *hall*-cafetería del hotel desde donde divisábamos a todas las personas que entraban y salían. Hablábamos sin parar. Habíamos decidido que, según el cariz de la entrevista, yo desempeñaría el papel de malo y Julio sería el bueno, el que abriría una ventana cuando yo cerrara la puerta. Diez minutos después llegaban Durbán y su compañero. Sus manos estaban frías, o al menos a mí me lo parecieron. Inmediatamente comenzaron a aparecer esas típicas rarezas que te esperas del espía, aparentemente sin importancia pero que van definiendo su forma de actuar y algo más..., esos pequeños detalles que inexorablemente acompañan todos los momentos de su vida.

—Mejor vamos a aquella mesa, que es en la que nos sentamos siempre —dijo el agente tras las oportunas presentaciones.

Si fue desconfianza o simple manía todavía no lo sé. Además, en ese momento no me importaba. El caso es que nos sentamos en un sofá y ellos ocuparon dos sillones en el lugar indicado. Comenzamos hablando de la defensa de España, del Ministerio del Interior y de un sinfín de temas que nada tenían que ver con el asunto que nos había llevado a reunirnos. Mientras transcurrían los minutos en un intento de conocernos un poco mejor, mis ojos no se apartaban del siniestro promontorio que Durbán tenía en el calcetín. Después de casi dos horas de conversación, ya no aguanté más:

—Manolo, te ha salido un grano muy gordo en ese tobillo.

—No, es la cartera. La llevo ahí para que no me roben —respondió inesperadamente en serio a mi maldad.

El repentino rubor que invadió sus mejillas me hizo preguntarme que, si realmente llevaba la documentación en el calcetín, ¿qué guardaba entonces en el bolsillo interior de su impecable americana? En ese momento me vino a la memoria una conversación que había mantenido hacía algunos años con Luis Reverter. El brazo derecho e izquierdo, los ojos, la nariz y hasta el olfato de Narcís Serra, el que siempre le ha hecho el trabajo más sucio y al que yo siempre he admirado en silencio (nuestras relaciones siempre han sido muy difíciles por mis informaciones de denuncia), me contó una tarde en 1984, al año de su llegada al Ministerio de Defensa, que se sentía muy satisfecho: «Finalmente he conseguido que Manglano me dé su palabra de que cuando le pregunte algo no me va a mentir. Cuando no me lo pueda decir se callará, pero no me mentirá».

El hombre cuya opinión decidía el nombramiento de los poderosos (por aquel entonces) capitanes generales, cuyas iras todos temían, consideraba un éxito incontestable que el jefe del espionaje al menos no le mintiera. Desde ese día que contemplé de cerca por primera vez la extraña actuación de los agentes del Centro, siempre que trato con espías me acuerdo de Luis Reverter.

La dura historia de Santiago Bastos

«Dieciocho hombres sin piedad.» Así se les conoce en el Ejército de Tierra, comparándoles con los protagonistas de aquel relato tan popular y apasionante en el que doce jurados entresacados de las más variadas capas sociales y envueltos en una marea de problemas personales tienen que decidir, encerrados entre cuatro aburridas paredes, sobre la vida o la muerte de un presunto asesino. El motivo de esta otra reunión, que por contraste se celebraba en el interior de una de las lujosas estancias del monumental Cuartel General del Ejército, era determinar los miembros de aquella promoción de la Academia General de Zaragoza (el West Point español) que podrían enfundarse el deseado fajín rojo de general.

En una de las incómodas butacas se hallaba sentado un coronel que hablaba poco, de carácter fuerte y cuyo nombre nunca ha salido en los medios de comunicación. Si alguna vez dialoga con algún periodista es por motivos personales (un amigo común puede haber intervenido), y siempre rogando que nadie pueda identificarle. Desde que supo que su nombre estaba ese año entre los que deberían «juzgar» a la XI Promoción, le habían llegado varias recomendaciones indirectamente, pero nadie se había atrevido a ejercitar a plena luz del día, con premeditación y alevosía, el tráfico de influencias. ¡Faltaría más! El coronel habría podido acordarse de todos sus muertos.

A pesar de todo, como el resto de los «jurados», sabía que cientos de pares de ojos de sus compañeros estaban pendientes de lo que allí sucediera para saber en qué lugar del nuevo escalafón clasificarían a un coronel muy, pero que muy especial: Santiago Bastos Noreña, el jefe de la División de Inteligencia Interior del CESID. Al poco hablador militar no le hacía ninguna gracia esta cuestión, y menos que hubiera tantos compañeros esperando una decisión que a buen seguro criticarían, recomendase o no el ascenso de Bastos a general. Valorar los méritos acumulados durante tantos duros años, el desarrollo de carreras antagónicas entre sí y la actitud íntima y personalísima de los integrantes de una promoción era una cosa, bastante complicada por cierto, pero entrar en el manido juego de las simpatías y antipatías otra muy distinta. Estaba decidido, en lo que a él se refería, a que la justicia imperase costase lo que costase: «Harán el curso de ascenso a general los que se lo merezcan».

Hacía unos instantes un ayudante le había indicado su asiento en la gran mesa ovalada, hacia el que se dirigió de inmediato el militar con paso firme.

—Mi coronel, esta es su carpeta con los informes.

—Bien…, vamos a ver —expresó adustamente, enfundándose con gesto decidido unas pequeñas gafas de «zapatero» que a duras penas conseguía mantener en su sitio.

La reunión comenzó con una rutinaria exposición del orden del día y con la explicación de los detalles que había que tener presentes respecto a la clasificación y la forma en que se desarrollaría para posteriormente entregar los expedientes de todos los integrantes de la XI Promoción. El coronel miró cada carpeta con sentido respeto mientras comprobaba que ninguna llevaba el nombre del «reo». «Hay que dar imagen de independencia», pensó al tiempo que escudriñaba los informes, y para sus adentros, en muchos casos, no dudaba en identificarlos con los rostros que tantas veces había visto en alguno de sus muchos destinos. «¡Hombre, aquel chaval…!», recordó mentalmente ante más de un documento. Gente más normal de lo que el pueblo español puede pensar, gente con problemas personales y sueños de gloria, gente con buenos y malos hábitos…, gente, en definitiva, con la que había compartido muchas veces un vaso de vino peleón en alguna cantina de regimiento y que podían ser más o menos aptos para el mando, pero que al fin y al cabo eran sus compañeros.

Lentamente levantó su mirada caqui del documento que estaba leyendo. Sus compañeros de «tribunal» estaban absortos, o eso le parecía, en la lectura de los mismos informes. Tenía delante una de las hojas de servicio menos completas de toda la promoción. Sin articular palabra, ni mover los labios, leyó cada una de las líneas: «Obtuvo el empleo de teniente en

1956 y su primer destino fue en el norte de África... De capitán realizó el curso de Estado Mayor, que terminó en 1968... En 1970 ingresó en el Servicio Central de Documentación del almirante Carrero Blanco y desde ese momento, tras incorporarse al CESID, cuando fue creado, ya nunca abandonaría las labores de inteligencia».

Era imposible ocultar con esos datos que estaba delante del modesto *dossier* de Santiago Bastos. Ni siquiera hacía falta mencionar que era sobrino del teniente coronel Noriega, héroe de Estado Mayor fusilado por los republicanos durante la Guerra Civil. O que fue un destacado contestatario durante la dictadura de Franco.

«Es de Estado Mayor, lo que ya es un punto —pensó—, pero está a cien años luz de cumplir el resto de las condiciones. Habiendo otros que han pasado muchos años lanzándose en paracaídas o sirviendo en la Legión y en los Cuerpos Especiales, lo va a tener muy difícil. Puede haber sido indudablemente un buen espía, pero está lejos de haber demostrado ser un buen militar.»

Él, personalmente, no albergaba sentimientos negativos contra Bastos. Algunos domingos le había visto salir de misa de doce en la iglesia de la Basílica, en la madrileña calle de Orense, donde muchos militares coincidían. El espectáculo siempre era el mismo: Bastos soportaba con estoicismo la mirada distante de algunos compañeros, mientras otros aparentaban una cínica cordialidad. Él comprendía el motivo: pensaban que en algún momento de los últimos años, tras la muerte de Franco, Bastos había tenido sobre su mesa de despacho un expediente que nunca debió existir, en el que de una manera que consideraban sucia y detestable se narraba la vida de cada uno de ellos incluyendo obras y milagros.

Mientras releía los méritos del hombre que había acabado con el golpismo en el seno de las Fuerzas Armadas, no dudó en ningún momento que a Bastos había dejado de preocuparle hacía tiempo lo que pensaran de él sus compañeros de profesión, si es que verdaderamente alguna vez le importó. Debía de estar muy orgulloso de haber cumplido sobradamente con su misión y ahora ya tendría bastante con gastar sus horas de trabajo aportando su granito de arena para acabar con los terroristas de ETA, que a tantos compañeros de uniforme habían asesinado de la forma más vil y cruenta imaginable.

Pasó a otro informe decidiendo no preocuparse demasiado por el tema de Bastos. Sabía bien que, no hacía mucho tiempo, Serra había aprobado una reforma suprimiendo la obligatoriedad de seguir estrictamente el informe de los «dieciocho hombres sin piedad» y el posterior del Consejo Superior del Ejército (el «consejo de ministros» de los militares de caqui). La potestad de ascender estaba definitivamente en manos del ministro de Defensa. Con anterioridad, debido a fuertes presiones, Serra había ascendido de manera simultánea a tres coroneles muy controvertidos: Agustín Muñoz Grandes Galilea (hijo del general franquista Muñoz Grandes), Manuel Monzón (apoyado por influyentes sectores conservadores) y Alberto Piris (uno de los militares más progresistas que ha tenido la democracia).

De forma que, si quería, con Bastos actuaría de igual modo, haciendo oídos sordos a cualquier informe, por muy negativo que fuera. Lo que el coronel desconocía era que en los meses anteriores, Manglano había solicitado al ministro una y otra vez que ascendiera a su hombre a general. El director comprendía que su hoja de servicios no respondía al modelo de carrera que se primaba, pero estaba francamente harto de que los militares que servían a sus órdenes tuvieran que irse de su lado si querían vestir algún día la faja roja de general. El director del CESID le vendió denodadamente todos y cada uno de los servicios que Bastos había prestado a la democracia: «Ten en cuenta, ministro, que si el golpismo está controlado en las Fuerzas Armadas es gracias a él. Por eso se ha ganado tantas enemistades y tratan de bloquear su ascenso».

En el debate sobre la clasificación de la XI Promoción hubo de todo o de casi todo. La mayoría estaba contra Bastos. No les caía bien a las claras, algunos incluso lo odiaban. Para un porcentaje destacable de los «jurados», si de algo sabía era de golpismo, terrorismo o lo que fuera, pero evidentemente no de milicia. Tenían en cuenta que tras ingresar en el Seced realizó importantes trabajos teóricos sobre la subversión y la contrasubversión y que, al poco de llegar Manglano al Centro, este le encumbró a la jefatura del Área de Involución, desde la que saltaría al importante puesto de jefe de la División de Inteligencia Interior en 1986. Pero esos no eran méritos suficientes para estar entre los elegidos.

Tantos años persiguiendo golpistas entre sus propios compañeros, escudriñando sus vidas en busca de los «malos», le han creado sin lugar a dudas una imagen de hombre duro y peligroso. Cada uno de sus éxitos públicos al desmontar una operación que podía acabar con la democracia se ha visto acompañado de una ola de críticas en el seno de las Fuerzas Armadas. «Monta operaciones que no existen» o «Convierte en grandes golpes de Estado algo que solamente son charlas de café» son algunos comentarios que desde hace años se vierten sobre su persona.

Lo que pasó entre aquellas cuatro paredes del Cuartel General del Ejército, ya poco importa. Lo que votaron el coronel y sus diecisiete compañeros, es lo de menos. Si recibió descalificaciones tiempo después en el Consejo Superior del Ejército, ya nadie se acuerda. Si el ministro Serra varió o no la clasificación para el ascenso a general de la XI Promoción, pertenece al secreto del sumario. Santiago Bastos Noreña es hoy general y sigue en el CESID.

Involución: ¡A por los golpistas!

Desde que comenzó su carrera en el espionaje hasta la actualidad, cuando ha conseguido la categoría de subdirector, Santiago Bastos siempre ha mostrado una predisposición y una aptitud notables en cuanto a los temas de involución. Esta era su especialidad cuando sirvió con el franquismo en el Seced a las órdenes del coronel San Martín y lo sigue siendo ahora en un CESID probadamente democrático. La cualidad de defensor de las libertades es imprescindible para todos aquellos que en los últimos diez años han querido trabajar con él, primero en la antigua sede del paseo de la Castellana 5 y después en el moderno edificio de la carretera de La Coruña.

A sus hombres los distribuyó en las áreas de Involución, Revolución, Terrorismo y Relaciones Ejército-Pueblo y les destinó a muchas ciudades españolas con las más variadas tapaderas. Unos, en los cuarteles militares elaborando informes sobre golpistas; otros, infiltrados en organizaciones de extrema izquierda controlando a los revolucionarios, más que de ideas, de pretensiones; y algunos, los más especializados, en el País Vasco compartiendo tertulias con militantes del Partido Nacionalista Vasco y Herri Batasuna. Todos con el mismo fin: garantizar la estabilidad de la Monarquía y la democracia luchando contra cualquier amenaza cuyo fin sea acabar con cualquiera de las dos instituciones.

En lo que respecta al área de Involución, las elecciones generales de 1989 fueron las primeras ganadas por el PSOE sin que el CESID destapara un intento de golpe de Estado. En 1982 fue la trama conocida por el 27-O y en 1986 la detención del coronel de Caballería Carlos de Meer, amigo del líder libio Muamar al-Gadafi. Las preguntas que cualquiera se hace, además de la curiosa coincidencia de las fechas electorales con las desarticulaciones de los núcleos golpistas, son: ¿ya no hay golpismo en el seno de las Fuerzas Armadas?, o ¿los focos de involucionismo en España son tan poco importantes que ya no representan peligro?

Cuando Alonso Manglano llegó al CESID en 1981, se planteó prioritariamente acabar con los brotes golpistas en las Fuerzas Armadas, impidiendo la repetición de hechos tan dramáticos como los del 23-F, que tuvieron a todos los españoles con el alma en vilo. Para ello nombró jefe del Área de Involución a un demócrata ejerciente, superespecialista en temas de golpismo, el entonces joven comandante Santiago Bastos. Su trabajo fue tan eficaz y concienzudo y consiguió un éxito tan rápido, que al poco tiempo sus méritos le hicieron acreedor a la jefatura de la División de Inteligencia Interior.

Una de sus operaciones más brillantes, y sin embargo más silenciada, fue la que concluyó con la detención del coronel Carlos de Meer el 9 de mayo de 1986, acusado de un delito de conspiración para la rebelión, cuando supuestamente estaba buscando los medios necesarios para dar un golpe de Estado o, al menos, para hacer que la extrema derecha llevara a cabo alguna acción que le permitiese recuperar el brillo perdido. Como le ocurrió con el desmantelamiento del intento involucionista del 27-O, Bastos desenmascaró toda la trama con tal rapidez, cuando todavía no había nada realmente preparado, que muchos pensaron que había convertido en «ruido de sables» lo que no era más que «ruido de tenedores».

El nombre de Carlos de Meer estaba incluido desde 1981 en el *dossier* elaborado por el CESID sobre militares que simpatizaban con la extrema derecha más recalcitrante y peligrosa. Uno de los apuntes en esta especial y selectiva «hoja de servicios» era su activa participación en el juicio del 23-F, celebrado en Campamento, como abogado defensor del capitán Francisco Dusmet, quien en la larguísima noche del intento de golpe de Estado intentó difundir, sin éxito, el manifiesto de los rebeldes por La Voz de Madrid.

A pesar de ello, los agentes del Centro no iniciaron el seguimiento de sus actividades hasta que su nombre apareció reiteradamente en la lista de visitantes de los condenados del 23-F, lista que semanalmente envían los coroneles directores de todas las prisiones militares al CESID. Algo debía de estar pasando, pensaron en La Casa, porque De Meer carecía de razones jurídicas para realizar tantas visitas, dado que el capitán Dusmet, a quien tan apasionadamente defendió, había cumplido ya la pena de dos años de prisión que le fue impuesta por el consejo de guerra. Como el coronel licenciado en Ciencias Políticas, otros muchos militares que visitaron en la cárcel a sus amigos golpistas fueron seguidos por el CESID, que en la mayor parte de los casos no encontró ninguna actividad delictiva en sus conductas. A pesar de la discreción en los seguimientos, pronto se filtró en las salas de banderas de los cuarteles (lugar venerado en el que tradicionalmente los uniformados sueltan los sapos y culebras que llevan dentro) que los espías de Bastos controlaban las visitas a las prisiones militares, por lo que muchos de ellos prefirieron romper sus lazos de amistad con los encarcelados antes que jugarse sus expectativas de carrera. Y ello porque los profesionales de uniforme no querían que les marcaran con la «G» de golpistas en un momento (años posteriores a la llegada de los socialistas al Gobierno) en que se sabía que el área de Involución había detectado reuniones críticas hacia el sistema democrático, movimientos de intoxicación que acusaban al Rey de haber traicionado a Milans del Bosch cuando sacó los tanques en Valencia e intentos de recogida de firmas pidiendo, entre otras cosas, la libertad de «los patriotas» del 23-F.

En enero de 1986, el coronel Estanislao Urquijo y Ramírez de Haro le pasó un informe a la vez interesante y preocupante a Santiago Bastos. Él y dos agentes a sus órdenes, José B. G. y Luis G., habían descubierto la celebración de una reunión entre el cónsul general de Libia, Saed Mohamed Alsalam Esmaiel, y el coronel de Caballería Carlos de Meer.

Era el resultado de varios meses de seguimiento realizado con la perfección y exactitud del reloj de la Puerta del Sol, en los que en ningún momento el objetivo señalado se había percatado de lo que se cocía a su alrededor. No fue una tarea fácil conocer cada uno de los movimientos del coronel a lo largo de las veinticuatro horas del día, porque los militares suelen adoptar mayores medidas de seguridad que los civiles, y más cuando saben que sus acciones no son precisamente legales. Un vehículo le seguía siempre a cierta distancia, y en ocasiones intervenían varios a la vez. En cuanto fueron captados ciertos contactos y movimientos inusuales en la vida de Carlos de Meer, se tuvo la constancia de que algo olía a podrido. A partir de entonces se desplegaron muchos más medios, llegando a intervenir seis unidades, cuatro coches y dos motoristas, que garantizaron que De Meer no les diera el esquinazo en ningún momento. Cada mañana, y al instante de aparecer en lontananza la silueta del coronel, desde un nada sospechoso Ford Fiesta blanco apostado en la puerta de la vivienda se lanzaba la instrucción que articulaba un mecanismo minuciosamente elaborado:

—Leña al mono, acaba de despegar.

—Recibido, ¡a por leña! —se captaba de modo invariable desde otra unidad que a escasos metros de distancia se encargaba en segundos de organizar una reacción en cadena que desembocaba en un espectacular nivel operacional curiosamente imperceptible.

Todos los agentes mantenían una comunicación unificada por equipos de radio, disimulados en distintos lugares de su anatomía e imperceptibles para cualquier transeúnte. Para recibir las instrucciones utilizaron un diminuto auricular y para hablar un micrófono de reducidísimas dimensiones que podían colocar en un botón de la cazadora. En ningún momento fueron descubiertos por el coronel, aunque sí se produjeron las situaciones de rigor en que el perseguidor llegó a sospechar que el objetivo podía haberle visto:

—Aviso urgente a «Cóndor»… Oye, tú, que he pinchado y me voy al taller.

—Recibido, «Tucán». Vete, tío, ya me encargo yo de la reparación.

Y así se producía una inmediata sustitución de unidades de seguimiento mientras el primer agente, sin dudarlo, desaparecía en la primera intersección dejando el trabajo a sus compañeros. En caso contrario habría puesto en peligro el éxito de la misión. En tan trascendente operación (¿qué estaría tramando el antiguo abogado de los del 23-F?), cada día variaban los coches empleados por si un exceso de memoria visual del coronel ponía en peligro el trabajo.

Pero el seguimiento no se limitó a los vehículos, sino que se realizó también a pie. Hasta cuatro personas, dependiendo de la situación, ejercieron un control riguroso cuando el coronel se desplazaba caminando a cualquier cita o cuando, tras aparcar su coche, continuaba la marcha por sus propios medios. Y de nuevo se activaba de inmediato entre los agentes móviles, de a pie o mecanizados, todo el tinglado de comunicaciones en clave:

—El mono acaba de aterrizar. Meted caña…

Mientras, a escasos metros de distancia, desde otro vehículo, se captaba nítidamente:

—Recibido. Aterrizamos e iniciamos desplazamiento. Aviso a «Dabor» en zona de Salamanca… El mono acaba de aterrizar.

Los agentes encargados de seguirle por las calles de Madrid, a veces entre bullicioso gentío y en otras ocasiones sin que hubiera un alma, llevaban un simple bolso de mano o una cartera de ejecutivo donde, además del radiotransmisor para garantizar la comunicación permanente en toda la red, transportaban sofisticados equipos que captaron y grabaron simultáneamente a larga distancia todas las conversaciones del coronel.

Lo cierto es que se sospechaba que las actividades de Carlos de Meer podían llegar a tener gravísimas consecuencias, e Involución se volcó por completo en el tema. El punto álgido del asunto se alcanzó semanas después del primer informe oficial de Estanislao Urquijo. Varios agentes de seguimiento llegaron a ser testigos presenciales del pintoresco y pretendidamente secreto encuentro, con maletas de viaje incluidas, entre el coronel de Caballería y el cónsul libio en el aeropuerto de Barajas. A pesar de que la extraña pareja había tratado constantemente de pasar lo más desapercibida posible, uno de los intrépidos agentes del CESID, situado a escasos metros de la escena, inmortalizó el momento cumbre con una miniaturizada cámara fotográfica, justo antes de que tomaran el avión con destino a París, en lo que precisamente distaba con creces de ser un romántico viaje de novios.

La «antena» del Centro en Francia esperó a los agentes encargados del seguimiento en el aeropuerto de Orly, donde le informaron del peculiar viaje que estaban realizando un sospechoso coronel español de ultraderecha y el representante de una dictadura revolucionaria tan antifascista como la de Gadafi. Siempre actuando a cierta distancia, y aprovechando maquiavélicamente el tumulto de gente que de forma atolondrada iba de un lado para otro para cumplimentar las esperas, papeleos y cabreos que de manera invariable requiere el aerotransporte, los espías de La Casa llegaron a comprobar *in situ* que Saed Mohamed Alsalam Esmaiel se había encargado personalmente de facilitar los trámites de visado y pasajes hasta Trípoli de Carlos de Meer. Todas las puertas se abrieron, como muchas otras veces, ante uno de tantos exponentes del fanático fundamentalismo islámico, mientras el coronel español permanecía discretamente en un segundo plano. Los agentes del Centro no les perdieron de vista hasta que, con las tarjetas de embarque en las manos, los dos sospechosos pasaron de nuevo el control policial que inmediatamente precede a la subida al avión. Para no levantar sospechas, los agentes que les seguían desde Madrid regresaron a casa y los hombres en Francia abandonaron con igual discreción el aeropuerto. A partir de ese momento, fue la estación en Trípoli la que se encargó de la parte más complicada del seguimiento. Allí, con muchos más problemas de localización finalmente superados, los agentes españoles pudieron comprobar sucesivas entrevistas de Carlos de Meer con dirigentes libios y la definitiva y esperadísima, pasados unos días, con el presidente Muamar al-Gadafi.

Durante varios meses se retrasó su detención para que fuera posible destapar todo el oscuro entramado que esperaba en latencia detrás de Carlos de Meer. Pero no hubo suerte, y finalmente en mayo se precipitó la orden de detener a un coronel destinado en el Gobierno Militar de Ávila, que carecía de cualquier posibilidad de alcanzar el generalato a pesar de haber sido el número uno de la quinta promoción de la Academia General Militar, uno de los méritos que el ministro de Defensa, Narcís Serra, siempre respetaba para otorgar la faja de general.

La inminencia de las elecciones generales que habían de celebrarse un mes más tarde consiguió dar al traste con la pulida brillantez que se esperaba acompañase a esta nueva operación antigolpe. Pero razones de Estado compelían a las prisas irracionales y a acabar desmantelando prácticamente en su inicio lo que muy bien podía haber terminado siendo una hermosísima cesta de Pascua con enormes lazos apergaminados. Había que detener inmediatamente al coronel. El propio juez militar que instruyó el caso dedujo a los pocos días que los hombres de Involución no habían obtenido pruebas suficientes (legales, por supuesto) para sostener la acusación de que De Meer había mantenido reuniones con el encargado de asuntos de Libia en España y con el propio presidente Gadafi tendentes a conseguir apoyo para peligrosas acciones de la extrema derecha en España. Tras diversos recursos, el Consejo Supremo de Justicia Militar le condenó a seis meses de arresto, cuando anteriormente ya había cumplido siete.

Precisamente la pertenencia de De Meer al conservador club militar La Gran Peña y el hecho de que Crespo Cuspinera, implicado en el 27-O, sea su gerente han determinado que la División de Inteligencia Interior haya tenido que infiltrar a uno de sus agentes para controlar todos sus movimientos. Sobre Crespo Cuspinera el seguimiento sigue siendo muy estrecho. De hecho, poco después de la detención del coronel de Caballería se le vinculó a una campaña golpista en la que también participaba supuestamente el excomandante Ricardo Pardo Zancada. Nada pudo demostrarse, porque, si es que de verdad hubo algo, no pasó de meras conversaciones.

Pardo Zancada, curiosamente, a pesar de ser uno de los militares con menos participación activa en el intento de golpe de

Estado, ha sido sobre el que más han recaído las sospechas de relaciones con la extrema derecha civil. Pardo, que siempre lo ha desmentido todo y que sistemáticamente ha insistido en que le dejen trabajar con tranquilidad para mantener a su numerosa familia, fue considerado por grupos de ultraderecha como un buen candidato político, al estilo de Antonio Tejero, más aficionado a saludar desde su invisible pedestal con cierto aire de mártir ultrajado en sus escasas salidas de la cárcel.

Los hombres de Bastos controlan discretamente a Pardo Zancada y leen con detenimiento sus artículos en la revista *Iglesia Mundo*, de la que es director. En contra de lo que se ha dicho, no fueron los agentes del Centro y sí los hombres del entonces ministro de Defensa, Narcís Serra, los que maquinaron bloquear la lectura de su tesis doctoral en la Facultad de Ciencias de la Información en un intento de hacerle la vida imposible. En realidad, Serra siempre fue implacablemente duro con todos los golpistas con que se encontró en sus años de ministro de Defensa. Cuando ocupó la cartera en 1982 era tan desconocido para los militares, y ellos para él, que no podía osar narrarles como anécdota el frío helador que había sufrido haciendo guardias, sencillamente porque ni siquiera había hecho la mili. Cuando llegó a Madrid y ocupó un despacho prestado por el Ejército del Aire en su Cuartel General de la calle Princesa, solo se fiaba de su incondicional amigo Luis Reverter, a quien se había traído de la alcaldía de Barcelona.

En sus primeras semanas estrechó amablemente la mano de cientos de militares, cuyas divisas identificativas se había aprendido de memoria en su ciudad natal a las pocas horas de que González le comunicara su decisión de nombrarle ministro. De todos los militares, el primero que le mereció confianza fue precisamente Manglano, el jefe de los servicios secretos. Y a él fue al primero a quien habló abiertamente, soltándole a bocajarro:

—Coronel, lo primero que tiene que hacer es acabar de una vez con los golpistas. No quiero otra sublevación.

—En ello estamos, ministro, en ello estamos.

Desde ese día y durante cuatro años el CESID se convirtió en la brigada antigolpe por excelencia. Una gran parte de sus efectivos se dedicó a controlar a sus compañeros de armas y a realizar informes sobre las tendencias involucionistas de todos y cada uno de los mandos con influencia en los Ejércitos. El área que mandaba Bastos empleó todos sus esfuerzos en engordar el *dossier* sobre militares que ya se había comenzado a elaborar en 1977.

Cada vez que Serra tenía que llevar un nombramiento al Consejo de Ministros, aunque fuera el simple ascenso de un coronel a general, previamente Manglano le enviaba un informe sobre sus tendencias políticas y sus relaciones con los golpistas. Si Gutiérrez Mellado comenzó el filtro contra los franquistas tras entrar en el gabinete Suárez, Serra lo continuó con los ultraderechistas reduciendo aún más el agujero por el que ascender.

Terrorismo: la guerra psicológica contra ETA

Mucho más trascendente que la lucha contra el golpismo está siendo en los últimos años la guerra contra ETA, precisamente el tema principal sobre el que giraba el informe que Santiago Bastos estaba releyendo a principios de 1989 y que le había entregado el coronel Rafael Compagny, su jefe del área de Terrorismo. Una vez al mes redactan un *dossier* sobre las actividades del terrorismo nacional e internacional en España, del que se hacen quince ejemplares. El número uno es para el Rey, el dos para el presidente del Gobierno y el tres para el ministro de Asuntos Exteriores. También lo reciben los ministros de Interior y Defensa, los cuatro tenientes generales integrantes de la Junta de Jefes de Estado Mayor y los directores de la Policía y la Guardia Civil.

El informe que tenía Bastos en sus manos cumplía una doble misión. Daba información valiosísima para las máximas autoridades del Estado y al mismo tiempo pretendía demostrarles la inestimable aportación del CESID a la consecución de una tregua que permitiera el diálogo entre el Gobierno y ETA. El folio más apasionante decía:

«VERA jugó de nuevo fuerte, se reunió primero con "algunas personas" proclives a los contactos y con ANTXON después. El mensaje estaba claro: "el Gobierno no dialogaría bajo la presión rupturista de TERNERA". Si de verdad querían iniciar los contactos había que ampliar la tregua como mínimo a dos meses y TERNERA debía "quedar al margen".

»MONTERO tenía una cita con TERNERA. Aunque él alardeaba de ser un interlocutor habitual del dirigente etarra, lo cierto es que TERNERA solo le había llamado en un par de ocasiones, una para marcarle directrices en su campaña electoral al Parlamento Europeo y otra para "tirarle de las orejas" por las declaraciones que hizo a raíz del atentado de Hipercor. En ambas ocasiones le habían hecho peregrinar varios días por el sur de FRANCIA antes del contacto "por motivos de seguridad" y esta relación de subordinación encajaba mal en la personalidad egocéntrica de MONTERO.

»Ahora, MONTERO viajaba hacia la frontera, eran algo más de las doce y acababa de participar en un debate televisivo de la ETB (canal autonómico), pasó la muga sin dificultad y se dirigió a casa de unos "refugiados", donde hizo noche. A la mañana siguiente se levantó temprano y se fue directamente al despacho de la abogada FANDO. Al cabo de unos minutos ambos abogados salieron hacia BIARRITZ siguiendo un tortuoso itinerario "de seguridad". Después de almorzar en un restaurante se dirigieron al HOSPITAL DE SAN ANDRÉS, donde MONTERO dejó aparcado su vehículo, continuando ambos en el coche de la FANDO hasta la FACULTAD DE DERECHO. Allí, otro vehículo recogió a MONTERO y le trasladó hasta la casa donde se celebraría la reunión.

»La reunión se prolongó hasta las 17.30 horas. MONTERO abandonó a esa hora la casa rumbo otra vez al HOSPITAL DE SAN ANDRÉS. Fuera no se observaba nada sospechoso. Hora y media después JOSU TERNERA y la BELOQUI caían detenidos y las "conversaciones con Madrid" quedaban definitivamente abiertas.»

El hombre que ha llevado el área de Terrorismo hasta el nivel de prestigio de que goza actualmente es el general de brigada Rafael Compagny López, que en 1994 cumplirá sesenta años y que a mediados de 1992 abandonó el Centro tras su ascenso al generalato para ocupar, sin que haya lugar a la coincidencia, el Gobierno Militar de Vitoria, uno de los epicentros de la lucha antiterrorista. Es un hombre que se ganó la admiración y el respeto de Rafael Vera, tarea nada fácil en un tema en el que el secretario de Estado ha demostrado saber más que nadie. Entre las cualidades más apreciadas de Compagny está su discreción, en beneficio de los buenos resultados, lo que no todos sus agentes han comprendido, pues habrían preferido en ocasiones colocarse alguna que otra medalla. Su trabajo fue tan silencioso que a veces el propio Manglano ha mostrado, en conversaciones privadas, su malestar por la falta de reconocimiento a una tarea ardua a la que dedica más de un centenar de agentes. En el extracto del importante documento reproducido, los hombres de Compagny, sin mencionarse a sí mismos en ningún momento, dejan claro que su intervención fue decisiva en la caída de «Ternera». No dicen quiénes hicieron el trascendental seguimiento de Txema Montero, que llevó a las detenciones posteriores, pero cualquier lector avispado apunta el tanto en su casillero. Otros se encargaron de materializar la caza y figurar en los titulares, pero ellos hicieron el trabajo pesado y básico de la información llevándose la peor parte: el silencio hermético que como broche de oro gravitaba sobre la operación. En fin, las detenciones y desarticulaciones de comandos sanguinarios, la desactivación de explosivos que podrían haber causado numerosas víctimas civiles o la liberación de industriales secuestrados tienen una repercusión en la opinión pública de la que carece el trabajo de los espías militares.

El funcionamiento del Área de Terrorismo del Centro es independiente del Ministerio del Interior, aunque trabajan coordinadamente contra ETA. Basta preguntar a cualquier alto cargo responsable de la lucha antiterrorista para comprender que la labor que hizo Compagny fue de tal nivel que ya nadie se acuerda de los momentos de enfrentamiento entre la Policía y los espías. No obstante, todos los especialistas coinciden en asegurar que la Guardia Civil, la Policía y la Ertzantza son mucho más operativos que La Casa en la lucha antiterrorista. Con todo, una de las principales tareas del Centro consiste en la guerra psicológica contra la banda armada, en la que son especialistas tanto Santiago Bastos como Rafael Compagny. El gobernador militar de Vitoria se lo ha explicado en numerosas ocasiones a sus hombres: «Para conseguir que los etarras entreguen sus armas no basta con que la Guardia Civil detenga a sus principales jefes. Tampoco es suficiente que los partidos vascos les aíslen políticamente de sus simpatizantes de Herri

Batasuna. Ni tan siquiera que el Gobierno consiga que se sienten a dialogar en una mesa situada en Argel o en Santo Domingo. Nada se conseguirá si nosotros no sembramos en su seno la cizaña y les obligamos a desconfiar los unos de los otros. Tenemos que crear divisiones, enfrentamientos, luchas internas. Separarles de la militancia de Herri Batasuna, que les da un soporte imprescindible para conseguir ese pretexto para justificar su lucha que llaman alternativa KAS. Tenemos que convertirles en lo que son: vulgares rateros y crueles asesinos sin corazón, distantes de la imagen idealista del *gudari* que entrega su vida por un ideal superior».

Algunos lo llaman campaña intoxicadora, pero Compagny prefiere el término militar de guerra psicológica. Consiste básicamente en utilizar los medios de comunicación de masas españoles y extranjeros para enviar mensajes distorsionados a los terroristas, a sus presos, a los que les apoyan políticamente y a la población española en general. La filtración de las conversaciones de presos de ETA criticando a la dirección de la cúpula de la banda, la libertad concedida a las cámaras de televisión para que transmitan las imágenes conmovedoras de los cuerpos terriblemente mutilados de guardias civiles, mujeres y niños por un inhumano coche bomba o el goteo de datos sobre atentados planeados y no ejecutados son algunas de las tácticas diseñadas en favor de ciertos «intereses secretos» que han dado estupendos resultados. A primeros de diciembre de 1991 los españoles se quedaron materialmente perplejos cuando se toparon de frente junto a la bandeja del desayuno con algo excepcional que resaltaba en su habitual diario: la transcripción, palabra por palabra, de dos conversaciones mantenidas un mes antes por los destacados miembros de ETA Isidro Etxabe y Juan Antonio Urrutia, encarcelados por su participación en innumerables asesinatos. Etxabe fue muy sincero con su familiar en sus críticas a la cúpula de ETA:

—La acción de anteayer —el asesinato del niño de dos años Fabio Moreno en Erandio—, ¿eh? Es que somos la hostia, somos la hostia.

—Dura, dura, dura.

—En los últimos dos años, de cada cuatro atentados, tres mal hechos. Nosotros, desde hace tiempo, no estamos de acuerdo con algunas cosas, pero con este tipo de acciones no vamos a ningún sitio, a ninguno. La gente en el pueblo está pasando de ellos. Están creando odio en todos los sitios. Tanto crío... si este tipo de acciones no se controla puede caer cualquiera: el crío, la abuela, la madre o la hermana.

—Siempre críos, críos.

—Una cosa es ir por un objetivo concreto... pues bueno, vale, aunque lo aceptes o no lo aceptes. Pero críos, críos, críos... Y no se dan cuenta de que en la misma Euskalherria está creándose un ambiente contra nosotros, pero totalmente... es mejor, si hay que hacer una acción, hacerla, pero que sea limpia. Pero no.

—No hay vuelta de hoja.

—No hay vuelta, pero podría haber ganas de enmienda. Yo no sé quién estará arriba, pero los que están no quieren ponerse a pensar. Así nos estamos cerrando todas las puertas.

—Cago en Dios.

Detrás de la filtración interesada (¿quién la captó?, ¿fue autorizada por los etarras?, ¿cómo se eligió el momento y el escenario idóneos para su difusión?) de este curioso intercambio de ideas, producida un mes después de haber sido grabada, podría deducirse un interés acuciante del Gobierno en dividir y encizañar a los miembros de ETA a través de este documento. Para conseguirlo, *alguien* rodeado del suficiente halo de clandestinidad había propuesto con acierto la necesidad de llevar la guerra psicológica hasta sus últimos extremos.

El gran éxito de los hombres de Santiago Bastos, la operación saldada con matrícula de honor, tuvo lugar tras la detención de la cúpula etarra cerca de Biarritz. La Guardia Civil se apuntó su mayor éxito al detener a Francisco Múgica Garmendia, el número uno, José Luis Álvarez Santacristina, el estratega, y José María Arregui Erostarbe, el dinamitero. A partir de ahí aparecieron en la prensa, la radio y la televisión de todo el mundo numerosas informaciones que relataron los pormenores de la operación. Verdaderas o no, todas contribuyeron al mismo fin: asestar el más duro golpe psicológico posible a la organización y sus ramificaciones. Así, aparecieron hechos como el inusitado descubrimiento de una agenda de notas perteneciente a José Luis Urrusolo Sistiaga, responsable del sanguinario «comando itinerante». En la información, filtrada con claros intereses, se decía que el propio Urrusolo la podía haber hecho llegar a la Policía para acabar con Múgica Garmendia. Algo que en ETA no se creyeron, pero que desde luego sembró el desconcierto.

En un momento determinado se dejó entrever que se había podido descabezar la organización gracias a sus problemas y enfrentamientos internos, lo que entrañaba una gravedad que mosqueó a las decenas de colaboradores de la banda que en ese momento carecían de la posibilidad de comunicarse con sus altos mandos para comprobar la veracidad de la información. Días después se facilitaron datos sobre el hallazgo en poder de los cabecillas de una lista de presos considerados traidores o flojos, curiosamente el grupo que en esos momentos más se estaba distanciando de la cúpula etarra. Todo ello formó parte de la campaña de guerra psicológica montada por el servicio de inteligencia, que trató de aprovechar el éxito alcanzado por la Guardia Civil en la detención de la cúpula etarra.

En bastantes ocasiones, por el contrario, la participación del CESID es activa en las operaciones anti-ETA y determinante de sus buenos resultados. Así ocurrió a finales de 1986 con el descubrimiento de la Cooperativa Sokoa, donde se encontró toda la documentación más secreta de ETA, y la consiguiente detención del comando Madrid el 16 de enero de 1987. José Barrionuevo había diseñado una operación para descubrir el estratégicamente escondido arsenal de ETA, aunque los riesgos que el Gobierno corría eran tremendos. Se trataba de venderles de manera intencionada dos modernísimos misiles que llevarían escondidos dos pequeños dispositivos de transmisión, los cuales conducirían a la Policía hasta el *zulo* soñado. Fue el propio Ministerio del Interior el que pidió ayuda al de Defensa para conseguirlos.

—Necesitamos ya dos transmisores para colocar en dos misiles que vamos a vender a ETA, con la intención de que nos lleven a su arsenal —le dijo Barrionuevo a Serra.

—Muy bien, hablaré con Manglano para que los consiga como sea.

—Dile que no importa el precio. Nos jugamos mucho y tiene que ser lo mejor que pueda encontrar.

Pocos días después Bastos habló con el jefe de estación de la CIA en España para pedirle el material, a lo que el americano, habituado a prestar ese tipo de apoyos sin preguntar por la finalidad, no puso la menor pega. Al cabo de algunas semanas el propio Manglano habló con Barrionuevo para anunciarle que ya tenía en su poder los sofisticados aparatitos.

—Ya hemos conseguido los transmisores. ¡Son una maravilla, lo último de lo último! Si los etarras, en el momento de la entrega de los misiles, aparecen con un *scanner*, no los detectarán, porque no emiten ningún tipo de señal hasta veinticuatro horas después de ser accionados, con lo que el intermediario correrá menos riesgos.

El 5 de noviembre de 1986, tras seguir la pista dejada por los «aparatitos», se descubrieron las armas y los importantísimos papeles de la Cooperativa Sokoa. Gracias a la información obtenida, posteriormente se detuvo al sanguinario comando Madrid.[1]

Si los éxitos, sin ninguna duda, han existido, los fracasos también. En 1989 dos agentes del Centro, Joaquín Bordonaba y Ramón Servet, suboficiales del Ejército destinados a una trascendente labor de recogida de información en el País Vasco que permitiera la desarticulación de los comandos operativos, recibieron sendos paquetes bomba. El primero sufrió heridas leves, mientras el segundo pudo desactivarla. El suceso se rodeó inexplicablemente de toda una serie de circunstancias extravagantes e inconexas. Destinados en Jaca, los dos agentes disponían en San Sebastián de un piso en el que recibían el correo a su nombre y sin ninguna clase de clave, cosa completamente inusual, donde se les comunicaba información reservada que debían comprobar o datos de interés para la investigación en curso. Cuando los espías militares abandonaron aquel piso, algo que los miembros del CESID en misiones delicadas hacen cada cierto tiempo para garantizar su seguridad, en la misma dirección se siguieron recibiendo los informes citados, los cuales, de forma desconocida aunque obviamente no imprevisible, llegaron a manos de ETA.

Los dirigentes del CESID querrían participar más activamente en esta lucha, integrándose incluso en la negociación entre Gobierno y banda armada, lo que a los cabecillas de ETA les encantaría, porque podrían decir que el poder fáctico militar está presente en las conversaciones. Pero Rafael Vera ya lo ha dejado claro en múltiples ocasiones:

—Mientras yo esté aquí, los del CESID no participarán.

Otra de las tareas que cumple el Centro es la coordinación a nivel internacional de la información antiterrorista, en contra de los deseos de Rafael Vera. Cuando Manglano llegó al puesto, sus antenas en todo el mundo eran los encargados de recopilar todos los datos relativos a cualquier clase de terrorismo. Con esto se trataba de evitar que los policías o guardias civiles fueran detectados fuera de nuestras fronteras, con los consiguientes problemas legales y diplomáticos.

El mundo de la diplomacia subterránea funciona de tal forma que se tolera la actuación de los espías, pero no se acepta la presencia de otras policías actuando en propio suelo. El problema surge cuando el Ministerio del Interior plantea que los miembros del CESID no cumplen bien el trabajo policial e intentan que agentes suyos les sustituyan en las embajadas. A finales de la década de los ochenta, Vera comienza la ofensiva. El secretario de Estado expone sucintamente la cuestión en una conversación con su ministro, José Luis Corcuera.

—Necesito que especialistas en la lucha contra ETA estén en todos los países donde hay refugiados o en los que se puede conseguir información, porque los del CESID no me sirven.

—Ya sabes que eso va a ser muy difícil de conseguir.

—Pero es que no solamente no me sirven para el terrorismo, tampoco dan pie con bola en otros asuntos tan gordos como la lucha contra los inmigrantes ilegales. En esta parcela, los espías de Manglano hacen un trabajo tan genérico como inútil para nosotros.

Por su parte, Manglano iniciaba la contraofensiva con su ministro Narcís Serra:

—Definitivamente, en el extranjero las competencias son nuestras y causaría muchos problemas que los policías actuaran fuera de España.

—Pero Corcuera está presionando mucho al presidente.

—Ya, pero tiene que tener en cuenta que lo que pretenden no lo hace ningún país del mundo. Además, mis hombres están especialmente preparados para ese trabajo y lo están haciendo con mucha altura. Lo demás es intoxicación.

Era el comienzo de una batalla que todavía hoy dura. A principios de 1992 la tenacidad de Vera estuvo a punto de darle el éxito. Consiguió sutilmente que el subsecretario de Asuntos Exteriores, Máximo Cajal, nombrara a ocho miembros de la Comisaría General de Información y del Servicio de Información de la Guardia Civil como agregados de Interior en el extranjero. Además, estaba a punto de dar el visto bueno en otros siete casos. Manglano se enteró tarde, pero reaccionó contundentemente. Apoyado por su amigo Serra, ya vicepresidente del Gobierno, consiguió que se paralizaran los trámites para sus nombramientos. Las explicaciones de Máximo Cajal a Presidencia del Gobierno fueron sencillas y grandilocuentes, como corresponden a un diplomático de pro:

—Rafael Vera nos explicó que con los ocho agregados con que cuenta, la mayor parte en Francia, no es bastante y necesita ampliar su despliegue geográfico para aumentar la calidad de su lucha contra el terrorismo, la inmigración ilegal y el tráfico de drogas y armas.

Y como toda verdad esconde al menos dos enfoques, la participación del CESID en la lucha contra ETA en ocasiones ha sido narrada, con alguna o ninguna veracidad, por los dirigentes de Herri Batasuna, que han intentado implicar al Centro en la guerra sucia contra su formación. Así, en una entrevista publicada en la revista *Panorama* (25 de junio de 1990), Jon Idígoras cuenta que el día del atentado del hotel Alcalá, en el que a manos de ultraderechistas perdió la vida su compañero Josu Muguruza, «estuvimos constantemente vigilados por el CESID». Por otra parte, según publicó *Diario 16* el viernes 16 de noviembre de 1990, Txema Montero también implicó al CESID en el asesinato de Santiago Brouard al afirmar que dos meses antes de su asesinato «fue objeto de un intento de secuestro en Guatemala por miembros de los servicios secretos españoles».

Lo que nadie ha podido quitarle a La Casa en su lucha contra ETA es el protagonismo en la elaboración de las medidas para proteger a los militares frente a atentados terroristas. Fue en 1985 cuando abiertamente el entonces ministro de Defensa,

Narcís Serra, tras el asesinato del vicealmirante Fausto Escrigas, un estrecho colaborador suyo, ordenó al CESID que planificara la seguridad de las autoridades del departamento y de los mandos castrenses. Es una pequeña, pero importante parcela.

Manual de seguridad personal

«La seguridad es un estado de ánimo que debe ocupar un lugar importante en nuestras actividades diarias, tanto en el trabajo como en la calle o en casa.» En estas palabras se resume la introducción del último *Manual de seguridad personal* elaborado por la División de Inteligencia Interior del CESID, cuyos destinatarios principales son los agentes de La Casa y los militares a los que por sus cargos afecta más directamente el terrorismo.

El *Manual* pretende establecer las directrices básicas sobre protección contra la delincuencia en general, materializada en amenazas personales, asaltos a domicilios, atentados y secuestros cometidos por individuos aislados, bandas armadas u organizaciones terroristas. Lo prioritario es conocer la forma de actuar de los terroristas: «Utilizan y necesitan una amplia infraestructura y operan con un factor imprescindible: la sorpresa, que se aprovecha de la conducta rutinaria y despreocupada de sus presuntas víctimas. Para luchar contra ella es imprescindible evitar por todos los medios caer en la rutina».

A partir de la información confidencial de que dispone el CESID sobre delincuencia y terrorismo, se recomienda desconfiar de determinados vehículos sospechosos: «Hay que estar atentos a los turismos, marcas y modelos de uso generalizado, que no llamen la atención por su ostentosidad y color (¡ojo! a los taxis, porque últimamente se emplean para vigilancias y atentados). Las furgonetas normalmente tienen el interior oculto. Y las motocicletas pueden ser de cualquier marca o modelo (especial vigilancia debe prestarse a las de mensajeros)».

El *Manual* recomienda fijarse en la placa de la matrícula del coche sospechoso, comprobando su correspondencia con la antigüedad de la marca y si está indebidamente sujeta con tornillos, en lugar de remachada. También aconseja prestar atención a si el coche tiene un peso excesivo (maletero caído o suspensión baja) y a los adornos o pegatinas, que pueden usarse para disimular bocas de fuego, cuando están situados a la altura de las puertas o del maletero.

Las personas de las que se debe sospechar son jóvenes entre los dieciocho y los treinta años: «Últimamente, la mujer viene desempeñando con frecuencia la misión de vigilancia e incluso interviene en el acto del atentado, por lo que también hay que tenerla en cuenta». En las vigilancias, los sospechosos suelen vestir siempre de *sport*, siendo la prenda más común el pantalón vaquero o similar. En el momento de la acción pueden utilizar hasta trajes o uniformes y distintivos, aunque siempre, para evitar ser identificados, desfiguran su aspecto y sus facciones: usan pelucas, bigotes o barbas postizas, se tiñen el pelo e incluso se ponen gafas aparentemente graduadas. Si es verano, su aspecto suele resultar extraño, porque visten jersey o cazadora para ocultar algún arma, y en invierno utilizan cazadoras de tipo militar, escondiendo debajo la pistola. Las mujeres no llevan por lo general bolso, excepto para ocultar un arma. Los terroristas siempre usan documentación falsa compuesta por DNI y permiso de conducir y en la calle siempre van armados, circulando comúnmente por parejas.

Para la seguridad domiciliaria se hacen numerosas y muy útiles recomendaciones, incluso para cualquier particular: «Las cerraduras deben ser de tipo antipalanqueta, de cilindro o pasantes, y la puerta deberá tener cadena… Las ventanas debe poder trabarlas cuando están parcialmente abiertas y permanecer siempre cubiertas con cortinas… No deje las llaves en el felpudo o el buzón y debe tenerlas preparadas antes de llegar a la puerta… Nunca diga por teléfono que está solo en casa… Cerciórese de la identidad del que llama, antes de dejarle pasar… Si sube en el ascensor con una persona desconocida, procure situarse junto a los mandos del ascensor y adelantarse a su acción, preguntándole por la planta a la que se dirige».

La seguridad en los desplazamientos es muy importante: «Si porta arma, debe tenerla en todo momento en disposición de poder ser utilizada (recuerde: limpieza y munición útil)… vaya pendiente de las personas que caminan despreocupadas detrás de usted... desconfíe de las personas que, en cualquier momento, tratan de iniciar una conversación... no se acerque a los vehículos desde los que le hagan señales... Si va paseando, el atacante se tendrá que acercar demasiado e ir provisto del arma en la mano desde unos cinco metros. Desde que saca el arma hasta que le dispara transcurren muy pocos segundos, que pueden ser suficientes para que trate de meterse en un portal o se lance al suelo. Cualquier movimiento brusco mermará la impunidad del terrorista; le pondrá nervioso y la acción no la consumará tal y como tenía planeado y su pronta reacción le puede salvar la vida».

En el *Manual*, de treinta y seis hojas, destaca también la forma en que se debe actuar en caso de secuestro: «Cuando es inevitable, no se resista ni intente huir, aparente tranquilidad y aproveche cualquier oportunidad para, sin provocaciones, llamar la atención de los transeúntes. Durante el secuestro tenga en cuenta que el tiempo está a su favor. No revele que tiene acceso a información clasificada. Piense en cómo podría incluirse en un mensaje algún dato significativo que pueda ser entendido por su familia. Memorice todos los datos posibles de los secuestradores y piense que la huida debe ser intentada como último recurso. Cuando sea liberado, no debe hablar con nadie antes de recibir órdenes de su jefe y, por supuesto, no acepte publicidad de ningún tipo».

Las grandes chapuzas: dossiers sobre altos cargos y políticos

Diciembre de 1983. Jerónimo Arozamena es vicepresidente del Tribunal Constitucional, la institución judicial más importante del país. La sentencia sobre el «caso Rumasa» ha volcado la atención de todo el país sobre él y sus compañeros, pues les ha hecho pasar de normales ciudadanos de a pie a protagonistas de la vida diaria. Su nombre habría sido uno más de los que en esos días aparece publicado en los medios de comunicación en relación con el empresario jerezano José María Ruiz Mateos si no fuera porque una filtración ha desatado el escándalo: miembros del CESID llevan tiempo espiándole. Un dato importantísimo apoya los hechos, a pesar de los desmentidos posteriores: lo hacen desde un piso que el

Centro tiene en el número 21 de la calle Cervantes y que ha sido alquilado por el Grupo de Apoyo Operativo.

Octubre de 1986. Francisco Pera Verdaguer es presidente de la Sala Tercera del Tribunal Supremo. Como todos sus compañeros dispone, por medidas de seguridad, de coche oficial y escolta policial. Durante varios días los hombres encargados de protegerle comprueban que les sigue otro vehículo desde que salen del domicilio del magistrado hasta la sede del alto Tribunal. El temor a un atentado de la organización terrorista ETA obliga a los policías a actuar rápidamente y a prepararles una trampa. Un día cambian sorpresivamente de rumbo pensando, como así sucede, que sus perseguidores van a seguir su rastro, y acaban el recorrido en un descampado. Todo está preparado para dar la bienvenida a los malos de la película, que se meten en la boca del lobo sin sospechar nada. Cuando reaccionan se ven inmersos en una acción envolvente en la que participan otros tres vehículos camuflados. Los policías, empuñando las armas en un clima de máxima tensión, advierten amenazadoramente a los ocupantes del siniestro vehículo:

—La habéis cagado. Estáis totalmente rodeados. Si no os entregáis inmediatamente, acabamos con vosotros.

En el interior del coche asediado apenas si se escucha un repetitivo lamento final, como la guinda al pastel:

—Joder, joder…

Lo que pasó entonces les hizo gracia a los policías posteriormente, pero les dejó perplejos en ese momento: los dos ocupantes del siniestro coche que sometía a estrecha vigilancia al magistrado se quedaron estupefactos, inmóviles…, eran comandantes del Ejército y trabajaban para el CESID.[2]

Septiembre de 1988. Un equipo de especialistas en detección de pinchazos telefónicos recorre las sedes y viviendas de diversos políticos españoles. El resultado es contundente: Adolfo Suárez, presidente del CDS, José Ramón Caso, secretario general centrista, Gerardo Iglesias, dirigente del PCE, Antonio Gutiérrez, secretario general de Comisiones Obreras, y Pablo Castellano, miembro del Consejo General del Poder Judicial, tienen sus líneas intervenidas.[3]

Febrero de 1991. Los avezados escoltas del ministro del Interior, José Luis Corcuera, detectan esta vez un vehículo ocupado por dos sujetos que despierta sus sospechas y les hace pensar que pueden ser terroristas acumulando información para un atentado. No lo dudan mucho, dada la importancia del personaje cuya seguridad está en sus manos, y proceden a su detención. Justo antes de dar con sus huesos en la cárcel y verse sometidos a un interminable interrogatorio, se deciden a identificarse: son agentes del CESID.

Como estos casos, hay otros muchos en los que se ha visto envuelto el nombre del Centro. Si en el capítulo anterior señalábamos que nunca se ha conocido que agentes del Grupo de Apoyo Operativo del CESID hayan sido descubiertos mientras realizaban una penetración clandestina en una vivienda o llevaban a cabo sus rutinarios pinchazos telefónicos, en el tema del control de la vida privada de altos cargos y políticos no se puede decir lo mismo. La chapuza ha sido la nota dominante en su forma de actuación.

Aunque responsables de La Casa y del propio Ministerio de Defensa han negado reiteradas veces que dediquen una mínima parte de su trabajo a controlar lo que hacen las personalidades de la vida pública nacional, los hechos demuestran que el Centro tiene como norma realizar periódicamente investigaciones sobre sus vidas privadas, las cuales son incluidas en las carpetas que todos ellos tienen abiertas. Si en la época de Franco se llevó a cabo la «Operación Jano» sobre la vida privada y pública de las principales personalidades de la dictadura, en la democracia el servicio secreto ha seguido actuando de igual forma. Se trata de comprobar la lealtad inquebrantable al Estado de esas personas que tienen importantes responsabilidades y que en muchos casos disponen de información privilegiada de alto riesgo. De esta forma los servicios secretos pretenden evitar sucesos como el protagonizado por el secretario particular del excanciller alemán Willy Brandt, que no era sino un espía a sueldo de la enemiga Alemania Oriental.

Hasta un juez reconoció en una sentencia la existencia de este tipo de espionaje. Fue en 1984, cuando *Tiempo* denunció que el CESID había controlado los movimientos del presidente del Congreso de los Diputados, el prestigioso Gregorio Peces Barba. Figuraban datos como «su familia está compuesta por padre, madre, dos hermanas y un hermano» o «posee un automóvil propio, marca Seat 131 Supermirafiori, matrícula M-8491-DS, color blanco, que guarda en un garaje de la calle Piamonte número 12». Tras la consiguiente querella contra el periodista por injurias al Ejército que presentó el Ministerio de Defensa, el juez Alberto Jorge Barreiro fue claro en su sentencia exculpatoria: «Ha de estimarse, pues, como racional y coherente, que el periodista encausado llegara a la convicción de la existencia de una vigilancia informativa concreta acerca del presidente de las Cortes por parte del CESID, máxime cuando de la lectura de las actuaciones se vislumbra una posible inspección informativa sobre personalidades conocidas que fue descubierta por los servicios de contravigilancia».[4]

En los últimos diez años han sido numerosas las informaciones en prensa que denunciaban espionaje a altos cargos. Más recientemente, los casos han disminuido, aunque ello no es debido a que hayan dejado de llevarse a cabo seguimientos de este tipo, sino simplemente a que se realizan mejor y por agentes más cualificados del Centro.

Algunos de los mayores escándalos fueron los siguientes. En junio de 1982, los escoltas del entonces ministro José Pedro Pérez Llorca identificaron a dos sospechosos que le seguían y que resultaron ser guardias civiles del servicio secreto. Poco después, es retenido, frente al domicilio del entonces ministro de Defensa, Alberto Oliart, el guardia civil Luis Molinero Pérez, a quien se atribuye trabajar para el CESID. (Fuentes dignas de todo crédito han desmentido que el seguimiento a Alberto Oliart tal y como fue publicado sucediera realmente. Según sus datos, lo que hacían los agentes era controlar los movimientos de un funcionario soviético, el primer agregado cultural, alias «Kalinin».) Casos similares se producen en esa época con Juan María Bandrés, Landelino Lavilla, Juan José Rosón y Sabino Fernández Campo.

En octubre de 1985, el Consejo General del Poder Judicial trasladó una queja formal al Ejecutivo. El motivo fue la protesta de un consejero que, al descolgar el teléfono de su despacho, pudo escucharse atónito a sí mismo en la conversación reservada que había mantenido con otro vocal el día anterior a través de la línea interior.

Los trabajos de los hombres de Santiago Bastos han cambiado en los últimos años. La aparición de grandes grupos empresariales que acumulan mucho poder político les ha obligado a volcar su atención sobre ellos. La investigación de los planes de una fusión bancaria en la que intervino Mario Conde, de las repercusiones económicas que pudo tener la relación amorosa entre Alberto Cortina y Marta Chávarri o de los intereses ocultos que pudo haber detrás del escándalo Ibercorp se lleva en la actualidad una gran parte de sus esfuerzos. Bastos, como buen espía, lo desmiente todo.

El control de periodistas y espías en el Ministerio de Defensa

La agencia de prensa canaria Recopress tuvo su gran momento periodístico a finales de la década de los setenta y principios de los ochenta, cuando los movimientos independentistas en el archipiélago estaban en auge y en la península se vivía en un estado permanente de pregolpe militar. Estaba dirigida por el periodista Carlos Ramos Aspiroz, un profesional de las islas bien informado, con buena pluma e insuperables dotes de relaciones públicas. Ramos contaba con una plantilla de diez redactores que, con mucha ilusión, se encontraban permanentemente al acecho de cualquier noticia, principalmente local o militar, que pudiera interesar de manera especial al pueblo canario.

En la época del *boom* de las agencias de información, Recopress dio mucho juego durante sus años de vida y tuvo una influencia considerable dentro de los periódicos que estaban suscritos. Sus noticias iban acompañadas de artículos sobre los acontecimientos más interesantes no solo en la vida local del archipiélago, sino también en toda España. Independentismo, atentados terroristas, «ruido de sables» en los cuarteles y reformas sociales fueron temas conflictivos que trataron con un estilo exageradamente abierto y combativo. Esta agencia era en realidad una empresa tapadera del CESID. Y su director y propietario, un joven comandante-periodista-espía profundo conocedor del mundo de la información y de las labores de inteligencia.

Como esta, otras empresas, asociaciones culturales y organizaciones son utilizadas por el Centro para influir directa o indirectamente en la opinión de los españoles. Unas, como el caso de Recopress, son montadas con sus propios fondos reservados y el que las dirige es uno de sus agentes. Otras, por el contrario, son creadas por particulares, quienes desconocen que algunos de sus socios mantienen vinculación con La Casa. Una parte de ellas se halla integrada en el Área de Relaciones Ejército-Pueblo, que durante tantos años comandó el coronel Pedro Rodríguez, y otras están disgregadas por las distintas divisiones de La Casa.

Una de las principales misiones de la citada área es contrarrestar las informaciones publicadas por los medios de comunicación que deterioran la imagen de las Fuerzas Armadas y descubrir si detrás de ellas hay intereses ocultos, promovidos por grupos de presión más o menos identificables que en definitiva mueven los hilos. En este terreno, los directivos de La Casa tienen las ideas más que claras, clarísimas, siguiendo los inequívocos dictados de Manglano, que en varias ocasiones se ha sincerado con alguno de los hombres de su gabinete:

—Hay que controlar a los periodistas, saber lo que van a publicar y quiénes son las personas que les informan.

—¡Buff!, hay que andar con pies de plomo. El problema es que si intentamos que trabajen para La Casa, algún día se pueden volver contra nosotros.

—Por supuesto, nunca te puedes fiar de ellos. Lo único que les importa es sacar noticias, aunque sepan que son falsas.

—A pesar de todo, director, estoy seguro de que por dinero algunos aceptarían hacer lo que les pidiéramos.

—No te empeñes, son vulgares mercenarios a sueldo de quien más pague. Ahora están en un bando y luego en el contrario, que yo lo sé.

En voz baja, aseguran que disponen de pruebas irrefutables que demuestran que algunos conocidos «plumillas» han trabajado para potencias extranjeras. Un periodista de tanto prestigio como Juan Luis Cebrián llegó a denunciar que los servicios le habían montado una operación, incluidas cuentas corrientes en el extranjero, para poder actuar contra él.

La opinión general que tiene el director de los medios de comunicación es bastante mala. No quiere saber nada de «escribidores», porque no son de fiar, actúan por motivos muy alejados de los altos intereses de Estado que él defiende a ultranza y, sobre todo, mienten, una y otra vez mienten. En concreto, los hombres de Manglano aseguran que nada más y nada menos la friolera del noventa por ciento de la información que publica la prensa sobre el CESID es falsa.

Únicamente en una ocasión Emilio Alonso Manglano ha actuado contra un periodista, con la mala suerte (o tal vez precisamente por ello) de que a la vez era diputado por Madrid del Partido Popular. Alejandro Muñoz Alonso, articulista habitual del diario *ABC* y prestigioso catedrático de Opinión Pública de la Universidad Complutense, lleva muchos años investigando concienzudamente todos los fenómenos relacionados con el terrorismo, incluyendo aspectos tan importantes como el de la denominada guerra sucia. En virtud de su profundo conocimiento de la materia escribió una tribuna abierta en *El Correo Español-El Pueblo Vasco* que tituló «El CESID, bajo sospecha», en la que señalaba, entre otras cosas, que «son ya varios los casos de escuchas telefónicas ilegales en las que aparece implicado el CESID..., dándose además el grave hecho de que, en ninguno de los casos de los que se ha informado, se ha exigido las correspondientes responsabilidades a los dirigentes del CESID, que aparecen así privilegiados con una licencia para delinquir inadmisible en una democracia».[5]

Manglano se irritó como nunca lo había hecho con un artículo periodístico. Estaba acostumbrado a no prestar demasiada atención a las «chorradas» que sistemáticamente se publicaban sobre el Centro y su persona. Para él siempre eran armas manipulables que alguien había lanzado con algún fin, pero cuya transcendencia en todo caso era limitada en virtud de la escasa credibilidad que otorgaba a los periodistas. Sin embargo, el contenido del artículo de Muñoz Alonso desbordaba su aguante. ¡Se acabó! En realidad, lo de menos era que fuese periodista. Es que no estaba dispuesto a que un diputado, para colmo conservador, le insultara de esa forma. Si hubiera sido el peleón comunista Antonio Romero le habría importado menos, porque dentro de su papel de crítica impenitente al sistema se podía entender y, además, carecía de relevancia. Pero de un miembro del Partido Popular sencillamente no estaba dispuesto a consentirlo. Por ello, faltando a la moderación de su comportamiento habitual de no responder a ninguna crítica, por muy insultante y falsa que fuera, envió al Congreso una carta «caliente» dirigida al miembro del PP en la que, con tono amenazador, le exigía una inmediata rectificación.

Si no hubiera sido por el exceso de prudencia con que la derecha acomete los temas que considera de Estado, el escándalo podría haber sido mayúsculo y habría ocupado las primeras páginas de todos los diarios nacionales, poniendo en entredicho la figura del director del CESID. Porque, en cualquier país del mundo, un director general que se atreve a presionar a un diputado elegido democráticamente por el pueblo se arriesga a que le cesen de manera fulminante. Sin embargo, el caso no fue a más y la solución se pactó en los pasillos del Congreso para evitar el escándalo. Finalmente, el presidente de la Cámara Baja, Félix Pons, en una declaración pública prohibió al CESID que se dirigiera por cualquier medio a los diputados.

En lo que se refiere al control del Centro sobre los periodistas, las actuaciones han sido discretas, pero no por ello menos efectivas. Puede que sea una mera casualidad (aunque en realidad nadie se lo puede creer), pero hasta que el portavoz de Narcís Serra, Luis Reverter, decidió nombrar al periodista Pedro Meyer como jefe de prensa del Ministerio de Defensa, ese puesto había estado vinculado siempre en mayor o menor medida a los servicios de inteligencia.

Primero fue José Conde Monge, actual garbanzo negro de Defensa por ser la cabeza molestamente visible de la Hermandad de Personal Militar en Situación de no Actividad y cuya imagen pasará a la historia por haber sido el encargado de hacer pública la sentencia del 23-F; Conde Monge había pertenecido al Servicio Central de Documentación, para el que realizó importantes misiones en el extranjero. Después vino Carlos Ramos, que abiertamente defendió la necesidad de apertura en la política informativa del Departamento y que, hasta el momento de ocupar el puesto, había sido miembro de la División de Contrainteligencia del CESID. Y, más tarde, Manuel Marzo, que había realizado tareas similares en la Policía. ¿Pura coincidencia o intención política? La respuesta está en la existencia de informes sobre periodistas archivados en la sede central de La Casa.

En 1987 la imagen del Centro pudo sufrir un cambio de ciento ochenta grados, que sin duda le hubiera producido un enorme beneficio. El coronel Carlos Ramos, a quien nunca le vence el desaliento, había regresado a La Casa tras su etapa en el Gabinete de Prensa del Ministerio de Defensa y propuso la creación de un departamento de relaciones con los medios de comunicación, al estilo del que tiene la CIA. Manglano se lo pensó, porque la idea no le parecía mal del todo y podía contribuir a sacar de las cloacas al Centro. Pero al hablar con Luis Reverter, el jefe de la Dirección de Relaciones Informativas y Sociales de la Defensa, todo quedó zanjado.

—De eso nada —le dijo tajantemente—. La información en este departamento la controlo yo. Todo lo que tengáis que decir en público o privado deberá ser a través de mí.

Fue una oportunidad perdida, aunque muchos piensan que de hecho no habría tenido ninguna utilidad, dado que no habrían podido ofrecer respuesta a la mayor parte de las cuestiones que se les hubiesen planteado. Sería el caso, sin ninguna duda, de uno de los asuntos que trae más de cabeza a los hombres de Santiago Bastos, al que dedican más tiempo y que más cuidado tienen en mantener en secreto: el control de los movimientos de insumisión al servicio militar. Su trabajo consiste en detectar quiénes les apoyan y cuáles son sus fines ocultos. En la división de Inteligencia Interior están convencidos de que detrás de los jóvenes que se niegan obstinadamente a realizar la mili y la prestación social sustitutoria hay personas que intentan seriamente socavar el orden constitucional. Los resultados de sus investigaciones son conocidos por el ministro García Vargas periódicamente y ocultados al Ministerio de Justicia, responsable de los asuntos de objeción de conciencia e insumisión. Mejor que no sepan nada. Si lo supieran podría ser peor, mucho peor.

Notas

1. Alberto Pozas, *Las conversaciones secretas Gobierno-ETA*, Ediciones B, Barcelona, 1992.

2. Esta información fue publicada por Luis del Val en la revista *In-*

terviú del 5 de noviembre de 1986. Además del caso de Pera Verdaguer, narraba el de Emilio Pujalte Clariana, también magistrado del Supremo, a quien siguieron dos comandantes pertenecientes al CESID que también fueron detenidos por la Policía.

3. Jordi Gordon, del semanario *Tiempo*, llevó a cabo este reportaje de investigación, que fue publicado el 19 de septiembre de 1988 y que responsabiliza de la acción a los servicios secretos.

4. Las informaciones fueron publicadas en *Tiempo* por Santiago Aroca el 15 de octubre de 1984 y el 22 de abril de 1985.

5. Alejandro Muñoz Alonso, «El CESID, bajo sospecha», *El Correo Español-El Pueblo Vasco,* 6 de agosto de 1990.

5

Tráfico de armas

*L*e puse el nombre de Marta. De alguna forma tenía que llamarla. Era breve, fácil de recordar y me gustaba. Podía haberle puesto Ana, Belén, Laura o Silvia, pero en el momento solo me vino a la cabeza Marta, y como a ella le pareció bien y se negó rotundamente a darme su nombre verdadero, en nuestras conversaciones siempre la llamo de ese modo. La primera vez que escuché su voz suave y acelerada fue un día de noviembre de 1990 en el que me llamó por teléfono intentando aparentar tranquilidad y control de la situación, aunque la excitación envenenaba irremediablemente su voz.

—Tengo datos importantísimos sobre un tema que usted conoce bastante bien.

—Como no sea más concreta…

—Es sobre el tráfico de armas con Irak…, no sé si le interesa.

—Claro que me interesa. Cualquier dato que me pueda dar, que esté documentado y que yo pueda comprobar será muy bien recibido. Aunque le aviso que todavía tengo información que no he sacado.

—Lo que yo tengo y le ofrezco son las pruebas de esos negocios tan sucios que se están haciendo.

—Pues cuando usted quiera viene a verme a *Tiempo* o quedamos donde le venga bien y hablamos.

—Espero que no se ofenda, por favor. Yo le leo habitualmente, y si me he atrevido a llamarle es porque me gusta lo que escribe, pero comprenda que prefiero el anonimato. Yo le ayudaré, pero de verle, nada. No debe saber quién soy.

—Bien, la comprendo perfectamente. Haré lo que usted quiera, aunque le aseguro que nadie, absolutamente nadie, conocerá jamás su identidad. Los periodistas somos muy radicales en este asunto y aplicamos el secreto profesional igual que los curas el de confesión.

No articuló palabra. De repente, guardó un silencio entrecortado por la vacilación que no me gustó nada. Noté a través del auricular el miedo que la aprisionaba por algo que yo desconocía. Después de muchos años de profesión he aprendido a distinguir entre los locos que desean darte el paradero del hijo secreto de José Antonio Primo de Rivera y aquellos otros que ofrecen buenas pistas. El motivo que les mueve a dirigirse a un periodista es para mí lo de menos, aunque algunos puritanos puedan pensar lo contrario. Los únicos que me molestan, aunque hay que tratar con ellos como con el resto de las fuentes, son los que piden dinero a cambio de contarte «cosas». Suelen ser los peores y más difíciles «gargantas profundas», y además en muchos casos tratan de engañarte creyéndose que son más originales que nadie. Como fue el caso de aquella marquesa (si no lo era, lo parecía, o por lo menos iba de eso), residente desde hace algunos años en el extranjero, que me pidió cinco millones de pesetas a cambio del escandaloso *dossier* de un político de derechas.

—Firmamos el contrato —dijo la supuesta marquesa— y después les entrego todas las pruebas, porque si se las enseño antes, usted ya no me paga.

—Muchas gracias por la confianza, pero en *Tiempo* no damos dinero a cambio de información.

Después de dos horas de someterla a la táctica del desgaste («como no me dé más detalles no puedo plantear el tema a Pepe Oneto, que es quien decide»), cuando me había asegurado docenas de veces que el dinero no era para ella sino para su seguridad y la de los suyos (algo así como alquilar guardaespaldas que impidieran una venganza contra su marido por la publicación de la información), la elegante dama terminó reconociendo que todo era relativo a un político de derechas, pero no de España, sino de... Portugal.

Muy al contrario de aquella marquesa listilla que no consiguió de nosotros ayuda financiera para saldar sus deudas o Dios sabe qué a cambio de una documentación con escaso interés para el público español, las mejores fuentes suelen ser los directivos expulsados injustamente de sus empresas, los funcionarios resentidos por el desprecio altanero de sus jefes y los traficantes de información que saben el valor de los datos que tienen en su poder y que cuando corresponde los sueltan sobre el tapete con pasmosa frialdad.

En el momento de nuestra primera conversación no sabía en qué apartado ubicar a Marta. Era sin duda una mujer valiente, de las que se enfrentan a los problemas directamente (a veces la distancia más corta entre dos puntos no es la línea recta, sino la curva o la zigzagueante) y con motivos muy poderosos que la afectaban íntimamente, tanto como para atreverse sin más a ponerse en contacto conmigo. Quizá la moviera la venganza contra un marido infiel enloquecido por el deslumbrante cuerpo de una veinteañera un poco golfa, un negocio fallido que hubiese frustrado un ingreso de decenas de millones o, simplemente, un sentimiento patriótico enardecido ante tanta corrupción impune. A mí, como ya he dicho antes, me daban exactamente lo mismo sus motivos. Lo único que quería en aquel momento es que no colgara el teléfono y siguiera hablándome del tráfico de armas a Irak. Era como tratar con un suicida. Mientras oyes su voz hay esperanza de que desista y huya de la irresistible atracción de la ventana.

—Entiendo lo que me dice —¡habló al fin!—, tal vez más adelante nos reunamos, pero desde luego ahora no.

—Pues entonces... ¿cómo hacemos?

—Bien, para que se dé cuenta de que le hablo en serio, apunte...

Y absorto en el teléfono tomé nota de lo que me decía. Me dictó nombres (Benito Javier Rodríguez Venero y Germán Berrueta), fechas de entregas de los cargamentos (8 de febrero de 1988 en el puerto de Valencia), la empresa que intervenía (International Technical Equipment), operaciones económicas incomprensibles («aparece como destinatario alguien que no lo es y los de aduanas ni se enteran») y cifras escalofriantes («estamos hablando de decenas de miles de millones»). Me limité a tomar nota de todo dejándola hablar, sin forzarla a nada, por ese temor que me invadía de que en cualquier momento pudiera arrepentirse de haber descolgado su teléfono y estar hablando conmigo. Antes de despedirnos, conseguí que se comprometiera a repetir la llamada tres días después. Posiblemente no me daría tiempo a comprobar la veracidad de la información que me había dado, pero así podríamos estrechar nuestra relación y tendría una nueva oportunidad de convencerla de mi buena voluntad y de que nunca, ante ninguna presión, desvelaría su identidad. Cumplió con lo pactado, igual que hace casi siempre.

—Fernando, ¿ha investigado los datos que le dicté?

—Sí, claro, pero todo es muy complicado. Lo primero que he hecho ha sido pedir en el Registro Mercantil la escritura de International Technical Equipment, pero tardan una semana en dármela. En este país todo funciona fatal.

—Entonces, ¿cuándo tendrá algo?

—A principios de la próxima semana, seguro. Pero tengo algunas dudas que tal vez pueda resolverme. ¿Cómo hace Rodríguez Venero para engañar al Gobierno, a los de aduanas, a la Guardia Civil, al CESID y a todo el mundo para que lleguen sus armas sin problemas a Irak?

—Eso se lo explicaré más adelante, pero le garantizo que lo hace con absoluta impunidad. Primero usted investigue, y si descubre cosas yo iré respondiendo a sus preguntas.

—¿Me llamará el martes?

—Le llamaré el martes.

Creía en ella. No puedo explicar muy bien la razón, pero tenía una fe ciega en lo que me decía, hasta el punto de que dejé definitivamente de preocuparme por las razones que pudieran moverla a denunciar el caso y me puse a trabajar de lleno en el tema. Cuando tuve en mis manos los papeles oficiales de la empresa española con nombre típicamente anglófono, estudié todos los datos con detenimiento, aunque tardaría varios meses en descubrir que, cuando el 16 de septiembre de 1983 el Registro Mercantil de Madrid, con su frialdad notarial, certificó la inscripción de la sociedad, agentes del área de Contrainteligencia Industrial de La Casa llevaban meses siguiendo a su administrador, Benito Javier Rodríguez Venero. Yo debía empezar de cero en una frenética búsqueda de información cuyos extremos principales obraban en poder del CESID desde hacía varios años.

Llamé a algunos conocidos para husmear sobre el personaje central de un organigrama que comencé a esquematizar en un folio, en el que por el momento únicamente había escrito el nombre de su empresa y el de un tal Berrueta. En la Secretaría de Estado del Ministerio de Defensa hablé con un viejo amigo.

—¿Qué me puedes contar de Rodríguez Venero?

—No me suena de nada, ¿para qué empresa trabaja?

—Es el dueño de International Technical Equipment.

—Pues lo estás arreglando, porque no he oído hablar de ella en mi puñetera vida. ¿No será una de esas empresas fantasmas que no tienen ninguna actividad?

—No, estoy seguro que se dedica a la exportación de armas.

—Espera un segundo, que te lo miro en el registro de la Dirección General de Armamento y Material... Pues no aparece. Lo siento, pero para nosotros nunca ha trabajado, y si no figura aquí, desde luego no tiene sentido que exista en España.

Mal empezaba, aunque no siempre se puede meter el gol en los primeros minutos de partido. Telefoneé a un conocido empresario de armamento con quien siempre he mantenido cierta relación. Abierto al diálogo, aunque de posturas claras y rígidas en lo que compete a sus negocios, nunca me ha ocultado que es partidario de vender armas a cualquier país del mundo, porque su experiencia le ha demostrado (léase Sudáfrica) que cuando en España surgen los escrúpulos siempre aparece una empresa de esa vecina democracia que es Francia y se adentra en el negocio sin plantearse ningún tipo de problema: «Y hombre, para que lo acaben haciendo los *franchutes*, antes lo hacemos nosotros».

—¿International Technical Equipment? No la he oído nunca y me extraña, porque yo las conozco casi todas.

—Su presidente es un tal Rodríguez Venero.

—Sí, a ese sí le conozco, aunque su empresa no se llama como dices. Es algo de International... International Technology. Se dedica a hacer bombas y tiene una fábrica pequeña, poco competitiva, en el País Vasco. ¿Qué es lo que ha hecho para que sigas sus pisadas?

—Nada grave. Es que estoy haciendo un listado de empresas que no trabajan para el Ministerio de Defensa y que viven de la exportación y me han dado su nombre.

Tuve que mentir, pero no podía permitirme que le fuera con el cuento de la investigación y encontrarme con que me levantaran un muro de silencio que bloqueara la publicación de la información. No me había dicho gran cosa, pero tenía un nuevo dato que me llevó nuevamente al Registro Mercantil. Le pedí a Marga, la adorable y supereficiente secretaria de redacción de *Tiempo,* que comprara al del registro si hiciera falta, pero que no tardaran tanto tiempo como la otra vez en darnos los datos de International Technology. No sé cómo lo hizo, pero cuando Marta volvió a llamarme dos días después tenía en mi poder el informe y pude por primera vez mostrarle mis avances.

—No me habías dicho que Venero tuviera dos empresas y una fábrica.

—Veo que estás progresando.

—Claro que estoy progresando, pero ya ha llegado el momento de que te dejes de juegos y me largues las pruebas de que tanto hablas.

—Está bien. No te digo cómo, pero las recibirás.

Todavía durante semanas puso a prueba mi capacidad de investigación y únicamente cuando creyó en mi fidelidad y en que nunca la delataría (¿cómo iba a hacerlo si no sabía quién era?) se decidió a enviarme los primeros papeles. En un sobre grande, con letra deformada y faltas de ortografía intencionadas, me llegaron los primeros datos sobre las actividades de Benito Javier Rodríguez Venero. Las fotocopias probaban que había enviado armas al régimen de Sadam Husein durante la guerra Irán-Irak, cuando las Naciones Unidas lo habían prohibido expresamente.

Todo era aparentemente legal, y contaba con unos apoyos internacionales que me dejaron alucinado. El método de Rodríguez Venero era de una simpleza que demostraba su inteligencia: en todos los estamentos españoles relacionados con la exportación de armamento declaraba que sus bombas iban con destino a Jordania. Así aparecía escrito en los despachos de aduanas, listas de embalaje, declaraciones de exportación y certificados de último destino. Siempre eran las Fuerzas Armadas de Jordania las receptoras de sus aniquiladoras bombas. Con todos los permisos en su poder, incluido el de la Junta Interministerial Reguladora del Comercio Exterior de Armas, contrataba los servicios de buques mercantes de distinta nacionalidad que transportaban el cargamento hasta Jordania. Desde allí, por carretera o ferrocarril, las bombas de aviación terminaban su recorrido en Bagdad. Y así una y otra vez, con total libertad, sin que nadie en España se lo impidiese.

Entre los numerosos papeles me llamó la atención uno de mayo de 1985. Un documento del despacho de aduanas acreditaba que International Technology iba a exportar a las Fuerzas Armadas de Jordania 2.000 bombas de aviación sin ensamblar LD-250 kilogramos, sin carga ni espoleta, y 10.000 juegos de materias primas para fabricación de bombas de aviación tipo LD-250 kilogramos sin espoleta, por un valor cercano a los 480 millones de pesetas. Estos mismos datos son corroborados por la Dirección General de Exportación, que en uno de sus documentos, como hace siempre, especifica que «esta mercancía no podrá reexportarse». Sin embargo, el certificado de embarque del capitán del buque *Clipper Star* reconoce que «el consignatario es el Banco Central de Irak, la dirección a la que va el cargamento es la Organización Estatal para Técnicas Industriales de Bagdad, y la mercancía está en tránsito a Irak».

No me podía creer lo que tenía delante de mis ojos. Con un bolígrafo y un papel fui sumando el montante de las operaciones y llegué a contabilizar miles de millones de pesetas. De repente, uno de los documentos hizo que un escalofrío me recorriera el cuerpo. El beneficio económico, más bien pequeño, no era lo llamativo, pero el contenido de la exportación sí: aluminio, un elemento imprescindible para fabricar... ¡bombas de napalm!, la mortífera arma que produce unos efectos terribles y devastadores sobre la población civil.

Otra factura del despacho de aduanas, fechada el 8 de febrero de 1988, acreditaba que ITESA iba a exportar la «pequeña» cantidad de 100.000 kilogramos de sal de aluminio del ácido carboxílico. Era la operación que Marta me había anunciado hacía varias semanas en nuestra primera conversación. En el papel figura que el destinatario es Jordania, pero cuatro días después la hoja de embarque del buque *Barzan*, que carga tranquilamente y sin problemas la mercancía en el puerto de Valencia, ya no habla para nada de que Jordania sea el destino final. Los datos son muy claros: el componente para la fabricación de bombas de napalm va «en tránsito a Irak» y el consignatario es el Banco Central de Irak, en Bagdad. Los hombres de Rodríguez Venero habían conseguido una vez más su objetivo, demostrando la inutilidad de las trabas legales españolas a la exportación de armas.

Inmediatamente me puse a confirmar todos los datos y a investigar la vida y milagros de Venero. Entre las decenas de llamadas que hice a todas las personas que de manera directa o indirecta están relacionadas con la exportación de armas, un comercial de una de las empresas públicas más importantes del país me abrió una importante senda, la que me permitiría acercarme a los entresijos más ocultos del asunto:

—Lo siento, pero el nombre de Rodríguez Venero no me dice nada.

—Es un exportador de armas.

—Nada, hombre, que no tengo ni puta idea.

—Hay otros socios. Uno se llama Germán Berrueta.

—Ese sí que me suena. Creo que trabajaba para Expal (Explosivos Alaveses) y que perteneció al grupo de trabajadores que se largaron y montaron su propio chiringuito, con un cabreo gordísimo de sus jefes.

—Y Berrueta, ¿qué hacía?

—Era uno de los mejores técnicos de Expal y creo que estaba encargado de los diseños de las nuevas bombas de aviación. Me parece que eran proyectos que pagaba Defensa.

Como en Expal se desmarcaron de toda la historia y no quisieron echar leña al fuego, pregunté a la propia Marta.

—La historia está a punto de salir. Aquí les ha gustado mucho, pero necesito algunos datos sobre Rodríguez Venero.

—¿Qué necesitas?

—Todo lo que me puedas contar, por poco importante que te parezca.

—Vive en Vitoria, de donde sale más bien poco. Tuvo problemas en Expal por culpa de su ambición desmedida. Él quería ocupar un puesto importante, pero cuando vieron lo bicho que era le cerraron el camino y decidió montar el negocio por su cuenta.

—¿Cómo es personalmente?

—Es un *yuppie* de modales exquisitos, siempre va muy elegante y, aunque en lo personal deja mucho que desear, hay que reconocer que es un gran comerciante. Le gusta trabajar en el anonimato, por lo que casi nunca han salido publicadas fotos suyas. Él lo controla todo y toma todas las decisiones. Sabe en cada momento y situación lo que le conviene para sacar adelante sus proyectos y le deja totalmente frío tratar con quien sea si a cambio saca dinero.

—¿Es un «mal chico»?

—No sabes cuánto. A su lado, para guardarle las espaldas, tiene un abogado con fama de agresivo que interpreta y aplica las leyes como le interesa y con tal maestría que te aconsejo que nunca te enfrentes a él.

Lo que estaba claro es que Marta no era objetiva con el fabricante de armas, aunque si quería que denunciara sus actividades era por algo. Limpié de adjetivos hirientes su descripción y apunté los datos que podían serme de interés para el tema. Después hablé con un marinero profesional para que me explicara en un lenguaje asequible todos los extremos que se me escapaban de las operaciones, tras lo cual decidí telefonear a una de mis fuentes en el Centro. Dado que si sus jefes descubrían que nos veíamos podían someterle al tercer grado, le dejé a su madre, como siempre, el mensaje pactado: «Dígale que le ha llamado Fernando Gutiérrez». Al día siguiente me telefoneó para quedar, tras descubrir con facilidad que el entonces jefe de prensa de la Casa Real seguro que no estaba interesado en contactarle y que yo había cumplido la norma de hacerme pasar por algún conocido portavoz de una alta institución del Estado.

Precavido como todos los espías, pretendió conocer la información que tenía en mi poder, a lo que me negué rotundamente. Le solté algunas píldoras y aseguró desconocer los detalles, aunque me dijo que no era de extrañar que «su casa» los tuviera. Había oído hablar de Rodríguez Venero y fue muy claro:

—Seguro que está bajo control.

—Pero a ver si puedes decirme algo sobre la veracidad de los papeles, porque todo parece real y no quiero meter la pata en un asunto tan grave.

—Tienen toda la apariencia de ser reales, aunque no puedo decirte más. Lo que puedo asegurarte es que los sistemas que me cuentas que emplea para eludir los diversos controles del Gobierno son, efectivamente, los que ahora más usan los traficantes de armamento.

Semanas después publiqué varias informaciones ofreciendo multitud de datos y reproduciendo fotografías que no dejaban ninguna duda sobre la autenticidad de la denuncia. Rodríguez Venero aguantó en silencio el comienzo del chaparrón, aunque terminó querellándose contra mí, pero no por considerar que las informaciones fueran falsas, sino porque aseguró que los papeles que yo tenía en mi poder le habían sido robados hacía meses. Según él, o yo había sido el autor de la fechoría o, al menos, conocía al sujeto que había entrado en su despacho bilbaíno. La jueza me preguntó por los papeles.

—Los he recibido por correo y no conozco a la persona que los ha enviado. Además, nunca he estado en Vitoria.

Durante mucho tiempo me he preguntado cuál puede ser la razón de que algunas empresas como la de Rodríguez Venero hayan estado exportando a países prohibidos sin que nadie se lo haya impedido. He tenido constancia de que el Área de Tráfico de Armas, que durante tantos años mandó Julio Garulo, realiza numerosos informes denunciando a los traficantes. Sin embargo, el Gobierno no hace absolutamente nada. Tal vez la respuesta está en las palabras de Emilio Alonso Manglano: «La tarea fundamental de un servicio es obtener y elaborar información, con dos condicionantes muy claros. El primero es que una vez que ha elaborado y obtenido esta información tiene la obligación de difundirla a las autoridades. Y en segundo lugar, aunque la valoración que haya hecho el servicio dibuje una situación preocupante o amenazante, el servicio no tiene por qué tomar ninguna medida para resolver ese problema».[1]

Años después, todavía sigo esperando (es un decir) que las autoridades competentes adopten alguna medida en este clarísimo supuesto de tráfico de armas. De lo que sí estoy seguro es de que la División de Economía y Tecnología del Centro dispone de los mismos datos que yo y de otros muchos más graves todavía.

Continúo hablando con Marta, aunque lo único que conozco de ella sigue siendo su suave tono de voz. Ya no cree que la prensa sea el cuarto poder.

Control de empresas de armamento y de sus trabajadores

Femando es ingeniero y tiene esa edad indefinida que se acostumbra a calificar como treinta y tantos años. Le gusta la investigación científica pura y dura de laboratorio y se siente muy satisfecho del nuevo puesto que le ha ofrecido la empresa pública para la que trabaja desde hace dos años, básicamente por lo que supone de reto profesional, aunque también por tratarse de un merecido ascenso e implicar un aumento de sueldo considerable. Se ha pasado la mayor parte de su vida laboral encerrado entre cuatro paredes contribuyendo de manera humilde, pero con orgullo, al desarrollo de la ciencia, últimamente de la investigación tecnológica, y en contra de lo que puedan pensar los *yuppies* liberales encantados de moverse arropados de gente, él es un enamorado del trabajo en solitario, de ponerse a prueba cada día en la lucha contra lo desconocido. Otros prefieren las batallas entre poderosos equipos que representa el fútbol, pero él se inclina por el combate individual del tenis. Su jefe, un economista que sabe muy poco de investigaciones, le ha avisado que tanto él como otro compañero que se va a incorporar al departamento deben pasar previamente un control del servicio secreto.

—No tiene importancia, es un mero trámite. Como el proyecto nos lo ha encargado el Ministerio de Defensa, os van a hacer una entrevista para quedarse tranquilos de que no les vais a ir con el cuento a los rusos.

Corre el año 1989 y Fernando se dirige una fría mañana a un edificio del Ministerio de Defensa o, al menos, eso es lo que le han dicho. Con él va su nuevo compañero, al que conoce desde hace años y con el que bromea sobre lo que les van a preguntar:

—Si te dicen que tienes una amante con acento ruso, ¿qué les dirás?

—Que no me he dado cuenta, porque en la cama no me gusta que las mujeres hablen.

Les espera su primer contacto con el Centro. Mientras aguardan en una salita impersonal hasta que les reciban, la tensión se apodera de ellos por el oscurantismo de la situación que van a vivir. Sienten que son personas normales, con virtudes y defectos como todo el mundo, pero no se ven traicionando a su país. Ni siquiera pueden creerse que un espía extranjero, con gabardina gris y un fajo de billetes en el bolsillo de la chaqueta, les vaya a pedir que le filtren datos sobre sus investigaciones.

Femando es el primero en pasar. Hubiera preferido hacerlo al mismo tiempo que su compañero, porque en compañía los tragos amargos lo son menos, pero no le dan alternativa. Sintiéndose como un reo que va a ser interrogado bajo la potente y cegadora luz de una lámpara, sigue a una madura secretaria hasta un pequeño y utilitario despacho en el que hay dos hombres que todavía no han cumplido los cuarenta y que aparentan amabilidad, aunque mantienen una cierta distancia y un gesto algo rígido. Los dos espías van directamente al asunto que les ocupa, sin entretenerse en temas banales como el frío, la sequía, la contaminación o la incomodidad de este tipo de encuentros, lo que Fernando agradece sinceramente. Desde el momento en que traspasó la puerta ya ansiaba cumplimentar el dichoso trámite y largarse. Le piden que se siente y rellene varios cuestionarios, lo que hace tras quitarse la gabardina y colocarla con cuidado, después de pedir ridículamente autorización, en una de las sillas que permanece vacía. Saca un bolígrafo de su chaqueta y lee sin mover los labios con su habitual rictus científico, sin levantar la vista, en un intento de que sus hábiles contertulios no se percaten del leve estado de ansiedad que le produce su tortuosa compañía. No puede evitar que le tiemble algo la mano, como cuando en el colegio el profesor descubría que en el cuaderno de ortografía, en el que debía escribir una frase cinco veces, había dejado una de las palabras sin rellenar ninguna vez para hacerlo al final, porque así le resultaba más divertido. «Formulario MSI-02. La contestación a este apartado es voluntaria… pregunta 13: nombre de las asociaciones u organizaciones con las que tiene o ha tenido relación.»

Sin hacer gesto alguno y sintiendo dos suspicaces miradas que escrutan su incipiente calva treintañera, piensa en la ironía del aviso de «contestación voluntaria», que podría obviarse a las claras. Su nuevo puesto de trabajo lo desarrollará en una investigación catalogada como secreta y va a tener acceso a informaciones reservadas. Le invade la molesta sensación de que su derecho a la intimidad, proclamado en la Constitución, está siendo ultrajado, pero sabe perfectamente que, si opta por no contestar, su merecida promoción podría suspenderse. Fernando no sabe en ese momento que el Gobierno apoya sin reservas las medidas de seguridad implantadas por Defensa, a propuesta del CESID, para las empresas de armamento y sus trabajadores. Se aduce que en otros países la protección de las materias clasificadas es igual de exigente que en España y que cada tipo de labor en la sociedad tiene unas condiciones que permiten al trabajador rechazarlo y buscar en otra parte. Con todo, militantes comunistas y de Comisiones Obreras se han negado en algunas ocasiones a contestar los cuestionarios, a sabiendas de que su campo de trabajo se iba a ver limitado a determinadas secciones poco o nada conflictivas.

Las sorpresas para el científico al cumplimentar el MSI-02 no acabaron ahí. Pocos detalles de su vida privada pasada o presente no fueron motivo de alguna preguntita impertinente. Tuvo que decir si había estado pudriéndose en alguna cárcel civil o militar y qué delito había cometido («menos mal que estoy limpio»). Dar el nombre de todos los lugares de residencia hasta la fecha y su localidad, detallando los domicilios y el tiempo de permanencia («lo siento, pero solo he vivido en el pueblo y en Madrid»). Tuvo que explicar minuciosamente cada uno de sus viajes al extranjero, especificando las ciudades visitadas y los días que estuvo en cada una de ellas («la verdad es que he viajado poco y no me acuerdo exactamente de los días, ¿vale con que ponga el mes?»). Recientemente había visto en una película que el FBI preguntaba a los vecinos de una candidata a embajadora si la habían visto consumir droga, y comprendió que, dado el cargo que iba desempeñar, la cuestión era lógica, porque para los Estados Unidos tener una embajadora enamorada de las rayas de coca podía ser demasiado. Pero esas preguntas que le hacían a él resultaban ridículas, y no acababa de entender realmente su alcance ni lo que pretendían rebuscando en su pasado y presente.

Las respuestas que dio al cuestionario y otras que le formularon por propia iniciativa los dos «torturadores» («vaya par de cotillas») constituyeron el punto de partida del trabajo de los agentes del Área de Seguridad Industrial del Centro. A partir de aquí, investigaron durante semanas la veracidad de las contestaciones y la posibilidad de que un servicio secreto extranjero le pudiera reclutar utilizando como armas sus ideas políticas cercanas, la extorsión por un error cometido en el pasado y que ahora podría hundirle en el fango o el más vulgar, pero apetecible, pago en metálico. En la investigación se incluyeron sus rutinarias costumbres diarias, sus amistades nada peligrosas, su escueta familia y su nulo grado de dependencia del alcohol y las drogas. Si hubiera contestado (lo que no hizo) que entre sus amigos había un cubano, el trabajo de investigación habría durado más tiempo, hasta descubrir si el hispano era trigo limpio. Si, por el contrario, ese cubano hubiese sido miembro de su Embajada en Madrid, el veto habría sido casi seguro.

Pese a la discreción observada en las labores de investigación, Fernando llegó a conocer algunos pormenores, debido a un pequeño fallo del Centro. El hecho es que su padre, en el pueblo, completamente ajeno a los concienzudos quehaceres del científico, acabó llevándose un buen susto. Apenas unas semanas después de la famosa entrevista, un cabo de la Guardia Civil fue a visitarle en la casa familiar pavoneándose de la confidencialidad que le exigía la importante misión que le habían encomendado desde Madrid nada más y nada menos que a él. Le preguntó por su hijo, sus costumbres, su comportamiento y su nivel moral y ético, en fin, prácticamente de todo desde el momento en que su madre le trajo al mundo. El casi octogenario y curtido padre recibió con impresión la presencia de aquel cabo en su casa, y todavía sentía palpitaciones mientras hablaba poco después entrecortadamente con su primogénito del impactante suceso, que había supuesto toda una revolución en su inactiva existencia.

—¿Se puede saber qué has hecho, hijo?

—¿Yooo?, nada, papá. ¿Por qué me lo preguntas?

—¡Anda ya!, te pido por favor que me lo cuentes… Algo has tenido que hacer. No me lo ocultes, hijo, ya sabes que yo siempre estaré de tu lado.

—Pero ¿qué dices? ¡Joder!, no entiendo nada.

—Ha venido el cabo de la Guardia Civil en persona a preguntarme hasta si te gustaban las niñas cuando eras pequeño.

Primero fue una amplia y sincera sonrisa, que evidentemente su entrañable interlocutor no pudo percibir, seguida de manera inmediata por una involuntaria mueca de malestar e impotencia, que tampoco pudo detectar su progenitor para su tranquilidad. Habían llegado a involucrar a su mismo padre en algo que solo a él le atañía, simplemente porque iba a trabajar en un proyecto de defensa. Pero no tenía opción, debía aguantar y aguantar estrambóticas situaciones. Todo pasaría antes o después, como así fue. Cuando el Centro había estudiado con detalle hasta los más nimios aspectos de su vida y entorno, le concedió la acreditación que le autorizaba a trabajar en asuntos confidenciales. Nunca más volvieron a molestarle ni ha vuelto a producirse percance alguno relacionado con él. El científico siempre recordará con sorna aquellas curiosas semanas. No quiere ni oír hablar del CESID, porque teme que todavía hoy le siga controlando. Eso sí, lo de su padre no se lo ha podido perdonar. ¡Pobre viejo!

La división más moderna del CESID: los infiltrados

Un tocayo suyo, Fernando de la Malla García, fue el responsable máximo de todo lo que tuvo que pasar el citado científico para trabajar en una empresa catalogada como estratégica para la defensa de España. En la actualidad, dicho responsable tiene un cargo larguísimo: subdirector general de Adquisiciones de la Dirección General de Armamento y Material del Ministerio de Defensa. En el currículum que aparece en el libro *Quién es quién en Defensa*, publicado por la asociación Afarmade, que reúne a los principales fabricantes de armas del país, se cuenta que nació en Palomares del Campo (Cuenca) en plena Guerra Civil y que es doctor ingeniero aeronáutico, diplomado en Ingeniería Nuclear y profesor titular excedente de la Escuela Técnica Superior de Ingenieros Aeronáuticos de la Universidad Politécnica de Madrid. En el capítulo de experiencia profesional se dice que «ha desarrollado sus actividades esencialmente en relación con el Ejército del Aire (actualmente es coronel), con diversos destinos, habiendo ocupado hasta la fecha tres cargos con nivel de subdirector general». Este brillante palmarés olvida, curiosamente, un dato muy relevante: fue creador y jefe de la División de Economía y Tecnología del CESID.

De la Malla era a principios de los ochenta uno de los más destacados agentes de la Contrainteligencia. Siempre había sido un apasionado de las armas y su especialización científica en aviones le permitía entender muy bien el peligro que entrañaba dejar que la moderna tecnología cayera en las peligrosas manos enemigas. Su único problema era su intachable integridad personal y su deseo de hacer las cosas con seriedad, lo mejor posible, porque si no, era preferible dejarlo. Esta actitud personal le ha acarreado desagradables enfrentamientos con sus jefes, más dados a hacer la vista gorda en ciertos asuntos polémicos. Ciertamente, en cuanto detecta actos punibles no ceja en su empeño de disponer de todas las pruebas necesarias para efectuar la denuncia, y a continuación se enfrasca con igual diligencia en la ardua tarea de lograr que sus mandos apliquen con máximo rigor todo el peso de la ley sobre el transgresor. En aquel momento su labor consistía en evitar que la escasa tecnología puntera que llegaba a las empresas españolas terminara, por la acción de espías enemigos, en manos de la Unión Soviética, Cuba o Alemania Oriental.

La progresiva modernización de España en materia de defensa, iniciada por Leopoldo Calvo Sotelo y que alcanzó su momento culminante con la llegada de Felipe González al palacio de La Moncloa, complicó enormemente el trabajo de La Casa en este aspecto. En pocos años comenzamos a recibir sofisticadas tecnologías para fabricar peligrosísimos cazabombarderos e impresionantes carros de combate capaces de participar en teatros de la más alta envergadura, lo que inevitablemente se vio acompañado del desembarco de decenas de discretos espías del telón de acero y de Cuba, ansiosos por hacerse gratis con los *chips* que en el mercado libre, vetado para ellos, costaban decenas de miles de millones.

El ojo clínico que caracteriza la personalidad de Manglano detectó inmediatamente y en toda su dimensión la conflictividad de la situación y los graves problemas que se avecinaban: nadie iba a querer comerciar con España si se permitía que potencias enemigas de la OTAN robasen sin cortapisas en nuestro país lo que no podían conseguir en el resto de Europa. Los medios de que disponía la Contrainteligencia eran claramente insuficientes para hacer frente al nuevo reto, así que decidió crear una división, la de Economía y Tecnología, dedicada en exclusiva a estos menesteres, y puso a su frente al entonces teniente coronel, y diligente profesional, Fernando de la Malla. A su vez, el ingeniero aeronáutico creó tres áreas de trabajo: Seguridad Industrial, mandada por Antonio Crespo; Tráfico de Armas, dirigida por Julio Garulo; y Adquisición de Tecnología Punta, controlada por Federico Vigil.

De la Malla se sintió al principio como un solitario faro en mitad de una tormenta en el mar, pero acabó cosechando grandes éxitos, los cuales terminaron cuando en 1990 abandonó La Casa. Ello se debió, en gran medida, a sus discrepancias con la línea marcada por Manglano, a la que él abiertamente se oponía. Tras su toma de posesión lo primero que hizo fue establecer una relación de trabajo seria con la Dirección General de Armamento y Material, el organismo del Ministerio de Defensa que se encarga directamente de los asuntos vinculados con su división. Todos sus papeles, las ofertas de cañones que recibían, las evaluaciones de misiles y vectores de lanzamiento que sus técnicos realizaban, las empresas españolas y extranjeras con que contactaban y el personal que tenían contratado pasaron a ser directamente controlados por el Centro. Hasta los periodistas que se dirigían a la dirección general para recabar cualquier extremo sobre las compensaciones que representaba la compra de un avión eran investigados. El hecho es que muchos agentes de los servicios secretos usan como tapadera alguna de sus agencias de noticias para conseguir información que tienen, lógicamente, vetada.

A continuación, procedió a establecer un rígido control sobre el trabajo de las empresas de armamento, que en un primer momento se basó en un nuevo texto: *Normas de seguridad industrial*. Según este, todas las empresas que firmaban un contrato para vender material a Defensa debían comprometerse por escrito a cumplir y hacer cumplir a sus empleados las normas incluidas en un acuerdo entre ambas partes, además de elaborar un plan propio de seguridad industrial a cuyo frente debían colocar a un especialista en la materia. Para comprobar la buena marcha de las medidas de protección o apuntar los fallos que debían corregirse para seguir trabajando con el Ministerio, La Casa creó una temible unidad de inspectores, insobornables y exageradamente rígidos, que comprobaban de manera insidiosa la impenetrabilidad de la tela de araña que cada empresa debía tejer para evitar presencias indeseables. Tan agobiante resultó la susceptibilidad que en un primer momento generó la existencia de estos agentes en los presidentes de las empresas de armas, que, poco a poco, estos optaron por evitarse problemas contratando a exmiembros del propio servicio secreto para que se responsabilizaran de las medidas de seguridad y mantuvieran las relaciones con sus antiguos compañeros.

Además, los empresarios del sector no tardaron en descubrir que, para controlar mejor la situación, el Centro había infiltrado clandestinamente a agentes en sus empresas para que informaran desde dentro de lo que sucedía. Así es como los más recalcitrantes ejecutivos nacionales de traje a medida llegaron a toparse de frente con el siniestro, rutilante y en ocasiones incluso para ellos imprevisto fenómeno de «los infiltrados». Rocambolesco para las gentes de a pie y sin embargo la misa de los domingos para los hombres de La Casa. Es algo que todas las divisiones del CESID hacen con gran frecuencia en sus investigaciones habituales: la creación de identidades falsas. La nueva personalidad corresponderá normalmente a la de un fallecido por causas naturales cuando todavía era muy joven. Para su elaboración, agentes del Centro revisan periódicamente los archivos de defunción, en los que buscan identidades que puedan ser asumidas con facilidad por los agentes. Anotan la edad, el sexo, los estudios que realizó, el trabajo que desempeñó y los familiares vivos. Si tuvo una vida pública no servirá, al igual que si se identificó con movimientos políticos o sindicales. No debe tener antecedentes penales, ni familiares en activo en los cuerpos y fuerzas de seguridad del Estado, lo que haría fácil que por una maldita casualidad el agente fuera descubierto.

Con una inmediatez no exenta de morbo, los candidatos seleccionados resucitan macabramente. Con el archivo abierto delante, agentes del Centro le crean un Documento Nacional de Identidad nuevo, en el que aparecen todos los datos reales y la edad que tendría de no haber fallecido, en un intento siempre fructífero de sabotear su efímera existencia. La única diferencia es que el espacio reservado para la foto queda en blanco, pendiente de colocar la del agente que tenga que realizar la misión encubierta. De idéntica forma se actúa con el permiso de conducir y con algunos carnets culturales y tarjetas de crédito que solicitan para dar mayor credibilidad a la nueva personalidad del pobre mortal llegado a destino sin dejar ningún cabo suelto. En alguna ocasión se utiliza la identidad de alguien vivo y a pleno rendimiento, pero a quien el entorno relacionado con el agente encubierto no tiene la más mínima posibilidad de conocer.

El espía con estas características (o utilizando incluso sus datos reales cuando la misión no alcanza el nivel de peligrosidad requerido, aunque siempre falseando de manera escrupulosa su verdadera profesión y sustituyéndola por la de montador o ingeniero) se integrará en su puesto de trabajo después de haber sido insistentemente recomendado por un colaborador del Centro al jefe de recursos humanos de la empresa investigada. Después quizá se limitará a aparentar que ficha sus ocho horas diarias, aunque en realidad nunca cejará en su acecho constante a lo largo y ancho de las diversas secciones en busca de peligrosos traidores que razones de seguridad nacional exigen erradicar de la geografía empresarial.

Pero no todas las acciones de Fernando de la Malla fueron tan agresivas con las empresas. También aplicó numerosas medidas tendentes a prevenir a los trabajadores de los riesgos a los que están expuestos, la principal de las cuales fue la elaboración de un manual que explicaba detalladamente todo lo que debía saber una persona que manejara cierta información conflictiva susceptible de ser robada por los países entonces comunistas. En el *dossier* se dividían las instalaciones empresariales en zonas vitales (el paso es tajantemente restringido), controladas (solo pueden entrar personas con acceso al denominado grado de información clasificada) y de libre circulación (el paso es libre, aunque nadie que no sea de la empresa o disponga de autorización expresa puede circular por las instalaciones).

A pesar de la férrea vigilancia ejercida por la División de Economía y Tecnología del CESID, en particular sobre las empresas armamentísticas y su mercado, los problemas en el área no han desaparecido. No se ha llegado a controlar el libre movimiento de los traficantes de *chips*, bombas o metralletas, ni tan siquiera se ha podido impedir, en extremo, el robo de tecnología puntera. Y gran parte de la culpa está en la falta de una normativa legal rigurosa que apoye firme y decididamente las acciones del Centro. Por desgracia, allí donde la Justicia no puede aplicarse con toda su dureza, de nada sirve disponer de muy buena información, a veces de la mejor. Para colmo de males, en contra de lo que en un primer momento podría parecer, la posguerra fría no ha acabado con la sed irrefrenable de algunos países, antaño tras el telón de acero y hoy hipotéticamente inofensivos, por acceder a las modernas tecnologías cueste lo que cueste. Y como colofón, el tráfico ilegal de armas ha crecido de manera desmesurada debido a la necesidad imperiosa de los países en guerra de disponer de arsenales que cuenten con la mayor cantidad de armamento posible, y en concreto del mejor, con el que, aun vetado, intentan hacerse sistemáticamente a cualquier precio.

La cara oculta de Marbella: un interrogatorio sin ley

Pocos días después de su intervención en agosto de 1991 en la Universidad de Verano de la Complutense, Emilio Alonso Manglano realizó un viaje de incógnito a Marbella, la apetecible localidad costera malagueña de bellos parajes salvajes, gente guapa disfrutando en sus prohibitivos yates de lujo y un alcalde siempre polémico y deslenguado llamado Jesús Gil. Como la fotografía de Manglano aparece con poca frecuencia en las páginas de los periódicos y revistas, su rostro sigue siendo desconocido para la mayor parte de los españoles. Su intenso moreno de yate y los dos deportivos guardaespaldas que le seguían a corta distancia le hacían pasar en Puerto Banús por un potentado más a los que ya están tan acostumbrados en la entrañable ciudad porteña del presidente del Atlético de Madrid. Sin embargo, ese cuadro pijo y cosmopolita no podía alejarse más de la realidad. Por nada del mundo el director de La Casa iría a descansar a Marbella, orgullo de la Costa del Sol, y no solo porque su mujer americana prefiere su tierra natal, sino sencillamente porque, desde luego, no va con su forma de ser dejarse ver en los ambientes de la *jet*. No era la primera vez que realizaba una visita tan relámpago como secreta a Marbella, casi siempre con el mismo motivo, encontrarse con hombres nada recomendables dedicados a un trabajo deleznablemente sucio: el tráfico de armas. A lo largo de sus muchos años ya al frente del servicio secreto ha tenido que tratar en numerosas ocasiones con siniestros y endiablados personajes, cuyos contactos le son imprescindibles para el buen cumplimiento de su labor, pero que siempre jurará no haber mantenido. Curiosamente, la localidad malagueña, famosa ante todo por los saraos veraniegos de la *jet*, había sido el lugar de encuentro seleccionado para una buena parte de esas reuniones secretas.

La trascendencia de Marbella para el CESID queda patentemente demostrada por el elevado número de oficiales de inteligencia que allí residen de manera habitual o que la visitan con frecuencia, lo que no deja de chocar en relación con el escaso interés político que despierta la hermosa localidad, cuna del ocio exclusivista. Pero es que la microclimática ciudad siempre ha dado lo mejor de sí misma en aras a conseguir la creación de las condiciones óptimas para que personas consideradas literalmente indeseables en otros lugares alcancen allí una alta cota de tranquilidad e independencia. Y así es como en Marbella han tenido lugar en los últimos diez años transacciones, proyectos y negociaciones que, sin temor a exagerar, podrían haber modificado el rumbo de la historia. Los casos de

Rifat el Assad, Munzer al Kassar y Adnan Kashogui son las tres píldoras más representativas de ese variopinto ambulatorio playero. Precisamente, la historia del comandante José María Santos, uno de los agentes encargados de la vigilancia de El Assad, sirve para ilustrar y realzar la mencionada importancia de la ciudad andaluza para el CESID. Todo empezó a las 16,30 horas del 16 de septiembre de 1987, cuando el comandante de Artillería telefoneó a su mujer.

—Oye... pues nada... que tengo que salir de viaje inmediatamente a Málaga por asuntos del servicio. Ha habido problemas y tengo que resolverlos.

—¿Cuándo me llamarás?

—Todavía no lo sé. Lo siento... Voy a estar varios días fuera y estaré muy ocupado. Ya sabes cómo es este trabajo.

—¿Pero no vas a pasar antes por casa para llevarte una maleta?

—No me da tiempo. Todo ha sido muy rápido, visto y no visto. Ya mandaré a alguien para que pase a recoger un maletín con las cosas de aseo y algo de ropa.

El comandante José María Santos Rodríguez cortó la comunicación más bruscamente de lo que hubiera deseado. A medio metro, el capitán de la Guardia Civil José Ignacio Laguna Aranda le apremió para que lo hiciera. Era el peor momento de su vida. Estaba literalmente muerto de miedo y encima las presiones y las prisas le resultaban angustiosas. Le habían obligado a telefonear a su mujer para tranquilizarla y cuando colocó el auricular en su sitio rompió toda conexión con la vida exterior.

Le habían abordado poco antes, cuando estaba en su mesa de trabajo. A Manuel Guerrero Bravo, su jefe, le acompañaban varios guardias civiles adscritos al Servicio de Seguridad. Lo que le dijeron exactamente en aquel momento no lo recordaba bien. En unos minutos le subieron a un coche y le trasladaron a un piso operativo del Centro situado en las afueras de Madrid. Poco le importó, dadas las circunstancias, reparar en su ubicación. Iba a pasar unos días malos y evidentemente no pensaban soltarle hasta que descubrieran todo lo que querían y se quedaran satisfechos por completo.

Ese día comenzaron los interminables interrogatorios. En

cada sesión repetían unas cuantas preguntas y añadían otras nuevas. Uno de los protagonistas fue el teniente coronel Juan del Río, jefe del Servicio de Seguridad. Sus hombres se habían encargado de controlar las acciones del comandante Santos hasta reunir las suficientes pruebas como para procesarle. El semanario *Interviú* había estado publicando diversas informaciones que denunciaban la inexplicable ayuda que el Centro prestaba al peligroso traficante de armas Rifat el Assad, hermano del presidente sirio. Tras muchas pesquisas llegaron a descubrir que José María Santos Rodríguez había sido el filtrador de tales informaciones, y durante el interrogatorio le escupieron uno tras otro los datos:

—Has estado vendiendo información a los de *Interviú*, violando el secreto que debías guardar. ¿A quién más se la has estado pasando?

—A nadie.

—¿Con qué servicio extranjero tienes contacto?

—Con ninguno. Yo jamás les pasaría información alguna.

—Además de los datos sobre la vigilancia realizada por el servicio a Rifat el Assad en Marbella, ¿qué más les has dado?

—Nada, les juro que nada.

—¿Cuánto has cobrado por ello? Tenemos pruebas que demuestran que te han dado 150.000 pesetas en cheques.

Daba igual lo que contestara. Las mismas preguntas, con distintos enunciados, aparecían una y otra vez. Los interrogatorios se hacían cada vez más insistentes. Estaba vigilado día y noche, y en ningún momento pudo conciliar el sueño. Era un traidor y no tenía derecho a protestar por el desprecio con que le trataban.

Durante aquella eterna semana de aislamiento también hicieron acto de presencia en el piso franco el teniente coronel Manuel López Fernández, el comandante José Enrique Peloche, el capitán Emilio Jambrina, el teniente coronel jefe de la Asesoría Jurídica Vicente Lanz Muniaín y el capitán auditor Ricardo Martínez Martín.

Las preguntas inquisidoras se contaron por cientos: «¿Qué información le has vendido a *Interviú*?» «¿Por qué lo hiciste?» «¿No te parece una ruin bajeza haber cobrado 150.000 pesetas por violar un secreto de Estado?» «¿Quiénes fueron tus contactos para llegar hasta los periodistas?» «¿Quién más sabe lo que estabas haciendo?»

Pasaban las horas y los días. La tensión llegó a hacerse insoportable. Pidió que le dejaran telefonear a su familia, que francamente empezaría a impacientarse en serio al llevar tanto tiempo sin comunicarse con él. Y la negativa apremiante: primero declararía y después podría ponerse en contacto con ellos.

—Te prometemos formalmente, en nombre del director, que si colaboras..., tu mujer y tus hijos estarán en todo momento atendidos moral y materialmente.

Cuando finalmente el día 19, tras las múltiples presiones psicológicas a que fue sometido, le pusieron delante a la espera de su firma la cantada declaración autoinculpatoria, aceptó sin más. Sus incansables interrogadores habían llegado a la conclusión de que necesitaba el dinero debido a los problemas familiares que estaba atravesando, y que había aceptado pasar información a cambio de 150.000 míseras pesetas. A fin de cuentas, el comandante Santos estaba convencido de que las estructuras del Estado no chirriarían porque comentara algunos extremos sobre cierto traficante extranjero que vivía como un auténtico pachá en Marbella.

Aunque todo pareció concluir con la firma del documento, todavía permaneció bajo la custodia de los agentes del Servicio de Seguridad hasta el día 23, un día después de que el ministro de Defensa, Narcís Serra, hubiera recibido ya la información de carácter extrajudicial sobre el asunto. Al salir del piso franco, alejándose de la desagradable sala de interrogatorios, respiró profundamente aliviado. En definitiva, tenían lo que querían: le habían hecho sentirse un mierda, un traidor al Estado. Pero todo había terminado. Ahora debería enfrentarse a un juicio público en el cual saldrían a relucir todos sus pecados, aunque, después de todo lo pasado, ya poco le importaba. Emilio Alonso Manglano quiso sin duda dar un escarmiento público a uno de sus agentes para que todos supieran lo que podría pasarles si violaban el secreto que habían jurado guardar celosamente. Pero, en verdad, se trataba de un escarmiento desproporcionado para el que se habían utilizado medios muy rigurosos.

El comandante Santos puso su caso en manos de un experimentado abogado de causas imposibles, Manuel Tuero, el cual conoce perfectamente a los militares y sabe cómo tratar con ellos. Llevó el sumario 319/87 abierto por el Juzgado Togado Militar de Instrucción número 1 de una forma brillante, pero inútil. El Centro lo había atado todo, y muy bien atado. Tuero, no obstante, no se dio por vencido y fue muy claro: «No pueden hacerse valer ni admitirse por el juzgador pruebas obtenidas violentando derechos o libertades fundamentales».

De la acción, calificada por el abogado como «constitutiva de delitos previstos y penados en el Código Penal, entre ellos un delito de detención ilegal», fueron acusados todos los militares participantes y en primer lugar el teniente general Alonso Manglano. No sirvió para nada. Los jueces obviaron las acusaciones de detención ilegal y privación de derechos, desestimando las pruebas que sustentaban los alegatos de la defensa. Si hubieran considerado de otro modo la demanda, el rutilante escarmiento que Manglano quería dar y que pretendía sirviera de aviso ejemplar para todos sus agentes podría habérsele chafado de modo irremediable, e incluso volverse en su contra. Finalmente, el comandante fue expulsado del Ejército y condenado a seis años de cárcel.

Tras la publicación de la sentencia, los agentes del Centro releyeron íntimamente la circular interna de febrero de 1986 que les había sido distribuida personalmente en sobre cerrado a todos y cada uno de los que trabajaban en la sede central y enviada por correo interno a los pisos operativos. Iba firmada por Emilio Alonso Manglano, y el tono era francamente amenazador: «Todas aquellas personas del Centro, sea cual fuera su trabajo, que mantengan relaciones con periodistas, sin permiso previo de esta dirección, serán inmediatamente expulsados».

Los dos mil trabajadores del Centro ya sabían que Manglano no amenazaba en vano. Se había hartado de leer en los periódicos y semanarios noticias relacionadas con La Casa y había tomado cartas en el asunto. Siempre que había descubierto infidelidades, negocios sucios, usos abusivos de información privilegiada y otros pecados mayores o menores de sus agentes había actuado con energía, pero sin publicidad. No quería escándalos en el Centro, porque perjudicarían a su carrera y al prestigio del Centro. Aplicaba la famosa frase futbolística: «Los trapos sucios se lavan en el vestuario». A pesar de todo, el rechazo irreprimible que siempre ha sentido hacia los medios de comunicación le llevó a dar el único varapalo público de la moderna historia del CESID.

El espía Manglano y los traficantes El Assad, Al Kassar y Kashogui

El causante indirecto de la pesadilla del comandante Santos fue Rifat el Assad, más conocido como «el príncipe de Marbella», que ha vivido en la ciudad con un nivel desmedido de mimo y privilegio al menos desde 1985 hasta 1990. Entraba y salía de España con ademanes de dueño y señor del país y llevaba a cabo sus negocios de armas, recibiendo a compradores de medio mundo, con una tranquilidad que asustaba. Además, sus escoltas gozaban de una libertad de movimientos que nadie comprendía, a lo que había que sumar la extraña protección que le ofrecía el propio Centro sin motivo aparente.

De hecho, en el verano de 1988 un guardia civil perteneciente a los Grupos de Apoyo Operativo tuvo que declarar ante el juez de instrucción número 1 de Marbella debido a los destrozos ocasionados en el restaurante Montecarlo de dicha localidad por un grupo de árabes incontrolados. El agente reconoció estar encargado de la vigilancia y seguimiento de la colonia siria en Marbella y aseguró que fue a visitar a la dueña del local en compañía de Rifat el Assad. La señora, cansada de la desagradable situación que estaba viviendo, no pudo evitar proferir toda una gama de insultos rastreros contra el sirio, a quien responsabilizó de los hechos. El miembro del CESID se identificó como guardia civil y la previno tajantemente sobre su violenta actitud:

—Señora, si continúa por esos derroteros me veré en la obligación de proceder contra usted.

Además, para colmo de interrogantes sin resolver, el espía reconoció que estaba en las proximidades del local cuando tuvieron lugar los hechos y que en vez de actuar abandonó la zona.

Siguiendo su habitual forma de proceder con respecto a ciertos sujetos peligrosos con capacidad para prestar una ayuda inestimable en asuntos delicadísimos, el CESID permite los movimientos de El Assad sobre el tablero de ajedrez, pero vigila y controla todas sus acciones. Solo manteniendo esta actitud es posible llegar a dar con el filón de oro en materia de narcotráfico y terrorismo internacional que, consciente o inconscientemente, el gran traficante puede depositar algún día ante las propias narices de sus vigilantes. Se trata de un único juego a dos bandas. De esta forma, durante muchos meses, mientras un grupo de agentes investigaba sigilosamente la procedencia de los miles de millones que invertía el árabe en la Costa del Sol, dos miembros de los Grupos de Apoyo Operativo a bordo de un modesto Renault o un Ford utilitario proporcionaban escolta a su Mercedes cada vez que el *jet* privado aterrizaba en el aeropuerto de Málaga.[2]

Otro sirio, Munzer al Kassar, también radicado en la paradisiaca Marbella, es el caso más llamativo de un traficante de armas que ha sido objeto de las mayores atenciones y hasta de la protección del servicio secreto de Manglano. A sus cuarenta y seis años se ha ganado el difícilmente catalogable mérito de haber tenido pisándole los talones a los policías y espías de los países más poderosos del mundo con la nada sana intención de hacerle desaparecer en algún recóndito calabozo de sus prisiones de alta seguridad. Todo ello porque Al Kassar es un hombre de mundo que nunca ha distinguido entre estados a la hora de efectuar transacciones comerciales derivadas de sus turbios negocios de narcotráfico o tráfico de armas. Imbuido del carisma de los grandes padrinos de la mafia italiana, es un hombre familiar y discreto en sus escasas apariciones en público, en las que gusta de estar rodeado de su mujer e hijos. Hace en todo momento ostentación de su altísimo tren de vida, y su estela de despilfarro ha dejado una huella indeleble en el suntuoso palacio marbellí de su propiedad, cuyo *hall* de entrada está presidido por una monumental escalinata blanca de mármol ornamentada hasta la exageración y rematada por un auténtico ensueño en alfombras iraníes y una espectacular lámpara de araña de cristal de roca, soberbio conjunto que evoca las fascinantes apariciones de la deliciosa y romántica emperatriz Sissi encarnada por Romy Schneider en el cine.

La Casa mantiene relaciones con él desde principios de los años ochenta, en virtud de una estudiada operación de acercamiento montada por un grupo de la Contrainteligencia. Todo había sido preparado con mucho cuidado y detenimiento: los intermediarios de confianza de ambas partes que facilitarían las primeras reuniones, las prebendas que le podían ofrecer a cambio de contar con su ayuda y las materias concretas sobre terrorismo internacional en las que el Centro necesitaba su colaboración. Sin embargo, lo que nadie podía imaginar sucedió, por culpa de esos compartimentos estancos que caracterizan el trabajo del Centro y que determinan que las misiones efectuadas desde un despacho sean absolutamente desconocidas en el más próximo. Al Kassar se encontró con que, por cauces distintos, le llegaron dos intentos de aproximación del CESID, que aparentemente parecían contar con la bendición de Manglano. El revuelo fue mayúsculo cuando los amigos del traficante solicitaron al Centro que aclarara quién era el impostor que utilizaba su nombre en vano. Lo sucedido no requirió demasiada investigación: por propia iniciativa, otro grupo de la Contrainteligencia, consciente de la importancia que podía tener para el Centro disponer de la amistad de un hombre tan influyente en la «fontanería» de los países árabes, había comenzado a actuar en la misma dirección sin informar previamente a los altos mandos, algo, por otra parte, bastante frecuente y habitual. Cuando Manglano se enteró de que sin su autorización varios de sus hombres se habían movido descaradamente en el entorno del sirio interponiéndose en el contacto que él había apoyado y dirigido, y haciendo tambalear tan delicada misión, estalló de ira.

Por aquel entonces, Al Kassar ya había comenzado a instalarse en Marbella. En pocos años realizó importantes inversiones inmobiliarias en la Costa del Sol que superaron los 20.000 millones de pesetas, construyéndose el palacio Mifaldi en la ciudad de Gunilla von Bismarck valorado en 1.500 millones, un chalet en Guadalmina, una decena de apartamentos en la lujosa urbanización Grey D'Albion, un piso en el madrileño paseo de la Castellana y un chalet en el barrio residencial de La Florida, también en Madrid. Todo lo hizo con la tranquilidad que indiscutiblemente proporciona haber llegado con el servicio secreto al acuerdo de que, a cambio de que le concedieran libertad de movimiento y una vida tranquila, él les ayudaría en el control de los grupos terroristas árabes que utilizan España como centro de sus operaciones y en la persecución del tráfico de drogas, actividad que Al Kassar siempre ha considerado deleznable y con la que ha negado tener cualquier tipo de vinculación.

A mediados de 1992 las investigaciones de los servicios secretos más poderosos del mundo le vinculan con el asunto de Lockerbie (atentado contra un avión de la Pan Am) y con la instalación de un potente artefacto que destruyó la embajada israelí en Buenos Aires. Esos servicios (CIA y Mossad a la cabeza) están hartos de la impunidad del sirio y piden que se le detenga. Sus amigos, y los que sin serlo le habían ofrecido hospitalidad, empiezan a disimular, a distanciarse de él para no ver salpicada su reputación por la creciente ola de putrefacción que desde toda la geografía mundial comienza a rodear su hasta entonces distinguidísima figura. Todas las noticias publicadas en la prensa española mencionan a Manglano como el hombre que le ha venido arropando en los últimos años. Un miembro de la sección de Relaciones Exteriores del Centro es, por el contrario, tajante:

—El director nunca ha visto a Al Kassar y nadie del Centro ha mantenido jamás relaciones con ese señor.

—¿Y sus entrevistas en Marbella?

—Eso son mentiras.

—¿Y las ayudas que les ha prestado en misiones especiales?

—Le he dicho que nadie del Centro ha mantenido relaciones con ese señor.

Por el contrario, hasta el senador norteamericano Alan Cranston tiene la sospecha de que Manglano le ha estado protegiendo, y ha llegado a preguntar al procurador general de los Estados Unidos sobre su relación con el traficante de armas.

La tempestad que gravitaba sobre su cabeza no le hizo pensar al sirio que corriera peligro alguno en su habitual santuario español, donde siempre se había movido con entera libertad. Desconocía que las buenas relaciones primorosamente cultivadas en la playa de moda no le servirían de nada cuando el superjuez Baltasar Garzón apareció en su vida, vinculándole abiertamente con las mafias gallegas del narcotráfico. Encerrado en su despacho de la Audiencia Nacional, tozudo, independiente y juramentado contra los grandes malos que operan con libertad en la sociedad española, decidió a principios de 1992 acabar de una vez por todas con los impunes negocios de Al Kassar. Ordenó a la Policía que le detuvieran y terminó molestándose con ella cuando comenzó a invadirle el temor de que se repitiera el caso de Georges Mendaille. Este mercenario vinculado al caso GAL tenía una orden de busca y captura desde hacía meses y se sabía que residía en España, pero no fue detenido hasta que su paradero apareció publicado en la prensa. Con el traficante de armas estaba ocurriendo tres cuartos de lo mismo: transcurrían los meses y seguía moviéndose a su entera libertad por España, entrando y saliendo a su antojo con inamovible rictus de tranquilidad campechanota. ¡Qué rostro! Su presunta participación en la voladura de la embajada israelí en Argentina fue más de lo que Garzón pudo aguantar. Poco tiempo después, la Brigada de Información Exterior de la Policía le comunicó que estaba prevista la llegada del traficante a Barajas el 3 de junio de 1992. Estaba claro que la Policía había decidido dejar de arroparle, aunque el CESID mantenía su postura de discreto apoyo. Por cauces subterráneos le hicieron llegar a Garzón su oposición clara a la detención:

—Es mejor seguirle y acumular información para disponer de más pruebas contra él. Si se le detiene ahora, tendrá que soltarle en poco tiempo.

El juez no hizo caso de la recomendación y ordenó a la Policía que actuara de inmediato, lo que los hombres de Manglano evidentemente no lograron impedir. Cuando el 3 de junio, al pasar el control de pasaportes, Al Kassar detectó la presencia de varios policías, lo último que podía imaginarse es que su intención fuera esposarle y trasladarle a prisión, pero se llevó un chasco supino. De cualquier forma, ya hablaría con sus amigos espías de la Cuesta de las Perdices y les pediría explicaciones. Las acusaciones de Garzón no parecieron inicialmente demasiado importantes ni concluyentes, pero de hecho tuvo entre rejas durante muchos meses a uno de los grandes reyes de Marbella.

Un tercer personaje siniestro que ha actuado desde la localidad malagueña ha sido el más famoso y popular traficante de armas del mundo, Adnan Kashogui. Su vinculación sentimental y folklórica con Marbella, rayando ya en lo populachero, se la explicó abiertamente al periodista Jesús Cacho en su primera entrevista a un medio de comunicación español tras permanecer en 1990 varios meses encarcelado en los Estados Unidos:[3]

—¿Qué sería de Marbella sin Adnan Kashogui?

—Me han dicho que el verano pasado fue el peor en mucho tiempo en Marbella, así que a lo mejor este verano me acerco por allí para montar alguna que otra *big* fiesta.

—… De todas formas, supongo que los nuevos vientos de distensión, el fin de la guerra fría y todo lo demás no son buenos para los traficantes de armas. ¿Qué podrá hacer usted en el futuro?

—He de decirle una cosa de entrada. Mi negocio no es la venta de armas.

—¡Qué me dice!

—Lo que oye. La intermediación en la venta de equipo militar ha sido una parte muy pequeña de mis negocios.

Amparándose en su trabajo como intermediario para el Gobierno español en la venta de armas a países como Egipto a través de la empresa Alkantara, cuyas acciones compartía con el INI, dispuso de libertad de movimiento para sus «otros negocios». Las relaciones del Centro con Kashogui nunca han sido tan buenas como con los traficantes sirios. El magnate árabe siempre ha estado más interesado en los negocios y menos en la influencia política, por lo que no fue muy dócil para la colaboración. De hecho, cuando la CIA norteamericana decidió darle caza, solicitó la ayuda del servicio secreto español, que colaboró esta vez sin reparos en el riguroso control de sus actividades. Eso sí, con la discreción necesaria para no estropear las relaciones que Kashogui mantiene con algunos grandes hombres del Gobierno español cercanos a Felipe González.

Notas

1. Conferencia pronunciada el 28 de agosto de 1991 por Emilio Alonso Manglano en el cierre del curso que sobre espionaje se celebró en la Universidad de Verano de la Complutense.

2. Rafael Gómez Parra, en los números del 23 de septiembre y del 7 de octubre de 1987 del semanario *Interviú*, desveló diversos aspectos de la protección que el CESID ofrecía a Rifat el Assad.

3. Jesús Cacho, «Adnan Kashogui: El Assir y Enrique Sarasola echaron a perder mis negocios en España». *El Mundo*, 14 de mayo de 1990.

6

Contrainteligencia e inteligencia exterior

Seguir el rastro de una cumbre mundial de espías fue una experiencia apasionante. Los sentimientos que esta tarea despertó en mí fueron reflejados perfectamente por el periodista Manuel Leguineche cuando manifestó que «esta profesión es tan atractiva que en el momento más inesperado y por azar puedes encontrarte con una buena historia». Es práctica habitual que representantes de los servicios secretos se reúnan en cualquier país del mundo para debatir asuntos concretos de la situación mundial y el espionaje, como hacen, por ejemplo, los médicos especialistas en corazón. Pero, mientras de todos es conocida la popularidad que rodea a los congresos sobre cirugía cardiovascular, en el caso de los espías, como es natural en una profesión que se mueve en las sombras, nunca nadie tiene noticia de sus peculiares concentraciones. Sin embargo, hubo una excepción, una ocasión en la que algo les falló: el encuentro celebrado entre el 4 y el 8 de mayo de 1991 en Granada. El organizador fue el director del CESID y asistieron destacadísimos representantes de las agencias de espionaje de los Estados Unidos, Gran Bretaña, Italia, Francia, Alemania y Canadá.

Todo se había organizado, como siempre, con el mayor de los sigilos para evitar intromisiones desagradables, pero un guardia civil indiscreto le fue con el cuento a la prensa local. La noticia apareció en forma escueta y poco explícita (en realidad solo se hablaba de que se había celebrado en la ciudad andaluza), por lo que el tema quedó abierto y, a las tres semanas, me encontré en Granada con mi amigo fotógrafo Pedro Corro. Previamente había telefoneado a Juan Sendra, el director del hotel La Bobadilla, el más lujoso, exclusivista y apartado de la zona, ubicado en paradisiacos parajes y en el que, por sus especiales características, Pepe Oneto sospechaba que podría haber tenido lugar el encuentro secreto.

—Lo siento, pero esa reunión no se ha celebrado aquí.

Fue una respuesta tan tajante como desmoralizadora, que cerraba puertas, pero como estábamos sobre la única pista de que disponíamos decidimos seguirla hasta que tuviéramos algo mejor. Pidiéndole que, al menos, nos dejara fotografiar «su magnífico hotel», accedió a recibirnos al día siguiente. Lo que vimos fue más que una bonita residencia para la clase alta. Era una visión deslumbrante de un mundo diseñado para unos pocos elegidos en las afueras de Granada. Lujo babilónico en cada cuidado rincón, elegancia prohibitiva para la mayor parte de los humanos, una amplitud pensada para los multimillonarios cuyos pensamientos habitualmente permanecen encerrados en salas de reuniones, entretenimientos que desbordan cualquier imaginación, comida de cinco tenedores a prueba de los mejores *gourmets* y un servicio reducido pero de primera categoría. Todo envuelto en un paisaje natural más extenso que Gibraltar, con posibilidad de practicar cualquier tipo de deporte y, ante todo, de cazar a lo largo de los 365 días del año. Desde el primer momento tuve el presentimiento de que el olfato de mi director nos había colocado en la pista acertada, aunque no tenía ninguna prueba que me avalara, y eso en periodismo es como tener las manos vacías.

Sendra era el típico ejecutivo eficiente con inequívoco acento catalán y mucho carácter, volcado cada minuto de su trabajo en hacer la vida más placentera a sus distinguidos clientes. Estaba orgulloso del boato que le rodeaba y mostraba clarísimos sentimientos de prepotencia con respecto al resto de los hoteles españoles. Ninguno tenía la suficiente categoría y, decididamente, no merecían la más mínima atención. Encerrado en una selecta indumentaria hostelera que le proporcionaba enorme seguridad, nos recibió con una lógica desconfianza, pero sin perder el control ni las exquisitas maneras:

—Ya le comenté por teléfono que aquí no ha habido ninguna reunión de esa entidad que usted dice.

Satisfechísimo de la publicidad que iba a obtener y tras endosarnos los folletos de rigor en los que con gran orgullo figura destacadamente el nombre del Rey como uno de sus habituales visitantes, le encargó cortésmente a un recepcionista italiano, joven y parlanchín, que nos mostrara las distintas dependencias del hotel para que Corro hiciera su reportaje fotográfico. Él tenía que dejarnos para dar la bienvenida al popular periodista deportivo José María García, que acababa de llegar para descansar unos días tras la última paliza de la Vuelta Ciclista a España.

Mientras paseamos tranquilamente analizo con detenimiento a nuestro simpático y dicharachero guía italiano, a quien quizá sentaría mejor trabajar de gondolero en Venecia, impidiendo con su interminable y fogosa conversación los arrumacos de las parejas de enamorados. De manera intencionada, le formulo preguntas que le hacen sentirse prácticamente como el multimillonario propietario de un hotel cuya habitación más asequible, si es que puede catalogarse así, cuesta 35.000 pesetas la noche. No es capaz de permanecer indiferente a mis halagos y se hace el interesante:

—Aquí viene gente muy importante, que todos los días aparece en los periódicos, pero no le puedo decir sus nombres.

—Me lo imagino —le respondo distraído, sin dar importancia al tema—. ¿Qué hace un italiano tan apto para las relaciones públicas en Granada?

Comienza de nuevo a hablar y no para durante la hora que tardamos en recorrer el hotel. Sus sueños de hombre bueno, la colección de los números uno de periódicos que guarda por si algún día valen millones y el encantador clima de Andalucía. Poco a poco, posiblemente sin reparar en ello, se va sintiendo cómodo y empieza a verme como a un colega.

—¿A que no sabe quién es esa mujer negra? —me reta de repente, sin poder reprimir la necesidad de darse nuevamente importancia.

No tengo la más mínima idea y en ese momento es lo último que me apetecería saber. Necesito confirmar que hace unos días se celebró en Granada una reunión de espías y el tiempo pasa y no he conseguido nada. No obstante, no me queda otra opción que mostrarme interesado.

—¿Quién es?

—No se lo puedo decir —responde orgulloso por su nuevamente probada fidelidad a la empresa que le paga cada mes su sueldo.

Es el momento, mi momento. La visita por el hotel está llegando a su punto final. Hemos visitado el coqueto restaurante, las impresionantes saunas, varios tipos de habitaciones a cual más suntuosa, la sala de reuniones más bonita que he visto en mi vida y hasta un cobertizo. Ahora o nunca. De mi carpeta saco una foto tamaño folio de Emilio Alonso Manglano que había preparado en Madrid por si se presentaba la ocasión de mostrar su rostro a alguien para que lo identificara.

—¿A que no sabes quién es este? —le espeto siguiendo su anterior juego, sin aparentar que en ello me estoy jugando que haya o no reportaje.

—Claro que sí, yo le he visto aquí —responde inocentemente.

Contengo mi alegría y arriesgo un poco más. Le enseño una segunda fotografía perteneciente a Juan Perote Pellón, el jefe de Apoyo Operativo. No sé si estuvo en la cumbre de espías, pero mi instinto me dice que, si fue un encuentro importante, Manglano debió llevarle.

—A este también —añade el italiano—, ha estado aquí hace poco.

Ya tengo la información que necesitaba. No me puedo reprimir por más tiempo y le cuento que son dos importantes agentes del servicio secreto. Enmudece como si le hubiera mentado al demonio y de pronto asegura que no les ha visto en su vida y que durante la reunión de la que le hablo él estaba de vacaciones.

Nuevamente vuelvo a hablar con Sendra momentos antes de abandonar su capricho de hotel. Niega una vez más sin inmutarse la existencia de una reunión de espías en La Bobadilla. Le enseño las fotos, pero no reconoce a los personajes retratados, y lo peor es que parece convencido de ello. Le recito los nombres, pero no le suenan de nada. Insisto y decide arriesgadamente convencerme preguntándole al administrador, el señor Izquierdo.

—Claro que le conozco, estuvo aquí hace tres semanas —comenta al ver la foto del jefe de A.O.

—Se llama Juan Perote —añado rápidamente.

—Sí, estoy seguro, estuvo residiendo aquí —responde de nuevo, orgulloso de su excelente memoria.

Con gesto rápido levanta la cabeza y, paralizado, se fija en su jefe. Sendra le está ametrallando con la mirada. Izquierdo siente las decenas de impactos mortales en su desprotegido cuerpo y las palabras se le traban en la boca.

—¿Co… cómo se escribe Perote?, porque a lo mejor me estoy equivocando de sujeto.

En el camino de regreso a la ciudad, paramos en Foto Cerdá. Antes de visitar La Bobadilla, Corro había tenido la iniciativa de telefonear a todas las tiendas de fotografía de la zona para localizar a los que tenían la contrata del hotel. Me acerco al dueño con mi mejor expresión de despiste.

—Trabajo para el Ministerio de Defensa y mi jefe, que asistió a una reunión en el hotel La Bobabilla hace tres semanas, me ha pedido que consiga copias de las fotos que les hicieron.

Duda de lo que le digo, tal vez desconfía. Piensa un momento y luego añade con seguridad:

—Ya me acuerdo. Había varios extranjeros y yo estuve un día fotografiándoles. Pero, lo siento, no puedo ayudarle. Hace unos días el señor Izquierdo, del hotel, me dijo que le enviara los negativos, porque las personas a las que fotografié eran muy importantes y podía ser peligroso que sus fotos estuvieran en mi poder.

Hasta en las más secretas cumbres de espías quedan cabos sueltos. Creían haber borrado todas las pistas, pero, imprevisiblemente, en el reservado y exclusivísimo hotel se habían ido de la lengua.

Espías españoles en los cinco continentes

El capitán Cassinello, hijo del prestigiosísimo teniente general ya retirado, que tanto aportó a la lucha contra el terrorismo de ETA y que provisionalmente dirigió el Seced que fundara el almirante Carrero Blanco en la época de Franco, no podía creerse a finales de 1992 que la pesada soledad que había presidido su estancia en Yugoslavia desde hacía varios años como antena del CESID, y que tantos problemas le había originado al estar el país envuelto en violentos enfrentamientos que desembocaron finalmente en una guerra civil, se hubiera trastocado hasta el punto de verse acompañado por diez agentes de La Casa enviados por Manglano.

Fue en agosto de ese año cuando el Gobierno español decidió acudir a una llamada de la ONU para formar parte de una fuerza multinacional encargada de proteger la distribución de la ayuda humanitaria a la población civil atrapada por la guerra. Era la primera vez que el Ejército mandaba una unidad a suelo extranjero y también, por lo tanto, la primera vez que el CESID debía acometer una misión de información sobre los peligros reales que gravitaban sobre la vida de los militares. Cuando a principios de noviembre los primeros 741 legionarios llegaron a la extinta Yugoslavia, el Centro contaba en la zona con un número de agentes operativos mayor que en cualquier otro país del mundo. Cassinello, como conocedor profundo del país, coordinó al grupo de espías en la labor de obtener información sobre las intenciones de bosnios y serbios y saber en todo momento con antelación si alguno de los bandos tenía previsto lanzar un ataque a los convoyes protegidos por los *legías*. Además, vigilaron que los legionarios cumplieran a rajatabla algunas, quizá ridículas, pero no por ello inconvenientes, medidas de precaución («ni se os ocurra piropear o intentar abordar a una mujer musulmana»). Resultaba sencillamente necesario adoptar este tipo de prevenciones para evitar provocaciones que pudieran acarrear víctimas estúpida e innecesariamente.

La experiencia y el gran valor de Cassinello adquirieron una importancia impagable para la seguridad de las fuerzas españolas. Su designación en 1986 para ocupar el puesto en Belgrado supuso una importante revolución en el Centro, porque se rompía un viejo telón, físicamente inexistente pero muy consolidado en la mentalidad de La Casa. Ya no había fronteras que les impidieran actuar para obtener de primera mano la información secreta que el Gobierno necesitaba para adoptar sus decisiones de política exterior. No se trataba de llenar de espías españoles todo el mundo, pero sí de disponer de representantes en cualquier país en el que España tuviera algún tipo de interés. Al principio solo pudieron mandar a Cassinello a Yugoslavia, acompañado por su mujer, funcionaria del Ministerio de Defensa que le ayudó desde el primer momento en todo lo que estuvo en su mano, principalmente en tareas burocráticas. Cuando a mediados de 1992 le enviaron refuerzos comenzó a respirar tranquilo tras una etapa en solitario que se le hizo sin duda apasionante, pero también exageradamente dura. Se jugó la vida en varias ocasiones pasando del territorio ocupado por los bosnios a la zona serbia o viceversa, siempre buscando la información de primera mano sobre la guerra que aportara datos vitales al presidente del Gobierno para adoptar sus complicadas decisiones sobre el conflicto balcánico. Pagó por la información, debió dormir a la intemperie, intercambió datos con los representantes de otros servicios de inteligencia y abrió fuentes impresentables, pero muy útiles, entre contendientes de ambos lados. Todo un sobresaliente ganado a pulso.

El envío de Cassinello a la todavía unida Yugoslavia es un éxito que hay que apuntar en la hoja de servicio de Florentino Ruiz Platero, jefe en aquel momento de la División de Inteligencia Exterior e impulsor de la red exterior del CESID tal y como funciona en la actualidad. Los primeros tiempos en Inteligencia Exterior de un militar que años después no consiguió alcanzar el generalato fueron bastante duros. Notaba que los pensamientos del director estaban centrados en otras divisiones más que en la suya, que todo lo que fueran medios humanos y materiales contra el golpismo contaba con el apoyo de Manglano e incluso que los de Contrainteligencia obtenían todo lo que les daba la gana para evitar que los servicios secretos extranjeros usaran nuestro país como paraíso para sus actividades ilícitas. En cambio, él veía reducida a la mínima expresión su ambición por conseguir una sección operativa que ofreciera resultados realmente útiles a las demandas del Gobierno. En 1985, después de una larga y pesada espera, recibió finalmente la tan ansiada noticia:

—Hemos decidido acometer cambios en el despliegue de

delegaciones en el exterior —le dijo un Manglano consciente de la satisfacción que producirían sus palabras en el jefe de división.

—Me parece estupendo. Es algo que necesitamos urgentemente.

—Tenemos que dar los primeros pasos del plan que preparaste hace tiempo. Todavía no tenemos los medios necesarios para hacer lo que nos gustaría, pero hay que potenciar el mayor número posible de las estaciones que tenemos en el extranjero.

—Creo que, como ya habíamos hablado, debemos empezar por los países del Pacto de Varsovia.

Efectivamente, muchos meses antes, Florentino Ruiz había elaborado un extenso informe en el que analizaba en detalle el estado de su despliegue exterior y los cambios que se debían introducir para hacerlo plenamente operativo. En aquel momento, el jefe de la División tenía distribuidos a sus agentes en cinco áreas (coincidentes con las de la Contrainteligencia) que agrupaban el mundo en zonas geográficas bien definidas: Magreb, países del Este, países occidentales, Iberoamérica y países árabes.

Por razones obvias, las naciones del Magreb cuentan con la mayor presencia de espías, lo que no se corresponde con los flojos resultados que presentan ante los graves acontecimientos que allí están teniendo lugar y que afectan directamente a España. Exceptuando algunas individualidades de gran valor de las redes de Marruecos y Mauritania, Ruiz Platero verdaderamente no sabe qué hacer con el resto de agentes y países. Una de sus mejores fuentes en el reino alauita es el coronel Zarandieta, profesor de equitación de los pulidísimos hijos de Hassan II y familiar de Julio Feo, por entonces secretario del presidente Felipe González. En Mauritania destaca la labor de un noble, el comandante A. de la I., cuyo trabajo es muy positivo, sobre todo teniendo en cuenta los primitivos medios de que dispone.

En Argelia y Libia la situación está bajo mínimos. Al frente de la primera estación estuvo el teniente coronel José Sáinz de la Peña, un hombre capaz, profundo conocedor de los problemas del país, cuyos fuertes enfrentamientos con Emilio

Alonso Manglano le conducirían años más tarde, de manera irremediable, a abandonar el Centro. El problema en Argel es que la situación estaba y está controlada por la SDECE francesa, que ha introducido sus codiciosos tentáculos en el servicio secreto argelino y ejerce tal control sobre la situación que no permite que nadie, y menos que nadie España, adquiera importancia en la zona.

El gran fallo de la «antena» en Argel, que les dejó cruelmente al descubierto, ocurrió el 26 de febrero de 1986. Ese día, en un extraño accidente de tráfico, perdió la vida el entonces máximo dirigente de ETA Txomin Iturbe, el hombre sobre el que el Centro debía realizar el mayor seguimiento en ese momento. Sin embargo, Manglano se enteró por una llamada del ministro de Defensa, Narcís Serra.

—General, el presidente quiere datos sobre la muerte del etarra Iturbe en Argelia.

—¿Quién se lo ha dicho? —fue lo único que se le ocurrió decir al director.

—La Embajada ha pasado un télex a Exteriores y además se lo ha contado el ministro del Interior.

—No me han comunicado nada… No puedo explicármelo… Es un fallo imperdonable… Voy a investigar inmediatamente.

En la convulsa Libia, evangelista de la fobia antioccidental, Ruiz Platero tenía en ese momento un tema todavía más complicado. Un desatado e inconsciente Gadafi amenazaba ya a Occidente en 1981: «Estamos preparados para enfrentarnos a los Estados Unidos y a todos sus cegados sicarios. Lo mismo da que esto desencadene la tercera guerra mundial».[1]

En 1986, el presidente norteamericano Ronald Reagan acusó a Gadafi de ser un terrorista y de convertir su país en un santuario del crimen organizado a gran escala. Su delegado en el Consejo de Seguridad de la ONU fue claro tras el asesinato de varios de sus militares en una conocida discoteca de Berlín Oeste: «La responsabilidad del régimen de Gadafi solo puede medirse en términos de organización, instigación, ayuda o participación directa en el terrorismo».

La hostilidad del régimen libio contra Occidente era muy fuerte, y no existía una mínima red de espías españoles para hacer frente a las necesidades informativas del Gobierno. Para colmo de males, el jefe de estación y único hombre del Centro allí destacado, Juan Martínez Drissen, fue expulsado en mayo de 1986, tras el bombardeo norteamericano sobre Trípoli. Los hombres de Muamar al-Gadafi, que le tenían perfectamente identificado, actuaron contundentemente y no se anduvieron con miramientos: le dieron diez días para abandonar el país. En cuanto Manglano tuvo conocimiento del incidente, le llamó personalmente por teléfono.

—Juan —le dijo en tono autoritario—, ¿qué ha pasado?

—Una represalia, director. Como hemos ayudado a los norteamericanos en el bombardeo, solo les queda responder adoptando medidas como esta. Puedo apurar al máximo, si quiere.

—Ni hablar —le cortó en seco—. Regresa inmediatamente a España. Esta nos la pagan los libios.

Y dicho y hecho. A partir de entonces el CESID no tuvo reparo alguno a la hora de proponer la expulsión de agentes libios de España siempre que obraran en su poder pruebas de que se encontraban realizando actividades que no concordaban precisamente con sus quehaceres diplomáticos.

En 1985, a Florentino Ruiz no le preocupaba prioritariamente la situación de las estaciones en los países occidentales. La actividad de esas estaciones se desarrollaba dentro de los cauces normales, y todas contaban con representantes legales. Un agente de este tipo, habitualmente con estatus diplomático, vive en Londres, París o Washington y despacha periódicamente con un contacto oficial que tiene asignado en la ciudad. En el informe de Ruiz sobre la situación del despliegue había varias anotaciones, pero solo una urgente: varios jefes de estación no daban la talla que debía tener un embajador del Centro, básicamente discreción y eficacia.

Los países árabes en esas fechas estaban conscientemente descuidados por Florentino Ruiz, aunque desde luego no por voluntad propia. Sin medios y carente de agentes válidos con conocimiento de los idiomas nativos, estaba obligado a aceptar que la información valiosa que llegase a España sobre lo que pasase en Irak o Arabia Saudí fuese por cauces diplomáticos o políticos. Pero nada más.

La situación en Iberoamérica era algo mejor, pero distante

de lo que nuestros históricos lazos con aquellos países hacían aconsejable. La red era operativa, pero claramente insuficiente ante la creciente necesidad de información sobre los movimientos guerrilleros y democráticos que se estaban produciendo en la zona. La facilidad de introducir agentes, por las características comunes de los pueblos, hacía más llano el trabajo, pero el jefe de la división sabía que era necesario recorrer un largo camino para alcanzar el punto óptimo.

En los países del Este la representación era casi nula. Las tradicionales relaciones de desconfianza establecidas durante la dictadura de Franco perduraban, pero no por mucho tiempo. Fue precisamente con los difíciles y herméticos países del telón de acero con los que ordenó Manglano que se comenzasen a ejecutar sus sueños de expansión mundial. Si finalmente lo conseguía y obtenía resultados durante la apertura política que se intuía en la zona tras la llegada de Gorbachov a la presidencia de la Unión Soviética, convertiría al CESID en la mini-CIA española, a la que tanto se oponía el Ministerio del Interior por razones de simple competencia entre servicios de inteligencia.

Y por fin, con el visto bueno del director para su expansión, aún con aquella deprimente situación exterior sobre sus espaldas, Florentino Ruiz empezó a dar los primeros pasos para montar lo que ahora es la red exterior del espionaje español. La primera iniciativa, tal y como le habían ordenado, fue dirigida a los países del bloque comunista. Además del ya citado Cassinello en Yugoslavia, envió a Rumanía a otro joven militar, hijo de otro conocido espía, y a una intrépida mujer a una estación tan trascendente como la URSS. La operatividad, en este último caso muy relacionada con el conocimiento del idioma, sirvió para superar de manera definitiva los desfasados prejuicios de un servicio tradicionalmente machista, al que no gustaba otorgar determinadas responsabilidades al supuesto sexo débil.

También se reforzó el norte de África con la presencia de más hombres, los cuales estaban mejor preparados, y se diversificaron las estaciones en varias ciudades, sobre todo de Marruecos, hasta ese momento desatendidas. Ahora, con más recursos económicos disponibles, contratar colaboradores o informadores era una tarea mucho más sencilla.

En los países árabes se hizo una primera y cuidadosa selección de destinos, teniendo en cuenta los intereses políticos y económicos españoles y las zonas de conflicto en que directa o indirectamente nos podríamos ver involucrados. De hecho, durante la cruenta guerra irano-iraquí, con la consecuente y progresiva peligrosidad de la navegación de nuestros petroleros por aguas del Golfo Pérsico, o en medio de la creciente amenaza de expansión del fundamentalismo islámico, la información facilitada por el Centro fue muy valorada por el Gobierno español. La inevitable limitación de medios hizo, no obstante, que en el conflicto internacional con Irak en 1991, tras la expansionista invasión de Kuwait ordenada por Sadam Husein, los servicios españoles necesitaran la impagable colaboración de la CIA norteamericana, más implicada en la guerra y con un despliegue de medios sin precedentes en la historia.

Iberoamérica vivió, y lo sigue haciendo, una época dorada. Utilizando el concepto de «hermano mayor» que tanto facilitan las relaciones diplomáticas con esa región, el CESID ha ido penetrando en las más ocultas capas de aquellas deprimidas sociedades. Sus pantallas se han hecho más numerosas e importantes y sus agentes realizan para los gobiernos locales trabajos que requieren un alto nivel de confianza. Es el caso de Juan M., actual delegado del Centro en Chile. Todos en la Embajada española le conocen perfectamente y sospechan cuáles son sus actividades secretas, pero oficialmente solo saben que allí donde decide ir se le abren las más inaccesibles puertas. En mayo de 1991, los policías chilenos descubrieron micrófonos ocultos en el palacio de la Moneda. Las sospechas recayeron en elementos fascistas, seguidores del general Augusto Pinochet, que se sabía estaban infiltrados en el tejido funcionarial. El ministro del Interior, Enrique Krauss, puso la investigación en manos de Juan M., a sabiendas de que la delicada misión exigía descubrir una trama negra cuyo contenido podría resultar escalofriante. Fue una tarea ardua y compleja que puso en tela de juicio en general a la sociedad chilena y que acabó demostrando la absoluta preponderancia del CESID en el país hispano.

Otras naciones de la zona han solicitado a los hombres de la División de Inteligencia Exterior una ayuda similar debido al recelo que guardan con respecto a sus propios espías, que no hace muchos años trabajaron a las órdenes de sanguinarios dictadores militares. Velasco, el jefe del espionaje de Carlos Menem, rubricó en 1992 un acuerdo con La Casa para intercambio de información y para la formación de agentes argentinos por personal español. La perfecta relación hispano-argentina en temas de inteligencia es debida en gran medida a la silenciosa labor de Hugo Anzorregui, el jefe de estación del servicio secreto argentino en España. Tiene la típica imagen del *playboy* distinguido. Sin rasgos significativos, es atractivo e interesante. Siempre lleva chaqueta cruzada, a las últimas tendencias de la moda, pañuelo al cuello y esa típica camisa de rayas que ha llegado a hacer las delicias de los ejecutivos del país. Uno de sus característicos aditamentos es la pipa, que le acompaña allí donde va. Cualquier persona que visita la residencia del embajador le encontrará paseando despistadamente, con ademán pensativo y ausente. Sus relaciones con La Casa son las mejores de entre todos los espías hispanoamericanos.

Con el mismo fin, también tienen acuerdos de ayuda con el Centro Bolivia y otros países de la zona. Con El Salvador el tema es bastante más complicado. Tras la firma de la paz entre la guerrilla y el Gobierno, la presencia del Centro era más bien escasa, aunque tenía agentes infiltrados en los dos bandos. Después, varios de sus hombres fueron incluidos entre el personal del Ejército, de la Policía y la Guardia Civil que se desplazó allí para garantizar el respeto al alto el fuego y los derechos humanos.

Para acometer las nuevas misiones que la salida al mundo de España exigía, Florentino Ruiz dotó a sus agentes de las tapaderas necesarias para ocultar su personalidad con las mayores garantías de seguridad posibles. Los destinados a países conflictivos, con los que España no mantiene precisamente buenas relaciones, utilizan siempre la vía diplomática. Es decir, el Ministerio de Asuntos Exteriores les nombra agregados culturales o comerciales, puestos en los que no es exigible la carrera diplomática. En esos peligrosos países de destino suelen sospechar de ellos, pero no les importa lo más mínimo. De lo que se trata es de ofrecerles una cobertura suficiente que evite su detención si son descubiertos durante el cumplimiento de su arriesgado trabajo y que, incluso, impida que sus enemigos «les hagan desaparecer» para demostrar hasta dónde llega su venganza. En estos casos están, entre otros, los jefes de antena de Yugoslavia, Libia y la CEI.

Con los países amigos La Casa utiliza un cauce bien distinto basado en las relaciones de amistad. No es necesario que siempre vayan acreditados como diplomáticos, pero en el fondo es como si lo fueran. La inteligencia local les acredita automáticamente como delegados oficiales del CESID y a menudo (normalmente una vez a la semana) fijan reuniones para intercambiar información sobre temas de mutuo interés. En este supuesto se encuentran las antenas del Centro en Bélgica, los Estados Unidos o Israel. En todos estos casos, los países amigos reciben el mismo trato del CESID e instalan libremente sus delegaciones en Madrid, ya sea dentro de su embajada o en un edificio independiente conocido por el Centro.

Otros agentes de la División de Inteligencia Exterior que trabajan tanto en países amigos como enemigos ni tienen estatus diplomático ni relación legal con los servicios de inteligencia de cada país. Son «tapados» que basan el éxito de sus misiones en que nadie les conoce personalmente, y mucho menos la misión real que están desempeñando. Unos trabajan, por ejemplo, en una delegación exterior de Iberia y otros, amparándose en sus frecuentes viajes por motivos de trabajo, aparecen siempre en los países donde deben efectuar una investigación. Para evitar ser descubiertos utilizan siempre los servicios de una pequeña y desconocida agencia de viajes que les saca cualquier tipo de billetes. Normalmente viajan con su nombre verdadero si utilizan el tren, aunque si lo hacen en avión casi siempre van con identidad falsa. La mayor parte son militares aventureros entre los treinta y cinco y los cincuenta años. Les gusta el riesgo y conocen perfectamente el idioma del país de destino, bien porque lo han estudiado desde jóvenes o porque han realizado un curso especial en La Casa, con profesores nativos.

La Inteligencia Exterior tiene sus oficinas en la central de la carretera de La Coruña, donde se reciben, mediante unas potentísimas antenas, algunos de los mensajes cifrados de sus hombres dispersos por todos los rincones del planeta. Después de la de Economía y Tecnología, es la división que más informes realiza anualmente.

Después de varios años de sufrimientos y quebraderos de cabeza, Florentino Ruiz comenzó a hacer realidad su sueño de tener una red operativa digna en el mundo. Nunca será tan buena como la norteamericana, la francesa o la inglesa, pero tampoco tan mala como la marroquí o la portuguesa. El problema para él fue que tuvo que abandonar el puesto antes de ver sus planes a pleno rendimiento.

La contra: perseguir agentes enemigos

«Cuando sospechéis que hay en vuestro ejército alguno que da a conocer vuestros proyectos al enemigo, lo mejor que podéis hacer es valeros de su perfidia, comunicándole lo que no pensáis hacer y ocultándole lo que vais a realizar.» Esta frase de Maquiavelo es una de las que preside la actuación diaria de varios centenares de agentes del Centro cuya suma de esfuerzos persigue investigar, conocer y contrarrestar las actividades de los servicios de inteligencia de otros países sobre instituciones, personas e intereses de España.

Hasta febrero de 1993, la «Contra» (como cariñosamente llaman a la División de Contrainteligencia) estuvo dirigida con firmeza y alta rentabilidad por el coronel Vicente Lanz Muniáin, que fue catapultado al puesto por Manglano tras ganarse su total confianza y sincero aprecio personal en su anterior destino al frente de la Asesoría Jurídica. Es un hombre seguro de sus capacidades para el espionaje, fiel hasta la médula a sus superiores y con pocos escrúpulos, como rezan los principios exigibles a los mejores agentes secretos del mundo. Durante el juicio contra los golpistas del 23-F, con una habilidad firmemente asentada, se paseó día tras día por el acuartelamiento de Campamento donde se celebraban las sesiones con la misión de saber con el mayor detalle posible todo lo que allí se estaba cociendo y elaborar unos informes exhaustivos en los que registró encomiablemente hasta el último extremo conflictivo y que pocas horas después estaban sobre la mesa del ministro de Defensa, Alberto Oliart. En fin, las cualidades humanas y profesionales de este hombre, y sus regocijantes resultados en multitud de ocasiones, hicieron suspirar de alivio a las principales instituciones del Estado. Pero su gran actuación, la que le valió decididamente esos comedidos golpecitos de felicitación en la espalda (que por mucho que se empeñen de nada sirven para mover la marea de fondo que arrastra los aplausos y la admiración generalizada), tuvo lugar durante el juicio contra el comandante José María Santos, el agente que fue acusado nada más y nada menos que de vender información reservada sobre La Casa. Apareció de repente, por sorpresa, para asestar el golpe definitivo (y por ende doloroso) que no dejara dudas sobre la culpabilidad de su antiguo compañero. Estuvo frío, con apariencia tranquila y terriblemente seguro en cada palabra acusatoria que pronunciaba, ofreciendo una imagen sobria de la institución que representaba, al tiempo que se tragaba la horrible procesión interna que le corroía las entrañas.

—Nos ha hecho un agujero tremendo y tuvimos que abrir una investigación para poder detectar el daño irreversible que por desgracia nos había causado.

Puede que fuera mera casualidad, pero pocos meses después fue designado para ocupar el mando de la Contrainteligencia. Mientras mandó la Contra, su espléndido despacho estuvo en la carretera de La Coruña, como el de casi todos sus agentes, salto cualitativo importante teniendo en cuenta que antes de la construcción del macroedificio tenían sus sedes en sobrios y escasamente funcionales edificios ubicados en las céntricas calles madrileñas de Menéndez Pelayo y Narváez, por lo demás sobrados de solera y añejos metros cuadrados.

Los hombres que dirigiera Vicente Lanz realizan una actividad de contrainformación cuyo objetivo es la detección y neutralización de espías, así como de todas sus actividades. Cualquiera que se pasee por el ala de Contrainteligencia de la sede central de la Cuesta de las Perdices se quedará sorprendido al descubrir que, para cumplir esta arriesgada misión, desgraciadamente aferrada a la realidad cotidiana española, los despachos están repletos de mujeres con edades comprendidas entre los veinticinco y los treinta y cinco años. Una imagen que desbarata la idea que algunos todavía insisten en dar del CESID como un centro de espionaje militar.

Casi todas ellas han entrado a formar parte de La Casa en los últimos años. Son bonitas y llamativas, con cierta clase, llevan la minifalda como si se tratara de un atributo diseñado específicamente para ellas y hablan como mínimo otro idioma además del castellano. Si llevan un magnetofón escondido en la elegante cajetilla de Winston, nadie se entera, porque en realidad es lo último que cualquier mortal que departa con ellas durante una cómoda velada puede imaginarse. Todo está atado y muy bien atado.

Queca, puesto que así se la conoce, más que guapa resulta verdaderamente espléndida. Es el prototipo de agente de la Contra que La Casa utilizaría en una campaña de publicidad. Muchos la definirían simplemente como el estereotipo de una niña *pija*, y seguro que no le ha hecho falta leer el libro de Alfonso Ussía *Tratado de las buenas maneras* para manejarse tan bien como ella lo sabe hacer en cualquier ambiente. Está felizmente casada con un hombre poco celoso (mejor para él) y no tiene hijos a los que dedicar las pocas horas libres que le deja su peculiar trabajo. Con un tío militar que la avaló en su momento y sus buenas dotes de estudiante, no tuvo demasiados problemas para ingresar en el CESID. El contenido de su trabajo puede que no interese a sus amigos, que ni siquiera llegarán a abrigar algún día la más mínima sospecha sobre sus actividades, pero la forma en que lo realiza a buen seguro conseguiría apasionarles, desterrando su imagen de perfecta anfitriona en las reuniones y pañuelo de lágrimas de amistades mantenidas desde la edad escolar.

Diciendo que trabaja para la revista *Elle* o que es diseñadora de modas, asiste a las fiestas de las embajadas o entrevista a agregados culturales árabes sumamente interesantes para su trabajo. Eso sí, sus atractivos físicos, que tanto resaltan (y que encandilan a sus compañeros de trabajo y a cualquier otro con dos dedos de frente), los guarda celosamente para su vida privada. No los utiliza para conseguir información, aunque tampoco reniega del todo cuando dicha circunstancia le permite abrir puertas para entablar contacto con el hombre cuya amistad o acercamiento requiere el Centro en ese momento. De todas maneras, si a alguien se le ocurriera mencionarle que usara el sexo para conseguir éxitos en su trabajo, se negaría en redondo, porque tiene marcada una línea límite que por nada del mundo traspasaría. Es una cuestión de principio relacionada con la libertad personal de mantener relaciones humanas de cualquier tipo, pero, en todo caso, siempre dentro del marco de conducta elegido por la protagonista. Queca sabe perfectamente que si hubiera que usar armas especiales de mujer, aparecerían las queridas «conejitas», por lo demás compañeras, que trabajan para la División de Apoyo Operativo.[2]

Su estilo es el estilo del contraespionaje. Estar en la mayor parte de las deslumbrantes fiestas de embajadas, inscribirse en todas las asociaciones culturales o de apoyo a pueblos sojuzgados por algún tirano y tener amigos entre los cubanos ricos y los cubanos pobres y perseguidos. En definitiva, conocer al detalle cualquier actividad que inmediatamente, a corto, medio o largo plazo pueda afectar de manera directa o indirecta a la vida nacional.[3]

De igual forma, cualquiera que viera a Pilar E., alias «Ermoa», a altas horas de la madrugada en una conocida discoteca de Madrid bailando *rap* relajadamente con un grupo de amigos y junto a decenas de jóvenes, lo último que pensaría es que es una directiva de la Contra. Hija de los dueños de un conocido restaurante madrileño, sus padres también tienen la contrata de la cafetería del Centro en la carretera de La Coruña. A sus casi treinta años, alta y con muy buena figura, levanta los más encendidos comentarios de sus compañeros cuando pasa por su lado (reivindicación todavía machista con escasas posibilidades de apaciguamiento), y hasta los del propio Manglano. Además, su simpatía sobrada siempre le ha facilitado que en su trabajo sus interlocutores no reparen ni sospechen por lo más remoto del famoso «bocadillo» (receptor-transmisor) que lleva permanentemente escondido en el bolso de mano.

Lo primero que hace en cualquier misión es entablar contacto con el desconocido a quien le han señalado como fuente interesante. Puede aprovecharse de un encuentro casual o presentarse con toda espontaneidad ante él para requerir su ayuda profesional (puede muy bien ser un especialista en arte), pero el hecho es que tiene que ganarse su confianza. Si una vez que lo ha conseguido descubre que es un agente perteneciente a un servicio de inteligencia enemigo que en ese momento está efectuando una actividad sospechosa de atentar contra los intereses españoles, sus jefes deciden si entran en la fase de anulación o en la de explotación del agente.

Casi nunca el Centro suele optar por la anulación, pues su filosofía de trabajo es contraria a las expulsiones, dado que es preferible controlar a un espía conocido a que otro desconocido le sustituya en el puesto. Por esta razón, para que La Casa recomiende al Gobierno que un agente enemigo abandone España debe haber razones muy poderosas, casi siempre de índole política. Si, a pesar de todo, se decide la anulación, es necesario montar una operación especial con la finalidad de obtener pruebas que permitan proceder a la desarticulación de la trama. En el último momento, los agentes visibles de la acción serán miembros de los cuerpos y fuerzas de seguridad del Estado, pero nunca aparecerán agentes del CESID, dado que carecen de estatus policial.

Si se elige la vía de la explotación (lo más frecuente), el camino consiste en dejar que la actividad continúe, pero bajo la supervisión de La Casa y, si es posible, para su provecho. El control se obtiene por medio de la infiltración de agentes propios en la red o captando a un agente que pertenezca a ella. En algunos casos, cuando lo que se desea es conocer los movimientos de determinados grupos radicales a los que el Gobierno deja actuar en territorio español abiertamente, como es el caso de los grupos que se oponen al régimen guineano de Teodoro Obiang, lo más eficaz es presentarse a las claras ante su representante en España y proponerle algunas ayudas a cambio de información confidencial sobre sus actividades y las del dictador que combaten.

Lo curioso de la actividad de «Ermoa» y de sus compañeros es que en su labor de contraespionaje no solo están incluidos los países considerados peligrosos para los intereses de España, sino todos aquellos que oficialmente están en la lista de amigos, como Francia, los Estados Unidos o Portugal. Según palabras de un miembro de La Casa, «no hay servicios amigos o enemigos, solo hay otros servicios».

Satélites espía y centros de escucha en Almería y Ciudad Real

En Mauritania está destinado el comandante del CESID encargado de mantener relaciones con las fuerzas militares del Frente Polisario y de informar de cualquier movimiento irregular que realicen. Su trabajo es duro y arriesgado, pero su recio espíritu castrense le ayuda a soportar las inclemencias de un trabajo que no tiene nada que ver con los lujos y comodidades de que disfruta su compañero Manuel D., alias «Dardo», en Londres. Para transmitir mensajes a Madrid desde su clandestina base de operaciones situada en algún recóndito lugar de África no usa las tradicionales y seguras valijas diplomáticas. Nunca ha querido arriesgarse a que quedasen gratuitamente tras de sí pistas que pudieran dejarle al descubierto. Siempre que obra en su poder un mensaje urgente que enviar a sus jefes utiliza una radio especialmente preparada, que distorsiona las ondas en el momento de la emisión de manera que solo puedan ser captadas en Madrid gracias a un dispositivo de similares características que las hace audibles.

Manuel D., por su parte, además de confiar en la valija diplomática de la Embajada en Londres, dispone de un despacho, con secretaria pagada por el Centro, desde el que mantiene tranquilamente sus conversaciones telefónicas con Madrid, aunque para evitar las incondicionales escuchas utiliza un secráfono que distorsiona la voz. También ha instalado un moderno y potente ordenador desde el que, llegado el caso, puede comunicarse inmediatamente con la sede central. La confidencialidad de sus mensajes en este supuesto también está garantizada con sistemas antiescuchas de la última tecnología.

Entre el caso de Mauritania y el de Londres existen otros muchos que han requerido un profundo estudio para asegurar las relaciones del órgano central del espionaje español con sus sedes diseminadas en diversos puntos del mundo, o bien con los agentes enviados temporalmente para realizar misiones especiales. Con este fin, la última iniciativa de La Casa ha sido contratar los servicios de varios satélites de comunicaciones, para garantizar de un lado la máxima seguridad en las transmisiones y de otro para espiar, en las mejores condiciones y con un riesgo nulo, a los países catalogados como potenciales enemigos.

Desde 1988 el Centro tiene contratados con los consorcios Intelsat y Eutelsat varios canales de comunicación. El primero está controlado por los Estados Unidos, pero participan más de cien países. Dispone de tres satélites ubicados sobre el Pacífico, el Atlántico y el Índico que cubren casi todo el globo. El Eutelsat, de carácter europeo, tiene un radio de acción que va desde la Unión Soviética hasta el norte de África. Además de estos dos, el servicio secreto ha movido sus hilos para conseguir líneas en el Arabsat, que cubre toda la conflictiva zona del Golfo Pérsico. Los tres satélites facilitan las comunicaciones telefónicas y por ordenador.

También en el tema de las ondas, pero en sentido contrario, el CESID utiliza en España las instalaciones que Alemania e Italia construyeron hace ya muchos años para espiar a los enemigos de la OTAN. Se trata de realizar misiones tan dispares como la interceptación de transmisiones o el descubrimiento de movimientos extraños de barcos y aeronaves.

La más importante está situada en la localidad manchega de Manzanares. Fue levantada con dinero y medios alemanes en la década de los setenta, cuando todavía vivía Franco. El secreto dominó toda la operación, pero no solo por razones de contraespionaje, sino también por motivos políticos: una democracia como Alemania no podía verse implicada estratégicamente con una dictadura como la española.

A 190 kilómetros de Madrid, en una finca totalmente inaccesible, cercada por completo con vallas y protegida por efectivos de la Guardia Civil, lo único que se ve a la distancia permitida son las impresionantes antenas, similares a ojos y oídos potentísimos. Su misión era (y sigue siendo todavía) interceptar las comunicaciones que tenían lugar en la Unión Soviética y en el resto de los países del ya desaparecido telón de acero. El llamado Centro de Estudios de Propagación Radioeléctrica (¡vaya nombrecito!) es todavía hoy, veinticinco años después de su construcción, un secreto celosamente guardado. Nada se sabe de lo que albergan aquellos búnkeres subterráneos. Los diez militares alemanes y los más de veinte españoles viven en los pueblos de los alrededores, pero nunca han abierto la boca. Todos pertenecen a los servicios secretos de la reunificada Alemania o a los servicios de información del Ejército español.

La información que se obtiene en este centro es rebotada simultáneamente a la sede central de la OTAN en Bruselas, a Alemania y a España. Los agentes del CESID la envían a la División de Inteligencia Exterior, que se encarga de analizarla para distribuirla a continuación en dos sentidos: a sus agentes en el extranjero y al Estado Mayor Conjunto (EMACON). La estación del Centro en Moscú recibe los datos necesarios para desempeñar su trabajo, pero a sus miembros se les pide también que comprueben algunos extremos que no han quedado suficientemente claros. Al EMACON, principal órgano encargado de la información estratégica dentro de las Fuerzas Armadas, llegan estos datos, y sus responsables, si lo consideran oportuno, los transmitirán al jefe del Estado Mayor de la Defensa, quien, teniendo en cuenta la gravedad de los informes recibidos, puede hacerlos llegar inmediatamente al ministro.

En Almería está la otra base extranjera destinada al espionaje de los enemigos de la Alianza Atlántica. Está regentada por personal italiano y también cuenta con la presencia de miembros del servicio secreto español. Durante las veinticuatro horas del día, su principal misión es detectar los movimientos de los barcos y submarinos que se desplazan por el Mediterráneo. Además, controla las actividades militares de los países del norte de África, una zona de interés que España comparte con Italia.

Seguridad en exteriores y en las embajadas

Mucha preocupación por los satélites ultramodernos, pero los sistemas de seguridad en la década de los ochenta dibujaban una situación catastrófica. En 1985, José Luis Xifra, embajador de España en Moscú, disponía de varios cientos de metros cuadrados en la calle Natashi Hachnyevskoy, en la que fuera la casa solariega de la familia de la mujer de Pushkin. Sin embargo, cuando deseaba mantener una conversación con un visitante importante o departir e intercambiar intimidades con cualquier amigo, prefería recurrir al viejo truco del tranquilo paseo por el recoleto jardín familiar. Estaba seguro de que en la oficina comercial y en la Embajada había tantos micrófonos ocultos como cuadros pendían de las paredes. Así que, pisando la hierba fresca y respirando aquel aire húmedo y helador, solo los antepasados de Pushkin podrían escucharles.

En Londres, en una de las embajadas españolas más importantes, José Ignacio Puig de la Bellacasa no disponía ni de la tan traída y llevada trituradora de papeles, y por la noche guardaba la llave un simple policía de la zona; en Rabat, en lugar de entregársela a los poco fiables uniformados de Hassan II, la llave se la quedaba otra delegación extranjera y supuestamente amiga; y en Varsovia, el embajador Francisco Javier Villacieros no se sorprendió lo más mínimo cuando agentes del CESID, tras un barrido electrónico, encontraron la Delegación plagada de micrófonos.

En la sede central del Ministerio de Asuntos Exteriores, situada en la madrileña plaza de Santa Cruz, la situación era igual de caótica. Los pisos que varios servicios secretos habían comprado o alquilado en la zona eran centros donde se captaban con absoluta nitidez las más confidenciales conversaciones sobre la política internacional española.

El pretexto idóneo para acabar con la intolerable situación fue la presidencia española de la CEE durante el primer semestre de 1989. Había que garantizar, al margen de lo que costase, el secreto de las comunicaciones con Europa y hacer frente a un cincuenta por ciento más de correspondencia internacional. La dirección del plan corrió a cargo del Ministerio de Asuntos Exteriores, quien designó a José María Rodríguez Cordón, su oficial mayor, para tan complicada tarea. Los brazos ejecutores fueron el CESID de Emilio Alonso Manglano y la Brigada de Información de la Policía del comisario Alberto Elías. Los primeros asumirían básicamente sus competencias sobre las embajadas y los segundos sobre el ministerio, aunque trabajaron juntos en todo momento.

En 1990, el plan estaba concluido. Tiempo antes, los españoles habían asistido a un triste espectáculo de enfrentamiento entre los servicios de información militar y policial por conseguir el predominio en la operación. Además, de una forma mucho más discreta, los servicios de inteligencia extranjeros amigos y enemigos trataron de infiltrarse en la trama, a fin de hacer visibles las comunicaciones que se pretendía debían ser las más secretas de España. Como consecuencia de la batalla, en 1987 fue cesado Rodríguez Cordón, acusado de haber cobrado comisiones de empresas concesionarias, algo que más tarde no se pudo probar.

En la actualidad, las comunicaciones exteriores españolas están en su mayor parte garantizadas, aunque servicios secretos enemigos y otros supuestamente amigos siguen intentando penetrarlas, como es su deber. El CESID ganó la lucha a los policías, y su sección de Contrainteligencia es la que mayor control ejerce sobre dichas comunicaciones.

En la quinta planta del Ministerio de Asuntos Exteriores está instalado el centro supersecreto, al que no se puede acceder por los ascensores abiertos al público. Son seiscientos metros cuadrados, que albergan una compleja red de ordenadores, secráfonos, puertas de seguridad, cámaras Faraday y máquinas de cifrado y descifrado de mensajes. Dos agentes del CESID y un policía vigilaron durante la instalación de tan sofisticados aparatos que ninguna potencia extranjera colocara micrófonos, a pesar de lo cual periódicamente se realizan barridos en busca de «pequeños bichitos».

Cuando el ocasional visitante del palacio de Santa Cruz contempla la grandiosidad mal cuidada del edificio, los elegantes y despistados diplomáticos, el desorden existente en las plantas, los invariablemente fundidos flexos sobre las mesas del polvoriento archivo abierto al público y el viejo y descuidado mobiliario, difícilmente puede imaginarse que allí dentro, en algún lugar, existen las más modernas tecnologías.

En esa quinta planta de acceso absolutamente restringido tienen despacho los expertos en telecomunicaciones y los técnicos encargados de instalar los equipos en las embajadas y de comprobar con frecuencia su funcionamiento. Hay también varias salas donde se almacenan los secráfonos, cifras y telefax y otra donde se guardan los libros de claves mediante las cuales se relacionan las embajadas con el Ministerio y que diariamente son cambiadas. Dado que esos libros son el material más secreto existente, se exige para poder entrar la presencia de tres personas: el oficial mayor, el ingeniero jefe de telecomunicaciones y el jefe de la sección de Cifra. Si alguien intenta abrir esa caja fuerte, el material con que está diseñada no volverá a su posición original, por lo que los servicios de seguridad no tardarán en darse cuenta de la malintencionada manipulación.

Uno de los centros neurálgicos es el de las dos cámaras Faraday. Su función consiste en aislar del exterior los ordenadores, las cámaras descifradoras, los telefax, las emisoras de radio y los nudos de comunicación con la OTAN y la CE. Estas cámaras son habitaciones recubiertas por una malla que inutiliza todas las ondas que se producen en el interior, lo que evita que sean captadas desde fuera. Además, sus paredes están pintadas con una mezcla especial que el CESID siempre utiliza en todos sus edificios, capaz de aniquilar cualquier intento de pinchazo.

Entre puerta y puerta blindada también hay otra sala en la que una impresora láser fabrica los libros de claves para las embajadas. Muy cerca está el gabinete telegráfico, también llamado «malla negra», que permite mantener en contacto, en cualquier momento del día o de la noche, a decenas de altos cargos del Estado.

En la quinta planta, para beneficiarse de la máxima seguridad, también hay secciones encargadas de realizar un trabajo más abierto. Son secciones como la de recepción de mensajes no cifrados mediante télex o telefax, la de fotocopia (por si el ordenador central se avería) y la del servicio de guardia, que controla mediante circuito cerrado de televisión todo lo que allí sucede.

Para hacer más operativo este entramado, todos los altos cargos de Asuntos Exteriores disponen en su despacho de un ordenador para leer inmediatamente los mensajes transmitidos por las embajadas. Utilizando una clave personal e intransferible, acceden a esa valiosa información casi en el mismo momento en que se está produciendo, evitando el pesado sistema anterior de los sobres lacrados que un funcionario les repartía.

Si en Santa Cruz el avance en materia de seguridad ha sido literalmente impresionante, no hay palabras para definir el cambio producido en nuestras delegaciones en el extranjero. El Gobierno tuvo que invertir (todavía lo sigue haciendo) miles de millones para garantizar la privacidad en las conversaciones. Hasta hace solo unos años, el trabajo de contraespionaje resultaba estéril. Agentes del Centro viajaban a las embajadas y consulados, hacían cuidadosos barridos y quitaban los micrófonos que encontraban en su camino, pero a los pocos meses todo volvía a su cauce original. Sus informes eran claros: los países receptores utilizaban micrófonos direccionales, personal de servicio y cualquier método para enterarse de lo que allí se trataba.

Hoy, todas las embajadas importantes disponen de télex y cifra automático, lo que garantiza, sobre todo en países tercermundistas, un cierto secreto. Además, las conversaciones telefónicas que mantienen con Madrid las realizan mediante el secráfono, un aparato que distorsiona la voz y que solo permite escuchar lo que se dice cuando el destinatario usa otro modelo similar. Es increíble pensar que en 1987 había delegaciones españolas en el mundo que no disponían de este sistema.

La mayor parte de las embajadas (aproximadamente el setenta y cinco por ciento) utilizan también otros aparatos más sofisticados, como los télex-cifra. Cerca de veinte cuentan además con una emisora de radio que está integrada en la denominada «red de alta seguridad». Y todavía son menos las embajadas que disponen de una cámara Faraday que, como acabamos de señalar, sirve para aislar a las personas que deben transmitir mensajes y hace casi imposible el pinchazo. Una de ellas es la de la Embajada de la CEI, cuyo embajador, no obstante, sigue paseando por el jardín con sus amigos para dificultar las escuchas. Tomar café en la cámara Faraday es bastante engorroso.

Un detalle más. En las visitas a España de algunos embajadores y agregados, agentes de La Casa les citan para conversar con ellos. Quieren conocer detalles sobre lo que pasa en sus países y, en ciertas ocasiones, solicitan su apoyo para alguno de los hombres que operan en la clandestinidad. La verdad es que, excepto en raras excepciones, los espías españoles en el extranjero son muy bien tratados por el Cuerpo Diplomático. Entre otras cosas, porque varias decenas de agentes viajan ahora por el mundo con pasaporte diplomático.

Muy cerca del Consulado de Estados Unidos en Bilbao hay un piso regentado por dos agentes del CESID cuya misión es controlar los movimientos de los diplomáticos norteamericanos. Frente a la delegación libia en Madrid, desde una casa donde se contempla sin ningún problema la puerta de entrada, agentes del Centro fotografían a todos los visitantes. Son dos casos del más tradicional espionaje que la División de Contrainteligencia lleva a cabo sobre todos los ciudadanos extranjeros sospechosos de realizar en nuestro país acciones nada diplomáticas. Tanto el piso de Bilbao como el de Madrid llevan siendo empleados por el servicio desde hace más de quince años. La principal utilidad del ubicado en el País Vasco fue en su día controlar los contactos de los norteamericanos con los movimientos independentistas de Euskadi, mientras que la casa madrileña trataba de elaborar un fichero sobre algunas amistades peligrosas de Gadafi. Este tipo de control, que podríamos llamar visual, sigue utilizándose todavía, pero ahora las técnicas se han modernizado bastante.

Las delegaciones de muchos países del Tercer Mundo siguen siendo controladas por sistemas visuales, mediante pisos situados en las cercanías. Se sabe que no disponen de antimedidas electrónicas y que sus sistemas de autoprotección son escasos y antiguos, por lo que no se hace recaer en ellos el mayor esfuerzo del contraespionaje. Ahora bien, controlar las delegaciones de la antigua Unión Soviética o los Estados Unidos y saber a qué se dedica el embajador de Argelia, Mohamed Aberkane, requiere otros métodos.

Durante la década de los ochenta la Sección de Coberturas del Centro, cuyo principal pilar es la empresa tapadera Uzcalar, adquirió varias casas, utilizando como compradoras a sociedades especialmente montadas para cada operación. Personas de la vida civil accesibles y de probada fidelidad prestaban sus nombres para dar credibilidad a las nuevas sociedades. Ahí acababa su misión. No tenían que preocuparse de comprar las acciones (La Casa desembolsaba el dinero), ni de cobrar dividendos (no existían), ni de participar en los consejos de administración (cuando se requiere su firma, un motorista les lleva los papeles a casa).

Estas sociedades compran pisos que en los meses posteriores son convertidos en centros de escucha de los distintos objetivos que están en los alrededores. Todo se hace sin llamar la atención de los vecinos. Las obras, encargadas a personal del Servicio Militar de Construcciones, se realizan a plena luz del día. Los monos de trabajo, los horarios e incluso los lugares donde toman la copita de *sol y sombra* no llaman la atención, porque todo es igual que si fueran obreros civiles de Construcciones y Contratas.

El material necesario para realizar el espionaje es transportado durante la noche, cuando ni las parejas más audaces se besan ya por las calles. Si algún vecino sospecha, se le habla de una obra de adaptación encargada por los nuevos dueños. Todos se lo creen. Finalizado el trabajo, el piso es ocupado por los agentes designados para la misión, que durante las veinticuatro horas del día, en diversos turnos, tendrán en funcionamiento los aparatos visuales y de escucha.

Cuando los soviéticos decidieron cambiar su sede de la calle Maestro Ripoll, pegada al Estado Mayor de la Defensa, por un macroedificio de lujo zarista en la calle Velázquez, el Centro tuvo tiempo de montar una perfecta operación. Instalarían en las cercanías una base de control, que les sirviera también para vigilar a otras delegaciones instaladas en el centro de la ciudad.

Los especialistas del Centro compraron un piso semiderruido en la calle Rodríguez... y lo renovaron totalmente por dentro, manteniendo por fuera su horrible aspecto. Instalaron los equipos de escucha y cuando llegaron los rusos ellos ya estaban esperándoles. Ningún vecino sospecha que allí hay una antena del CESID y, aunque los servicios de seguridad de la Embajada saben que les están vigilando, desconocen cómo y desde dónde lo hacen. Los micrófonos direccionales y los ocultos en el interior de la Embajada pueden ser dos pistas a seguir, pero hay otras.

Otro de los chalets de espionaje de La Casa está situado en uno de los barrios más lujosos de Madrid, el de Puerta de Hierro. Allí viven muchos embajadores: Azeddine Guessous, de Marruecos; Serguei Romanovski, de la Federación Rusa; Nicholas Gordon Lennox, del Reino Unido; Rigoberto Enríquez Vera, de Venezuela; Banayotis Economou, de Grecia; Marian Renke, de Polonia; Mohamed N. Ibrahim, de Arabia Saudí; Manorama Phalla, de la India; Saed Ali Nowais, de los Emiratos Árabes Unidos; Mohamed Aberkane, de Argelia; Albert Guemuntsson, de Islandia; Myung Kwan Chang, de Corea; Mohamed Abu Lnasr, de Egipto; y Patrick Walshe, de Irlanda.

No muy lejos de sus residencias, en la larguísima avenida del Cardenal Herrera Oria, hay un pequeño chalet cuya apariencia externa no es precisamente discreta, dado que una enorme antena colocada en el techo hace fijar la mirada al despistado transeúnte. Desde aquí no se controlan únicamente los objetivos designados por la División de Contrainteligencia. También se coordinan las acciones de los agentes encargados de hacerse pasar por jardineros o criadas de los altos dignatarios extranjeros.

Muchas veces no se trata de conocer la información privilegiada que durante una cena cuentan los contertulios, sino de sonsacar el mayor número de detalles sobre la vida privada de esas personalidades. Si les gusta el whisky o prefieren el coñac francés y si tienen inclinaciones por las pelirrojas de trece años son a veces informaciones que en el futuro pueden ser de mucha utilidad para el Centro. En más de una ocasión, personal de segundo nivel de las embajadas ha sido chantajeado con la publicidad de algunas de sus «perversiones» si no accedía a prestar «una pequeña colaboración» al Centro. En casi todos los casos existían pruebas de la «perversión» filmadas por agentes de La Casa que se encontraban detrás de un supuesto espejo.

Ningún diplomático extranjero deja de ser investigado por el Centro, incluso antes de su llegada a España. Dado que los gobiernos tienen que pedir autorización para el traslado, el Ministerio del Interior facilita la filiación del nuevo agregado, que es sometido a control durante los primeros meses de su estancia en nuestro país. Si se comprueba que únicamente viene a realizar un trabajo profesional no relacionado con la información, se le olvida. Si hay sospechas, se le mantiene la vigilancia. El problema, a veces, es que son muchos los sospechosos y poco el personal para realizar los seguimientos, lo que hace necesariamente selectivo el trabajo.

Los más investigados son los representantes de los países del Este y los de determinados estados africanos y de Oriente Medio. Hasta hace unos años, cualquier diplomático del Telón de Acero era tratado como un espía en potencia, al igual que los procedentes de Cuba.

Dentro del espionaje a las actividades de los extranjeros, también en Puerta de Hierro está la Unidad de Transmisiones del Ejército de Tierra. Las medidas de seguridad en el cuartel son exageradas para una unidad militar. Pero nadie sabe en realidad a qué se dedica.

Notas

1. *Le Monde*, 27 de agosto de 1981.

2. Véase capítulo cuatro.

3. La forma concreta de actuar de los agentes de la Contra, casos concretos en los que han participado y demás datos sobre sus misiones los relataremos ampliamente en los próximos capítulos al hablar de la relación del CESID con los principales servicios secretos.

7

El peligro ruso y cubano

No he vuelto a saber nada de Mijail y Tania. Fundidos en un sincero, profundo y largo abrazo, con no sé cuántas copas de genuino vodka ruso y cava catalán en el cuerpo, me despedí de la familia Sameliuk una noche heladora de octubre de 1989. Él era el secretario de Prensa de la Embajada de la entonces URSS en Madrid, y después de cuatro años de un intenso trabajo sin horarios, entregado en cuerpo y alma a la defensa de su país, regresó a Moscú. Atrás dejó algunos otros buenos amigos, pero ninguno que le apreciara y admirara tanto como yo. De todo lo que digo pongo por testigo a Manuel Challud, jefe del Área del Este del CESID, cuyos hombres, en digno cumplimiento de su trabajo, nos siguieron por las calles de Madrid algunas veces.

Le había conocido dos años antes en una recepción de su Embajada con motivo de la fiesta nacional soviética, celebrada en una inmensa sala impersonal del palacio de Congresos y Exposiciones de Madrid. Durante dos horas no hizo otra cosa que mostrar su cuidada amabilidad encargándose personalmente de traernos una y otra vez copas del horrible y cabezón champán ruso y proponiendo sin parar interminables brindis por la paz, la fraternidad y las buenas relaciones hispano-soviéticas. Era un entrañable cuarentón, alto, fuerte, de pelo cano que dejaba entrever su antaño rubio platino inconfundiblemente eslavo, mirada felina y penetrante y con cierta elegancia conservadora en el vestir. Yo le catalogué como un diplomático simpático y agradable, mientras Elena, mi mujer, le consideró, utilizando palabras discretas, como «muy atractivo». Los dos coincidimos en que su sinceridad y naturalidad no dejaban lugar a dudas y que todo lo que tenía de raro lo tenía de buena persona. Era lo que se dice un auténtico «pedazo de pan».

Días después me llamó por teléfono utilizando un tono amable que escondía cierto malestar. Yo acababa de publicar en el diario *Ya* los planes secretos del Estado Mayor soviético para bombardear con armas nucleares España en el caso de que se produjera una guerra generalizada entre la OTAN y el Pacto de Varsovia. Mijail no entendía la razón de que desvelara ese informe que dañaba las relaciones entre los dos países, precisamente cuando se acababa de anunciar la visita a España del carismático presidente Gorbachov. Al final de la conversación me hizo una pregunta que repetiría cada vez que yo publicara una información sobre su país: «¿Esto por qué, Fernanda?» (no hay error; cariñosamente cambiaba la *o* por la *a*, traspasando al español la regla de su propio idioma para llamarme «Fernandito»). Y es que le costaba creer que detrás de mis informaciones no existiesen unas manos ocultas que me movían como una marioneta sin voluntad propia al servicio de la causa antisoviética.

Algunos amigos espías y muchos especialistas en inteligencia me insistían en que tuviera cuidado, que actuase con cautela, porque había bastantes posibilidades de que Mijail fuera un agente del KGB. Yo nunca les creí o, tal vez, nunca quise creerles. Para mí siempre fue y será mi apreciado y especial amigo Mijail, aunque tengo que reconocer que, a veces, actuaba de una forma bastante excéntrica.

Un día de lluvias torrenciales, en 1987, concertamos una entrevista con el general ruso Yuri Markelov, que se encontraba de visita en España invitado por la TV3 catalana para participar en un debate sobre desarme. Le hice una entrevista en el *Ya* y por la noche, acompañados de nuestras mujeres, nos fuimos todos a cenar cordero segoviano, que parecía adentrar a los rusos en el éxtasis de Santa Teresa, y luego al tablao flamenco Zambra, donde el militar soviético, Mijail y Tania contemplaron eufóricos el más típico baile español. De forma chocante, Mijail no había dejado de reprender en ruso con una familiaridad desbordante, no exenta de cariño y sentido protector, a un rudo general que fumaba, comía y bebía más de la cuenta. Hasta algún que otro manotazo le propinó cómicamente cuando el hombre intentaba con disimulo acceder a una cajetilla de rubio americano descuidada sobre la distendida mesa. Después, mi amigo diplomático, a pesar de que eran más de las dos de la madrugada, se empecinó en dar una vuelta en coche por Madrid para que Markelov conociera algo de la ciudad antes de tomar al día siguiente su avión de regreso a Moscú, dado que sus posibilidades de volver a repetir su visita a España eran casi nulas.

Antes de abrirnos las puertas del flamante Volvo (perteneciente a su Embajada, porque con su sueldo no podía permitirse disponer de coche propio), Mijail se saltó de pronto las normas de exquisita educación que siempre respetan los diplomáticos y entró el primero en el coche, sacó la radio escondida bajo el asiento del conductor, la encendió y la puso a todo volumen. Finalizada la extraña maniobra, nos permitió entrar, indicándole al general que se sentara detrás, entre las dos mujeres, y haciendo que yo me colocara junto a él. Durante la hora que duró el extraño periplo por las plazas de Colón, Cibeles y la Gran Vía, intenté explicarle a gritos a nuestro visitante (por cierto, nunca descubrí cuál era su destino en el Ejército Rojo), que no tenía ni idea de español, los monumentos que estaba contemplando a duras penas entre cristales empañados e incesantes movimientos del limpia-parabrisas. Algo que me resultó totalmente imposible, porque las canciones que tronaban en la radio, como *Cabaret*, hacían inútil mi esfuerzo. Todavía hoy me sigo preguntando a quién temía Mijail. Nunca lo sabré.

Años después de su salida de España, echo de menos a Mijail, a la silenciosa Tania y al pequeño y delicioso Maximilian, que hablaba un perfecto castellano con el acento mexicano de los dibujos animados que veía gracias a una antena parabólica de la que seguro que carece en su país. Muchas veces tengo remordimientos cuando pienso en los malos tragos que le hacía pasar a mi amigo, coleccionista de recortes históricos y monedas antiguas que dejaba en depósito a su hijo Maxim, cada vez que publicaba una información crítica sobre la Unión Soviética.

—En la Embajada me dicen: «¿Has visto lo que ha publicado tu amigo?»

No sé si era un agente del temible y despiadado KGB o simplemente un hombre que creía en el cambio y que comenzó a hacerlo por su cuenta. En todo caso, estoy seguro de que pocos diplomáticos han hecho tanto por su país como el siempre fiel Mijail por la URSS. Antes de abandonar España, quizá de manera prematura, sinceramente entristecido rompió un billete de un rublo en dos mitades y me ofreció una en la que escribió en ruso «Mijail y Tania». En la suya yo puse en español «Fernando y Elena». Algún día, estoy seguro, las uniremos. Ese fue nuestro pacto.

El KGB muere, pero sus tentáculos siguen actuando en España

A sus setenta y ocho años, después de pasarse más de cuarenta escondiéndose, viviendo custodiado de noche y de día por tenebrosos funcionarios de policía y teniendo que cambiar de ciudad de residencia cada cierto tiempo para borrar sus huellas, a José Ramil Checa, más conocido en el mundo del espionaje por «Juanito», ya poco le importa que le puedan pegar dos tiros en la nuca, o al menos esa es la imagen que infunde en quien absorto escucha su apasionante historia y descubre que está delante del agente del servicio secreto ruso que facilitó al régimen franquista los valiosísimos informes que le permitieron controlar, perseguir y reprimir a los miembros del Partido Comunista hasta 1975. Nadie diría al verle que ha estado huyendo toda su vida, que los hombres de información de Franco guardaron celosamente en secreto la existencia de alguien a quien muchos catalogarían como un traidor, un vendido sin escrúpulos, en definitiva, un peligrosísimo agente doble.

Ramil Checa tiene la memoria quebradiza para lo que le interesa, pero no alberga ni un ápice de duda sobre lo que fue su trabajo primero como agente ruso y luego como colaborador del espionaje español. Vive tranquilo, sin que le atormente ningún remordimiento, porque actuó conforme a lo que le dictaba su conciencia. Ya ha dejado de esconderse, de mirar por el retrovisor del coche para tratar de identificar matrículas que en días anteriores también estaban detrás de él, pero no muestra ningún interés ante cualquier intromisión que pueda perturbar su satisfactoria vida de jubilado. Todo lo que él calla, esos detalles trascendentales de su vida pasada que influyeron en la existencia de muchos españoles, los saca a la luz con orgullo su mujer, la perfecta media naranja de un hombre que acepta totalmente su pasado, silenciado hasta este momento. Ella sabe bien que los informes con cientos de nombres, fechas, operaciones y organigramas facilitados en 1950 por su marido, el agente del servicio secreto ruso Pozkoiv Nicolai Andreievich, a la policía secreta de Franco fueron utilizados primero para la represión de los comunistas en aquella época y después por el Servicio Central de Documentación en su implacable control de «rojos»; todavía hoy, sin que se conozca su uso, están guardados en el archivo más secreto del país, el del CESID.

«Juanito», maestro y comunista convencido, participó activamente en la Guerra Civil en el bando republicano, creó en 1936 la Academia de Oficiales de Bétera y, cuando la victoria se decantó por el bando nacional, decidió escapar a Rusia. En aquel momento era un apuesto joven de veinticuatro años, liberal, emprendedor y con dotes de mando que, en su desesperada huida lejos de España (país en el que habría perdido la vida de haberse quedado), terminó en una casa de reposo en las proximidades de Moscú, donde contactaron con él miembros del GRU, el servicio secreto militar soviético, especialmente poderoso en aquel momento. Previamente había estado muchos meses en campos de refugiados en Francia, compartiendo penalidades y desdichas con muchos colegas comunistas que luego ocuparían puestos destacados en el aparato del PCE. Después vivió en la URSS bastante mal, aunque encontró una buena mujer que le ayudó a soportar la aguda nostalgia de vivir lejos de su país y con la que tuvo un hijo. A pesar de todo, nunca llegó a adaptarse al espeluznante frío soviético, por lo que, cuando los del GRU le propusieron que se dedicara a preparar partisanos durante la Segunda Guerra Mundial, aceptó encantado. Fue un trabajo divertido y estimulante, que se ajustaba perfectamente a su espíritu aventurero y que realizó con tanto éxito que le terminaron retirando de toda actividad e internándole en una casa particular donde le sometieron, junto a otro compañero, a un curso intensivo de espionaje. Corría ya el año 1945.

Sus cualidades demostradas en la guerra para moverse en la clandestinidad, su odio acérrimo al régimen fascista de Franco y su profundo conocimiento de las tierras de España le convertían en el hombre idóneo para dirigir y potenciar la red secreta de los espías soviéticos en la península. Durante varios meses, diversos especialistas prepararon minuciosamente en Moscú todos los extremos que permitieran encubrir en España la personalidad y las actividades de un Ramil Checa dispuesto a servir los intereses de su amada Rusia, la nación que le había dado cobijo frente a la persecución del general Franco. Con su nueva identidad, toda a nombre de Juan Ferrer, pasó ilegalmente la frontera entre Francia y España y alcanzó sin problemas su destino en Barcelona. Una vez allí, se dirigió, como le habían indicado, a alquilar un piso en la Diagonal a una señora amiga de un dirigente sindical, la cual le atendió sin hacer ninguna pregunta.

Durante varias semanas se limitó a permanecer encerrado en su habitación y a dar paseos inocentes y relajantes por las calles de la hermosa ciudad condal, familiarizándose con el barrio donde iba a vivir en los siguientes meses, tal vez años si todo iba bien. Leía los periódicos censurados de la época, de los que comenzó a recortar todos aquellos datos que le parecían interesantes. También se sentaba en los cafés y escuchaba sin inmutarse los comentarios que sus vecinos de mesa realizaban contra los rojos de Moscú y el peligro del expansionismo soviético.

No había pasado un mes cuando un mensajero con aspecto de partisano y manos encallecidas, a quien nunca había visto y con quien no volvería a cruzarse jamás, apareció una noche en el lugar de cita de las afueras de la ciudad, previamente acordado, con un gran paquete que contenía una emisora capaz de transmitir a Moscú todos sus mensajes secretos.

Cuando sus jefes del GRU se enteraron de que la entrega se había realizado sin problemas, se frotaron las manos satisfechos. Todo iba a la perfección, y el éxito inicial auguraba grandes resultados futuros. Sin embargo, sus esperanzas y buenos presagios se fueron al garete en pocos meses. En contra de lo que habían previsto, el supuesto Juan Ferrer, a quien con tanto esmero habían preparado, no llegó a infiltrarse profundamente en el convulso tejido social de Barcelona y sus informaciones fueron de una calidad más bien rudimentaria, aunque, eso sí, nunca dejó de enviar puntualmente sus mensajes cifrados desde la radio que con esmero había instalado en su habitación, lo que no dejaba de suponer un enorme riesgo, dado que en cualquier momento la emisión podía ser interceptada por los equipos de los militares de Franco.

De vez en cuando asistía a reuniones con otros espías, con quienes intercambiaba información sobre la situación del régimen y lo que podían hacer en su desesperada lucha contra una dictadura infinitamente más poderosa que ellos.

En uno de esos encuentros en las cercanías de los Pirineos con dos de sus colaboradores, fueron pillados desprevenidos por varios agentes de la Policía, que abrieron fuego contra ellos cuando, tras descubrir la trampa que les habían tendido, intentaron la huida. Juan Ferrer fue el más afortunado de todos, pues, tras comprobar que las balas segaban rápidamente la vida de sus amigos, optó por entregarse antes que morir y ser enterrado en una fosa común en la que ni siquiera figuraría su nombre falso.

Esposado con las manos a la espalda, fue trasladado sin demasiadas exquisiteces a una comisaría de Barcelona, donde le esperaba un interrogatorio que él pensaba sería duro, cruel, y del que saldría físicamente mal parado. Sin embargo, para su sorpresa, pronto descubrió que los policías no sabían lo que tenían entre manos y pensaban que él era simplemente uno de tantos opositores al régimen que hacían la lucha por su cuenta. Durante los meses que había estado viviendo en Barcelona, sus convicciones respecto al hecho de ser un espía soviético habían ido apagándose. Ya no tenía las ideas tan claras, y tras pensárselo mucho decidió bajarse del carro soviético y ponerse en manos de las autoridades españolas.

—Ustedes no saben quién soy yo, pero se lo voy a decir.

—Y ¿quién eres tú, si se puede saber? —le respondió uno de sus interrogadores con la sorna que puede permitirse utilizar quien sabe que controla una situación que puede convertirse de un momento a otro en humillante para el interlocutor.

—Yo soy un agente del espionaje soviético.

—No me diga.

—Se lo aseguro, trabajo para el espionaje militar de Rusia.

Los policías se miraron estupefactos y decidieron llamar a Madrid para informar «por si acaso», ya que no le veían sentido a esa declaración. De hecho, no le habían pegado ni amenazado, y desde luego su detenido no tenía la pinta de gallina que se asusta antes de que le hayan asestado el primer guantazo. El revuelo fue mayúsculo y el espía terminó en las manos del Juez Especial de Represión de la Masonería y el Comunismo, que supo ver la verdadera dimensión del detenido.

—Si nos cuentas escrupulosamente todo lo que sabes sobre los comunistas españoles que viven en Rusia y nos das detalles sobre el GRU te daremos una nueva identidad, libertad para que hagas lo que quieras y protección durante todo el tiempo que haga falta.

Y «Juanito», como empezaron a llamarle, aceptó. Bajo el manto protector del todopoderoso Agustín Muñoz Grandes, jefe del Estado Mayor, escribió detenidamente durante quince meses sus «memorias», sin recibir ningún tipo de presión, encerrado en un calabozo de la Dirección General de Seguridad de Barcelona. Con sus papeles manuscritos se elaboraron dos informes. Uno con varios cientos de nombres de dirigentes comunistas, con su descripción física y moral y su participación en las actividades del partido, y otro con organigramas y sistemas de funcionamiento del Partido Comunista en la clandestinidad.

La descripción que hace de un personaje tan trascendental para el comunismo en 1950 como Dolores Ibárruri resume perfectamente los cientos de folios incluidos en el denominado «Índice de nombres»:

«De 55 años, 1,70 de altura, fuerte, cara alargada, cabello negro encanecido, ojos negros, pómulos salientes, nariz recta fina, boca algo grande con labios delgados y barbilla prominente... comenzó a hacerse notar a raíz de la proclamación de la República, como agitadora y propagandista, recibiendo por el calor que ponía en sus palabras el seudónimo de "La Pasionaria"... hay que hacer notar que, pese a que su personalidad se va destacando dentro y fuera de España, por su capacidad política y sus conocimientos al final de la Guerra Civil, estaba muy lejos de ser considerada como una posible candidata a la secretaría general del Partido... es entonces cuando se produce la muerte de José Díaz y se desarrolla la lucha por la secretaría general del Partido, que hemos relatado en la declaración informe, y en el trascurso de la cual, con el apoyo de los rusos, elimina a sus contrincantes y, pasando por encima de otros dirigentes comunistas de mayor capacidad y con más méritos para aspirar al cargo, se autonombra secretario general del PCE, sin que se haya celebrado ningún congreso ni asamblea en la que se le diera tal investidura... Los amores de la epigrafiada con Francisco Antón son algo más que un simple rumor. Durante la guerra civil vivían ambos juntos, mientras el marido de la primera no participaba de las ventajas que la situación de aquella le podía reportar... en Rusia la situación ha persistido y mientras Pasionaria y Antón vivían opulentamente en los alojamientos del Komintern, Bautista Ruiz trabajaba en una fábrica, en la de automóviles de Moscú "Stalin", pasando las mismas privaciones y penalidades que el resto de la emigración... En la actualidad la epigrafiada tiene su residencia en París, aunque realiza frecuentes viajes a Rusia y a otros países situados más allá del telón de acero.»

Durante muchos años sus informes sirvieron para detener a decenas de comunistas vinculados a la Unión Soviética que desconocían la existencia de un desertor del servicio secreto ruso llamado Ramil Checa. Él vivió en el anonimato, cobrando durante años una pequeña asignación del Estado Mayor del Ejército que complementaba con algunos trabajos como representante de varias firmas comerciales. Eso sí, tardó mucho tiempo en perder la escolta policial, aquellos hombres con los que llegó a un nivel de confianza tal que cuando contrajo matrimonio tuvieron que ser sus testigos, preocupados seriamente de que le ocurriera algo en día tan señalado.

Con informes de semejante valía, el trabajo de los servicios de contrainteligencia de Franco se hizo mucho más cómodo. De hecho, durante toda la dictadura se usaron los *dossiers* de «Juanito» para descubrir a los militantes del Partido Comunista en la clandestinidad.

—¿Ves a ese hombre de ahí? —le preguntaba un policía muchos años después de su deserción.

—¿El que tiene pinta ruda y descuidada?

—Sí, ese. ¿Le reconoces?

—Han pasado muchos años, pero creo que sí es... Recuerdo haberle visto en reuniones del PCE en Moscú.

Ramil Checa fue el primer agente soviético que hubo en España tras la Guerra Civil, aunque desde que fue detenido y hasta ahora han cambiado tanto las cosas en el servicio secreto ruso que sencillamente en la actualidad el KGB ya no existe. El 11 de octubre de 1991 el Consejo de Estado soviético daba el primer paso para su disolución, escindiéndolo en tres ramas: Inteligencia Exterior, Servicio de Contrainteligencia Interrepublicano y Seguridad Fronteriza. El detonante tuvo lugar dos meses antes, exactamente el 19 de agosto. Servicios de inteligencia como el CESID o la CIA habían venido avisando reiteradamente a sus gobiernos desde hacía meses de que se estaba preparando en la URSS un golpe de Estado para acabar con las reformas aperturistas de Gorbachov. Lo que ninguno predijo fue el momento en que se iba a producir y que fuera Vladímir Kriuchkov, presidente del Comité de Seguridad Estatal (KGB), quien lo encabezara. Fue el punto final, la desaparición oficial de la antigua CHK que en 1917 creara un aristócrata de Vilna, el alumno de los jesuitas y bolchevique Félix Dzherzinski.

Muchas fueron las operaciones que año tras año recordaron al mundo que su poder no tenía límite ni fronteras, pero sin duda la que demostró su infinito poder fue la creación de la «red de Cambridge» del espionaje soviético en Inglaterra. Philby, Burgess, MacLean y Blunt fueron impagables «topos» con acceso a todo tipo de información en el sacrosanto servicio secreto inglés durante tantos años que todavía hoy los espías de la reina Isabel no han podido erradicar la huella de su magnética imagen.

Sin embargo, en contra de lo que puede parecer, la supuesta desaparición del KGB ha sido también una campaña de imagen genialmente ideada para lograr que el pueblo ruso no se sienta perseguido (algo que no se ha conseguido) y para que el mundo libre piense que la pérdida de poder omnímodo de la extinta URSS es real (en lo que evidentemente el éxito ha sido mayor). Ahora bien, llámesele Inteligencia Exterior, Primer Directorio o de cualquier otra forma, el KGB sigue actuando con igual rendimiento en todos los países, incluido España. Es verdad que goza de menos medios, porque los problemas presupuestarios del país han repercutido en todos los campos, pero el número de sus agentes en el exterior se mantiene invariable. Aún más: sus filas se han visto engrosadas con la llegada de los mejores agentes de la STASI, el servicio secreto de la extinta Alemania Oriental, que antes de pasar al paro tras la reunificación han preferido convertirse en *freelances* de sus antiguos camaradas.

En España, las pantallas que utilizaban se mantienen intactas y su forma de actuar no ha variado en nada. La red está integrada por más de un centenar de personas, entre las que destacan los agentes introducidos en la Embajada y los miembros de delegaciones comerciales y empresas, que reciben el nombre de «residentes» y que cuentan con la inestimable ayuda de colaboradores e informadores que por sus ideas o sencillamente por dinero prestan sus servicios en las más variadas tareas.

Los principales agentes están destinados en puestos de agregados en la Embajada y cuentan con el respaldo incondicional y forzoso de todos los miembros de la delegación, con la única limitación de no poner nunca en entredicho la labor diplomática del embajador, que está al tanto de la mayor parte de sus movimientos pero que permanece siempre, sin excepción, al margen.

El caso de Yuri Kolesnikov es uno de los más representativos. Tras su llegada a España a principios de la pasada década, los hombres de La Casa sospecharon de él tras comprobar que venía a ocupar la Agregaduría Cultural sin ser diplomático de carrera. Durante varios meses fue sometido a un seguimiento permanente en todos los desplazamientos que realizaba por Madrid al volante de su Volvo último modelo con matrícula diplomática. Y llegó a sacar de sus casillas a los agentes del CESID por la llamativa tranquilidad (¡vaya chulo!) con que realizaba sus contactos, pensando quizá que estaba en una república bananera. Además, para mayor certeza, la estación en Madrid de la CIA informó al servicio secreto español que Kolesnikov figuraba en sus listados como un destacado agente del KGB. El detonante final, lo que ya resultó intolerable, fue que con su habitual desparpajo quisiera entablar relaciones con... ¡generales del Centro Superior de Estudios de la Defensa Nacional! El embajador soviético en 1985, Yuri Dubinin, recibió una tarde la visita de dos funcionarios del Ministerio de Asuntos Exteriores.

—Le rogamos que saquen lo antes posible del país al señor Yuri Kolesnikov por haber realizado en España actividades incompatibles con su estatus diplomático.

—Eso es mentira.

—Tenemos informes que prueban claramente que ha estado realizando misiones de espionaje.

—Esto es una afrenta, porque ustedes no tienen pruebas contra él.

Y efectivamente, no le habían pillado *in fraganti* comprando información o fotografiando un edificio oficial, porque Kolesnikov era un agente audaz a la par que listo. Pero el Gobierno ya se había hartado de su cara dura y los hombres de Exteriores insistieron en exigir su inmediata salida de España, aunque aceptaron la formalidad de que no se considerara como una expulsión. Así pues, simple y llanamente dejó el país.

Otra parte considerable de los hombres más activos del KGB están en España «disfrazados» de periodistas. Hasta Franco lo sabía tan bien, que en su afán anticomunista siempre prohibió que corresponsales soviéticos vinieran a trabajar a España. Cuando Carlos Sentís era director de la agencia Efe, detectó que uno de los agujeros informativos más importantes que tenía eran los acontecimientos que ocurrían en la Unión Soviética.

—Si consigo convencer a los de Tass para que acepten un intercambio de corresponsales, podremos hablar de que somos una agencia que cubre la información de todo el mundo.

La idea de este experimentado periodista, listo y hábil como pocos, fue madurada poco a poco. Carlos Sentís entabló los primeros contactos para hacerla realidad. Sus discretas maniobras le llevaron a descubrir que los rusos estarían dispuestos a aceptar el intercambio, por lo que solo le quedaba un «pequeño escollo»: Francisco Franco. Cuando se lo comentó al general, su respuesta le dejó perplejo:

—Por nada del mundo aceptaré que los rusos nos manden un espía.

Tradicionalmente, cualquier medio de información soviético sirve de tapadera para las acciones tanto del KGB como del GRU, pero en España siempre han tenido preferencia por las agencias Novosti e Izvestia. En 1990, sus principales agentes pertenecían a los dos medios: Igor Nemira y Vladimir Vernikov. Otros, de los que no se tenía la certeza de su pertenencia directa a la antigua CHK, estaban muy controlados por los efectivos del Área del Este de La Casa. En este último caso están Robert Sermenovich y Serguei Muraviev, de Tass; Valeri Volkov, de Pravda; Yuri Popov, de Trust; y Valentín Gorkoev y Valeri Ledkor, de la Televisión y Radiodifusión Soviética.

El caso más significativo de los últimos años y que con sus extraños movimientos más trajo de cabeza a los espías españoles fue el de Alguis Chekuolis, representante de la agencia Novosti y hombre de la total confianza del entonces embajador Yuri Dubinin. Chekuolis asumió su tapadera de periodista con una naturalidad tal, que hacía poco creíble que le acusaran de ser otra cosa que no fuera el enviado especial de un prestigioso medio extranjero.

Durante el mandato de Serra en el Ministerio de Defensa se dotó de la máxima suntuosidad y solemnidad a unos actos bautizados con el nombre de «Semana de las Fuerzas Armadas», el principal de los cuales consistía en un desfile militar, al que precedía el día anterior un homenaje a la bandera y una recepción de los Reyes a las máximas autoridades civiles y castrenses del país y a los agregados militares extranjeros. Durante el desfile, mezclado entre los periodistas españoles como uno más, estaba Chekuolis, que para colmo de frescura hacía clara ostentación de su cámara de fotos, con la que no paraba de captar imágenes de los viejos carros de combate y los rostros de los altos mandos militares. Por la noche (¡cómo no!), asistía a la recepción, elegantemente ataviado, charlando sin parar con altos cargos de las autonomías y con militares, como si su tarea fuera simplemente cubrir la información del acto para *Diario 16* o *ABC*.

—Mucho gusto, soy Alguis Chekuolis, de la agencia Novosti.

—Encantado —respondía el sorprendido alcalde de la ciudad a la que ese año había tocado organizar los actos ante la naturalidad de aquel hombre maduro que, con cierto deje extranjero, apenas perceptible, le estrechaba la mano sonriente.

—Estamos interesados en hacer un reportaje sobre su ciudad en mi agencia y querríamos saber si ustedes tienen algún problema.

—Por supuesto que no, póngase al habla con mi jefe de prensa, que le atenderá en todo lo que usted quiera.

Y Chekuolis, encantado para sus adentros por el éxito de su atrevimiento, buscaba al susodicho jefe de prensa y conseguía invariablemente su cita, que uno de los hombres del CESID presentes en la recepción anotaba en su memoria, no sin cierta sorpresa ante la ausencia total de inhibición en la actuación del agente a quien controlaba. Y nunca el hombre de Novosti tuvo el más mínimo problema, porque siempre supo dónde estaba el límite infranqueable que no debía traspasar para evitar su expulsión, aunque lo cierto es que en todo momento se mantuvo rozando el filo.

Otra de las tapaderas más utilizadas por los agentes del KGB son las empresas mixtas hispano-soviéticas, que con una cobertura también absolutamente legal permiten que sus directivos puedan captar confidentes y moverse con libertad para intentar adquirir tecnología punta, una de sus tradicionales misiones en España. En estos momentos son cinco las empresas más controladas por el Centro: Shovispan, Intramar, Sokines, Maderas Rusas y Aeroflot. Esta última tiene el récord de expulsiones, destacando las de Oleg Suranov, director de la compañía aérea en 1980, Lutin Casili Nikolaievich, su sustituto, y Vladimir Lukin Tirtishnikov, en 1982. En todos los casos el motivo fue tratar de establecer contactos sobre el suministro de material bélico norteamericano a España.

Para conseguir colaboradores en España, el KGB lanzó sus tentáculos sobre las asociaciones de amistad entre los dos países, un caldo de cultivo para pescar confidentes ya convencidos ideológicamente. La principal trama está situada en la Asociación de Amistad Hispano-Soviética, mediante la cual la actual CEI (y antes la URSS) facilita becas para estudiantes y viajes a la tierra de Lenin en los que los visitantes tienen la oportunidad de asentar más sus ideas prosoviéticas. Otras tapaderas menores, pero no por ello menos importantes, son pequeños negocios como la agencia de viajes Planeta Tours, que oficialmente promueve las visitas a la CEI y que ofrece precios especiales para grupos «muy especiales».

Todo este entramado desplegado por las más importantes ciudades españolas tiene una pata escondida que le permite funcionar como un reloj de cuarzo: los espías de los países satélites de la CEI. Alemanes orientales, búlgaros, checos y cubanos, entre otros, han desarrollado en España las misiones más arriesgadas que los agentes del KGB, por temor a ser descubiertos, no se atrevían a cumplir. Guido Brunner, el que fuera brillante embajador de Alemania Occidental durante diez años, fue muy claro en su definición del espionaje en España de los temidos hombres de la Stasi:

—Toda la esfera alucinante del mundo de los servicios secretos de la Europa del Este en España es algo que merece ser cubierto por un tupido velo, porque es tan escalofriante en términos humanos, en cuanto a métodos, instrumentos de escucha, observación y seguimiento de personas, utilización y deformación de datos, que más vale darlo por un capítulo concluido. Forma parte del gran complejo de la Stasi en Alemania, con el que desgraciadamente tendremos que coexistir durante algunos años todavía.

La cabeza de esa peligrosa red que actuó en España era el espía invisible por antonomasia, el mejor agente que sin duda ha tenido el Este en toda su historia. Su nombre es Markus Wolf, aunque sus pocos y escogidos amigos le llaman «Misha» y el resto del mundo le conoce por «Karla», el personaje de ficción literaria creado por la maestra pluma de John Le Carré. Comunista convencido y soldado del Ejército Rojo, demostró que la astucia es la mejor arma del espionaje. Le llamaban «el hombre sin rostro», porque durante treinta años consiguió que nadie le fotografiara. Y si lo hicieron fue por una debilidad que Le Carré estaría encantado de plasmar en una de sus apasionantes y afamadas novelas: no pudo evitar darle el último adiós a su hermano Konrad en el funeral que se celebró en Berlín.

«Karla» era uno de los pocos agentes que respondía al retrato estereotipado del James Bond occidental: alto, delgado, elegante, gran deportista, de fornida musculatura y expresión de fingido romanticismo. Su mirada incisiva y penetrante podía ser a la vez tierna y cariñosa, capaz de despertar sensaciones cósmicas, pero en realidad era gélida e intencionadamente falsa. Su tapadera preferida era la de periodista, quizá porque en su primera misión importante en el proceso de Nuremberg le facilitó excelentes resultados. Fue único utilizando el sexo como arma de espionaje, demostrando en numerosas ocasiones que para obtener información era más útil hacer el amor a las secretarias que chantajear a sus jefes. Entre sus grandes éxitos destacan dos: conseguir que Gunther Guillaume, el secretario personal de Willy Brandt, trabajara para él, y hacer que Hans Johachim Tiedge, todavía hoy en paradero desconocido como cazador de los espías del Este, fuera un agente doble a su servicio.

En España, este genial espía desplegó una red especialmente operativa, que fue, hasta su desaparición oficial tras la unificación alemana, la más activa, peligrosa y útil para los fines del KGB. Las misiones que los rusos encargaban a la Stasi iban desde mantener contactos con los terroristas de ETA hasta fotografiar las bases de utilización conjunta hispano-norteamericana. Con todo el riesgo que suponían estos trabajos, únicamente se conoce la expulsión de Friedel Kemter, segundo secretario de la Embajada, que salió de vacaciones a su país en agosto de 1986 y ya no regresó. Kemter fue fotografiado por agentes de la Contra cuando mantenía contactos con un simpatizante activo de los GRAPO. En 1991, tras la apertura de los archivos secretos de la Stasi, se descubrió que tenía una empresa en España, Camet-Madrid, la cual formaba parte de un imperio clandestino para la financiación de la RDA.

Pero lo que nunca nadie hubiera sospechado, eso que parece que solo ocurre en las películas americanas, sucedió entre los mandos del espionaje español y soviético a finales de 1989. Manglano viajó a Moscú para mantener diversos encuentros con los dirigentes del KGB, el principal de los cuales fue con su jefe Vladimir Kriuchkov, posteriormente detenido por el frustrado golpe de Estado que intentó acabar con la *perestroika*. Fue una visita guardada celosamente en secreto por el CESID y que solo fue conocida por el presidente del Gobierno y los ministros de Asuntos Exteriores y Defensa. Se trataba de una decisión previsible en Manglano, que siempre se ha distinguido por su pragmatismo y la falta de escrúpulos a la hora de realizar su trabajo, especialmente cuando se trata de abrir fuentes entre los enemigos.

Esta visita supuso el establecimiento de un cauce de comunicación entre los dos servicios y de un contacto inicial de cara a la firma de un acuerdo según el cual España ayudaría a los soviéticos en la lucha contra el narcotráfico, la delincuencia organizada y el terrorismo, mientras que la actual CEI facilitaría información sobre los grupos terroristas españoles en particular y árabes en general.

En justa correspondencia, el 10 de abril de 1992, a bordo de un avión de la compañía soviética Aeroflot, llegaba a Madrid, en visita de cuatro días, el jefe del servicio secreto ruso de espionaje exterior, Yevgueni Primakov. Acompañado por su hija y otros dos funcionarios de su departamento, este experimentado y maduro espía de cincuenta y dos años mantuvo diversas reuniones con su colega Manglano, quien tuvo tiempo de explicarle abiertamente algunos extremos del funcionamiento del CESID. Mientras estas reuniones tenían lugar, los hombres del Área del Este se aplicaban con el mismo entusiasmo de siempre a controlar a los espías soviéticos en España.

Así les controla el CESID: el espionaje del todo vale

Durante los días 26, 27 y 28 de octubre de 1990 tuvo lugar una de las más brillantes operaciones del CESID en los últimos tiempos. Un esplendoroso Mijail Gorbachov, todavía presidente de la URSS, realizaba bajo tal condición su primera y única visita oficial a España, que realmente llegó a despertar el fervor popular de una población enardecida ante su imparable magnetismo personal y el apoyo incondicional del Gobierno de Felipe González. Agentes del KGB supervisaron directamente todas las medidas de seguridad de su presidente y de su encantadora esposa Raisa con el fin de evitar cualquier tipo de atentado y garantizar la máxima confidencialidad en los momentos privados de que la pareja presidencial dispusiera en Madrid. Con este fin llegaron a España con los Gorbachov ciento cuatro agentes del KGB de imparable actividad que se dedicaron sistemáticamente a la insidiosa búsqueda de bombas o micrófonos cada vez que cualquiera de los dos altos personajes accedía a un automóvil. Llegaron a desmontar, y prácticamente desarticular, los históricos bolígrafos con los que Gorbachov procedería a firmar sus acuerdos de colaboración y establecieron una rutilante guardia, no exenta de exageración, ante la traída y llevada comida procedente de la lejana Moscú.

Algunos de los sucesos que tuvieron lugar durante aquellos tres abultados días, intensos e inolvidables para el matrimonio soviético y para la inmensa mayoría del público español, acabaron siendo absolutamente desconocidos para sus adiestrados protectores del KGB, pero el hecho de que tuvieran lugar entraba dentro de la lógica. Esos días había tantos agentes del CESID, de la CIA o del MI6 por las calles de Madrid, camuflados de vulgares cotillas deseosos de conocer de cerca a la impactante pareja soviética, que la sucesión de altercados de poca monta fue inevitable. Uno de los más curiosos fue sin duda el protagonizado en el mismo centro de la capital española por un inocente policía municipal durante la recepción a Gorbachov en el Ayuntamiento. Su exceso de celo, y quizá de pretenciosidad, le llevó sin más a ordenar que abandonaran rápidamente la zona a dos hombres subidos a un Ford:

—¿Es que no han visto la señal de prohibido?

—¡Uy!, perdone. No tardamos nada, en cinco minutos nos vamos, de verdad.

—Les he dicho que se vayan inmediatamente.

—¿Y no puede esperar un poco?

—O se van ya o les multo, ¡¡joder!

Y se fueron para evitar el disgusto del diligente policía municipal, que durante todo aquel tejemaneje sorprendentemente no había llegado a percatarse de la presencia del extraño radiotransmisor que llevaba a las claras uno de ellos en la mano; aunque estos aparatos se asemejan a los vulgares teléfonos móviles, tienen un radio de acción considerablemente mayor.

Pero aquello no pasó de la mera anécdota. La acción verdaderamente magistral de La Casa consistió en su sistema de introducir a uno de sus agentes en el entorno de los mandatarios soviéticos sin que nadie lo sospechara, sobre todo teniendo en cuenta las espectaculares medidas de precaución montadas por el KGB. Mientras decenas de agentes españoles se movilizaron a sus anchas por Madrid con el fin único de cooperar abiertamente en que no hubiera problemas durante los trascendentes días de la histórica visita, el CESID situó pérfidamente a una de sus más eficaces colaboradoras en un puesto de auténtico privilegio en todos y cada uno de los actos oficiales: en las cercanías inmediatas de Raisa, la siempre sonriente esposa del carismático líder soviético. Nadie vetó su agradable y discreta presencia, dado que es la esposa de un alto cargo del Gobierno, la cual, al margen de dicha condición, habitualmente da clases de idiomas en el Centro.

Esta jugada hábilmente astuta fue montada por el Área del Este de la Contrainteligencia, la encargada de impedir que los soviéticos realicen en suelo español actividades ilícitas y de saber todo aquello que pueda contribuir a facilitar las relaciones españolas con la CEI. Uno de sus principales trabajos consiste en el control de los diplomáticos soviéticos en España, para lo que cuentan con la ayuda del Ministerio de Asuntos Exteriores y de la Comisaría General de Información, cuyo trabajo en este apartado es muy digno de mención.

Las limitaciones que tradicionalmente los rusos imponen a los diplomáticos extranjeros en su territorio se convierten en un arma de doble filo, y en definitiva en una ventaja para el Centro, porque Exteriores aplica a rajatabla la reciprocidad de condiciones en este supuesto. De esta forma, cada medida restrictiva aplicada a nuestros representantes en Moscú es devuelta en la misma moneda a los diplomáticos rusos que viven en España. Así, y previamente a su envío a Madrid, el Ministerio de Exteriores soviético tiene que comunicar al español los datos de su nuevo representante, cuya ficha es trasladada a la Comisaría General de Información. Esta suele dar siempre el plácet, incluso aunque descubra que el nuevo diplomático es un oficial de inteligencia, lo que suele considerarse como una ventaja, porque siempre es preferible tener un espía conocido y controlado en un puesto clave que otro por conocer. Sin embargo, cuando la CEI deniega una solicitud a un delegado de

Iberia, un agregado de la Embajada o un periodista, Asuntos Exteriores espera el momento oportuno y aplica el mismo veto a un cargo similar soviético.

Si algún día los dirigentes de la CEI acabaran con las limitaciones en su territorio a los ciudadanos occidentales, aumentarían inmediatamente los problemas del CESID para controlar a los diplomáticos soviéticos en España. Ahora mismo, mientras un agregado sueco puede hacer en la península prácticamente lo que le venga en gana, si un secretario de la Embajada rusa quiere abandonar Madrid tiene que avisarlo con cuarenta y ocho horas de antelación, y cuatro días antes si pretende salir el fin de semana. Eso sí (ojo por ojo, diente por diente), especificando además con quién viaja, a dónde, en qué medio de transporte y con qué fin.

El Centro tiene constancia de que algunos ciudadanos soviéticos se saltan esta norma, para lo que normalmente alquilan coches sin matrícula diplomática y siempre van acompañados de sus mujeres, de manera que, si son descubiertos, pueden decir que iban de viaje de placer. Este fue el caso, en diciembre de 1989, del primer secretario de la Embajada, Alexandr Orlov, que se desplazó con su señora a Galicia sin haber pedido autorización. La Contrainteligencia se enteró de que habían transgredido las normas establecidas gracias a que la Guardia Civil de Tráfico dio el aviso de que un BMW 320, en este caso con matrícula diplomática, había sufrido un accidente en la provincia de Orense. Exteriores formuló una protesta diplomática inmediatamente.[1]

Seguir a los diplomáticos soviéticos por las calles de Madrid resulta más fácil que vigilar a los de otros países, gracias a la tendencia de aquéllos a vivir en el gueto de la Embajada, como si no quisieran contaminarse del mundo occidental, y también gracias a sus rasgos eslavos y al uso generalizado de coches Volvo, con matrícula oficial, pertenecientes en todos los casos a la delegación.

En algunas ocasiones, por el contrario, el trabajo es tremendamente complicado para los agentes del CESID. En la primavera de 1987, tres hombres del teniente coronel Manuel Challud, la bestia negra de los soviéticos, siguieron a un correo del KGB que abandonaba la capital por la plaza de

Cristo Rey. Había dado muchas vueltas por la ciudad, saltándose incluso algún que otro semáforo en rojo, con la intención de despistar a los agentes españoles que sospechaba podían seguirle. Cuando creyó erróneamente haber conseguido despistarlos, se dirigió tranquilo al volante de su Volvo hacia el monte de El Pardo, donde sacó un pequeño paquete que introdujo en el agujero de un árbol que, aparentemente inofensivo, no mostraba ningún rasgo característico que le hiciera distinguirse de su entorno ecológico.

Los agentes del CESID, a una prudencial distancia, contemplaron la escena y optaron por dejarle regresar a Madrid relegándole al olvido, sencillamente porque les había puesto en bandeja la identificación de su contacto. Solo debían esperar un poco y ver a la persona que intentaba recuperar el paquetito, cuyo contenido en aquel momento era lo de menos, sin sospechar que le estaban vigilando. Pero en aquella ocasión la operación resultaría harto laboriosa. Durante tres días y tres noches, utilizando incluso rayos infrarrojos para visión nocturna, esperaron pacientemente agazapados la llegada del espía desconocido.

—¡Coño, qué oportunidad! Esas niñas son las primeras que se acercan al maldito árbol.

—Pues es lo que nos faltaba, ¡la leche! Si ahora llega el topo a recoger el paquete, se mosquea y se larga.

—¡Que no, tío! ¿Cómo se va a mosquear porque haya cincuenta niñas vestidas con ese horrible uniforme azul rondando la mercancía?

—Puede pensar que es una trampa.

—Sí… trampas. No digas gilipolleces y deja a las niñitas de marras que jueguen un rato y punto.

Finalmente, impacientados con tanta espera, se acercaron al dichoso árbol pensando que, por extrañas e incomprensibles razones, ya nadie acudiría a por el mensaje; pero, ante su sorpresa, se encontraron con que había desaparecido. Se lo habían birlado ante sus propias narices. Los agentes se miraron abochornados y comprobaron lo que había pasado: únicamente podía haber sido una alumna o profesora del colegio de monjas.

La forma de vida en gueto tiene sus ventajas para controlarles, pero también sus inconvenientes. Maestros en el arte del espionaje, la Embajada basa su sistema de trabajo en contratar únicamente, para cualquier menester, a personas de la máxima confianza. Para conseguirlo recurren a un tipo especial de personal: los familiares de los diplomáticos. Así, aunque sea a media jornada, las mujeres de los consejeros y demás miembros de la Embajada realizan dentro de esta labores de secretarias, traductoras e incluso de camareras o mujeres de la limpieza.

Esto, que nunca aceptarían a la fuerza las esposas o esposos de nuestros diplomáticos, limita las posibilidades del CESID para colocar micrófonos o para reclutar colaboradores. Para colmo, como la macroembajada de lujo zarista dispone de cuarenta y cinco pequeñas viviendas para todo el personal y una algo más grande (de unos ochenta metros cuadrados) para el embajador, no ofrece siquiera la posibilidad de que un vecino entable «casualmente» relación con ellos cuando coinciden en el ascensor. A pesar de todo, Stanislav N. Leonidov, el jefe de seguridad, vigila constantemente con los ojos bien abiertos para que nadie intente colarle un topo.

El caso de la nueva embajada merece un espacio aparte. Aunque el Centro sabe que los planos oficiales no se corresponden con lo que libremente se ha construido, los datos de que se tiene conocimiento resultan escalofriantes: un complejo que ocupa en el centro de Madrid, en una de las zonas más lujosas y caras de la capital, casi 17.000 metros cuadrados, una red secreta de cinco kilómetros de túneles, una piscina de veinte metros de largo por doce de ancho y un aparcamiento para treinta vehículos. Todo sin contar los edificios de viviendas y de administración, lo que explica que las obras tardaran varios años en terminarse.

Para evitar que el CESID u otros servicios secretos occidentales colocaran micrófonos en la delegación durante su laboriosa construcción, fue designado para ejecutar las obras un ingeniero perteneciente al KGB, Mijail Liakin. Aunque, como es lógico, se desconoce si coronó la tarea con éxito, todos los especialistas consideran que hizo un trabajo realmente soberbio. De entrada sometió a la empresa constructora Ferrovial a un control desorbitado. Liakin sabía que La

Casa infiltraría a algunos de sus hombres entre los ciento treinta obreros que se encargarían de la construcción, pero ni se inmutó, entre otras cosas, porque no podía evitarlo. Se limitó a controlarles minuto a minuto, como si la tarea a realizar la llevase a cabo un sufrido grupo de trabajadores negros en una plantación racista del sur de los Estados Unidos. Cada pequeño trabajo, cada insignificante remate a golpe de martillo, taladrador o brocha gorda se efectuaba bajo una agobiante supervisión y sobre la base de las directas y férreas instrucciones de Liakin, cuyos hombres, al finalizar, comprobaban personalmente los resultados. De hecho, toda la infraestructura de las tuberías del sistema contra incendios tuvo que ser montada dos veces para evitar la colocación de micrófonos que en el futuro no habrían podido ser detectados.[2]

—Pero, ¿cómo las han montado así? —dijo un encolerizado Liakin al perplejo encargado de la obra de Ferrovial.

—Es el mejor sistema para evitar problemas en el futuro.

—Le dejé bien claro desde el primer momento que no debía haber soldaduras.

—Pero se hace así siempre, porque es la mejor forma...

—Señor, eso se lo parecerá a usted. Limítese a hacer lo que yo le digo.

—Entonces lo cambiamos todo.

—Así es. Ordene que las engarcen una a una.

La gran jugada de Liakin llegó cuando se acercó el momento de acondicionar el interior de la delegación y se trajo de Moscú a un grupo de obreros pertenecientes al KGB. De esta forma, el trabajo más delicado de instalación eléctrica, colocación de suelos y librerías, pintura de paredes y tendido de la línea telefónica, lo realizarían hombres de su máxima confianza.

Pero la inteligencia es una dura batalla con dos frentes, en la que los españoles también han hecho de las suyas. Uno de los casos más curiosos es el de Alejo Brimeyer, un pintoresco personaje nacido en el antiguo Congo Belga, ahora Zaire, país africano con una cruel dictadura en el que la única presencia española es la de los desinteresados y entregados misioneros. En 1971, Brimeyer fue condenado por la justicia belga a dieciocho meses de prisión por utilizar el nombre falso de Alexis Romanov Dolgorouki. En 1986, el Tribunal de Grande Instance de París le volvió a condenar a una multa de 5.000 francos por utilizar nuevamente nombres falsos y hacerse pasar por bisnieto del Zar. Y es que este hombre tiene una extraña fijación por autoproclamarse heredero de tronos como los de Rusia, Ucrania o Serbia. Y lo mejor de todo es que rusos, ucranianos y serbios le creyeron a pies juntillas durante algún tiempo.

Alejo Brimeyer vivió en España durante muchos años, y las autoridades le habían dado un carnet de identidad donde aparecía como Alexis de Anjou de Borbón-Conde Romanov Dolgorouki, el mismo apellido por el que ya había sido condenado con anterioridad. Aquí, el pretencioso personaje de hipotética sangre azul recibió la visita de diversas comisiones de supuestos súbditos que veían la monarquía como la vía de escape del comunismo tras la llegada de la libertad a sus países. Si España lo había conseguido con el rey don Juan Carlos, ¿por qué ellos no iban a tener igual suerte? Todos venían con buena fe y le confesaban sus problemas personales e inquietudes políticas, aunque ninguno se preguntó a principios de 1992 quién o quiénes le prestaban su apoyo incondicional en España. Cuando Brimeyer, descendiente de la realeza o no, terminaba sus engolados y pomposos encuentros con los destacados ciudadanos del Este en España, o cuando regresaba de un viaje importante, mantenía ciertos contactos secretos con un hombre a quien nadie de entre sus protocolarios amigos ha visto jamás: un agente de la Contra del CESID.

Agentes de Fidel Castro en España: las conexiones del narcotráfico

Otro miembro de la División de Contrainteligencia, como el contacto de Alejo Brimeyer, aunque en este caso perteneciente al Área de Cuba, tenía en marzo de 1989 una misión aparentemente menos complicada. En el restaurante Vips del paseo de la Habana de Madrid, un joven suboficial del Ejército se encontraba recorriendo las diversas estanterías del mencionado local, donde proliferan los libros y revistas de máxima actualidad, con esa semblanza de desesperación contenida del que ha quedado con su pareja y tiene muy asimilado que por nada del mundo se retrasará menos de tres cuartos de hora. De los libros de política pasaba a los de ciencia o a los de psicología (esos tan de moda denominados de «autoayuda» que a simple vista parece que indefectiblemente te van a encumbrar de hoy para mañana al triunfo más estrepitoso), y de estos a los grandes titulares de diarios y revistas. En definitiva, exactamente igual que procedían a su alrededor más de una veintena de ánimas deambulantes que también dejaban pasar el tiempo para entrar al restaurante, donde posiblemente en media hora habrían comido, bebido, charlado y, con un poco de suerte, hasta pagado la factura.

El agente, cercano a los treinta y cinco años, se aproximó a la puerta de entrada del restaurante mostrando un cabreo supino y, tras mirar ostentosamente el reloj queriendo explicar, no se sabe bien a quién, que le habían dado un escandaloso plantón, se sentó con brusquedad en una de las pequeñas mesas rojas. Curiosamente, todo aquello no era sino parte de un habitual montaje de simulación que el espía había retomado para la ocasión y que llevaba a cabo cada dos por tres. El caso es que, tras su maniobra de aproximación física al objetivo, finalmente desde aquel lugar tenía una visión perfecta de la persona cuyo control estaba a su cargo. Tras pedir distendidamente los macarrones que tanto le gustaban y su ensalada favorita de simple lechuga y tomate, sin más pretensiones, miró con discreción hacia aquel cetrino cubano vestido con chaqueta y corbata a quien tenía que vigilar. No debía de haber cumplido los cincuenta años, aunque poco le faltaba, y tenía el gesto duro de quien está acostumbrado a tomar decisiones difíciles y a echar sobre sus hombros todas las responsabilidades. Sabía que era el curtido coronel Antonio de la Guardia, perteneciente a las fuerzas armadas cubanas, a quien no debía dejar ni a sol ni a sombra para evitar que se perdiera por Madrid. Con él estaba comiendo, aunque en ese momento no le veía el rostro al estar sentado de espaldas, Roberto González Anleo, administrador de la empresa Cimex Ibérica, que tenía su sede justo enfrente del Vips. Desde su mesa evidentemente no podía escuchar lo que estaban hablando, pero le dio la sensación de que se trataba de una comida de negocios. El camarero le trajo al joven suboficial adscrito al CESID la ensalada que había pedido.

—Muy bien, gracias. Oiga, tengo algo de prisa, así que si no le importa me trae en cuanto pueda el segundo plato y la cuenta.

—Sí señor, como guste. ¿No tomará postre o café el señor?

—No. El segundo plato y la cuenta, como le he dicho.

Claramente se trataba de poder salir materialmente corriendo en cualquier momento en que la situación lo exigiera o cuando el coronel cubano y su acompañante decidieran movilizarse. Mientras comía su aburrida y a la par entrañable ensalada de lechuga y tomate, pensó en los pocos datos que le habían dado del coronel De la Guardia.

—Ocupa un cargo directivo en Corporación Cimex, una empresa con sede en Panamá, que tiene una sucursal en España. Sabemos que es una tapadera a nivel mundial para sus acciones de espionaje —le había dicho su jefe, un teniente coronel tan exageradamente alto que de haberse encargado del seguimiento le habrían descubierto a buen seguro a los cinco minutos, incluso en la mismísima Gran Vía madrileña a la hora punta.

—¿Qué hace cuando viene a Madrid?

—Aproximadamente cada tres meses viene unos días, aprovechando que tiene un visado especial que le da vía libre de entrada en España. Lo habitual es que visite Cimex y mantenga algunas entrevistas. Todo con la mayor naturalidad.

—¿Es peligroso?

—No, mantiene buenas relaciones con nosotros, por lo que limítate a seguirle y a informar de qué hace y con quién habla.

Efectivamente, llevaba día y medio controlándole y ninguno de sus movimientos parecía fuera de lo común. Todo lo hacía a plena luz del día y, aunque desde luego debía suponer que le seguían, no parecía importarle demasiado. En fin, tan hastiante resultaba aquella situación que durante el resto de la comida prefirió «vigilar» a una rubia de ojos «color ojo» a quien sí le hubiera encantado seguir o perseguir semanas enteras por Madrid o por Dios sabe dónde.

Como era de esperar, dos días después el coronel cubano

abandonó Madrid, con lo que el agente de la Contra dejó el seguimiento para ocuparse de otro trabajo. A los dos meses, nuevamente volvió a oír hablar de Antonio de la Guardia, aunque en esta ocasión el profundo aburrimiento que le había inspirado desde el primer instante aquel gris seguimiento de semanas anteriores, carente de resultados interesantes, pasó a transformarse en un chasco de grandes proporciones.

—La delegación en Cuba acaba de avisar que Fidel Castro ha detenido al general Arnaldo Ochoa, a su ayudante el capitán Jorge Martínez, al coronel Antonio de la Guardia y a su más cercano colaborador, Amado Padrón.

—¿Cómo dice?... pero, ¿por qué?

—Les acusa de traficar con droga. ¡Qué cabrón! La DEA norteamericana estrecha el cerco contra Castro y él echa la mierda sobre sus amigos.

—Y ¿qué va a pasar?

—Parece que les van a hacer un consejo de guerra. Con Castro puede ocurrir cualquier cosa.

Cuando el suboficial tuvo en sus manos la única foto obtenida en el juicio del coronel, le pareció un hombre distinto de aquel al que había sometido a seguimiento hacía unos meses. Estaba meditabundo, triste, con la mirada perdida en un punto inexistente de la amplia sala donde se celebraba el juicio. Su frente despejada, la barba de varios días y una camisa a cuadros descuidadamente desabrochada le conferían una desoladora apariencia de «yo no he hecho nada», quizá muy distante de la realidad de los acontecimientos.

Escudriñando el informe vio que era el jefe del denominado Departamento MC del Ministerio del Interior cubano, cuya principal misión era evadir el embargo norteamericano utilizando cualquier medio, ya fuese legal o ilegal. Básicamente, el MC trataba de conseguir ordenadores y equipos de comunicación, aunque se le encargaba cualquier otra necesidad tecnológica de la isla. De forma que Antonio de la Guardia, el aparentemente inofensivo hombre que gustaba de la comida rápida de los Vips, era por encima de todo un superespía. Personalmente había participado en la implantación de una tupida red de agentes que se extendía por todo el mundo y una de cuyas bases principales estaba en España. Unos días buscaban información de inteligencia, otros se dedicaban a perseguir exiliados y el resto de la semana robaban donde podían el material que la férrea presión de Estados Unidos les impedía comprar libremente en los mercados mundiales.

El CESID consiguió introducir a uno de sus agentes en el juicio sumarísimo, donde se dijeron cosas que pusieron la piel de gallina a los agentes del Área de Cuba en Madrid. Sin ellos saberlo, a finales de 1986 se había puesto en marcha la conexión cubana del narcotráfico. Hombres de confianza de Pablo Escobar, máximo jefe del Cártel de Medellín, y del coronel De la Guardia establecieron unos cauces de colaboración que supusieron suculentos beneficios para el militar cubano a cambio de que ayudara a distribuir por todo el mundo el «material» del narcotráfico colombiano. Para ello utilizó su red de espionaje mundial y, sin duda, también la estación en España.

El 13 de julio de 1989, los cuatro principales acusados en el juicio por narcotráfico fueron ejecutados en un cuartel de La Habana, con lo que Fidel Castro quiso romper la conexión de la coca en Cuba que según la DEA conduciría hasta él mismo. Tras el fusilamiento, el exfuncionario del Ministerio del Interior cubano José Antonio Rodríguez Manier declaró que «Castro recibe el ochenta por ciento del dinero obtenido por Cimex».

La libertad de acción que en España tuvo Antonio de la Guardia fue durante muchos años similar a la que disfrutaron la mayor parte de los agentes del G-2, el servicio secreto cubano. Durante los últimos años se mostraron en España como unos espías prepotentes, capaces de llevar a cabo cualquier acción que ni el servicio secreto más amigo del CESID osaría acometer. Ya podían pillarles *in fraganti* persiguiendo a un refugiado por las calles de Madrid, que de expulsiones nada de nada. Para que finalmente en 1988 se decidieran a proponer a Asuntos Exteriores una, tuvo que ocurrir algo que parece sacado de una película española de los años setenta protagonizada por Fernando Esteso y Andrés Pajares.

El jefe del G-2 en España, que coordinaba también la red europea, era Eduardo Araoz Agero, quien, en contra de lo que suele ocurrir en la actuación de los representantes de servicios de inteligencia en suelo extranjero, asumía personalmente y de forma abierta las misiones operativas ilegales. Consideró que, dada su trayectoria, sus amigos del Centro no se cabrearían demasiado si secuestraba en Madrid al exministro castrista y disidente cubano Manuel Antonio Sánchez Pérez. Planificó la rocambolesca operación con un absurdo cinismo: ¿por qué rozar la vulgaridad de centenares de obras de meditado suspense en que el individuo es secuestrado en un barrio de la periferia de la capital, en un siniestro callejón oscuro rodeado de desiertas avenidas y coincidiendo con la hora del recogimiento hogareño? Por lo visto, resultaba más estimulante para Eduardo Araoz hacerlo en mitad del tumulto y la algarabía en pleno centro de Madrid, ante centenares de testigos estupefactos y a punto del desmayo y sin escatimar la brillantez que ofrece el tradicional y renombrado brillo diurno de la capital de España. Así era mucho mejor: todo un espectáculo… ¡de locos!

Así que, cerca de las doce de la mañana, en el paseo de la Castellana, Eduardo Araoz esperó pacientemente que apareciera el exministro castrista. Claro, que no fue solo. Ni siquiera acompañado, como sería de rigor, por uno o dos hombres designados para la operación. Se presentó nada más y nada menos que con cuatro de sus agentes en Madrid: Ángel Alberto León Fernández, vicecónsul; Abelardo López Hernández, analista de prensa; Ramón Barroto Sánchez, administrativo, y Francisco Ventura Torrientes, profesor. Estaba claro que cuando apareciera la víctima no le iba a ser posible oponer resistencia ante un total de cinco hombres que desde luego no daban el tipo de «Rambo», pero es que tampoco Sánchez Pérez era precisamente un trabajado «Rocky».

Cuando apareció el desertor castrista, los cinco se le abalanzaron encima iniciando un aparatoso forcejeo, ante el estupor supremo de los numerosos viandantes por la dramática escena y lo desigual del pintoresco combate. Inmediatamente, los patéticos gritos del agredido provocaron una reacción en cadena del público asistente, que comenzó a exigir vociferando, en una mezcla de angustia e indignación, la presencia de la Policía. Ya bien sujeto e inmovilizado por cuatro de sus secuestradores, el quinto abrió precipitadamente las puertas del coche en el que se habían trasladado y que iban a usar para tal menester, un rudimentario... ¡Peugeot 205!, azul, matrícula M-0222-GB, que todavía hoy utiliza la Embajada cubana. El griterío histérico de la gente enervaba progresivamente a los cinco miembros del G-2, que empezaban a no dar pie con bola, sobre todo teniendo en cuenta que acababan de descubrir en ese preciso momento que el reducido tamaño del vehículo que habían escogido para tan importante operación presentaba un serio problema locativo: intentar introducir al disidente cubano, que medía dos metros de altura y estaba bastante obeso. No había manera... ni siquiera hecho un ovillo. Aquello podía muy bien ser un «vídeo de primera» galardonado por aclamación popular con el primer premio o una película de Cantinflas o del Gordo y el Flaco, pero todavía quedaba el remate final de la tragicómica escena. Aparecieron en el instante estelar varios hombres que impidieron definitivamente el laborioso secuestro. Aunque pueda parecer increíble, Eduardo Araoz había planificado el rapto justo delante del piso donde el CESID tenía una de sus escuelas. Sencillamente, ya era demasiado, y los cinco aprendices de secuestradores tuvieron que abandonar España, si bien nunca se dio publicidad a sus nombres.

Habían violado literalmente todas las normas no escritas de la lógica del espionaje y de las relaciones diplomáticas, pero el CESID tuvo todavía que esperar unos meses para poder dar la justa respuesta a un acto tan vergonzante y chapucero. La Contrainteligencia siguió vigilando a los espías cubanos para que no volvieran a pasarse, lo que no le resultaba demasiado difícil, dado que tenía localizadas la mayor parte de sus pantallas en Madrid, entre las que destacaba el Banco Nacional de Cuba, en la calle Concha Espina; Viajes Guamá, en el paseo de la Habana 28; Cubana de Aviación, en Princesa 25; y las viviendas de agentes en Víctor Andrés Belaúnde 25 y Potosí 11.

Los cubanos intentaron después en varias ocasiones acabar con la vida de Armando Valladares, una de las cabezas más representativas de la oposición cubana. Por suerte, la Contrainteligencia estuvo atenta y pudo desbaratar a tiempo todos los intentos. La última ocasión en que lo pretendieron tuvo lugar en 1989. Ricardo Fernández, un joven en edad militar, llegó a España con la orden expresa de los hombres de Fidel Castro de ejecutar al disidente. Nada más pisar suelo español fue a contactar con los disidentes en Madrid para pedirles ayuda porque quería huir de la dictadura cubana:

—Tengo miedo a que si se enteran en la Embajada quieran liquidarme.

—No te preocupes —le dijo uno de los disidentes—, nosotros nos encargaremos de que eso no pase.

—Pero es que Fidel no perdona.

—Tú ponte en nuestras manos y tranquilízate.

—¿Y conseguiréis que pueda ir a Miami?

—Eso es más complicado, pero lo intentaremos.

—¿Qué será de mi familia?

Parecía verdaderamente un joven bueno e indefenso que necesitaba ayuda, y ellos se volcaron en dársela, como a tantos cientos de compatriotas hartos de Fidel. Durante las primeras semanas nunca le dejaron solo, pero después se normalizó la situación y comenzó a desenvolverse por la ciudad con total libertad. De pronto, el hombre empezó a comportarse de una manera extraña. Hacía preguntas sospechosas y parecía haber perdido el miedo inicial. Los disidentes, acostumbrados a que el G-2 les coloque infiltrados continuamente, comenzaron a desconfiar y le denunciaron al CESID. El seguimiento demostró que era un joven inexperto y peculiar, que efectivamente se comportaba de una manera bastante inusual. Pasados unos días le pidieron que les acompañara a un piso operativo, donde le interrogaron y registraron sus pertenencias. En su agenda aparecía el teléfono 2.50.44.75, que correspondía a un diplomático cubano que vivía en la calle Víctor Andrés Belaúnde número 25. Al poco tiempo de comenzar el interrogatorio lo «cantó» todo:

—Era mi contacto en España.

—¿Has hablado con él?

—Sí, en varias ocasiones. Pero, por favor, no me devuelvan a Cuba, les contaré lo que quieran, pero no me envíen allí.

—¿Qué hacías en España?

—Tenía que silenciar a Armando Valladares, me obligaron a hacerlo… tenía que llamar a ese número de teléfono y limitarme a decir que era Saúl.

Fue un escándalo más que tampoco enturbió las relaciones del G-2 con el CESID, para lo que todavía habría que esperar al verano de 1990; en aquella ocasión Fidel Castro no puso en el platillo de la balanza todos los mimos que le dispensaba el Gobierno español y montó una agria polémica cuando nuestra Embajada en La Habana acogió a varios cubanos que solicitaron asilo político. Felipe González se hartó, y entre las represalias adoptadas incluyó una que afectaba directamente a Emilio Alonso Manglano:

—Se acabó la libertad de acción de los cubanos en España. A partir de ahora les daremos el mismo trato que ellos a nosotros.

Esa orden supuso el pase a la clandestinidad de los hombres del G-2 y el comienzo de una serie de represalias. El primer derechazo lo recibieron al poco tiempo, durante el mes de septiembre. Por vía diplomática, el Ministerio de Asuntos Exteriores comunicó a la Embajada cubana que disponía de un amplio *dossier*, con todo tipo de pruebas, sobre las actividades ilícitas en España de uno de sus ciudadanos: José Baujasán Marrani. El jefe de la antena del G-2, que había sustituido al organizador del impresentable rapto en el paseo de la Castellana, había hecho de todo en Madrid, como su antecesor, pero le expulsaron por realizar operaciones económicas ilegales con dólares.

La diplomacia cubana pensó que era una pequeña venganza y que todo acabaría allí, pero nada más alejado de la realidad. Agentes de La Casa estuvieron durante los siguientes meses persiguiendo, más que siguiendo, al nuevo jefe del G-2, Pedro Vicente Gómez, un duro con la cobertura de tercer secretario de la Embajada y al que los exiliados llamaban con temor «cara de piña», por su parecido con el depuesto presidente panameño Noriega. Aunque algunos aseguran que hasta le colocaron micrófonos en el colchón de la cama, lo cierto es que todos los días dos agentes, subidos a un coche camuflado, le esperaban en la puerta de su casa en la calle Potosí 11 y le seguían por la ciudad cuando se desplazaba en su Peugeot 205 plateado (¡vaya fijación la de los cubanos!), matrícula CD 1855. El 23 de diciembre de 1990 tuvo que abandonar España rumbo a La Habana. Dos días antes, un funcionario de Asuntos Exteriores avisó a su embajador de que le sacaran voluntariamente del país en cuarenta y ocho horas, «por realizar actividades que no tenían relación con su estatus diplomático».

—En caso contrario, daremos una orden oficial de expulsión.

Las represalias llegaron hasta el extremo de que el G-2 tuvo que designar como jefe de antena a Feliciano Díaz Pacheco, secretario de la delegación. Llevaba mucho tiempo en Madrid, pero de inteligencia sabía muy poco. El CESID ni siquiera se ha molestado en expulsarle. No obstante, por si Fidel Castro arremete nuevamente contra España, ya se ha elaborado un informe sobre sus actividades delictivas.

Notas

1. Ignacio Cembrero, «Exteriores protesta por el viaje sin autorización de un diplomático soviético», *El País,* 4 de diciembre de 1989.

2. Fernando Delgado, «Un búnker a prueba de espías», *Época,* febrero de 1989.

8

Servicios de información occidentales

*E*l restaurante El Horno de la Agüela es uno de mis favoritos en Madrid. Mi querido amigo Remigio Vacas, su director (humano y con don de gentes donde los haya), es posiblemente el segoviano que mejor cordero y cochinillo cocina en toda la capital. Agazapado detrás de la barra de madera (un antiguo altar de ermita) que separa y aleja a los clientes del entrañable horno de leña, diariamente repite, con su inagotable buen humor, el sagrado rito que le ha hecho acreedor de numerosas condecoraciones culinarias, incluso cruzando el charco: desmenuza los lechales en trozos y los introduce poco a poco en el fuego en la inconfundiblemente castellana fuente de barro, como si de ello dependiera la supervivencia del mundo. Y, desde luego, al comprobar los resultados uno puede llegar a admitir que es así. ¡Benditos resultados!

Aquel día del año 1991 no había en el local ninguno de los curiosos personajes que con frecuencia se medio esconden en algunas de las rústicas mesas arrinconadas y que pertenecen al mundo de la *progresía* política, el teatro y el periodismo. Cuando llegué ya estaban sentados esperándome el hombre y la mujer con quienes había quedado para comer en el restaurante de mi amigo Remi. La mesa, en una esquina apartada del local, era suficientemente discreta. La chica era mi compañera de semanario Isabel Durán y el hombre era un miembro de la Comisaría General de Información del Ministerio del Interior.

La comida transcurrió tranquilamente entre risas y comentarios que nada tenían que ver con los temas policiales. Nuestra fuente se puso ciego de cordero, ensalada de lechuga y tomate y vino tinto de la Ribera del Duero. Después de muchas comidas de trabajo, he descubierto que la forma de hacer feliz a un hombre que ha sobrepasado los cuarenta años es ofrecerle un buen trozo de cordero o un par de huevos fritos con chorizo, precisamente lo primero que su mujer le ha retirado para cuidar sus primeros achaques de estómago o, si tiene la suerte de no tenerlos, al menos para prevenirlos.

A medida que transcurría el almuerzo, el tema principal de la conversación se fue centrando en las medidas de seguridad que el Ministerio del Interior estaba adoptando de cara a la celebración en Madrid de la inminente Conferencia de Paz sobre Oriente Medio. De pronto, el policía se quedó perplejo, con las facciones congeladas, y saludó a duras penas con la mano a un hombre que estaba sentado en una mesa situada en mitad del restaurante.

—¿Qué pasa? —le dije sorprendido por su repentino cambio de gesto.

—No miréis ahora. Esos dos que están sentados en la mesa… uno con cara occidental y otro con aspecto de árabe. Pues al primero le conozco, y me extraña que esté comiendo aquí, porque no es su zona.

—¿Quién es? —preguntamos al unísono Isabel y yo embelesados, mientras apartábamos los ojos de los sorbetes de limón con champán que la camarera acababa de colocar con diligencia encima de la mesa.

—Se llama Moisés Bensisuan y es uno de los agentes del Mossad que más tiempo lleva en España.

Minutos después, el judío, acompañado de su extraño interlocutor, abandonó el restaurante sin despedirse de nuestra fuente, que pasó el resto de la comida pensativo. Un agente del Mossad comiendo con un árabe, posiblemente perteneciente a un servicio secreto antisemita, a pocos días de la Conferencia de Paz de Oriente Medio era una situación bastante mosqueante. Para sacarle del éxtasis en el que se había sumido al descubrir por casualidad la reunión secreta, hice un cambio de tercio sacando al ruedo la participación de la

CIA en la seguridad de la Conferencia. El policía pareció salir de su atontamiento.

—Esos sí que están en todas partes, hasta donde menos te lo imaginas.

—Pero, ¿tú crees que son peligrosos?

—Son capaces de cualquier cosa...

Y habló y habló entre divertido y apasionado explicando anécdotas curiosas y detallando críticas mordaces que, pasados unos minutos, dejé de escuchar. Sus palabras habían avivado mis propios recuerdos, y uno muy especialmente. Yo sabía que en muchos países se piensa que los agentes de «La Compañía» están en todas partes, que allí donde hay un interés norteamericano, hay un hombre de la Agencia, pero hasta que no lo comprobé personalmente no me lo creí.

Fue en noviembre de 1985, durante el viaje que un grupo de periodistas especializados en información de defensa realizamos a los Estados Unidos para asistir a la entrega al Ejército del Aire del primer cazabombardero F-18A. Posteriormente, y aprovechando que estábamos en San Luis, la sede de la principal fábrica de la McDonnell-Douglas, la Embajada norteamericana nos invitó a recorrer durante ocho días diversas ciudades, visitando bases militares y las más importantes instituciones políticas.

Los periodistas de los medios de comunicación más importantes de Madrid (Juan José Vega, Braulio Calleja, Ricardo Lenoir, Alberto Pozas, Kepa Conde, Luis Reyes, Enrique Montánchez, José María Iglesias, José Antonio Vera, Ana Isabel Pereda y yo) nos conocíamos bastante bien, éramos amigos desde hacía tiempo y no perdimos la oportunidad de disfrutar lo máximo posible. Tras varios días de entrevistas en la Secretaría de Estado y en el Pentágono, decidimos inocentemente introducir por nuestra cuenta pequeñas modificaciones en el estricto programa que la USIA, la Agencia de Información de los Estados Unidos, nos había preparado.

Todo consistió en sacar más tiempo para visitar las ciudades por las que pasábamos y saltarnos alguna que otra reunión previsiblemente aburrida y carente de cualquier interés. Ahí comenzaron los quebraderos de cabeza de los guías que nos acompañaban. De ser el típico grupo de sumisos encantadores pasaron a considerarnos unos periodistas complicados y un tanto ácratas. Nunca sabían dónde estaba la mitad de la expedición (Luis Reyes seguro que en tiendas de soldaditos de plomo), y sus entonces inexplicables intentos de meternos en vereda fueron un rotundo fracaso. Más tarde cambiamos los soporíferos espectáculos que nos habían programado por visitas mucho más interesantes a tiendas de ropa o a Harlem.

Puede que alguien no comprenda muy bien los interminables sufrimientos a que sometimos a nuestros acompañantes norteamericanos. En definitiva, actuábamos como mucha gente lo habría hecho. Pero todo quedará más claro si pensamos que Robert Earle, consejero cultural de la Biblioteca Washington Irving, y el diplomático Robert Service, los dos hombres designados por la Embajada norteamericana en Madrid para acompañarnos durante la visita, no eran simples guías solícitos, sino destacados miembros de la estación de la CIA en Madrid.

Las extrañas relaciones CIA-CESID: espiar al Rey y a Felipe González

Don Juan Carlos era todavía Príncipe heredero y le faltaban dos años para ser coronado Rey. Al igual que las autoridades franquistas del momento, no mostraba excesivas preocupaciones por el espionaje telefónico, aunque su inacabable curiosidad tecnológica se dirigía también a conocer los sofisticados sistemas desarrollados por ingleses, americanos y judíos. En ese momento, uno de los organismos de contraespionaje encargado de evitar las escuchas y, al mismo tiempo, de realizar las necesarias para garantizar la supervivencia del régimen franquista era el Servicio Central de Documentación (Seced), creado por el teniente coronel José Ignacio San Martín.

Se acercaba la época en la que el Príncipe se iría de veraneo al palacio de Marivent, en Mallorca, rodeado de grandes medidas de seguridad. Un día, tres miembros del Seced fueron a visitarle al palacio de La Zarzuela para recomendarle simplemente precaución, porque muchos servicios de inteligencia extranjeros estaban interesados en conocer todos sus movimientos y sus opiniones sobre los acontecimientos que se estaban desarrollando en la España predemocrática. Don Juan Carlos no mostró reticencias y se dispuso a seguir los consejos que le dieron. Ya en su juventud, estudiando en la Academia General Militar de Zaragoza, dio pruebas de su permanente estado de «antiespionaje». El cadete Borbón le entregaba al peluquero de su confianza las cartas dirigidas a su padre para que las echara en cualquier buzón de la ciudad, fuera del recinto castrense. Sencillamente, no se fiaba de los mandos militares de la Academia, que le podían abrir el correo.

La reunión fue muy cordial, como inevitablemente sucede con Don Juan Carlos. El Príncipe les entusiasmó por su deseo de conocerlo todo sobre el duro trabajo del espionaje y mostraba un interés real (valga la redundancia). Los miembros del Seced le recomendaron la utilización de un secráfono para evitar las escuchas telefónicas.

—Los de Telefónica ya me han hablado de eso, pero me han recomendado no usar un equipo judío, porque los del Mossad lo pueden haber preparado en mi contra. Además, me han dicho que los mejores son los americanos.

A la salida de la reunión, mientras los hombres de San Martín le explicaban que la CIA estaba muy infiltrada en Telefónica a través de ITT, un equipo de detección de escuchas que les había acompañado a la Zarzuela descubrió «interferencias extranjeras», y los presentes se quedaron petrificados. Los agentes de la inteligencia norteamericana habían sido descubiertos precisamente cuando transmitían por las ondas que miembros del Seced acababan de reunirse en privado con el futuro rey.

Muchos años después, el 28 de enero de 1985, varios guardias civiles encargados de custodiar el palacio de La Moncloa descubrieron a dos turistas de a pie fotografiando a distancia la residencia del presidente del Gobierno. Que un extranjero quisiera llevarse un recuerdo con forma de fotografía de la Puerta del Sol o de la Puerta de Alcalá era algo lógico, pero irse hasta la carretera de La Coruña para retratar la residencia de Felipe González, y sin que nadie posara para la foto, no encajaba en ningún pensamiento mínimamente lógico.

Detuvieron a los dos hombres, con el aspecto de turistas descuidados que tienen todos los que llegan a España, como es natural, a hacer lo que les viene en gana despreocupadamente y luego largarse, y les trasladaron a la comisaría interior del palacio, donde los visitantes intentaron sin éxito convencer a los guardias de su presencia totalmente casual en el lugar. Vamos, que se habían montado la excursión por zonas universitarias y residenciales. Después de bastante tiempo de interrogatorio la situación se hizo muy tensa.

—Bien, eso no se lo cree nadie. Hablen de una vez y digan quiénes son realmente y qué están haciendo aquí.

Y la insistencia de la respuesta, que parecía marcada por ese perfil de *asertividad* machacona cuya búsqueda ha llegado auténticamente a plagar los divanes de los psicoanalistas norteamericanos de todo tipo de ciudadanos, desembocaba invariablemente en la misma explicación lechuguina, sellada por un inconfundible deje anglófono:

—Le repetiremos todas las veces que haga falta que nos gustó el estilo del edificio y queríamos hacerle una foto, simplemente. No sabíamos que estaba prohibido, ni mucho menos quién vive en la casa.

—¡Señor, qué estupidez! Aquí sigo esperando… lo que haga falta. ¡Venga, joder! Acabemos con esto… ¡¡pero ya!!

Aquel guardia civil, seguro que no tan experto en materia de psicoanálisis último modelo, empezaba a resultar un hueso difícil de roer. Aquello sencillamente comenzaba a apestar para los dos americanos y la paciencia se resintió seriamente:

—Pues nada, que yo soy Denis MacMaham, segundo secretario de la sección política de la Embajada norteamericana, y él es John F. Massey y pertenece al servicio civil de la base de Torrejón. Los dos tenemos estatus diplomático, ¡¿qué más?! —añadieron iracundos para poner punto final a la creciente presión que estaban recibiendo y evitar que el interrogatorio se alargara indefinidamente… Ya, francamente, no tenía ningún sentido.

Por si fuera una artimaña, Julio Feo, secretario del presidente, telefoneó inmediatamente a la delegación norteamericana, que confirmó todo lo que sus hombres habían narrado. De lo que no soltaron prenda ni ese día ni en las semanas siguientes fue de lo que hacían exactamente en las proximidades de La Moncloa. Investigaciones posteriores demostraron que los dos pertenecían a la estación Madrid de la CIA y que su objetivo era diseñar los planes que les permitieran introducir uno o varios agentes en el palacio para instalar micrófonos que les facilitaran información privilegiada sobre las actividades de Felipe González y, más concretamente, sobre la entrevista que en fechas próximas iba a mantener el presidente con Andrei Gromyko, ministro de Asuntos Exteriores soviético.

Si la estación Madrid de la CIA ha espiado a las dos más altas instituciones del Estado en estos casos probados, y desde luego en muchos otros que nadie conoce, huelga decir que el resto de los españoles somos blanco permanente de su apetito voraz por saberlo y controlarlo todo, absolutamente todo... lo que realmente les interesa. «La Compañía» está dirigida desde la llegada de Bill Clinton a la Casa Blanca por James Woolsey, un hombre serio y reservado de cincuenta y un años de edad que desembarcó en el puesto con la difícil e idílica misión de «proveer información libre de tendencias políticas». Algo que ha resultado imposible en todos los años de existencia de la CIA, con casos tan sangrantes como el «Watergate» y el «Irangate». Sobre este último, las investigaciones del prestigioso periodista norteamericano Bob Woodward[1] son suficientemente demostrativas de las implicaciones directas, desde el primer momento, de los hombres de «La Compañía» en la venta secreta de armas a Irán y en el envío de fondos a la Contra nicaragüense; estas investigaciones revelan la frialdad, casi chulesca, del todopoderoso director de la Agencia, en ese momento William Casey, que realmente contaba con muy pocas limitaciones en la realización de su trabajo:

«Regan, jefe de equipo de los ayudantes del presidente Ronald Reagan, le reveló a Casey que había sido descubierta una desviación de fondos hacia la Contra.

—¿Y qué vamos a hacer al respecto? —preguntó Casey; su rostro seguía impasible, indescifrable.

—Desde el primer momento pensé que la transacción de armas con Irán era algo, como suelen decir en Wall Street, "sin beneficio posible".

Una vez dada la información referida al desvío, todo el plan se haría público al día siguiente.

—Bueno, ¿te das cuenta de las consecuencias? —preguntó

fríamente Casey, y luego expuso el impacto que causaría tal re-
velación—: vais a destruir todo lo que se ha hecho con Irán y
posiblemente provocaréis la muerte de todos los rehenes. Irán
se enfurecerá por haber pagado de más por las armas. El Congreso se saldrá de sus casillas, incontrolable, y probablemente
cortará los fondos para la Contra.

—Puede que sea así… —replicó Regan—. Pero ¿cómo dia-
blos podemos seguir por más tiempo sentados sobre esta por-
quería? Quiero decir que es un desastre total… nos enfrenta-
mos a un posible acto delictivo.

—Espero que comprendas que, tú lo sabes bien, esto va a
causar bastantes contratiempos y a convertirse en una gran
noticia —replicó Casey.»

Otro detalle que demuestra el pavor que producen los métodos de la Agencia sobre todos sus enemigos, incluidos los
propios rusos, aparece claramente recogido en el libro del exagente soviético Ilya Dzhirkvelov[2] cuando asegura: «Todos los
miembros del Politburó y sus familias disponen de guardaespaldas para que los protejan de actos terroristas realizados contra ellos por parte de la CIA».

Pero todavía más escalofriante es la descripción que de las
operaciones de «La Compañía» realiza el único antiguo agente
que, sin ningún tipo de censura, se ha atrevido a narrar los
once años que sirvió a los intereses americanos. Philip Agee, a
quien sus antaño colegas han quitado el pasaporte estadouni-
dense y han conseguido que cinco países de la OTAN le expul-
sen de sus territorios, se hartó de tanta «basura» y contó acciones como la acaecida en Ecuador en 1960:

«El gobierno elegido se negó a romper las relaciones diplomáticas y comerciales con Cuba (nuestro principal objetivo en
aquella época) y, por eso, dimos dinero e instrucciones a la oposición política conservadora para que sembrara el caos y, de
esta forma, provocara una intervención militar. El presidente
fue derrocado y el vicepresidente ocupó su puesto. También él
se negó a romper las relaciones con Cuba, en vista de lo cual
ampliamos e intensificamos las provocaciones. Por último,
bajo la presión de los militares, rompió con Cuba. Pero su política tolerante en relación con lo que nosotros considerábamos
una creciente amenaza de la izquierda resultaba inaceptable.

Mantuvimos las presiones políticas y las provocaciones. Queríamos una represión sin paliativos de nuestros "enemigos". La obtuvimos cuando, en otro golpe, el presidente fue derribado por una junta militar. Detuvieron a cientos de personas, a menudo merced a informaciones facilitadas por nosotros, y muchas de ellas tuvieron que partir hacia el exilio».[3]

Tanto Woolsey como su antecesor William Webster, como todos los que han dirigido el brazo oculto más largo, siniestro y poderoso de los Estados Unidos, desde que fuera creada en 1947 la estación Madrid, que dirige las espectaculares redes desplegadas a lo largo y ancho de ciudades tan importantes como Barcelona, Bilbao o Sevilla, han mantenido un mismo sistema de actuación: saberlo todo a cualquier precio para intervenir en la política española en beneficio de los intereses norteamericanos. Y cada vez que el *pater familias* saca a relucir la tan traída y llevada tesis de «sus intereses vitales» (que en muchas ocasiones no lo son tanto), en cualquier rincón del mundo..., pues sencillamente hay que echarse a temblar, porque la cosa va en serio.

Durante el franquismo hicieron en territorio español lo que les dio la gana. Amparándose en todo caso en el famoso paraguas de la necesaria ayuda económica norteamericana y de su manipulador deseo de ser útiles e incondicionales aliados, se infiltraron prácticamente en todos los servicios de inteligencia de Franco, controlando gracias a ello, sin problemas ni percances, lo que sucedía en España, incluidos los pormenores más insólitos. En aquella fecha adquirieron el piso que durante muchos años les ha servido como base operativa secreta y que facilitó la tapadera perfecta a sus agentes más peligrosos. Situada en la calle General Sanjurjo, llamada actualmente José Abascal, era el centro de las reuniones con colaboradores españoles, que casi siempre por dinero les facilitaban información sobre las actuaciones en política exterior e interior que el Gobierno pensaba llevar a cabo. Otros, directamente, les filtraban los datos más interesantes sobre las actividades de los servicios secretos españoles. Cuando agentes del CESID descubrieron por fin, a finales de la década de los setenta, el siniestro piso tapadera, montaron una curiosa operación para controlar todas las entradas y salidas del edificio.

La cosa no era para menos. Varios agentes establecieron un turno en la elegante cafetería Las Bridas, ubicada junto al portal del edificio utilizado por la estación Madrid de la CIA y permanentemente frecuentada por gente bien. Así, mientras tomaban el *pelotazo* de rigor sentados a una mesa materialmente fundida al ventanal, vigilaban el incesante trasiego de espías americanos e, incluso, fotografiaban con discreción a todos los sospechosos. De forma que a cualquier persona curiosa no le era difícil contemplar la escena en la que un hombre gris sellado a una ventana interrumpía inesperadamente el susodicho *pelotazo* y salía de estampida a golpe de *corre que te corre* o acelerón insultante.

Fue precisamente tras la llegada de la democracia cuando los americanos presionaron intensamente, como solo ellos saben hacerlo, para que todo siguiera siendo igual, tal y como reza el catecismo yanqui y su principal corolario relativo al mantenimiento del *statu quo* favorable (algo así como… «nosotros seguimos siendo los amos del cafetal, aunque los negros sean ya libres»). Pero con la ansiada democracia las cosas cambiaron ligeramente, y por primera vez se puso límite a la excesiva libertad de acción de la CIA en España. El gran culpable de esa decisión fue Adolfo Suárez, que segó sus alas desde el primer momento, porque sabía que estaba en juego nada más y nada menos que la soberanía nacional. El brazo ejecutor de la nueva política del presidente del Gobierno centrista con respecto a la CIA fue su máximo hombre de confianza y ministro de Defensa en 1979, Agustín Rodríguez Sahagún.

—Esto de que los de la CIA hagan lo que les venga en gana en España con nuestra colaboración o pasividad, como usted prefiera, se ha acabado —le dijo Rodríguez Sahagún al general Mariñas pocas semanas después de nombrarle director del CESID.

—Entonces, ¿les paramos directamente los pies, a pesar de las represalias que puedan tomar?

—Con discreción, general, con mucha discreción. Pero que dejen de abusar. Esto ya no es la dictadura del general Franco.

Pocos meses después, desde la Embajada norteamericana se presionaba con diplomacia sibilina al que sería años después uno de los mejores alcaldes de la capital para que cesara a Mariñas y a otros jefes de área del recién creado CESID, sin saber que precisamente actuaban siguiendo las órdenes impartidas personalmente por el mismo Rodríguez Sahagún.

—A mí me parece que están actuando perfectamente y pienso felicitarles por ello.

Desde ese momento, la CIA se vio compelida a tratar con el CESID con menos prepotencia, aunque siempre mantuvo sus enormes aires de grandeza, algo sencillamente inevitable. Pero llegó el punto culminante: la designación de Manglano años después como jefe del espionaje español, que fue espléndidamente acogida por los americanos. Cuando en julio de 1982 llegó a Madrid Richard Kinsman para desempeñar el mando de la estación, pronto le informaron de que su colega español era un zorro muy listo, quizá demasiado…, pero también le notificaron su simpatía por Norteamérica, y eso era determinante.

—Está casado con Susana Lord Williams, una mujer enamorada de su país de origen, los Estados Unidos. Allí pasan una temporada todos los años con su hijo en el ambiente que más les gusta.

De este modo, las relaciones fueron tan sinceramente cordiales desde el primer momento que algunos consideraron que la CIA había recuperado todo el poder que había perdido en los años anteriores. Manglano y Kinsman se reunieron por primera vez en el despacho del propio director del CESID cuando los dos llevaban poco tiempo en el puesto.

—Queremos que la colaboración entre los dos países sea lo más importante posible —dijo Kinsman, consciente de que Manglano acababa de ocupar un año antes uno de los puestos más difíciles y complicados de la Administración española, donde o te luces o te llega el deslucimiento antes que a nadie.

—Estamos dispuestos a eso, comenzando por colaborar en los asuntos que afectan a los dos países, no limitándonos a contactos periódicos, que están bien, sino a profundizar en un mutuo conocimiento que nos lleve a mejorar las relaciones.

—Eso nos satisface enormemente, porque de verdad creemos que podemos ayudarles mucho. Mi director, de hecho, me ha pedido que le transmita su deseo de que trabajemos en este sentido, y su cordial disposición para que cuando lo considere oportuno sea su invitado de excepción en Langley.

El centro neurálgico del espionaje mundial, la casa de espías por antonomasia. Desde aquel día, Manglano ha acudido en varias ocasiones allí, donde se ha reunido con el director y altos cargos de la CIA y ha recibido todo tipo de información sobre sus despliegues, métodos y técnicas más avanzadas. A su mujer y a él les encanta francamente el trato de *vips* de alta categoría que reciben cada vez que pisan suelo americano. En el país de las hamburguesas de plástico, y mujeres y hombres de lo mismo (pues no hay nación en el mundo que se prodigue más en dentaduras celestiales, hilo de oro y prótesis con cualquier argumento), siempre les espera en el aeropuerto una impresionante limusina de «La Compañía» y varios agentes que previamente han notificado a las autoridades aduaneras que esos distinguidos visitantes no pasarán el control de pasaportes.

En una ocasión, en 1989, y como muestra de sus buenas relaciones y mejor predisposición, William Webster, siendo jefe de la CIA, incluyó a España dentro de uno de sus aclamados (naturalmente *sotto voce*) periplos por la Europa espía. En la visita secreta y relámpago se entrevistó con su amigo Manglano y, cómo no, con el omnipresente Rafael Vera, secretario de Estado para la Seguridad. Sin embargo, al aeropuerto de Barajas acudió un solitario Manglano, quien ni mucho menos era partidario de dejar a su amigo en las toscas y frías manos del Ministerio del Interior.

La colaboración entre los dos servicios de información no solo se centra en materias puntuales sobre el espionaje en las que sistemáticamente intercambian conocimientos. En realidad va mucho más allá. Las academias de la CIA son los principales centros de instrucción de los oficiales de inteligencia y guardias civiles del Centro que asumen importantes responsabilidades o que desarrollan trabajos de alto riesgo, como pueda ser el caso de los miembros del Grupo de Apoyo Operativo del CESID. De entre todas esas academias destaca el Centro de Guerra Especial de Fort Bragg, en Carolina del Norte, en el que se imparten las doctrinas más avanzadas sobre control psicológico del enemigo en todo tipo de confrontaciones.

La CIA dispone en España de una potente red integrada por varias decenas de agentes *full time,* entre los que destacan funcionarios de la Embajada de Estados Unidos de diversa categoría, por supuesto con inmunidad diplomática. Esta suele ser la vía más utilizada por todos los espías del mundo, pero, naturalmente, el caso norteamericano goza de muchas más facilidades que los demás a la hora de asentar a sus agentes y otorgarles la tapadera perfecta, factor en el que desempeñan un papel fundamental los tradicionales lazos de amistad y cooperación con nuestro país. Así, otros agentes se distribuyen en puestos civiles en las bases estadounidenses en España, contando durante muchos años la base de Torrejón con el mayor número de ellos, hasta que tuvieron que abandonarla tras su cierre como consecuencia del referéndum sobre el ingreso de España en la OTAN. Los demás aparecen en la nómina de las empresas multinacionales con delegación en España, en las que suelen desarrollar un trabajo que les obliga a estar en la calle durante muchas horas. Todos persiguen básicamente un fin: enviar a la Administración Clinton la mayor información posible de primera mano, para que tome ventaja en sus iniciativas empresariales y diplomáticas con respecto a España.

Precisamente las multinacionales norteamericanas se han convertido en las principales tapaderas de la CIA en territorio español tras el derrumbamiento del Telón de Acero y el cambio de rumbo político en la extinta Unión Soviética, ahora CEI. Las poderosas empresas yanquis, en la actual era de distensión mundial y de feroz competitividad comercial y económica, se han dado cuenta de que uno de los grandes problemas existentes es el espionaje industrial, cuyo control les cuesta anualmente más de diez billones de pesetas. Por esta razón, albergan en su seno a los mejores agentes de la CIA, que desdoblan su función, es decir, que además de realizar su labor de espionaje en el país extranjero en el que residen llevan a cabo incesantemente trabajos de contraespionaje industrial en los que aplican con todo su rigor la temible (especialmente cuando está en sus manos) regla del «todo vale».

Y mientras todo esto ocurre, las relaciones de Manglano con la CIA son inmejorables. El trasiego de altos cargos del espionaje español y norteamericano de Madrid a Langley o viceversa no tiene fin, y en el caso de Manglano, el hombre al que Estados Unidos abre sus puertas con todos los honores que se merecen las personalidades más distinguidas, cristaliza invariablemente en reuniones tan secretas como amigables. Con todo, la demostración más clara de las estrechas relaciones entre Manglano y la CIA tuvo lugar poco tiempo después del referéndum de entrada de España en la OTAN, siendo embajador de los Estados Unidos George Zapala. En una pequeña y discreta sala del recinto diplomático norteamericano, situado en la céntrica calle de Serrano, menos de una veintena de invitados elegantemente vestidos se dieron cita una mañana, poco después del mediodía. Con la bandera estrellada norteamericana presidiendo el acto, acompañada de una roja y gualda española colocada minutos antes, Emilio Alonso Manglano apareció con su gesto frío y altanero de siempre. No fue invitado ningún periodista español, porque se pretendía que el acto fuera un íntimo reconocimiento de la Administración norteamericana a la labor de un español muy especial: el director del CESID. Las razones de ese reconocimiento no se explicaron en ningún momento y todavía hoy se desconocen. Entre los asistentes españoles el rostro más conocido era el del expresidente del Gobierno Leopoldo Calvo Sotelo. Cuando el embajador americano apareció en la sala, estrechó la mano de los escasos presentes y se situó a la derecha de Manglano, el invitado de honor. Entonces tomó la palabra:

—Las dos grandes decisiones que ha tomado el actual Gobierno español han sido la entrada de su país en la OTAN y el nombramiento del general Alonso Manglano, a quien ahora queremos reconocer sus méritos para mejorar las relaciones de los dos países imponiéndole la Legión del Mérito.

Tras las felicitaciones, se sirvió una copa en la que la mayor parte de los presentes pudieron escuchar las palabras que Calvo Sotelo le dirigía a Zapala:

—Usted tiene razón al hablar del acierto de las decisiones de entrar en la OTAN y nombrar al general Manglano, pero permítame que le corrija, porque no fueron tomadas por el Gobierno de Felipe González, sino por mí.

Manglano y todos los presentes han guardado celosamente el secreto de la imposición al jefe del espionaje español de la más alta condecoración norteamericana a los extranjeros, no fuera que la opinión pública española la malinterpretara.

El selecto club europeo de amigos de Manglano

En los servicios secretos de todo el mundo se enseñan tres premisas impactantes a los agentes novatos para que se las graben bien en la memoria y sean el motor que les ayude a sobrevivir en un ambiente tan difícil y enrevesado: «No te puedes fiar de nadie, no hay que creer lo que no se puede comprobar y cualquiera es capaz de cualquier cosa». Emilio Alonso Manglano no ha mandado esculpir estos tres mandamientos consustanciales a la vida de un espía en la entrada de su despacho, posiblemente porque no le hace falta exponer públicamente lo que todos sus colaboradores ya saben de antemano que son los principios que guían su trabajo. Ahora bien, lo que en el director tiene más mérito es la brillante conjunción de esa forma de actuar tan absolutamente desconfiada con un despliegue de relaciones públicas espectacular, agresivo y sin fronteras. Si con la CIA, el todopoderoso hermano yanqui, ha conseguido limitar en lo posible la tradicional relación de servilismo, obteniendo para España las mayores contraprestaciones posibles, con las agencias europeas, más cercanas y con un trato de igual a igual, ha contribuido personalmente a crear un círculo de influencia y colaboración que está dando estupendos resultados.

Tal vez el ejemplo más curioso sea el de Suiza. Este pequeño país, aparentemente al margen de las guerras internacionales del espionaje (en general al margen de toda guerra que no sea estrictamente comercial), tiene entre sus múltiples cualidades en los negocios internacionales la capacidad de fabricar equipos de alta calidad y un sinfín de prestaciones para luchar contra todo tipo de pinchazos telefónicos. Una de sus mejores empresas, Crypto Age, figura entre las máximas especialistas en articular complicadísimas claves numéricas que evitan que intrusos indeseables puedan enterarse de los fax que se entrecruzan sistemáticamente los jefes de Estado o de las conversaciones telefónicas que mantienen los directores de dos importantes multinacionales. Las buenas relaciones del CESID con la inteligencia del país helvético han permitido que Hans Bühler, el representante internacional de Crypto Age, tenga una considerable libertad de acción y trato de mimo en suelo español. Tal era la confianza que tenía con él La Casa que, guiado por la típica tacañería de los organismos públicos, aquella cometió a principios de 1992 un gran fallo. Los agentes españoles sabían que una embajada extranjera en España usaba uno de sus sofisticados equipos, y para poder enterarse de lo que transmitían, aunque todavía no disponían del sistema de claves secreto, necesitaban urgentemente conocer el mecanismo de funcionamiento de dicho equipo.

—Señor Bühler, queremos que nos venda un modelo concreto de sus equipos de encriptación.

—¿Lo van a usar ustedes?

—Por supuesto. ¿Por qué si no se lo íbamos a querer comprar?

—Pues es que, si es para ustedes, necesitarán comprar dos, dado que si tienen uno solo no les va a servir para nada, porque podrán enviar mensajes, pero no recibirlos —cosa que evidentemente conocían nuestros espías, que parecían más ansiosos por conseguir precios de saldo que por evitar meter sonoramente la pata.

La nula discreción de los espías españoles en el asunto se vio acompañada meses después por una apoteósica falta de reacción cuando su querido amigo Bühler fue detenido en Irán. La causa fue simple y llanamente la de desarrollar en el país de los *ayatollahs* el mismo trabajo que hacía en España y en el resto de los países europeos con absoluta libertad: vender alta tecnología para evitar las temidas escuchas. Sin embargo, en Irán le acusaron de espionaje y le mantuvieron cruelmente encerrado durante nueve largos meses. En las primeras semanas de dictatorial cautiverio el pobre hombre llegó a perder treinta kilos de peso, debido a la presión psicológica a la que fue sometido y a las condiciones de vida que debió soportar estoicamente: una celda de dos metros de ancho por tres de largo, teniendo que dormir en el suelo con dos mantas como único lecho, y repugnantes almuerzos a base de arroz y patatas. Cada día, durante aquella tortuosa experiencia, fue sometido a interminables interrogatorios de más de tres horas, en los que cada vez sus interlocutores eran distintos. Le acusaban de mantener contactos ilegales con militares y de ser un alcohólico redomado, un pecado imperdonable en un país islámico, máxime en época de Ramadán.

—Lo único que hice fue darle 150 dólares a un militar para su familia enferma, y el día antes de mi detención bebí un vaso de vodka con Coca-Cola en casa de un amigo —rezaban como patéticos lamentos las infructuosas explicaciones del entrañable Bühler.

Fue una experiencia amarga para este hombre de negocios suizo, a quien parece que no sometieron a malos tratos físicos durante su desagradable estancia en Irán, pero que llegó a recibir diversas amenazas de muerte, absolutamente creíbles en un país tan poco respetuoso con los derechos humanos. Después de los nueve eternos meses, la presión internacional facilitó que se le concediera la libertad condicional previo pago de una fianza de un millón de dólares. Tras su regreso a Zúrich, Bühler realizó diversas declaraciones que suscitaron cierto desasosiego en los servicios de información occidentales: en ninguna de ellas mencionaba ni mínimamente el contenido de las respuestas que fue obligado a dar durante centenares de horas de interrogatorios a que fue sometido en uno de los países más perturbadores de Oriente Medio.

En España, el CESID, como era de esperar, conocía hasta el mínimo detalle del oscuro suceso, pero no hizo nada al respecto, a pesar de que sabía que la detención de Bühler por un régimen tan inquietante como el de Irán podía poner seriamente en peligro la seguridad del Estado. Los sistemas técnicos que garantizaban la inviolabilidad de las transmisiones del Rey don Juan Carlos habían sido escrupulosamente montados hacía años por el propio Bühler, el mejor en lo suyo, que conocía al detalle los equipos que utilizaba y su pormenorizado funcionamiento. Hasta cualquier lerdo podía darse cuenta de que, después de permanecer tanto tiempo entre rejas, la policía secreta iraní le habría exprimido todos los extremos sobre los sistemas de protección de las comunicaciones que había instalado en Europa, y entre ellos, sin lugar a dudas, los del Rey de España.

Sin embargo, tuvo que ser Miguel Angel Gallardo, uno de los mejores peritos criptógrafos del país y amigo personal de Bühler, quien, ante la desidia del CESID, escribiera una «carta caliente» a Sabino Fernández Campo con el fin de que se adoptaran inmediatamente en La Zarzuela las medidas de precaución convenientes ante la posibilidad, mucho más real que hipotética, de que el régimen iraní pudiera intervenir las conversaciones más privadas del Monarca.

Si con Suiza las relaciones son cordiales, con los servicios secretos más importantes de Europa son especialmente buenas. Con Italia alcanzaron su punto álgido cuando Fulvio Martini fue designado director del Servicio de Información y Seguridad Militar (SISMI), puesto que ocupó hasta mediados de 1991. Manglano y él se entendieron a las mil maravillas, y ambos llegaron a un nivel óptimo de intimidad que no alcanzaron con otros directores de servicios. De hecho, la mujer de Martini, una italiana morena, francamente guapa y con mucha distinción, mantuvo una estrecha amistad con Susana Lord, la esposa del director del CESID. Era fácil verlas juntas de compras por exclusivas calles de Roma o de Madrid, mientras sus maridos departían sobre aburridos temas de inteligencia.

El almirante Martini es frío, duro y rígido, como Manglano. Tiende a no fiarse de nadie, y especialmente de los comunistas, como Manglano. Ve conspiraciones por todos lados, como Manglano. Y tiene pocos amigos a los que abrir su corazón sin cortinas tupidas que escondan sus verdaderos sentimientos, como Manglano. Tanto parecido, en lugar de distanciarles, les unió definitivamente y facilitó un nivel insólito de colaboración. El servicio secreto italiano y el español, bajo las órdenes de ambos, han alcanzado una llamativa convergencia en sus fines, métodos y personal. Su enemigo tradicional ha sido la Unión Soviética. Su gran alianza, la OTAN. Su acuciante problema interno por resolver, el terrorismo. Por desgracia, también se parecen en las inquietantes vinculaciones que mantuvieron con movimientos de extrema derecha, un sector de los cuales trabajó coordinadamente en España e Italia durante la década de los setenta, alcanzando una triste y desagradable fama con «la matanza de Atocha».

Pero no es menos cierto que en los últimos años los dos superespías han conseguido poner punto final a la discreta y eficaz ayuda que algunos de sus agentes prestaban a los grupos fascistas de los dos países, al mismo tiempo que han aumentado la intensidad de la colaboración en la persecución de las oscuras tramas financieras de la Mafia, sobre todo a través de sus ocultas redes para blanquear dinero en Andalucía. No obstante, como mejor ha funcionado la relación ha sido a través del hilo directo que han mantenido Martini y Manglano, intercambiando datos valiosísimos cuando detectaron la campaña del KGB para vender en Occidente la imagen impoluta y modernista de Gorbachov o la polémica suscitada por el descubrimiento en Italia de la «red Gladio», que acusaba a los servicios secretos de la OTAN de juego sucio contra los partidos comunistas europeos legalmente constituidos.

Si el servicio secreto italiano es el mejor aliado europeo de La Casa, el belga no se queda muy atrás. El gran amigo de Manglano y de los espías españoles durante los últimos diez años ha sido Albert Rice, que mandó en Bélgica los servicios de seguridad del Estado. Al contrario que Manglano o Martini, hombres de grave compostura y estudiados ademanes, como corresponde a los altos funcionarios del Estado, Rice es un espía que responde mucho más al prototipo de los extravertidos y polifacéticos agentes que aparecen en las películas. Exageradamente vivaz y simpático, distendido en el trato y de una picardía avalada por los que le conocen en sus relaciones con el sexo opuesto, su cabeza funciona como un auténtico cerebro electrónico escondido en una caja de máxima seguridad cuyo proceso de datos contiene altos secretos de Estado sobre los últimos años del franquismo, la transición y la democracia española. Nunca Manglano le podrá pagar suficientemente su ayuda para que el CESID disfrutara de los privilegios de pertenecer a la comunidad de la inteligencia de la Alianza Atlántica, incluso antes del ingreso oficial español.

Entre los cordiales amigos de La Casa también hay que citar en lugar destacado a los franceses, con los que Manglano mantiene, a pesar de todo, una turbulenta relación de amor y odio motivada en gran medida por la vecindad, que en algunas ocasiones distancia más que une. Su principal contacto en los últimos años ha sido Bernard Gerard, cabeza de la Dirección General de Vigilancia del Territorio. El gran problema entre los dos servicios tiene tres letras: ETA. Con tenacidad no exenta de infinita paciencia, el Centro ha ido consiguiendo convencer a sus colegas franceses de que les ayudaran en dos terrenos: la entrega de los etarras y la concienciación de la opinión pública francesa de que los miembros de la banda armada son unos monstruosos delincuentes sin escrúpulos. En el primer aspecto, Bernard Gerard fue muy claro cuando un miembro de los cuerpos de seguridad españoles le recriminó en 1991 la escasa colaboración que prestaban en materia terrorista:

—Usted debería saber que en secreto les hemos entregado a algunas personas [miembros de ETA].

En las campañas internacionales de desinformación, una de las tareas prioritarias del CESID en la lucha antiterrorista, la ayuda francesa ha sido importantísima. Con un plan de diseño español, los franceses han colaborado para que llegaran a sus compatriotas con el mayor relieve posible los datos que demostraban que para la cúpula de ETA el suelo francés únicamente era útil como fórmula de protegerse «de la consolidada democracia española». De esta forma, informaciones como el pago de fuertes sumas de dinero por parte de la dirección de la banda armada a ciudadanos vasco-franceses a cambio de que ocultasen en caseríos y locales arsenales mortíferos de armas y explosivos, producidas en octubre de 1992, fueron ampliamente difundidas por la prensa gala, gracias a las discretas artes del servicio secreto francés, que trataba definitivamente de restar simpatía a los asesinos etarras entre sus ciudadanos.

Bastante más frías, como corresponde a mentalidades completamente opuestas, casi enfrentadas, son las relaciones de Manglano con los habitantes de Curzon Street y de Century House, conocidos internacionalmente como MI5 y MI6. El espíritu de servicio de información de élite que tienen los ingleses (el tercero en importancia mundial según los expertos, tras la CIA y el KGB) les ha llevado a intentar relacionarse con los españoles desde una postura de superioridad que al CESID le provoca un permanente estado de cabreo sordo. De hecho, cuando Manglano organiza alguna cumbre de espías no suele invitar a los británicos, precisamente por ese carácter altanero que tanto hiere su susceptibilidad, aunque nunca lo reconozca.

Uno de los peldaños en la escalera de tensión bilateral que muestra cómo es realmente el cuadro de las relaciones entre británicos y españoles ocurrió a principios de 1992, cuando por casualidad la opinión pública española y el CESID se enteraron al mismo tiempo de que un grupo de militares británicos destinados en el conflictivo peñón de Gibraltar estaba realizando prácticas de escalada en Granada, así como el que no quiere la cosa, sin autorización previa del Gobierno de Felipe González. El embajador inglés, Robín Fearn, se encontró el 5 de abril en la tesitura de tener que dar la cara en una desagradable cita en el palacio de Santa Cruz. Realmente habría pagado lo que fuera con tal de no acudir.

—Le pedimos oficialmente que cesen de inmediato los entrenamientos que militares de su país están realizando en Granada sin autorización de nuestro Gobierno.

Paralelamente, Luis Calero, jefe del Área de Países Occidentales de la División de Contrainteligencia, le mostró su malestar al jefe de estación del MI6 en España, sobre todo después de que el diputado de Izquierda Unida, Antonio Romero, dejara en evidencia al Centro en el Congreso de los Diputados, durante una comparecencia del ministro de Asuntos Exteriores, Francisco Fernández Ordóñez:

—Es llamativo que el director del CESID, Emilio Alonso Manglano, no tuviera noticias del cruce de la *verga*.

Las carcajadas estentóreas entre los diputados y asistentes a la sesión del Congreso por el cómico lapsus de Romero fueron aprovechadas por el dirigente de IU para añadir con impecable buen humor:

—La verdad es que nos la han colocado los ingleses en este tema, porque es esperpéntico que los servicios de seguridad españoles no detectaran el cruce de la verja por parte de militares británicos.

Al igual que con Francia, la colaboración entre Gran Bretaña y España está centrada prioritariamente en el tema del terrorismo, sobre todo en lo que respecta a las ramificaciones internacionales de ETA y el IRA y al activismo árabe. Con este fin, los dos países son miembros destacados de las redes «Kilowatio» y «Megatón», que, integradas también por Alemania, Bélgica, Canadá, Dinamarca, Estados Unidos, Francia, Grecia, Holanda, Irlanda, Italia, Luxemburgo, Noruega, Suiza, Suecia e Israel (solo a la primera), se dedican al permanente intercambio de información sobre el terrorismo árabe y europeo, respectivamente.

Su funcionamiento es muy simple. Dos télex instalados en la sede central del CESID están a la espera de cualquier mensaje las veinticuatro horas del día. A ellos llegan notificaciones individuales procedentes de Francia anunciando que del aeropuerto de Orly viaja hacia Madrid un hombre sospechoso de colaborar con ETA. O mensajes procedentes de Italia, esta vez dirigidos a todos los integrantes de la red, pidiendo ayuda para localizar a un terrorista en paradero desconocido perteneciente al IRA. O también, un aviso general del Mossad a todos los miembros en el que se ofrece la descripción física de varios árabes pertenecientes al grupo terrorista Yihad Islámica, que planea atentar contra intereses judíos en Europa. Todo un exhaustivo sistema de comunicación que demuestra que la unión hace la fuerza.

El Mossad: los profesores judíos de los espías españoles (la colaboración con la OLP)

Por encima de cualquiera de sus colegas europeos y de la CIA, el espía a quien más admira Emilio Alonso Manglano en todo el mundo es al judío Isser Harel. De setenta años, originario de Rusia y emigrante pionero a la Palestina ocupada por Gran Bretaña, este pequeño hombre (de estatura, no de humanidad) fue uno de los fundadores del Mossad. Le tocó vivir una de las épocas más duras de la historia de Israel, país en el que ser espía antes y ahora es más difícil que en cualquier otro.

Tras el genocidio judío llevado a cabo por los alemanes durante la Segunda Guerra Mundial, el conocido caza-nazis Simón Wiesenthal y el Mossad se convirtieron en el azote sin piedad de los más peligrosos lugartenientes de Hitler. En esta guerra sin cuartel es donde hay que encuadrar el inicio del prestigio de Isser Harel, que no se limitó a ser un caza-nazis más, sino que posiblemente fue el más peligroso y tenaz de todos. Para comprender dónde está el ideal de espía de Manglano es imprescindible bucear en la hoja de servicios de Harel y leer detenidamente la espectacular operación que le llevó a la captura en 1960 en Argentina de Adolf Eichmann, organizador del holocausto judío.

Fueron muchos años siguiendo sin desmayo cualquier pista que llegaba a sus manos, aunque en demasiadas ocasiones tuvo que archivarlas ante la constatación inequívoca de que no le conducirían a ninguna parte. Finalmente, optó a la desesperada por centrar la búsqueda en la que fue su mujer, Vera, de la que sabían que había contraído matrimonio por segunda vez. Y fue así como una fuente empeñada en permanecer en el anonimato le contó al incansable Wiesenthal que su segundo marido, un empleado de Mercedes Benz en Buenos Aires llamado Ricardo Clementi, era en realidad el sanguinario asesino Eichmann. Harel mandó un nutrido grupo de agentes especialmente preparados para que investigaran la pista y comprobaran la veracidad de la historia. El trabajo resultó más complicado de lo que podía parecer en un principio, y solo muchos meses después un gesto de ternura de aquel siniestro personaje con su mujer le llevó al desastre. El 21 de marzo de 1960 Clementi compró un romántico ramo de flores y con una cara radiante de felicidad se lo entregó a su esposa. Se había delatado él solo, porque no tenía sentido que el segundo marido de Vera tuviera un detalle con ella precisamente el día que celebraba su aniversario de boda con… Adolf Eichmann.

Harel, un espía y guerrillero siempre en primera línea, se desplazó personalmente a Argentina para coordinar la acción operativa del secuestro del nazi más buscado del mundo en un país extranjero, violando todas las leyes internacionales de buena convivencia. Él en cabeza y varios de sus hombres esperaron una mañana a Eichmann-Clementi y le metieron en un coche alquilado con una rapidez y diligencia asombrosas que se beneficiaron del hecho de que el secuestrado no opusiera la más mínima resistencia, como si les hubiera estado esperando durante quince años. Le subieron a un avión y le trasladaron a Israel, sin que las autoridades locales tuvieran tiempo para reaccionar, gracias a que el Mossad había untado a los policías que habrían podido poner objeciones. Dos años más tarde Eichmann fue ejecutado, después de haber tenido que aguantar un largo y patético juicio público. Las palabras del aparentemente inofensivo Harel son reveladoras: «Estuve tan inmerso en aquella misión que solo cuando estalló la noticia me di cuenta de su importancia. Fui incapaz de asistir al juicio. No soportaba ver a aquel verdugo cara a cara».

Antes de esa misión, el espía todavía en activo cuyo trabajo Manglano ha convertido en su lectura favorita de dormitorio se había dedicado a coordinar la llegada de los judíos de todo el mundo para poblar el nuevo Estado de Israel. De entre todas las anécdotas sorprendentes de aquella época, la participación del régimen franquista en la operación, narrada por Harel, resulta algo reveladora: «En 1957 transportábamos emigrantes por tierra o en barcos de pesca, utilizando los enclaves de Ceuta y Melilla, con el conocimiento y cooperación de las autoridades españolas. Ocasionalmente, los convoyes de emigrantes también pasaron por Ifni y Tánger. Los españoles no nos pidieron un solo penique y no les pregunté la razón. Yo pienso que ellos querían tener un gesto con los judíos para hacernos olvidar sus relaciones con Hitler y Mussolini durante la guerra. Sin la ayuda del gobierno español, la operación secreta habría sido imposible de realizar».

Operaciones como las que llevó a cabo Harel han convertido a los hombres del Mossad en los más admirados espías del mundo por los hombres del CESID. Mientras la opinión pública les considera capaces de realizar cualquier misión suicida en las peores circunstancias, nuestros espías les veneran y asisten a sus cursos de formación convencidos de que van a aprender con ellos lo que no podrían estudiar en ningún otro lugar del mundo.

Si las relaciones diplomáticas entre Israel y España se establecieron en enero de 1986, el acuerdo de amistad entre el Mossad y el CESID viene de muchos años antes. De hecho, la primera sede oficial del «Instituto» en Madrid se la buscó y alquiló Uzcalar, una de las empresas de la infraestructura operativa de La Casa. Era un discreto chalet situado en la zona residencial de Mirasierra, cercano a la carretera de Colmenar. En él vivieron los agentes judíos acreditados ante el servicio secreto español hasta que Israel abrió embajada en la capital y pudieron trasladarse a ella. A partir de ese momento, los jefes de la estación recibieron estatus diplomático.

Los judíos siempre han sabido tratar a los españoles. Antes incluso de tener la sede secreta en España, desplegaron con aparente altruismo una campaña de ayuda desinteresada a un servicio ineficaz que pretendía alcanzar su máxima operatividad en el menor tiempo posible. Los israelíes son maestros en todas las artes operativas, como guerrilla urbana, espionaje electrónico, criptografía, contraespionaje o sistemas de comunicaciones. Además, mantienen unas privilegiadas relaciones con los principales servicios de información occidentales, que no les ha costado gran cosa compartir con los españoles.

A principios de los años ochenta, decenas de agentes españoles viajaron a Tel Aviv, donde está instalada la Midrasha, una de las academias de espías más importantes del mundo. Allí aprendieron, junto con los «especiales» de la Guardia Civil que luchan contra ETA en el País Vasco, las más modernas y sofisticadas técnicas del espionaje. Entre los compañeros de curso con que hicieron amistad los hombres del CESID se encontraban desde miembros de la policía secreta del dictador chileno Augusto Pinochet hasta rebeldes tamiles. Aunque nunca llegaron a ver sus rostros, los agentes españoles sabían que en aulas cercanas estaban estudiando los futuros integrantes del contraespionaje judío, conocidos como «Katsas», y los comandos operativos del Mossad, cuya principal misión es descubrir, perseguir y matar a sus principales enemigos en todo el mundo: palestinos y fundamentalistas.

También a partir de esa década, el Mossad accedió a la petición de Manglano de impartir en Madrid cursos específicos, de corta duración, a diversos grupos de agentes españoles. Unos versaron sobre formas de actuar en operaciones comprometidas (en las que son los máximos especialistas del mundo), que fueron dirigidos a los Grupos de Apoyo Operativo, y otros sobre los sistemas de trabajo de los servicios secretos de Oriente Medio y grupos fundamentalistas, a los que asistieron los hombres del Área de Países Árabes. Con la inclusión de guardias civiles y policías de la Comisaría General de Información, impartieron también cursos sobre terrorismo árabe.

En la actualidad, el Centro facilita al Mossad toda la información necesaria para controlar los movimientos en España de palestinos, sirios, iraquíes y libaneses, principalmente, aunque su mayor contribución consiste en permitir a los agentes israelíes una libertad de acción de la que no gozan sus enemigos. Una libertad que, por otra parte, ya tenían antes de la llegada de Manglano. En 1973, uno de los mejores agentes del «Instituto» fue asesinado en Madrid por el hombre al que perseguía, el productor teatral argelino Mohamed Budía, cerebro del terrorismo palestino en aquella época. La investigación posterior dejó boquiabiertos a los policías españoles, todavía inocentes desconocedores de las más modernas artes y técnicas del espionaje. El agente judío estaba registrado en cuatro hoteles distintos, teniendo dispuesta en todos ellos una maleta con ropa, enseres personales de primerísima necesidad y hasta un cepillo de dientes y una maquinilla de afeitar por si necesitaba huir en cualquier momento. Los pasaportes, falsificaciones perfectas, presentaban la misma fotografía, pero con nacionalidades y nombres de los cinco continentes.[4]

Bastante más extraño fue el suceso que ocurrió en marzo de 1980 en Madrid. Un miembro del grupo terrorista Abu Nidal asesinó por error a un abogado y a su hija, confundiendo al primero con el presidente honorario de la comunidad judía. Su informador, para que identificara a la víctima, le había proporcionado un pequeño recorte de la revista *Interviú* donde aparecía una foto del influyente judío. Nadie pudo explicarse la razón por la que no le entregó otra imagen mucho más grande y nítida que aparecía en el mismo reportaje.

En algunas ocasiones la mutua confianza entre los dos servicios ha sido mal utilizada por el Mossad para asestar un duro golpe de manera sucia y astuta a sus eternos enemigos de la OLP. El engaño más importante tuvo lugar a mediados de 1987, cuando el jefe de la delegación judía en España ofreció a su contacto español, como venía sucediendo de forma habitual, una información que parecía tan atractiva como en otros muchos casos sobre acciones en España del terrorismo palestino:

—Tenemos la certeza de que ha llegado hasta Madrid un cargamento de armas con destino al grupo terrorista Septiembre Negro, que está preparando un atentado en España, aunque no sabemos contra qué objetivo.

—¿Y sabéis algún detalle más?

—Nuestras informaciones indican con toda seguridad que las tiene escondidas en su casa Zarif Abdul Ghany Shabaneh, un miembro de la delegación de la OLP.

Los espías españoles actuaron rápidamente, sin pensar un solo momento que la información pudiera ser falsa (¿cómo dudar de los amigos del Mossad?). El comisario José Manuel Tornero, jefe de la Brigada de Relaciones Informativas del CESID, solicitó el 11 de junio una orden de registro al juez de guardia de la Audiencia Nacional, Francisco José Castro, especificando que todo aquel tinglado respondía a «informaciones absolutamente confidenciales».

El registro se produjo poco después, a las siete de la mañana de ese mismo día, cuando Zarif Shabaneh, funcionario de la delegación de la OLP en Madrid, todavía estaba durmiendo. Con exquisita educación, nada más y nada menos que diez agentes del CESID (entre ellos algunos policías adscritos al Centro, para que la búsqueda fuera legal, puesto que los espías carecen de funciones de policía judicial) mostraron al adormilado árabe la orden del juez y se lanzaron con premura al jardín, lugar en el que sospechaban que estaba enterrado el armamento. Zarif Shabaneh vivía en un chalet situado en la urbanización Parque Suizo, en Alcobendas (Madrid), y tuvo que contemplar impotente cómo los «asaltantes» levantaban el césped sin piedad con picos y palas, cada vez que el detector de metales señalaba la presencia de extraños objetos bajo tierra. El peligrosísimo arsenal que encontraron en aquel jardín consistía básicamente en botellas de Coca-Cola y latas de cerveza, con las que difícilmente nadie podría pretender cometer un atentado. Tras el fracaso en el jardín, los mandos del CESID optaron por intentarlo en el interior de la casa. Diversas paredes de la vivienda y el garaje fueron salvajemente golpeadas, rajadas y taladradas con objetos diversos ante la patética imagen del árabe desconsolado y semivestido, y con idénticos resultados. Aquello parecía no tener fin. Cuando la evidencia de que allí no había armas de ninguna clase superó al empecinamiento de los espías, los hombres se limitaron a pedir disculpas y largarse. Tres días después, una cuadrilla de albañiles enviada por el Ministerio de Defensa se encargó de reparar todos los desperfectos.

El gran momento del abochornante e inexplicable fracaso fue cuando los hombres de Manglano percibieron que la visita a España de Earuk Kaddumi, jefe del Departamento Político de la OLP, prevista para un mes más tarde, guardaba una relación estrecha con aquel incidente. Sin duda, «la información confidencial» había sido un intento del Mossad de boicotear dicha visita. Una jugada sucia y rastrera, habitual en el mundo del espionaje, que no dio resultado. Pero al menos los judíos lo habían intentado.[5]

La red en España del Mossad cuenta con diez importantes agentes que controlan todas las operaciones bajo las órdenes de dos diplomáticos, las cabezas visibles y conocidas por el Centro. Además, dicha red cuenta con medio centenar de colaboradores activos que desarrollan a tiempo parcial labores directamente relacionadas con lo que ellos consideran la seguridad de su amada Israel. Como tapaderas para su actuación utilizan las empresas israelíes asentadas en España, principalmente las que se dedican a temas de seguridad. Una de las más importantes en la década de los ochenta fue CTC, sustituida posteriormente por MYDAS (Métodos y Desarrollos de Alta Seguridad).

Este considerable despliegue del Mossad tiene una peculiaridad que le hace diferente del resto de los servicios secretos asentados en España: lo que ellos llaman *sayanim*, es decir, los colaboradores eventuales, los que prestan sus servicios en operaciones muy concretas y, tal vez, por única vez en su vida. Son judíos o simpatizantes fervorosos de Israel, casi todos españoles, que jamás dicen «no» a una petición de ayuda del Mossad, el cual les invoca ideales superiores para convencerles. Entre ellos hay empresarios, profesores, rabinos, estudiantes o comerciantes. Da igual que sean fuertes o débiles, ricos o pobres, intelectuales o analfabetos. Les mueve un espíritu de servicio, al margen de los intereses particulares, que no se da en ningún otro país del mundo y que demuestra que la sombra de David es alargada.

El pragmatismo de Manglano, en contra de lo que se pueda pensar con respecto al caso judío, le ha llevado a intentar mantener las mejores relaciones posibles con los enemigos de Israel. Sin escrúpulos, mientras mantiene reuniones periódicas en Madrid con el jefe de estación del Mossad, concierta citas en ambientes sumamente discretos con los jefes del espionaje de los países árabes y la OLP. De hecho, en el mismo año 1986 en que se establecían relaciones diplomáticas con Israel y el Mossad adquiría oficialmente el rango de que ya disfrutaba hacía años, el CESID establecía relaciones con los servicios de seguridad de la OLP, con los que sentaba las bases de una futura colaboración.

Desde esa fecha, periódicamente varios jefes de división de La Casa mantienen reuniones con los líderes palestinos, en las que se produce un intercambio de información, incluido el tema terrorista. El propio Manglano se ha reunido en diversas ocasiones con Saleh Jalaf, jefe de los servicios de seguridad palestinos, más conocido por Abu Iyad. Concretamente, el 28 de abril de 1989, el dirigente de la OLP visitó oficialmente Madrid para reunirse con el ministro de Asuntos Exteriores, Francisco Fernández Ordóñez. Lo que se ocultó fue que el principal motivo de su visita fue entrevistarse en la sede de la carretera de La Coruña con Emilio Alonso Manglano.

Tras este encuentro ha sucedido algo muy curioso: la delegación en España de la OLP, instalada en un chalet de la madrileña avenida Pío XII, telefonea periódicamente a La Casa para comunicar los seguimientos por parte del Mossad de que son objeto algunos de sus diplomáticos y para alertar sobre acciones que los judíos preparan en España o Europa.

Este siniestro juego es solo un punto en la amalgama de extrañas relaciones que Manglano mantiene con los países árabes. Sus amistades peligrosas son muchas más de las que nadie pueda imaginarse. Otro de sus contactos, vinculado directamente con el terrorismo internacional, fue el general sirio Mohamed al Jouli. En 1986, cuando mantuvo una cooperación con Manglano, era el jefe del servicio secreto sirio y estaba acusado, entre otras acciones, del intento de voladura de un avión de la compañía israelí El Al y del atentado contra la sociedad germano-árabe de Berlín.[6]

Para no enturbiar el funcionamiento del trío amoroso que La

Casa se ha montado en sus relaciones con árabes de un lado y judíos de otro, el Centro permanece al margen del control al que ambos contendientes se someten en España. A este respecto, el sistema de control más original de los últimos diez años, copiado posteriormente debido a su brillantez y eficacia por todos los servicios secretos, lo aplicó el Mossad en Marbella (de nuevo sale a relucir la famosa ciudad andaluza). Desde principios de los ochenta con toda libertad y todavía hoy con muchas más facilidades, los israelíes montaron una empresa de servicios que ofrecía una tapadera perfecta para las acciones encubiertas de sus agentes y colaboradores. Sabían que numerosos líderes árabes escogían Marbella para pasar períodos vacacionales envueltos en jolgorio y dispendio, y su agencia se ofrecía para organizar cenas sin que el propietario de la lujosa mansión tuviese que preocuparse de nada. Todo lo que hacía falta (mesas, ornamentos, exquisiteces culinarias y camareros) era puesto a disposición del multimillonario árabe que, en medio de un ambiente relajado y consciente de la presencia de un nutrido grupo de escoltas protegiendo todas las vías de acceso a la vivienda, conversaba sobre los temas más delicados, permitiendo, con la mayor facilidad, que los agentes del Mossad se enteraran de todo.

Si, para colmo, como colofón de una fiesta celosamente organizada y servida, se contrataban los servicios de varias chicas (todo a lo grande), entonces el trabajo para el Instituto resultaba de matrícula de honor. Porque también se encargaban de reclutar a mujeres espectaculares, bellas y sensuales para que trataran de robar un determinado papel, fotografiar un valioso documento u obtener un ansiado dato, a veces de viva voz. Eso sí, después de haber cedido su espléndida anatomía para regocijo del árabe, posiblemente cincuentón y sobre todo riquísimo. A buen seguro, las fiestas hablan de sus anfitriones, pero a veces son estos, o quizá también sus invitados, los que hablan... demasiado.

Notas

1. Bob Woodward, *Veil: las guerras secretas de la CIA. 1981-1987*, Ediciones B, Barcelona, 1988.

2. Ilya Dzhirkvelov, *Agente secreto. Mi vida con la KGB y la élite soviética*, Planeta, Barcelona, 1988.

3. Philip Agee, *Acoso y fuga: con la CIA en los talones*, Plaza y Janés, Barcelona, 1988.

4. Julio Fuentes, «Más de cien agentes del Mossad espían en España», *Cambio 16*, 20 de abril de 1987.

5. Carlos Bello, «Agentes del CESID engañaron a un juez para buscar un falso arsenal», *Tiempo*, 27 de julio de 1987.

6. Ignacio Cembrero, «El CESID y la OLP mantienen desde hace tres años un acuerdo secreto de cooperación antiterrorista», *El País*, 4 de diciembre de 1989.

9

Los enemigos del Norte de África

*E*n dos ocasiones he hablado sobre el CESID con el actual ministro de Defensa. A diferencia de su antecesor, Julián García Vargas es un hombre de carácter abierto, con una alta dosis de espontaneidad y compadreo que le alejan de la imagen de personaje siniestro y peligroso que Narcís Serra se labró a pulso a lo largo de los siete años que permaneció al frente de las Fuerzas Armadas. El posterior vicepresidente hizo del silencio y el hermetismo su mejor arma, táctica que por suerte García Vargas desterró desde el momento de su llegada al despacho principal de la sede en el paseo de la Castellana.

Durante la tradicional copa de Navidad de 1991, delante de un nutrido grupo de compañeros, le pedí su opinión sobre Emilio Alonso Manglano. Se quedó un tanto sorprendido por la pregunta, pero reaccionó con tranquilidad contestando relajadamente que estaba muy satisfecho con su trabajo y que no pensaba sustituirle.

—Pero ministro, ¿te informa lo suficiente de lo que pasa en España y en el mundo? —le inquirí pensando que el atrevimiento estaría en la respuesta y no en la pregunta.

—Mira, la realidad es que me abruma con tantos informes que normalmente, con el exceso de trabajo, no tengo tiempo de leer. A veces lo que hago es llevármelos a casa, pero cuando estoy muy cansado prefiero enterarme de lo que pasa por los telediarios. —Ríe abiertamente de su ocurrencia y, tras unos segundos, retoma el tema, para darle la seriedad requerida—. En las últimas crisis internacionales que ha habido, como los graves enfrentamientos en la Unión Soviética, los informes del CESID han sido muy interesantes y valiosos porque se han anticipado bastante a las noticias de prensa.

Un año después, en marzo de 1992, le hice una larga entrevista para *Tiempo* en la que estuvo como testigo (con su propia grabadora) el director general de la Drisde, Julio Albi. Al final, aprovechando la intimidad del momento y que los magnetofones estaban apagados, volví a la carga.

—Ministro, es curioso que me hayas contestado que tú no sabes nada de *dossiers*, cuando precisamente este es el Ministerio que más conoce el tema.

—Eso no es verdad. Aquí no investigamos las vidas privadas ni los trapos sucios de nadie.

—No digas eso. Sabes perfectamente que los hombres de Manglano controlan periódicamente a todas las personas que tienen responsabilidades en la sociedad española.

—Te repito que eso no es así.

—No te digo que eso sea ilegal, porque lo que pretenden es perseguir y descubrir delitos o infidelidades al país.

—Que no. Dime un solo caso que conozcas de un *dossier* en ese sentido que haya hecho el CESID.

—Pues... por ejemplo, cuando agentes del Centro fueron descubiertos hace algunos años por los escoltas del jefe de la Casa Real, Sabino Fernández Campo, controlando todos y cada uno de sus movimientos.

García Vargas sonrió y guardó un silencio muy significativo. Como ministro de Defensa, siempre cauto, prefiere no hablar de un asunto que se mueve en un terreno tan sumamente resbaladizo. Inteligentemente cambió de tema y, no sé cómo, pero terminamos hablando de hospitales, médicos y medicinas.

Días después, uno de sus colaboradores, durante una conversación sobre el tema del presente libro, me contó una confidencia que no me chocó lo más mínimo:

—El otro día hubo una rueda de prensa en el Ministerio por la mañana y, cuando fui a darle el parte al ministro de su contenido, me dejó sorprendido. Me dijo que no me molestara, porque había recibido un informe detallado del CESID. Fíjate, hasta de esas cosas le informan.

Así nos espía Marruecos

Hash Ahmed, el delegado del Frente Polisario en España, por más que lo pretenda, nunca está solo. Desde que se levanta hasta que se acuesta, cuando entra en una cafetería para tomar un té o mientras atraviesa Madrid en taxi, siempre hay alguien que le controla o que, al menos, lo intenta. Él lo sabe y por eso hace ya muchos años que adoptó algunas medidas de seguridad, totalmente insuficientes si sus enemigos decidieran acabar un día con su vida.

Hash, inteligente y a la par listo y luchador, es un joven elegante y cosmopolita que transmite en España con brillantez una imagen de modernidad de la República Saharaui, importantísima para conseguir el apoyo de la opinión pública europea a su causa. Desde Madrid viaja a París, Londres, Nueva York o Argel para asistir a reuniones del Frente Polisario, contactar con personas trascendentes para la causa o presionar para que las Naciones Unidas convoquen el esperado y tantas veces retrasado referéndum en el Sahara.

En cada uno de sus movimientos por la capital un agente de los servicios secretos marroquíes le pisa los talones. Sus comidas de trabajo, las reuniones con la asociación Amigos del pueblo Saharaui, que preside Carmen Díaz Ulanos, la viuda de Garrigues Walker, y hasta sus encuentros con periodistas son controlados por los hombres del temible coronel Kaddur, el Manglano de Hassan.

Contactar con él es una auténtica aventura. En ninguno de los tres teléfonos de contacto se le puede localizar, y siempre se obtiene la misma respuesta: «Ahora no está, pero si me deja su teléfono y le veo, yo le diré que le llame». En todas las ocasiones, sin excepción, a los pocos días devuelve cortésmente la llamada. Al principio parece algo normal (tiene tanto trabajo…), pero cuando se ha repetido el mismo trayecto en varias ocasiones se comienza a pensar que algo raro está pasando. Y la rareza radica simplemente en las medidas de autoprotección que ha tenido que adoptar para evitar atentados.

El CESID conoce bien el mareaje al que está siendo sometido y deja actuar a sus perseguidores. No les pone trabas, aunque, eso sí, no les quita ojo. El Plan Estratégico Conjunto del Gobierno, en el que se basa la defensa de España, cataloga a Marruecos como la principal amenaza para nuestra soberanía. Sin embargo, las relaciones de Manglano con los servicios secretos de Hassan son bastante buenas.

La red marroquí es la más descentralizada de los servicios extranjeros que operan en España y una de las más numerosas. Dispone de una nutrida representación de agentes y colaboradores en Madrid, Canarias, Ceuta, Melilla y Andalucía. Su objetivo principal es controlar a los miembros del Frente Polisario, empezando por Hash Ahmed, y conocer el contenido de los contactos que mantienen con el Gobierno, partidos políticos, personalidades de cualquier índole y dirigentes de otros países.

El 19 de mayo de 1990 las relaciones entre el Ejecutivo español y la República Saharaui sufrieron un peligroso enfriamiento. El contenido de la entrevista celebrada tres días antes entre el ministro de Asuntos Exteriores, Francisco Fernández Ordóñez, y el responsable de Relaciones Exteriores del Frente Polisario, Bachir Mustafá Sayyed, llegaron a poder de la Embajada de Marruecos en Madrid. El asunto era gravísimo, porque el jefe polisario había informado a su colega español, entre otros asuntos, del número de fuerzas militares de que disponían en ese momento y de su intención de respetar la tregua y no atacar al ejército de Hassan en los meses siguientes.

Ese mismo día, alguien filtró a la prensa que Marruecos disponía de un «topo» en el Ministerio de Asuntos Exteriores, cuya pista estaba siendo seguida por el CESID. Los dirigentes del Frente Polisario apenas se extrañaron, porque sabían que la Dirección de Seguridad del Territorio de Marruecos era capaz de hacer cualquier cosa para ganarles la guerra. Y, lo que es peor, también sabían que si fuera preciso por razones políticas o porque simplemente al rey Hassan se le hubiese antojado esa mañana, los hombres de la DST no dudarían en acabar con sus vidas, aun en la misma Puerta del Sol o en las deslumbrantes inmediaciones del Museo del Prado, daba lo mismo. O quizá secuestrarles, como ya ha ocurrido en alguna ocasión, sin que las autoridades españolas hicieran nada para impedirlo. El caso es que el «topo» nunca fue descubierto. Entre otras razones porque, posiblemente, nunca existió. El Centro no falló en su investigación porque el filtrador fue el propio Ministerio de Asuntos Exteriores o algún alto cargo a título personal deseoso de quedar bien con sus amigos marroquíes.

Con todo y con eso, aunque pueda parecer extraño, las relaciones de La Casa con el Polisario son igual de correctas que con los marroquíes. Agentes del Área de África de la Contrainteligencia mantienen periódicamente contactos con los saharauis en los que intercambian todo tipo de información de interés mutuo. Así, mientras los polisarios obtienen diversos grados de ayuda para aquellos de sus hombres que tienen serios problemas de seguridad, el Centro consigue valiosa información de primera mano sobre lo que pasa en el Sahara.

Para evitar suspicacias, todas las reuniones públicas que celebran los enemigos de Hassan cuentan con la presencia de agentes de la Contra, invitados formalmente por escrito por el propio Frente Polisario. En una de dichas reuniones, a pesar de todo, algunos asistentes quedaron perplejos al comprobar que un joven español con buena pinta no dejaba de tomar notas durante todo el acto. Días después fue duramente reprendido en la sede central de la carretera de La Coruña por la escasa discreción mostrada. Se trataba de un abogado recién salido de la universidad, con poca experiencia en el espionaje, que se hallaba en cumplimiento de una de sus primeras misiones, y su actitud, por ende, era simple y rudimentaria. Por aquel entonces nadie le había explicado todavía que eso de tomar notas es cosa de periodistas, pero no de espías.

Las relaciones son tan buenas entre los espías españoles y los polisarios que, en cierta ocasión, varios agentes del Área de África realizaron «un viaje de estudios» a la zona del Sahara donde están instalados los campos del Frente Polisario. Allí recibieron charlas de los propios militares saharauis, observaron maniobras y pudieron contemplar el estado de vida de los varios miles de prisioneros marroquíes. Todo muy instructivo.

El apoyo de La Casa al Polisario, ya sea por motivos políticos o por razones humanitarias, ha quedado patente en algunas ocasiones. El caso más espectacular sucedió en 1991 en Rabat.

Según las declaraciones de Hash Ahmed, tres jóvenes saharauis penetraron en la Embajada española y pidieron asilo político. El embajador Joaquín Ortega se puso francamente nervioso: lo último que necesitaba era ser el protagonista de un grave incidente diplomático con Marruecos por culpa de «esos tres pobres desgraciados». Cortésmente les invitó a acceder a una pequeña sala, donde les dejó bajo la custodia de un policía. Se desconoce lo que sucedió en ese momento, pero al poco tiempo aparecieron dos hombres de la temida policía política de Hassan. Tras hablar con Ortega, entraron en la sala donde estaban los saharauis.

—Tenéis que abandonar esta delegación inmediatamente —dijo con energía y autoridad el que llevaba la voz cantante.

—No pensamos hacerlo —respondió uno de los saharauis, consciente de que estaban sin duda en una posición de fuerza, gracias a la protección española.

—Mirad. Tenéis dos posibilidades. Si salís ahora por las buenas, os aseguro que no os pasará nada y podréis volver a vuestras casas. Nosotros nos olvidamos de lo sucedido.

—¿Y si no lo hacemos?

—La cosa cambia. No dudéis que entraremos a por vosotros y os sacaremos a la fuerza.

—No os dejarán.

—Hemos hablado con el embajador de España y nos ha autorizado a hacerlo.

—No es verdad.

—Si queréis, podéis hablar con el embajador y él mismo os lo dirá.

Mientras se desarrollaba esta escena, fuera, en el despacho del embajador, tenía lugar un violento enfrentamiento verbal entre Joaquín Ortega y el coronel Diego Camacho, jefe de la estación del Centro en Marruecos. La situación no era nueva. El hombre del CESID llevaba meses enfrentado abiertamente con el embajador por la actitud exageradamente conciliadora que mantenía con las autoridades marroquíes y por los problemas y obstáculos que con su conducta venía ocasionando a su peliaguda labor de inteligencia en la zona.

—¡¡¿Se puede saber qué coño pintan unos policías marroquíes en la Embajada?!! Esos no debían estar pisando nuestro suelo. A eso solo se le puede llamar perder los papeles… ¡y están hablando como si nada con los saharauis…! ¡La leche! Tienen derecho a recibir nuestra ayuda y punto. Evitar que haya un altercado diplomático no justifica lo que usted está haciendo. Voy a informar a mis superiores y a pedirles que actúen de inmediato.

—Hágalo. Cumpla con su labor, que desde luego yo cumpliré con la mía.

El flemático embajador hizo caso omiso de las advertencias del iracundo coronel del CESID. Estaba ya más o menos acostumbrado a ese tipo de enconadas escenitas con aquel hombre. Así que, sin un ápice de duda, pasó a ejecutar una decisión ya adoptada de antemano. Minutos después se reunió con los tres saharauis y les recomendó que abandonaran la Embajada. Era lo mejor para todos, teniendo en cuenta la promesa de los hombres de Hassan de no tomar represalias.

Los tres jóvenes, colocados a la fuerza entre la espada y la pared, salieron de allí. Nada más se ha vuelto a saber de ellos. Los dos policías también regresaron a su anónimo, pero efectivo, trabajo represor, tras conseguir un éxito servido en bandeja que quizá les haya supuesto un merecido ascenso. La vida del embajador Ortega continúa siendo la misma. Por su parte, el experimentado coronel Camacho, que a sus cuarenta y seis años había estado destinado en Malabo y San José de Costa Rica, tuvo que abandonar su destino poco tiempo después y regresar a un despacho en Madrid.

El control de los polisarios, aunque muy importante, es una de las muchas misiones que cumplen en España los hombres del dictador Hassan. Igual de trascendente desde el punto de vista político es el control sobre todo lo relacionado con las plazas de Ceuta y Melilla, ciudades sobre las que se acumula una gran parte de las ansias de gloria y grandeza del monarca alauita. Hamed Rajá, Abdelkader Dri, Jamal Dieb, Chafik Timuni y Mohamed Bussian son los cinco miembros del servicio secreto marroquí encargados de pasear por las calles de Melilla para obtener el mayor número de datos posibles sobre las tropas españolas destinadas en la plaza y sus planes de actuación en caso de guerra contra Marruecos. En varias ocasiones ya, han intentado captar como colaboradores a legionarios necesitados de dinero o que estaban envueltos en ciertos asuntos bastante turbios.

Una de las campañas más importantes y escalofriantes en la que está envuelto el servicio secreto marroquí es la de la «ocupación» de Ceuta y Melilla. No solo se trata de llenar ambas plazas de musulmanes, sino de crear un estado de ánimo claramente favorable a Marruecos. Desde que Manglano ocupa su mullido sillón en el espionaje español, el caso más escandaloso lo constituyó en 1985 y 1986 Aomar Mohamed Duddu. Tras ser nombrado presidente de la asociación Terra Omnium y líder del colectivo musulmán de Melilla, la ciudad vivió una época dura de enfrentamientos y tensiones raciales. Por primera vez, sin tapujos, los musulmanes pidieron el reconocimiento de sus derechos y se enfrentaron abiertamente a la Ley Orgánica de Extranjería que en esa época entró en vigor, conflictiva desde el punto de vista constitucional como pocas.

Los informes de la delegación del CESID fueron tajantes: «Duddu es un peón de una operación desestabilizadora montada por los servicios secretos del coronel Mohamed Kaddur». Lo curioso del caso es que unos cuantos años antes, en 1978, un capitán del Ejército, adscrito a La Casa, había intentado captar a Duddu para formar unas juventudes rifeñas de carácter separatista con el fin de desestabilizar la zona del Rif en perjuicio de la unidad de Marruecos:

—Vuestra lucha sin cuartel no tiene ninguna posibilidad de éxito y tú lo sabes mejor que nadie.

—Puede ser…

—Con tus dotes de infiltración te va a salir bastante más rentable trabajar con nosotros en una operación desestabilizadora mucho más viable.

—¿Con qué tipo de condiciones?

—Las mejores, y las mayores garantías. Lo sabrás en su momento.

—Ya hablaremos…

Todos habían considerado que podían manipular a Duddu a su antojo, aunque en ningún instante dudaron de que podría traicionarles actuando de agente doble, como así sucedió en el asunto de la agitación musulmana en Ceuta y Melilla. Eso sí, Duddu lo desmiente rotundamente todo.

Curiosamente, el envío a Ceuta, a finales de 1986, del entonces general de división Andrés Cassinello acabó con el creciente clima de crispación en las dos plazas. Según la versión oficial, el ministro de Defensa, Narcís Serra, le desterró por la grave falta cometida al publicar en el diario *Abc* un artículo insultante contra diputados, jueces y periodistas. Extraoficialmente, uno de los hombres más temidos y odiados por ETA se fue al norte de África para acabar con el levantamiento musulmán utilizando el arma que mejor conocía: el espionaje. Manglano siempre se ha llevado muy bien con Cassinello, aunque la amistad nunca ha estado reñida con los recelos mutuos. Sin ninguna duda, junto con Rafael Vera, el secretario de Estado para la Seguridad del Ministerio del Interior, integran la terna de los mejores espías del país.

Dentro de la red marroquí en España es importante destacar su presencia en Canarias. Más de treinta personas, entre agentes y colaboradores, se encargan de controlar a los saharauis que residen en las islas y de boicotear el que consideran intolerable apoyo canario a la causa del Frente Polisario. Todas las acciones del consulado marroquí apuntan en esta dirección. No miden gastos para evitar que la simpatía popular que se despertó en Canarias en 1973 con la creación del Polisario se traduzca en apoyos políticos y financieros. Las invitaciones a empresarios de las islas para que visiten las zonas que controlan en el Sahara son muy frecuentes, dentro de una pura y simple campaña psicológica. Eso sí, con un lujo y derroche que haría sublevarse a la hambrienta y desposeída población marroquí.

Para controlar, boicotear y golpear al Frente Polisario, para desarrollar la política de ocupación y revueltas en Ceuta y Melilla y para conocer al detalle la política del Gobierno español sobre el área del Magreb, la red de la DST dispone de una estructura sumamente funcional. En lo más alto, como jefe máximo, está Nagib Walali Loudyi, que tiene cargo de secretario en la Embajada y, por lo tanto, cuenta con el chaleco salvavidas del pasaporte diplomático.

Siendo Marruecos una dictadura, la estación de su servicio secreto en España funciona de una manera similar a como lo hacía la del KGB, aunque, claro está, en este caso con un indeleble sello tercermundista. Todo el personal acreditado en la delegación, incluyendo al mismísimo embajador Azeddine Guessous, tiene que cumplir las órdenes de Nagib Walali Loudyi. De hecho, varios agregados, entre los que cabe destacar a Noureddine Ghiati, realizan trabajos de campo como el control de colaboradores o la búsqueda de contactos en empresas públicas de defensa.

Uno de los agentes más activos (y más listos) es Dulfakar Mohamed Sait, oficialmente agregado de prensa. En sus contactos con periodistas españoles realiza su trabajo a la perfección: nunca dice nada, pero a cambio intenta saberlo todo. Mohamed Sait controla la más amplia red de agentes del espionaje de su país, entre los que hay españoles y marroquíes. Su buque insignia lo forman los corresponsales de la Agencia de Prensa del Magreb, una de las tapaderas internacionales de los espías de Hassan, gracias a la libertad de acción que les proporciona.

Los colaboradores que les facilitan información son principalmente estudiantes marroquíes becados por sus universidades o por las españolas, emigrantes legales o ilegales que para conseguir mayor credibilidad siempre hablan mal de las condiciones de vida de su país y saharauis que son capaces de jurar ante el Corán que detestan a Hassan. Todos actúan por dinero, por unas condiciones de vida europeas y, en muchos casos, bajo amenaza de muerte sobre ellos o sus familias. Todo, o casi todo, lo conoce el servicio secreto español.

Las armas de La Casa contra Hassan

Faltaban pocas semanas para que llegara el verano de 1987, y con él el ansiado y merecido descanso estival. En la larga mesa de reuniones del despacho de Narcís Serra, situada junto a la puerta, estaban sentados varios altos cargos del departamento. En la presidencia, con la espalda protegida por la pared, el ministro podía contemplar los enormes ventanales antibala de su despacho, ridículamente resquebrajados como si un comando terrorista de ETA hubiera lanzado un ataque de morteros (lo que no podían los explosivos lo había conseguido el calor). La presencia entre los asistentes del teniente general Manglano revelaba que habían estado tratando de temas conflictivos. Avanzada la tarde, cuando la luz eléctrica sustituyó a la solar, la conversación se volvió más frívola.

Gustavo Suárez Pertierra, subsecretario del departamento, siempre risueño, siempre fiel al partido y siempre controlador de todo lo que pasa en el Ministerio, comenzó a hablar de las vacaciones. Todos le siguieron. Eduardo Serra, secretario de Estado, listo como ninguno y de una capacidad de maniobra que le hacía insustituible, habló también de las suyas, no era para menos. Narcís Serra, bonachón, silencioso y de temibles reacciones, como si fuera un rígido confesor de los de antes, hizo una loa del mar, de los barcos deportivos y de las inigualables calas de Mallorca, poniendo la guinda al coloquio estival.

El lugar elegido por todos ellos para su descanso fue lo de menos. Cuando sus miradas se volvieron a Manglano, el director del Centro les dijo algo que hacía tiempo había comunicado al ministro: «Iré, como siempre, a los Estados Unidos, a ver a la familia de mi mujer, pero antes iremos a pasar unos días a Marruecos». Los comentarios sobre la belleza de los parajes desérticos, los increíbles oasis hoteleros y el incomparable clima y exotismo de un país plagado de contrastes económicos le salvaron de dar más explicaciones. Aunque, posiblemente, si le hubieran pedido puntualizaciones, habría salido por peteneras. En su caso, los pequeños detalles resultaban de extraordinaria importancia, porque sencillamente iba a veranear a casa del coronel Raddur, el jefe del servicio secreto marroquí.

Es verdad que Marruecos es la principal amenaza para España, la más real y tangible. También lo es, por tanto, que en ese país tenemos la más importante red de espionaje exterior, cuya rentabilidad se ha visto avalada en los últimos años. Pero ya hemos señalado que el espionaje exige, como bien sabía Mata-Hari, acostarse, metafóricamente o no, si es preciso con el peor enemigo. En espíritu, Manglano lo hace todas las veces que sea necesario, cuando así lo requieren los altos intereses del Estado.

La amistad de Manglano con su colega marroquí, a quien cuando visita Madrid otorga un trato similar al que recibe el rey Hassan, no se limita al hecho de que veraneara en su casa. Los lazos son estrechos y han dado sus frutos. El propio monarca alauita firmó la orden que permite al director del CESID poner en su hoja de servicios (cosa que por cierto nunca ha hecho) que es uno de los contados españoles condecorado por Marruecos. Esta relación no le impide al director de La Casa haber montado el dispositivo europeo más importante en todo el territorio marroquí, después del francés. La CIA, gracias a las buenas relaciones que mantiene su país con Hassan, es el único que les supera en hombres y medios.

La actual estación, con sede central en Rabat, fue levantada en el segundo lustro de 1980 por Florentino Ruiz Platero, jefe de la División de Inteligencia Exterior. Como brazo ejecutor actuó el teniente coronel Gilberto Marquina López, que posteriormente, gracias a los conocimientos acumulados, fue designado agregado militar en Argel, terminando su carrera a principios de 1993 como gobernador militar de Málaga. La operación supuso la reestructuración de las delegaciones en todos los países del Magreb, aunque el éxito destacable se circunscribió a Marruecos. Ruiz Platero había anunciado al coronel Marquina la complejidad que envolvía tan espectacular despliegue de medios en la zona:

—Hay que actuar a dos bandas. Qué duda cabe de que las relaciones son buenas, no hay que olvidarlo… Pero precisamente por ello, o a pesar de ello, hay que tener los ojos bien abiertos… quizá más que en ningún otro sitio. En cualquier momento pueden darnos una sorpresa.

El principal problema con que se encontraron Ruiz Platero y Marquina fue, como casi siempre, el económico. Aunque el presupuesto en esos años superaba ampliamente al del resto de los servicios secretos del Estado, era insuficiente para acometer los fines deseados. Pero la causa era trascendente y, al final, se sacrificaron otros países en beneficio de Rabat y sus aledaños.

En las principales ciudades del reino alauita hay estaciones del Centro. La más importante, obviamente, está en Rabat, que hasta 1991 estaba dirigida por el coronel Camacho. Los marroquíes le conocían bien, igual que a su sustituto, pero resulta que en su caso la clandestinidad no es importante, es más, es impracticable. Entre otras razones, porque todas las semanas va a despachar con su enlace marroquí a la sede del servicio secreto de Hassan. En total, hay más de veinte agentes que se dedican en cuerpo y alma a tareas de inteligencia, alcanzando el doble si sumamos los colaboradores fijos, infiltrados en distintos organismos públicos y empresas del Estado, los auténticos clandestinos.

Además de Rabat, hay otras tres estaciones que destacan: Tetuán, Casablanca y Nador. En la ciudad que se inmortalizó gracias a Humphrey Bogart, el hombre del Centro es un diplomático dependiente de la Agregaduría Comercial en Rabat. En Tetuán es un jefe militar que, entre otras labores oficiales, está encargado de relacionarse con los antiguos militares marroquíes que sirvieron en las Fuerzas Armadas españolas. En Nador el encargado es un militar que conoce muy bien Marruecos y que se pasa el día tratando asuntos comerciales. Ninguno de los tres actúa oficialmente y se desconoce si la contrainteligencia marroquí les tiene señalados.

En Marruecos, como en cualquier otro país del mundo, desempeñan un papel fundamental los colaboradores. El dinero es el papel de cambio más usado y requerido para la compra de información, aunque en algunos casos, los menos, el odio extendido contra Hassan también es aprovechado por los oficiales de inteligencia españoles. También hay colaboradores que actúan por simple simpatía hacia España. Son los exmilitares que sirvieron en el Ejército español hace muchos años y que en gran número han mantenido amistades y contactos con sus colegas españoles. Con el paso de los años, sus edades están rebasando los sesenta y cinco años, y como peones de brega están dejando de ser útiles para el Centro.

Uno de los hombres clave en el espionaje de España sobre Marruecos hasta 1986 fue el coronel Luis González. Sus informes contribuyeron a importantes decisiones relativas a nuestros intereses políticos en esa zona del norte de África que el presidente Felipe González tuvo que adoptar en los primeros años de su mandato. Siguiendo la línea de cooperación bilateral abierta, Luis González mantuvo perfectas relaciones con el agregado militar marroquí en Madrid, Mohamed Temsamani, con quien colaboró hasta niveles impensables que le acarrearon, como era de esperar, un odio furibundo por parte de los miembros del Frente Polisario. Y de pronto, como ha sucedido en tantas ocasiones, este hombre entregado durante años a una actividad tan frenética como eficaz abandonó inesperadamente el Centro. También como en tantas otras ocasiones, el hecho se vio rodeado de un absoluto mutismo y de ciertas especulaciones con o sin fundamento. Unos aseguran que la rígida línea marcada por Manglano le hacía imposible seguir desarrollando su trabajo. Otros, por el contrario, lo achacan simplemente al cansancio. En cualquier caso, su salida dejó un vacío difícil de llenar.

La labor del espionaje para saber lo que piensa y elucubra un imprevisible Hassan en todo momento y para disponer de tiempo suficiente antes de que vuelva a sorprendernos con decisiones como «La marcha verde» (impensable en estos momentos) tiene otras armas en territorio español. La política del Gobierno de Felipe González se ha basado en establecer con Marruecos una intensa colaboración que cristaliza en la existencia de las mayores relaciones posibles en los terrenos comercial, armamentístico y político, al objeto de evitar nuevos roces. Estas directrices han obligado al Centro a controlar a todos aquellos españoles que invierten en Rabat y a los que mantienen cualquier otro tipo de relación o conexión con el país.

Una de las principales agentes de la Contra encargadas del asunto es la abogada María Dolores Vilanova, casada con un directivo del Centro y a quien Manglano tiene en alta estima. Ella y todos los hombres y mujeres del Área del Magreb de la División de Contrainteligencia vigilan los movimientos de los españoles vinculados de una u otra forma con Hassan. Siguen de cerca todas sus actividades dentro y fuera de España, conocen bien su situación familiar y patrimonial, sus contactos y relaciones, sus tendencias políticas, sus frecuentes desplazamientos, sus transacciones comerciales y, en ocasiones, hasta los movimientos de sus cuentas corrientes. Han estrechado magistralmente el cerco sobre ellos, tejiendo una densa red intraspasable. Posiblemente, muy posiblemente, los afectados lo saben... De eso se trata.

Entre las personas del mundo financiero que han controlado se encuentra la flor y nata de los grandes capitalistas de España, como el empresario socialista Enrique Sarasola, relacionado con la superventa de armas «Marruecos 2»; Carmelo Trujillo, presidente de Intrade; y la familia Fierro, con numerosos negocios en el país y asociada con el ministro de Asuntos Exteriores Abdelatif Filali, suegro de una de las hijas del rey Hassan.

En Madrid, la Contra vigila día y noche, sin tregua, a los diplomáticos marroquíes, y muy especialmente el exclusivísimo chalet que en la también exclusivísima urbanización de Puerta de Hierro tiene el embajador Azeddine Guessous. A la hora de conseguir información, los agentes españoles no tienen límites. Entre los espectaculares operativos montados en el caso brilla con luz propia el de las ya citadas «conejitas», prostitutas controladas por el Centro que a cambio de dinero logran información valiosa, o en todo caso colocan en una posición muy comprometida al diplomático en cuestión. Según los estudios del Centro, para la inteligencia el arma sexual sigue siendo muy útil en general (no hay más que recordar el asunto que llevó a nuestros operativos a Rumanía a recuperar una misteriosa y deambulante cinta de vídeo), pero tiene un valor incalculable con los diplomáticos africanos y de Oriente Medio.

Hay un tercer sistema de espionaje que ofrece unos resultados más fríos, pero muy valiosos. Son los satélites militares. Ofrecen a ritmo incesante datos inestimables sobre movimientos de tropas y ubicación de cualquier tipo de armas en el norte de África. A los tres canales de que dispone La Casa gracias a los satélites Intelsat, Arabsat y Eutelsat, habrá que añadir en los próximos años la entrada en funcionamiento del Helios, que se está construyendo en unión con Francia e Italia. Su misión específica, en lo que respecta a España, será el control de Marruecos y del resto de países del Magreb. Definitivamente, nada de lo que pase en el reino de Hassan se nos escapará.

Argelia: las maniobras de Enrique Ballester, el amigo de Felipe

Desde que en 1981 fue designado para el cargo, Emilio Alonso Manglano ha tenido que soportar toda una gama de intentonas malintencionadas para sacarle de la foto. Desde el que fuera secretario del presidente del Gobierno, Julio Feo, hasta el secretario de Estado de Interior, Rafael Vera, pasando por el teniente general Andrés Cassinello, muchos han intentado hacerse con el mando de los servicios secretos para convertirse en privilegiados y poderosísimos mandarines de la sociedad española.

El intenso trabajo y las permanentes «relaciones públicas» le han mantenido en un puesto ganado con el sudor de su frente, ayudado también por la fe ciega que le profesa Felipe González. El presidente siempre ha tenido problemas para encontrarle un buen sustituto, y nunca ha querido cambiarle cuando en la operación de descabalgamiento han intervenido los medios de comunicación mediante lo que él consideraba estridentes campañas de desprestigio. Lo de menos es que, en algunas ocasiones, las hubiera promovido, como chaleco salvavidas, el propio Manglano. Solo una vez ha tenido realmente el puesto en el alero. La conspiración se montó a finales de 1987 en el norte de África, y más concretamente en Argel. Fue un contubernio de espías descontentos, hombres que soñaban con dirigir el espionaje y altas personalidades del Estado. Las tres cabezas visibles fueron José Sainz de la Peña, Enrique Ballester y Alfonso Guerra. Un militar, un empresario con vocación política y el vicepresidente del Gobierno.

En ese año, las informaciones en prensa sobre el nombramiento de un civil para el cargo eran muy frecuentes. Se decía que, tras el nombramiento de Luis Roldán al frente de la Guardia Civil, solo faltaba designar a alguien que no fuera militar para el CESID. Alfonso Guerra mantenía buenas relaciones con Manglano y los dos despachaban con cierta frecuencia. El vicepresidente había conseguido que el Centro le pasara información secreta sobre muchas de las investigaciones que se realizaban en empresas privadas, bancos e instituciones como la ONCE, pero, a pesar de ello, quería poner en el puesto a una persona más manejable, a alguien astuto, sagaz y despierto, pero fiel y sin escrúpulos, como él mismo. Manglano le servía, pero tenía un concepto del Estado que le llevaba a relacionarse mejor con Felipe González.

Por todo ello, no se sabe si por propia iniciativa o por recomendación ajena, Guerra decidió apoyar abiertamente la candidatura de Enrique Ballester como director de La Casa.

Era amigo suyo, tenía una fidelidad más que demostrada al PSOE y estaba preparado para el puesto. Con esta importantísima carta en la manga, Ballester tuvo claro que podía dirigir el mayor centro de espionaje del país. Porque méritos e influencias no le faltaban.

Toda su juventud se la pasó en el norte de África, haciendo y deshaciendo su maleta para seguir el trepidante ritmo de viajes de su padre, José Ballester Berenguer, que precisamente murió en 1987. El nombre de este último siempre será recordado en el Ejército de Tierra con una aureola de mito, pues fue el civil que, junto a varios coroneles de Caballería, durante la dictadura de Franco, montaron redes de espionaje en el norte de África para suministrar información valiosísima al dictador en su afán de mantener intacta la integridad territorial de la patria.

Su hijo Enrique heredó de él la destreza y habilidad inigualables para afrontar los problemas y, seguramente, la enorme capacidad de trabajo. Estudió en Marruecos y posteriormente impartió clases en la Universidad de Argel, país en el que vivió muchos años y en el que se siente como en casa. Allí comenzó a vivir sus ideas socialistas. Se hizo adicto al Frente de Liberación Nacional (FLN), lo que en poco tiempo le granjeó la amistad de políticos influyentes y de reconocido prestigio. Dos dirigentes de la talla de Bumedian y Benyedid se contaban entre sus más íntimos amigos, a los que asesoraba en muchas cuestiones internas y externas.

Pero Ballester siempre cuidó otro tipo de amistades menos aparentes, pero muy útiles. Entre ellas, los más importantes miembros del servicio secreto argelino, que a su vez le allanaron el camino para contactar con agentes de otros servicios de inteligencia. El propio empresario reconocía la importancia de disfrutar de estas amistades en unas declaraciones que realizó en 1988:

«La principal actividad de muchos servicios secretos es apoyar a sus empresas. A mí me ocurrió una vez que fui a un país africano para conseguir un contrato y me encontré con un viejo amigo, un francés con el que hice el colegio..., que era agregado comercial de la Embajada francesa en ese país. Después de cenar, y ya que no había intereses galos en liza (en recuerdo de una vieja amistad), me sacó un dossier completo sobre el asunto y me lo dio. ¡Contenía información sobre todas las ofertas y sus condiciones presentadas por mis rivales, ventajas y desventajas incluidas!».[1]

A principios de la década de los setenta, Ballester conoce a un hombre que cambiará completamente su vida: Felipe González. Pronto entablan una sincera amistad, guiada por las comunes ideas socialistas y sus sueños de progresismo en España, y empieza a utilizar sus influencias en beneficio del PSOE. Casi al mismo tiempo conoce a Alfonso Guerra, con quien encuentra una sintonía si cabe mayor.

Ballester, desde Argelia, mueve todos los hilos que puede para que los poderes fácticos europeos y africanos apoyen a Felipe González y presionen para que el PSOE sea legalizado. Además, y esto es muy importante, le busca financiación, siendo él la primera persona que pone su dinero al servicio del partido.

Desde Argel se convierte en el hombre de los socialistas en el norte de África durante los años en que González y Guerra ejercen la oposición. Les facilita todo tipo de ayuda, incluida una cuantiosa información de inteligencia que le pasan diversos servicios secretos, entre los que se incluye el francés. Poco antes de las elecciones generales del 28 de octubre de 1982, que supusieron la llegada al poder del PSOE, regresa a España. Desde ese momento, diversas denuncias periodísticas le acusan de estar ligado a la financiación ilegal del Partido Socialista.[2] Durante todos estos años se convierte en asesor del presidente del Gobierno, sin sueldo. Cada vez que Felipe González tiene algún problema relacionado con el norte de África, le llama para que vaya a verle al palacio de La Moncloa:

—La información que me pasa el CESID es muy floja.

—Pero si tienen un montón de gente.

—Ya. Muchos datos, muchos datos, pero de chicha, nada.

—En lo que esté en mi mano, Felipe, cuenta siempre conmigo. Sabes que tengo buenos amigos en la zona.

En este ambiente, Ballester detectaba con claridad que uno de los puestos más importantes del organigrama del Estado estaba al alcance de sus manos. Alfonso Guerra se mostraba dispuesto a apoyarle. Solo le faltaba documentarse lo suficiente sobre el CESID para convertirse en el candidato ideal para ocupar el puesto de Manglano. Con este fin, contactó con un amigo que hizo en Argelia y que le podía contar todo lo que él necesitaba saber sobre La Casa. Era el coronel José Sainz de la Peña, jefe en ese momento de la antena en Argel. Este espía no comulgaba precisamente con los modos de trabajo del director y estaba dispuesto a colaborar ampliamente en su sustitución, cuando a cambio, además, podía colocarse en un lugar de privilegio. Así que Sainz de la Peña le facilitó todos los datos que necesitaba: los directivos con que se podía contar, los problemas que padecían y, sobre todo, las pequeñas debilidades de Manglano. A finales de 1987 todo estaba preparado.

Siguiendo las directrices que le habían planteado en el palacio de La Moncloa, Ballester envió a González un informe de quince folios en el que explicaba detalladamente todos los pormenores de un proyecto para dar un giro de 180 grados al pésimo rumbo que había tomado el servicio de inteligencia, haciéndolo plenamente operativo. Su propuesta consistía en pasar todos los asuntos de Contrainteligencia al Ministerio del Interior, unificar los temas internacionales en la órbita del palacio de La Moncloa y potenciar la sección económica del CESID, porque, según mantenía el empresario socialista, esos asuntos iban a ser determinantes en el futuro de España y del mundo entero.

Ballester también especificaba con toda crudeza la necesidad de «civilizar» el servicio, permitiendo que los hombres y mujeres que nunca habían pasado por una rígida academia militar pudieran desarrollar plenamente y sin limitaciones su carrera en el espionaje, sin encontrarse con los tapones en los puestos de responsabilidad que suponía la forzosa presencia de militares, muchas veces menos preparados que ellos.

A Felipe González le encantó la idea plasmada en esos quince folios, pero actuó de una forma que posteriormente se demostró equivocada. Ordenó fotocopiar el informe para ser distribuido a José Barrionuevo, ministro del Interior, y Narcís Serra, de Defensa. A los dos les pareció interesante, aunque con los lógicos matices, pero también mostraron su apoyo. Sin embargo, el político catalán fue como el mago Carrasclás, bondadoso por delante y malvado por detrás. Íntimo amigo de Manglano, le filtró una copia.

En ese momento, todo se vino abajo. Alguien (tal vez el propio Manglano) filtró la noticia a varios medios de comunicación, poniendo énfasis en que las amistades de Ballester con Cuba, el norte de África y Oriente Medio podían no ser bien acogidas ni entendidas por la OTAN. El presidente ya no pudo hacer nada. Las presiones occidentales y las críticas militares fueron demasiado fuertes. El propio Ballester tuvo que salir en su defensa ante la opinión pública, tras aportar el allanamiento de su casa y otras situaciones «deliciosas», como el pinchazo de sus teléfonos:

«No tengo el menor conocimiento de nada que se parezca a esto. De buenas a primeras, varios periodistas recibieron la misma información. No se trataba de una charla de café. Tiene visos de ser una operación cuyos objetivos ignoro y lamento que se haya utilizado mi nombre.»[3]

En secreto, poco después, José Sainz de la Peña abandonaba el CESID aduciendo sus enfrentamientos con Manglano. Las verdaderas razones no parecían ser esas exclusivamente. La amistad de Ballester con Felipe González no sufrió cambios, aunque a más de uno le hubiera gustado. Siempre fiel al presidente, el empresario siguió apoyando los negocios españoles en todos los países en los que mantiene sus influencias.

La calidad de la información que el Centro envía al presidente ha subido muchos enteros, pero González sigue prefiriendo los datos de Ballester sobre algunos asuntos. Así, este último, acompañado del también empresario socialista Emilio Martín, viajó en enero de 1992 a Argel para facilitar informes de primera mano al presidente sobre la situación del país tras el golpe militar que acabó con el Frente Islámico. Y es que para saber lo que pasa en el norte de África, al presidente siempre le gusta contar con la opinión de Enrique Ballester, el hombre que no pudo reinar.

Las maniobras de Manglano para penetrar lo más posible en los países del Magreb son constantes desde hace años. Así, en febrero de 1990 los cinco embajadores de la zona realizaron una visita conjunta a Madrid con el fin de buscar cauces para reforzar la política española, y de paso aprovecharon para mantener diversos contactos. Entre ellos se citó una visita al palacio de La Moncloa para conversar con Felipe González, una reunión con la patronal CEOE en busca de inversiones en la región y un almuerzo con los miembros de la Comisión de Exteriores del Senado. Pero, al final de su estancia en Madrid, mantuvieron una comida con... Emilio Alonso Manglano. Su finalidad fue tratar también de ampliar los cauces de colaboración CESID-embajadas en lo referente a las facilidades dadas a los agentes destinados en esos países.

Notas

1. Aurora Moya y Carlos Berbell, «Enrique Ballester, el espía mayor del Reino: "Los fondos reservados se utilizan para traiciones y corrupciones"», *Panorama*.

2. La información más documentada es la del libro *El dinero del poder* (págs. 48-70, Información y Revistas S.A., Madrid), del que son autores José Díaz Herrera y Ramón Tijeras.

3. Carlos Bello, «Los militares no quieren que un civil dirija el espionaje español», *Tiempo*, 23 de noviembre de 1987.

10

¿Quién controla al CESID?

$\mathcal{N}$unca pensé que al volante de mi nuevo Audi, sobrio y elegante (a mí desde luego me lo parecía), con chaqueta azul marino, corbata requetepija de flores (elegida como siempre por mi mujer) y el pelo recién cortado podría parecer más el chófer de un alto cargo que el agotado periodista que acompaña amistosamente al contertuliano a sus quehaceres laborales tras una agradable (en el caso) «comida de trabajo». Pero, para mi desgracia, o quizá mi suerte, según se mire, así fue. Mi por aquel entonces redactor jefe de *Tiempo* y sin embargo amigo Antonio Casado y yo nos habíamos comido un resplandeciente cordero (o parte de él) con Pedro Meyer, subdirector general de Medios de Comunicación Social del Ministerio de Defensa, lo que traducido al lenguaje vulgar quiere decir jefe de prensa de Defensa. Era el mes de abril de 1991 y mantuvimos un encuentro distendido, en el que limamos algunas asperezas producidas por mi última información, que no había gustado demasiado en el departamento de Serra..., lo habitual. Todo transcurrió relajadamente, como es normal entre tres personas que se conocen desde hace muchos años y que saben cuáles son los vicios y virtudes del otro bando. Al finalizar, pasadas las cuatro y media de la tarde, me ofrecí a llevar a Pedro al Ministerio y, entre bromas y comadreo acerca de lo poco que le convenía que le vieran llegar conmigo a su oficialísimo destino, emprendimos camino hacia el paseo de la Castellana.

No recuerdo el tema de conversación (es lo de menos), pero sí que bajábamos por la calle José Abascal, vía que conduce a la carretera de Barcelona, en la que está situado el aeropuerto de Barajas. El pesado atasco, rutinario en esa zona de Madrid, nos obligó a ir al paso de las tortugas. Pedro, sentado a mi derecha, y Antonio detrás, no paraban de charlar, mientras yo juraba en arameo, enfrascado como estaba en las inclemencias de la circulación. De repente, el conductor que nos tocó como compañero de semáforo en rojo bajó alegremente su ventanilla y se dirigió a nosotros en tono auténticamente cordial.

—¡¡Hombre, Pedro!! —gritó—, ¡cuánto tiempo sin verte!

—¿Cómo estás? —respondió de inmediato Meyer, con el mismo tono cordial.

Era la mil veces repetida conversación entre dos personas cuyos caminos el destino ha separado en los últimos años. Pero las coincidencias de la vida hicieron que aquel inesperado encuentro tuviera lugar ante dos testigos de excepción, Antonio y yo, que, lejos de estar en la nómina de Defensa, pertenecíamos a la profesión periodística.

Se daba la circunstancia de que se conocían de Televisión Española. Hacía veinte años que Meyer había comenzado a trabajar allí, en sus inicios profesionales, y su amigo, claramente, pertenecía a la misma promoción televisiva. Realmente no me acuerdo de su nombre, aunque sí de que era uno de los encargados de montar los decorados, o algo así. Además, creo recordar, era descendiente de un alto cargo de la época de Franco.

El semáforo se puso verde y pudimos avanzar varios metros. En esta ocasión, el vecino de atasco hizo todo lo posible para situarse a nuestro lado. Era evidente que algo importante se le había olvidado comentar y deseaba ardientemente hacerlo.

—¿Sabes, Pedro? —dijo en tono de camaradería—, estoy trabajando para los de tu Ministerio.

—¡Ah!, ¿sí?… ¿Para quién? —contestó Meyer verdaderamente perdido.

—Para el CESID —espetó orgulloso.

Nos quedamos petrificados, especialmente Pedro Meyer. Lo dicho. Su amigo debía de pensar sin lugar a dudas que los tres estábamos en nómina en el Ministerio de Defensa, aunque yo fui quizá el que le produje menos problemas locativos. Enfundado en una imagen un tanto estereotipada y con un apremiante malestar que debido al colapso circulatorio me proporcionaba un cierto «aire de ausente», me debió adjudicar contundentemente el papel de chófer. Mi ya mencionado sobrio y elegante coche azul debió hacer el resto. De forma que no le importó lo más mínimo acabar reconociendo ingenuamente, dentro de su ya significado tono campechanote, que informaba a los espías sobre lo que ocurría en Televisión Española y hasta que, quizás, había colocado algún que otro micrófono. «La ha cagado», fue lo único que se escuchó en el coche. Mientras, las risas y la distensión vespertina de «entre amigos» se habían cortado bruscamente en el interior de mi automóvil. ¡Así es la vida…! Es una pena que no recuerde su nombre… aún.

La Audiencia Nacional les para los pies

Siempre va con su impecable traje azul marino y con camisa lisa de color claro y nunca se coloca la típica corbata chillona. Más que un estilo de vestir, es la indumentaria de trabajo de un espía… sin demasiadas pretensiones, aunque el resultado sea más que aceptable en ocasiones si tenemos en cuenta lo que se ve por ahí. Con ella pasa absolutamente desapercibido por los pasillos de la Audiencia Nacional, el tribunal que juzga los casos de terrorismo y los delitos de extranjeros, que tanto le interesan al Centro.

Desde que el Parlamento aprobó la Ley de Cuerpos y Fuerzas de Seguridad del Estado, su trabajo lo desarrolla más en la clandestinidad, si es que ello es posible. Todavía recuerda el berrinche que se cogió el director. Durante meses Manglano pidió e incluso rogó a Felipe González, a Alfonso Guerra, a Narcís Serra y a quien se le pusiera por delante que incluyeran al CESID en la ley, porque de lo contrario supondría condenarles al ostracismo, limitando su capacidad de acción. Pero Rafael Vera, con un saco al hombro cargado de argumentos poderosos, le ganó la batalla ampliamente.

—El CESID es un servicio de información que carece de competencias de policía judicial y, por lo tanto, debe estar fuera de esta ley —explicaba el secretario de Estado para la Seguridad a las mismas personas a las que, curiosamente, días antes Manglano había intentado convencer de todo lo contrario.

El agente del Centro, con su vestimenta azul tradicional, criticará el resto de su vida la manipulación que entrañaba la postura de Vera. Porque cada vez que sus colegas de los servicios de inteligencia relacionados con Interior quieren una orden de intervención telefónica concreta o están interesados en un sumario determinado, no tienen más que pedírsela a su superior: Rafael Vera. Él, por el contrario, tiene que ir prácticamente mendigando por los despachos, como si de un pasante de abogado se tratara. Además, para colmo de desgracias, los jueces y fiscales de la Audiencia Nacional aplican a rajatabla el principio de que las únicas personas con las que deben tratar en relación con cualquier sumario son las de los Cuerpos y Fuerzas de Seguridad del Estado. Nunca con espías.

Perteneciente a la División de Inteligencia Interior que durante tantos años mandara soberbiamente Santiago Bastos, el discreto agente, de poco más de treinta años, se conoce ya a la perfección todos los despachos, aunque en realidad entra en muy pocos. Sabe que no puede pedir órdenes para intervenir teléfonos, ni los socorridos mandatos judiciales para efectuar registros domiciliarios. Ni siquiera puede solicitar un sumario abierto o aportar las, en ocasiones, inestimables informaciones que sus compañeros hayan obtenido durante una investigación. En definitiva, el único camino que le queda al Centro es el que sigue el agente del traje azul, y en todo caso lo que interesa son los resultados. ¡Qué se le va a hacer!

Cuando le encargan indagar datos de un sumario o quieren que un juez siga una pista concreta, se dirige a la calle Génova y entra como cualquier ciudadano por la puerta principal, teniendo que aguantar en ocasiones las interminables colas engrosadas por estudiantes de la Facultad de Derecho y oyendo como quien oye llover las formalistas instrucciones que el correspondiente profesor de Derecho Penal distribuye a sus cachorros universitarios. A las dos despreocupadas señoritas de control les entrega su carnet de identidad (ninguna referencia a su empresa) y les comunica la persona a la que está interesado en ver. La entrada es a título personal, al igual que el resto de sus gestiones. A continuación, sus pasos se encaminan ineludiblemente hacia el despacho de un juez amigo, con quien mantiene una relación que comenzó con la filtración de cierto documento comprometedor para un encausado (que fue de mucha utilidad para el juez) y que continuó con diversas pistas prestadas periódicamente para investigaciones difíciles de resolver. El juez, satisfecho, le concede a cambio algunas prebendas y le presenta en ocasiones a otro juez o a un fiscal.

—Aquí tienes el sumario que te interesa —le dice el magistrado al hombre del traje azul.

—No sabes cuánto te lo agradezco.

—Imagino que no hace falta que te recuerde que mantengas la máxima discreción.

—Por favor... si yo nunca he estado aquí... (lo que hay que aguantar, ¡joder!).

—Mira. Yo ahora tengo sala y tú te puedes quedar en mi despacho viendo el sumario y tomando las notas que te hagan falta, más o menos durante una hora.

—Muy bien. Es más de lo que necesito. Repito que te lo agradezco mucho (¡serás cafre!, no voy a escaparme con el maldito sumario. Me recuerda mi época escolar en la Biblioteca Nacional... ¡Me cago en la leche!).

—Te recuerdo que tardaré poco más de una hora. Cuando vuelva, espero que hayas terminado.

—Por supuesto. No te preocupes. Tomaré nota de lo que me interese y me iré (sencillamente insufrible).

—Estupendo; pues hasta ahora ¿eh?

—Hasta ahora. (¡¡¡Queee sííí!! ¡Coño, lárgate ya!)

Aunque los inquilinos de la Audiencia suelen ser muy escrupulosos con los miembros del CESID y nunca reconocen públicamente estas relaciones, es un hecho que jueces tan prestigiosos y dinámicos como Baltasar Garzón o Carlos Bueren no renuncian a mantener contactos con el Centro cuando una investigación importante así lo requiere. Con todo, siempre terminan por aparecer las consabidas reticencias:

—Necesito pruebas concretas de lo que me está contando, o al menos que conste por escrito, para poder incluirlo en el sumario y ordenar a la Policía que realice las investigaciones pertinentes.

—Pues yo lo siento en el alma, pero no puedo hacerlo.

Estas solicitudes siempre son denegadas por el agente vestido de azul o por cualquiera de sus compañeros encargados de las relaciones con la Audiencia Nacional. Nunca entregan un solo papel con el membrete del Centro o filtran un *dossier* cuya procedencia pueda ser identificada. Así nunca les acusarán de meterse donde nadie les llama.

El general Santiago Bastos está francamente molesto con esta situación. Le encantaría que le consideraran una ayuda legal a la justicia y tener la posibilidad de realizar oficialmente intercambios de información con la Audiencia, pero la realidad es que es un terreno que de momento le está oficialmente vedado. De hecho, cuando sus hombres se encuentran con un juez escrupuloso, tienen las manos atadas.

En su contra han jugado algunos feos acontecimientos en los que se vieron involucrados agentes del Centro. En una ocasión, policías de guardia en la Audiencia Nacional detuvieron en los alrededores de Génova a un hombre que estaba haciendo fotos indiscriminadamente a un magistrado. Tras ser obligado a identificarse terminó reconociendo, ante el estupor de sus contrincantes, que trabajaba para el CESID. Dentro de esta misión de garantizar la limpieza de los hombres encargados de imponer justicia, los escoltas del juez Ricardo Varón Cobos también detectaron en 1982 los seguimientos que le estaban realizando los hombres de los servicios de información.

La falta de colaboración entre el Centro y los jueces afecta principalmente a los temas de terrorismo, pero también a otros de especial relevancia a nivel internacional. Todas las órdenes de intervención telefónica solicitadas durante la celebración en Madrid de la Conferencia de Seguridad y Cooperación en Europa y durante la Conferencia de Paz para Oriente Medio procedían de la Policía. Una parte de ellas fueron recomendadas por los agentes del Centro para controlar las actividades de libios y árabes instalados en España, sospechosos de formar parte de grupos terroristas. Pero, dado su legal alejamiento de los jueces, tuvo que ser la Secretaría de Estado para la Seguridad la que estampara el sello en las solicitudes oficiales.

La victoria de la Policía sobre los agentes militares en este terreno produce muchos quebraderos de cabeza en el CESID. Realmente han perdido esta guerra, pero luchan en otros campos, con mejores resultados, para conseguir ser el servicio de inteligencia más importante en España. Mientras tanto, el agente de traje azul sigue visitando periódicamente la Audiencia Nacional para «vender» información a los magistrados y conseguir, a cambio, algunos favores. Ardua y sin duda denigrante tarea, pero, como siempre, el fin es lo que cuenta.

La unificación imposible: policías y militares, a bofetadas

Cuando Felipe González se convirtió en el inquilino del palacio de La Moncloa, sus conocimientos sobre los servicios de inteligencia eran más bien escasos. Había recibido información sobre su funcionamiento y conocía personalmente a algunos agentes que le habían facilitado ayuda durante el tiempo que fue el jefe de la oposición e incluso antes de la legalización del PSOE, pero nada más.

Andrés Cassinello y José Faura eran dos de ellos, a los que francamente González guardaba mucho aprecio. Les había conocido, junto con Alfonso Guerra, en Francia, pocos meses antes de que la muerte de Franco dejara paso a las reformas democráticas impulsadas por el Rey. Sabía que pertenecían al Seced, el servicio secreto fundado por Carrero Blanco, lo que era suficiente para que en un primer momento desconfiara totalmente de ambos. Sin embargo, con el paso del tiempo terminó creyéndoles a pies juntillas (quizá en un primer momento no le quedó otro remedio) cuando le hablaban de transición pacífica y democracia y se ofrecieron para ayudarle en su regreso sin traumas para nadie en España. Pero «Isidoro» supo finalmente de todas las artimañas que tuvieron que desplegar para evitar que, tras su llegada a Madrid, se ejecutaran las presiones de la cúpula militar franquista para que fuera detenido de inmediato. También otros agentes de segundo nivel habían colaborado con los socialistas en aquella dura época, pero ninguno de la importancia de los que con el paso de los años, y no por casualidad, alcanzaron el grado de teniente general siendo Felipe González presidente del Gobierno.

Inicialmente, González se sintió bastante desbordado. Muchos informes, diversas fuentes enfrentadas, dudas sobre la credibilidad que debía otorgarles a todos y cada uno y ausencia de asesores de confianza con capacidad de realizar un análisis objetivo…, ¡todo un desastre! Además, por su pasado reciente en la clandestinidad, tendía a no fiarse de cualquiera, y especialmente si llevaba uniforme, aunque en un principio el recelo fue mutuo, lo que dio lugar a alguna que otra situación curiosa. Cuando, a los pocos meses de tomar posesión, hizo su primera visita oficial a la División Acorazada, sin darse cuenta consiguió que todos los militares permanecieran unos momentos en actitud de respeto a él, y ello por poco que les gustase.

El presidente había estudiado extremadamente cada pequeño detalle, porque quería quedar bien ante tantos cientos de militares (una de sus principales asignaturas pendientes…): su cuerpo rígido y respetuoso cuando sonó el himno nacional, la mirada fija y atenta durante el desfile y el gesto autoritario cuando el jefe de la DAC le solicitaba instrucciones. Verdaderamente intachable. La imagen era todo un cromo. Sin embargo, algo falló. Una tontería, pero falló. Fue durante la misa. Era el momento en que todos los asistentes debían sentarse. Pero aun así todos permanecieron en pie, porque Felipe González debía estar abstraído en sus complejos pensamientos («¡quién me iba a decir a mí hace diez años que esto llegaría a suceder!»), y el hecho es que no se enteró. Pasaron los segundos, que fueron como horas, y ningún militar osó sentarse. El silencio era sepulcral. Fue el primer gesto obligatorio de respeto al presidente socialista. Cuando finalmente Serra, siempre atento, siempre en todo, le indicó que se podía sentar, hubo quien pensó que, por primera vez, González había mantenido firmes, aunque fuera por error, a los militares.

En aquellos primeros meses, francamente difíciles, prefirió colocar en un segundo término a los militares y cobijarse para los temas de inteligencia entre policías, y si eran afines al partido, muchísimo mejor. En este sentido, fue designado Mario Baniandrés para mandar la Brigada de Interior de la Policía, lo que supuso su primer gran error. Este comisario, alineado claramente con los socialistas, no supo entenderse en absoluto con sus compañeros del mismo nivel, procedentes mayoritariamente del franquismo, lo que provocó agrios enfrentamientos. Hasta llegó a iniciar una caza de brujas entre los policías que habían colaborado con el CESID, acusándoles con escaso fundamento de haberle traicionado.

—Hay alguien que nos está haciendo la cama con los «hombres de Manglano» —le dijo un día encolerizado a uno de sus colaboradores.

—De eso no cabe ninguna duda. El problema es saber quién.

—Yo estoy convencido de que es el cabrón de Leopoldo Seijas.

—Pues podría ser.

—¡¿Cómo que podría ser?! Es claramente el que filtra nuestras investigaciones a los militares. No debemos fiarnos de él, porque tiene excesivas simpatías a los del CESID. Ya sabes que hace años fue marino... y eso es definitivo.

La caza de brujas resultó un rotundo fracaso, sobre todo porque se demostró que eran absolutamente infundados los ataques contra el simpático y entrañable comisario Seijas, aunque fue una gota más que sirvió para llenar meses después el vaso del mal funcionamiento de los servicios de información de la Policía. El Gobierno reconoció el terrible error de su planteamiento y dio marcha atrás en su decisión inicial, recuperando a los espías que habían acreditado sobradamente su valía en la dictadura y en la transición y comenzando a valorar el trabajo de los hombres de Manglano.

Arreglado el desaguisado en el servicio de información policial, surgió el problema del enfrentamiento entre los espías del Ministerio del Interior y los de Defensa. El servicio de la Guardia Civil nunca le supuso problemas al presidente. Dirigido en aquella época por su apreciado Cassinello, nunca se metió con nadie, limitándose a cumplir con un trabajo en la lucha antiterrorista en el que ha cosechado importantes éxitos, que rara vez ha tenido interés en apuntarse de cara a la opinión pública. A Felipe González siempre le hubiera gustado que todos los servicios lucieran tanto sentido de Estado, pero no ha podido ser.

La Comisaría General de Información y el CESID sostuvieron un enfrentamiento muy fuerte durante los primeros años del socialismo, alcanzando en 1987 una cota en la que materialmente no podían verse ni en pintura. La competencia por conseguir ser el servicio de inteligencia más importante del Estado y la dejadez del presidente del Gobierno, que conscientemente no quería resolver la pugna, les llevó a mantener una guerra sin cuartel, la cual, curiosamente, fue siempre desmentida por sus más altos jefes. A finales de 1987, durante una imposición de condecoraciones a personal civil y militar, el teniente general Emilio Alonso Manglano lo negó todo de manera tajante:

«No existe enfrentamiento alguno, porque para que lo hubiera sería indispensable que ambos lo quisieran así, y en este caso estoy seguro de que no lo desea ninguno. Debe tener muy claro que nosotros no desempeñamos misiones militares y también que más del treinta por ciento de nuestro personal es civil. Además, si hiciera falta, el CESID está preparado para tener un director civil».[1]

Sin embargo, las palabras de Manglano no se correspondían, o más bien se oponían, a las noticias aparecidas en esas fechas en los medios de comunicación. En agosto de 1987 *Diario 16* señalaba que «los ministerios de Interior y Defensa luchan por el control de la inteligencia exterior».[2] El 7 de diciembre de 1987 *El País* publicaba en su portada que «el CESID intenta arrebatar a la Policía áreas clave de información confidencial y espionaje» y explicaba que Interior mantenía de forma reservada un duro enfrentamiento con Defensa.[3] Al día siguiente el mismo diario señalaba que «el CESID espió al grupo antiinvolución de la Policía», explicando que «el Ministerio de Defensa no comenta estas materias».[4] Otro diario, el *Abc*, indicaba el 26 de enero de 1988 que «los servicios secretos civiles y militares no se coordinan y trabajan en paralelo», añadiendo que «mantienen una constante competencia en sus investigaciones».[5] Nuevamente el diario *El* País publicaba en marzo de 1989 que «el CESID espió la actual sede central de la Policía», especificando que agentes del servicio secreto militar fueron descubiertos filmando las instalaciones de la Escuela de Canillas.[6]

Los posteriores ataques del CESID han sido mucho más sibilinos e inteligentes. Su campaña ha consistido en apuntarse en su tanteador victorias pertenecientes a la Policía y la Guardia Civil. Así, tras la detención del comando Nafarroa de ETA, los agentes de La Casa filtraron que ellos habían conseguido la información que facilitó toda la operación. El servicio de infor-

337

mación de la Guardia Civil se quedó completamente anonadado.

Con todo, descalificaciones como la que hizo el comisario Manuel Ballesteros, director del Gabinete de Información de la Seguridad del Estado, el 22 de marzo de 1990, fueron poco discretas. «El CESID —dijo relajadamente—, no tiene una actuación antiterrorista, ellos son otra cosa, son militares.»

En los últimos años los bandos se han alejado del campo de batalla. Felipe González decidió finalmente intervenir: «Se acabó». Lo decía el presidente y no había nada que replicar. Sus órdenes se cumplen y ya está. Manglano, tras la primera insinuación transmitida por Narcís Serra, fue consciente de que en esa guerra no podía ganar nada y prohibió a sus hombres hacer comentarios sobre el servicio policial en sentido crítico. La Comisaría General de Información terminó impartiendo las mismas instrucciones, ante el temor de que la repentina hartura manifestada por Felipe González fuera más allá de lo que en un principio se pudiera especular.

A comienzos de 1988 ya estaba claro que el Gobierno optaba por mantener los dos servicios, aunque realizando un mayor esfuerzo económico en la potenciación del CESID. Por su parte, los policías no vieron con agrado la decisión, aunque la justificaron, engañándose a sí mismos, al considerar que se debía a que «es un servicio exterior que debe pagar sus cuentas en divisas y eso es muy caro». Pero poco o nada pudieron hacer para limitar la creciente simpatía del presidente por La Casa, que inteligentemente había llevado a cabo una brillante operación de imagen convirtiendo en inútiles las reiteradas acusaciones que les hicieron de ser militares. La contratación de numerosos civiles, y entre ellos especialmente muchas mujeres, había terminado por encauzar su imagen hacia la del principal servicio secreto del Estado o, lo que podría ser lo mismo en este caso, del presidente del Gobierno.

El enfrentamiento en la década de los ochenta también fue tan cruento por una razón no mencionada hasta ahora: la unificación. Muchos planes elaborados en diversos despachos de altos cargos de Presidencia, Interior y Defensa diseñaron un nuevo panorama con un único servicio. Detrás de las cortinas, oculto para no ser descubierto, siempre había alguien intentando colocarse, como es de rigor.

Una de las primeras medidas que González adoptó ante tanto enfrentamiento entre servicios fue crear un organismo que coordinara el trabajo de los distintos espías en un tema tan concreto e importante como la lucha contra el terrorismo. Es lo que actualmente se llama Mesa de Coordinación Informativa, que reúne a representantes de la Comisaría General de Información, del CESID y de la Guardia Civil. En un primer momento la operatividad fue nula porque, como era de esperar, no se fiaban los unos de los otros. Nadie quería poner sus informaciones sobre la mesa por temor a que fueran utilizadas por el bando contrario para apuntarse tantos. Durante varios años nadie fue capaz de conseguir la operatividad de dicho organismo, pero la intervención de Rafael Vera fue providencial. Con la astucia que le caracteriza, obligó a todos a no escaquear información. Actualmente, la susodicha institución es de una utilidad incuestionable en materia antiterrorista.

Paralelamente, el presidente comprendió que debía delegar trabajo para hacer frente al maremágnum de información que diariamente le mandaban los distintos servicios. Necesitaba una persona que coordinara un gabinete de análisis en La Moncloa, con personal fijo, capaz de recibir los miles de informes y elaborar *dossiers,* claros y reducidos, de la máxima utilidad y eficacia. El vicepresidente Alfonso Guerra no dejó que ese importante puesto se escapara a su círculo de influencia y le aconsejó la designación de uno de sus «fontaneros» preferidos, Roberto Dorado. Para acometer esta misión de tan alto calibre, Dorado confió a su vez en un especialista en inteligencia, el teniente coronel José Antonio Blanco. Ex miembro del CESID, llevaba muchos años colaborando con el PSOE y ahora ejercería el trabajo para el que mejor estaba preparado.

Hubo mucho entusiasmo a la hora de acometer nuevas y revolucionarias ideas, pero el resultado fue pésimo. En vez de conseguir rentabilidad, se obtuvo ineficacia. Ni el CESID, ni la Comisaría General de Información, ni la Guardia Civil colaboraron realmente.

—La verdad es que nos han mandado algunos agentes para hacer labores de enlace, pero no sirven para nada —le dijo Dorado a Blanco.

—Son meros burócratas, precisamente lo que menos falta nos hacía.

—Se limitan a leer los informes y a resumirlos, pero no sirven para otra cosa.

—La culpa la tienen sus jefes, que los han mandado para que se enteren de cosas, pero no para conseguir que mejore el trabajo.

—Para colmo, los muy cabrones, cuando tienen algo muy importante se las apañan para contárselo directamente al presidente.

—Claro, así se apuntan los tantos.

—Pues para esto, mejor no haber montado nada.

—Ya, pero con estos bueyes tendremos que arar.

No obstante, el paso del tiempo también cambió las tornas. Actualmente, todos han aceptado la obligación de contactar con Dorado, aunque tanto Manglano como Vera y como Roldán se reservan el hilo directo con el presidente para transmitirle la información más caliente y «escandalosa», faltaría más. El puesto de Roberto Dorado fue ocupado posteriormente por Julio Feo, secretario general de la Presidencia, pero tras un breve período de tiempo volvió la competencia a manos del hombre de Guerra. Tras el ascenso fulgurante de Narcís Serra a la Vicepresidencia, los intentos por apartar a Dorado de la información han sido continuos. Serra no se fiaba de Guerra y no quería que su brazo derecho estuviera cerca de los temas de inteligencia.

Cuando en 1986 Feo se hizo cargo del Gabinete de Análisis, pretendía que los servicios enviaran información para que fuera evaluada y, a partir de ahí, armonizar los objetivos de cada uno. Aunque en aquella época las noticias aseguraron que se iba a convertir en el «superespía de la CIA española», todo fue tajantemente desmentido por el propio protagonista, quien negó que pretendiera colocarse en una posición privilegiada con respecto al resto del reparto.

A los servicios no les importaba que Feo mandara sobre los dos guardias civiles, los dos policías y los dos agentes del CE-SID que formaban su gabinete, pero no estaban dispuestos a aceptar su intromisión. Ni siquiera Fernando Perpiñá, subsecretario del Ministerio de Asuntos Exteriores y responsable de la información procedente de las embajadas, llegó nunca a abrigar la idea de ponerse en manos de Julio Feo. La teoría de Feo todavía hoy flota en el aire, aunque tiene pocas posibilidades de materializarse algún día. Se trataría de que La Moncloa, de alguna forma, interviniera, se «mojara», en los temas de inteligencia. Que marcara directamente la preferencia de los temas a investigar y controlara la evolución de las investigaciones. Todo un futurible poco probable de momento.

Su fracaso no impidió que en el Ministerio del Interior se elaborara poco después otro proyecto, de mucha mayor envergadura. En 1987 y 1990 Rafael Vera intentó hacer realidad este plan, todavía vigente, que algunos bautizaron como «Guadiana». Pretende mantener la estructura actual de todos los servicios secretos, pero sustrayéndolos de la suprema dependencia con respecto al presidente del Gobierno y poniendo como intermediario al director de un organismo que se llamaría Centro de Inteligencia del Estado o Servicio de Inteligencia del Estado (el nombre no está definido y es lo de menos). Con una pequeña estructura, mayor a la del actual Gabinete de Análisis de La Moncloa, Rafael Vera siempre ha tenido un candidato para la dirección: Rafael Vera. Sin ninguna duda, sus éxitos al frente de la lucha antiterrorista le convierten en el candidato idóneo, si es que el plan se aprueba algún día.

Felipe González, tan cauto como siempre, no ha querido imponer una solución que casi nadie quiere. Vera ha vendido en diversas ocasiones el proyecto a Manglano, pero el teniente general siempre se ha resistido. El militar sabe que el día de la aprobación de ese plan perderá el omnímodo poder de que ahora disfruta. La Guardia Civil no sería problema, porque Roldán aceptaría, aunque introduciendo algunas modificaciones que garantizaran a sus hombres el puesto que se han ganado a pulso en la lucha contra ETA.

Una de las viejas críticas de políticos y especialistas en la materia es la inexistencia de, al menos, un reglamento que delimite las competencias de cada servicio secreto. Se critica la duplicidad de funciones, lo cual se traduce en que agentes de dos y hasta tres servicios estén vigilando simultáneamente al mismo sospechoso. La Guardia Civil, la Comisaría General de Información y el CESID tienen hombres dedicados a luchar contra ETA; la Brigada Exterior de la Policía, la División de Inteligencia Exterior del Centro y la Subsecretaría de Asuntos Exteriores pasan informes sobre los mismos asuntos; y la Brigada de Interior de la Policía y el Área de Involución del CE-SID persiguen a los mismos golpistas. Muchos piensan que el dinero público se aprovecharía mejor si cada uno se dedicara a temas distintos.

Felipe González no es de esa opinión. Piensa que sería dar demasiado poder a un solo servicio concederle en exclusiva la función de informar al Gobierno en una determinada materia. Estaría totalmente en sus manos. Aunque sea más complicado, prefiere mantener diversas fuentes que, además, le ofrecen perspectivas independientes, y no siempre coincidentes, sobre un mismo asunto.

Occidente pone coto a sus espías

La reconocida discreción del presidente González le ha llevado en todos sus años de mandato a no mencionar jamás en público las actuaciones de sus espías, aunque cuando ha sido necesario ha aceptado que el jefe de cualquier servicio compareciera públicamente para dar explicaciones de sus operaciones, algo que su colega inglés John Major jamás habría hecho. El primer ministro inglés ha llevado una política bien distinta, pero la interrumpió bruscamente en abril de 1992 en la Cámara de los Comunes, cuando dejó estupefactos a los parlamentarios de su país. Mientras los taquígrafos tomaban nota de todas y cada una de sus palabras manifestó: «El MI6 existe». Así que, ochenta y tres años después de su creación, Major reconocía nada más y nada menos que su servicio de inteligencia exterior no era un invento de las películas. Era el fin del secreto más conocido en todo el mundo. Incluso, en el colmo de los atrevimientos, dio el nombre de su director: Colin McColl.

Esta pintoresca representación teatral, por más que resulte importante en una sociedad mundial decidida a acabar con los secretos, la había incitado el propio McColl, harto ya de una situación que «nos hacía parecer imbéciles delante de todo el mundo». La caída del comunismo y la consiguiente pérdida de poder del KGB y sus aliados habían generado un deshielo en los servicios de información de todos los países, de forma que sus directores coincidieron en la necesidad de lavarse de una vez por todas aquella imagen de poder oculto al servicio de tramas negras. Trabajaban para los altos intereses de sus países y no les hacía falta seguir pasando por grises ratas de alcantarilla.

Por esa y otras razones, resultaba un tanto ridículo seguir empecinándose en decir a los británicos que el MI6 no existía, cuando, además, ocupaba un espectacular edificio de veinte plantas junto al Támesis, en el mismo centro de Londres. Para mayor comicidad, hacía unos meses que habían comenzado las obras de construcción de una nueva sede, aún más impresionante, en Vauxhall, cerca de Westminster. Y mientras oficialmente se mantenía el secretismo, James Bond recorría las pantallas de los cines de todo el mundo, mostrando una imagen de prepotencia del Circus que resultaba tan apasionante como divertida.

Los servicios secretos de Su Majestad carecen completamente de estatuto legal. Nada se sabe de ellos, a pesar de lo cual la prensa inglesa ejerce un cierto control, que en ocasiones les ha llevado a denunciar que el MI5 había sido «consultado» para la contratación de determinado personal de la BBC. En un país con un sistema parlamentario que pasa por ser un modelo de control del poder ejecutivo, nada se pregunta ni se conoce de sus espías.

Major ejerce el dominio efectivo sobre el MI5 y el MI6 a través del secretario de su gabinete, Sir Robert Armstrong. Sin embargo, la libertad de acción de que gozan los espías británicos ha sido considerable durante todo el presente siglo. Las más perspicaces sospechas populares han ido dirigidas siempre hacia el MI5, el «Apartado de correos 500». Sus operaciones en los últimos años han pretendido básicamente prevenir el sanguinario terrorismo del IRA. Con una característica muy, pero que muy especial: disponen de un brazo armado, la Special Branch, un organismo dependiente de Scotland Yard. Además, tanto la inteligencia interior como la exterior trabajan en muchas ocasiones con la supersecreta unidad de élite Special Air Service (SAS). Misiones de enorme envergadura, como las emboscadas mortales tendidas a los terroristas del IRA o la preparación del desembarco en las Malvinas en 1982 acreditan su valor y lo ilimitado de su nivel operacional.

Ni en sus peores momentos se ha podido atar corto a los espías británicos. A pesar del desprestigio de los servicios ingleses durante los años cincuenta y sesenta, no se consiguió establecer un control político claro sobre ellos. En ese tiempo, entre otros casos, sus directores asistieron a la deserción de Kim Philby, jefe de la Sección Soviética del MI6, y a las de dos diplomáticos del Foreign Office, Guy Burgess y Donald MacLean.

En su ya citada intervención en la Cámara de los Comunes, Major también hizo la promesa de «barrer las telarañas de secretismo que velan innecesariamente muchas de las actividades del Gobierno». Entre ellas, anunció la presentación de una ley de control público sobre el MI6, aunque no será el Parlamento el que lo ejerza, sino un funcionario nombrado por Downing Street.

El funcionamiento de la CIA norteamericana también ha cambiado mucho en los últimos años, aunque igualmente parece más fachada que realidad pura y simple. En este caso, el descubrimiento del asalto a la sede demócrata, en la que participaron agentes de «la Compañía» y que más tarde originó el «Watergate», puso coto a su excesiva libertad de acción. No obstante, a diferencia de los ingleses, las actividades de la Agencia Central de Información se mueven en un marco legislativo implantado con su creación en 1947, que fue reforzado con la Ley sobre Vigilancia de los Servicios de Información de 1980. Estos textos institucionalizaban el control del legislativo, incluyendo el de las operaciones secretas. A pesar de ello, hasta el escándalo «Watergate» no había obligación legal por la que la CIA tuviese que rendir cuentas de sus operaciones a ninguna institución. Los presidentes, por voluntad propia, decidían si contaban o no en el Congreso las acciones de «la Agencia».

El Consejo Nacional de Seguridad, creado al mismo tiempo que la Compañía, supervisa sus actividades. Entre sus miembros están el presidente, el vicepresidente, el secretario de Estado, el secretario de Defensa y, desde 1981, el director de la CIA. El control lo ejerce también un consejo consultivo compuesto por personalidades que no pertenecen a la Administración y que, sin cobrar ningún sueldo, son seleccionadas por su experiencia y competencia para supervisar el trabajo de James Woolsey, el director de la CIA. Finalmente, dentro del Ejecutivo, el Consejo de Vigilancia de los Servicios de Información, compuesto por tres miembros, determina durante las reuniones que celebra en la Casa Blanca si las actividades de la CIA son legales o no.

Actualmente, Woolsey debe rendir cuentas ante las comisiones correspondientes del Congreso y el Senado. La legislación establece que el ejecutivo debe informar de antemano de las operaciones que van a realizar los servicios de información. El Senado tiene una competencia más: el presidente debe pedir su aval para el nombramiento del director de la CIA y de su adjunto. A pesar de todo, hay materias que siguen siendo *top secret*, como su presupuesto, su organización, su funcionamiento y el número e identidad de sus agentes.

A veces, los servicios secretos evitan el control político y, aprovechándose de los resultados de su trabajo, adoptan medidas que a la larga les cuestan muy caras. Es el caso del servicio secreto militar de la antigua República Federal de Alemania, el MAD. En diciembre de 1983, una de sus operaciones encubiertas tuvo como resultado que el general Gunther Kissling presentara su dimisión como adjunto al comandante general de la OTAN: un informe le acusaba de frecuentar varios bares de homosexuales en Colonia. Un militar de su categoría, con tan altas responsabilidades de Estado, no podía estar sujeto a que el enemigo le descubriera y fuera chantajeado.

Desde 1978, en Alemania está garantizado, en teoría, el control sobre los tres servicios existentes: la Oficina Federal y las Oficinas Regionales para la Protección de la Constitución (inteligencia interior y contrainteligencia), el Servicio de Información Federal (espionaje exterior) y el citado MAD (inteligencia militar). La vigilancia la ejerce una comisión integrada por siete miembros, entre los que figuran los jefes de los principales partidos políticos.

La ley establece que el Gobierno debe informar «con todo detalle» a la comisión sobre las actividades de los servicios secretos durante las reuniones que se celebran cada mes y medio, por iniciativa del Ejecutivo o por petición individual de alguno de sus miembros. A pesar de todo ello, como pasa en Inglaterra y en los Estados Unidos, los diputados-controladores suelen enterarse de los asuntos importantes por las filtraciones que publican los medios de comunicación.

Así ocurrió en el caso del general Kissling, que tuvo una conclusión bastante lógica en un país democrático, pero no por ello menos escandalosa. Kissling había presentado su dimisión porque los informes del MAD no dejaban lugar a dudas sobre su presencia en lugares poco recomendables, pero nadie mejor que el general sabía la realidad: todo aquello era falso. Dos meses después de abandonar su cargo en la OTAN para evitar el desprestigio de su país y de la Alianza, se descubrió la verdad: habían confundido al general con un sosias, prácticamente idéntico a él... Todo un montaje. El Gobierno alemán tuvo que rehabilitarle, y paralelamente depuró a los responsables del servicio secreto. Manfred Woerner, entonces ministro de Defensa, se vio obligado a dimitir, aunque, como Kissling, fue maquiavélicamente engañado por sus servicios.

La legislación alemana defiende el secreto obligado en que debe moverse su servicio de inteligencia, pero algunas veces dispone de un arma para poner luz y taquígrafos a asuntos demasiado delicados. Los diputados de la comisión pueden estimar que ciertas acciones del espionaje alemán deben ser investigadas públicamente y les es posible solicitar la creación de una comisión de investigación pública sobre un asunto concreto que se les pueda ir fácilmente de las manos.

El caso italiano es bastante distinto. Hay dos servicios, el SISMI (Servicio para la Información y la Seguridad Militares) y el SISDE (Servicio para las Informaciones y la Seguridad Democrática). Desde 1979 están coordinados por el presidente del Consejo, que es asistido por el Comité Ejecutivo para los Servicios de Información y de Seguridad (CESIS) y por un comité interministerial para la información, compuesto por los ministros de Justicia, Interior, Defensa, Hacienda e Industria. Cada seis meses el presidente rinde cuentas ante el Parlamento de forma general. Con más detalle, envía un informe a un comité parlamentario compuesto por cuatro diputados y cuatro senadores, que pueden pedir precisiones al propio presidente o al CESIS.

La ley establece que los agentes de los servicios y cualquier otra persona involucrada en estos temas pueden invocar el secreto de Estado, lo que obliga al presidente de la República a explicar la negativa ante los diputados. Todos estos mecanismos no han impedido los escándalos en los servicios secretos italianos. Su vinculación con la Logia P-2 de Licio Gelli, sus conexiones con la Mafia y las sospechas de participación en atentados políticos dentro y fuera de sus fronteras han minado completamente su prestigio.

Tanto los espías italianos como sus colegas de Inglaterra, Alemania y los Estados Unidos operan con bastante libertad, pero las acciones para controlarles van aumentando progresivamente en sus parlamentos. Es cierto que en la mayor parte de los casos no se obtienen los resultados que se desearían, pero las democracias, paso a paso, se fortalecen frente a ellos.

Hacia una comisión de control parlamentario

En España la situación es completamente distinta. La caja fuerte del CESID guarda cerca de cuatro mil documentos iguales, de dos folios, encabezados por un sello de «secreto» en rojo. Lo único que varía es el nombre con que se inicia el texto en la primera hoja y la firma al final de la segunda. Son las espadas de Damocles que La Casa utilizaría contra sus agentes o exagentes si se descubriera que han revelado algún dato sobre su trabajo presente o pasado. Lo más duro está incluido en el segundo párrafo:

«Asumo la obligación de mantener en todo momento la más absoluta reserva sobre todo dato, documento u objeto de cualquier clase que tenga relación con los fines señalados y del que tenga conocimiento por razones del servicio. Acepto dicho compromiso tanto durante mi permanencia en el CESID como una vez abandonado el mismo. Tal reserva se extiende, incluso, a los supuestos en que la información me sea solicitada en interrogatorio por cualquier autoridad, ya sea parlamentaria, gubernativa o judicial, y ello a menos que sea relevado del deber de mantenerla por mi superior jerárquico de manera expresa».

Antonio Romero, el famoso y entrañable diputado suicida de Izquierda Unida que lleva muchos años azotando la conciencia de los ministros de Defensa, no se lo podía creer. Portavoz de su grupo en la Comisión de Defensa del Congreso y protector infatigable de los miembros más desprotegidos de las Fuerzas Armadas, pidió explicaciones a finales de 1990 al ministro Narcís Serra.

—Porque, señor ministro, yo tengo el documento al que se hace referencia —le espetó Romero con su marcado acento andaluz, que tan poca gracia le hacía al actual vicepresidente.

Serra simplemente le miró. Le hubiera encantado ponerle un bozal, pero no tenía más remedio que aguantarle. Sabía que Romero es un romántico de la política y que estaba dispuesto a todo. Se lo había demostrado unos meses antes, cuando tomó en sus manos la bandera del coronel Amadeo Martínez Inglés, con quien el ministro se estaba cebando tras haber tenido que soportar sus duras y fundadas críticas al caduco sistema del servicio militar obligatorio. Después de seis meses sin que Martínez Inglés cobrara ni una peseta de las que tenía derecho a percibir, cuando ya le habían expulsado del Ejército, Romero asaltó a Serra a la salida del Parlamento: «Si antes de quince días no comienza a cobrar su pensión, te aseguro que me voy con él vestido de uniforme a la Gran Vía y nos ponemos a pedir limosna. Este es un problema humano y no voy a permitir que le hagáis la vida imposible a Amadeo». El ministro no dijo palabra, con este hombre era perder el tiempo, pero diez días después Martínez Inglés ya estaba cobrando su pensión. En esto debía estar pensando Serra precisamente, con su inconfundible aire monástico de «yo no fui», mientras Romero seguía insistiendo de manera machacona sobre el tema del CESID:

—Eso pone de manifiesto la necesidad de que exista una iniciativa, que nuestro grupo tiene ultimada, que es una comisión de control de los servicios secretos, como existe en el Senado de los Estados Unidos o en el Parlamento italiano, con objeto de conseguir que la actividad del Centro Superior de Información de la Defensa se desarrolle en el marco de los valores constitucionales y con pleno respeto a los mismos.

Los años han pasado y la comisión todavía no se ha creado. A diferencia de los países de nuestro entorno, en España no existe ningún tipo de control sobre las actividades del Centro. Su dependencia del presidente del Gobierno es la única, e importante, limitación. Fuera de este hecho, no hay nada, absolutamente nada. Ni el Congreso ni el Senado pueden imponer ninguna limitación al servicio secreto, no solo antes de que se produzcan operaciones especialmente trascendentes, sino tampoco después.

Para suavizar la situación, en varias ocasiones el teniente general Emilio Alonso Manglano, siempre acompañado del ministro Serra, ha acudido al Parlamento para informar sobre asuntos puntuales. A principios de 1985, por iniciativa del senador socialista Rafael Estrella, el superespía español se presentó envuelto en una aureola de misterio. El conservador Javier Rupérez había propuesto la creación de la tan esperada comisión parlamentaria para controlar los servicios de inteligencia.

Nuevamente en 1988, esta vez en el Congreso, Manglano acompañó a su ministro. El entonces diputado comunista Enrique Curiel estaba escandalizado de que el CESID hubiera espiado a Rafael Pastor Ridruejo, director general de Asuntos Consulares. Curiel ya anunció la voluntad de su grupo de proponer la creación de la comisión de control y de solicitar al Gobierno la presentación de un proyecto de ley con las bases jurídicas que regulasen los servicios de información del Estado.

El Gobierno consiguió que la comparecencia fuera a puerta cerrada, lo que no evitó los comentarios jocosos de los diputados. Jorge Verstrynge, portavoz del Grupo Popular en la Comisión, y Carlos Manglano, miembro del mismo partido y la persona que asesoraba a Verstrynge en temas de defensa, sin contar su parentesco con el director del CESID, charlaban jocosamente en los pasillos del Congreso.

—¿Tú crees que debemos meternos con él? —decía el que fuera cachorro de Fraga con auténtico tono de cachondeo.

—Pues te advierto que deberíamos tener mucho cuidado con ese tío —respondió entre risas y gestos grandilocuentes Carlos Manglano.

—Tienes razón, macho, porque solo con que contase los líos de faldas de todos nuestros diputados…

Serra llevó la iniciativa, dejando claro quién mandaba allí. Como es habitual en él, aburrió soberanamente a los diputados con muchísimos datos cronológicos y profusa legislación (de esa que queda muy bien cuando no se pretende decir nada en particular), en lo cual llenó una gran parte del tiempo. Finalmente, respondió a la tan ansiada pregunta:

—Es falso que el CESID haya estado implicado en operaciones de ese tipo; yo respondo políticamente de eso, y los grupos parlamentarios saben que esas acusaciones no tienen sentido.

Desde ese momento, el nombre de Manglano y del CESID han sonado con cierta frecuencia en el Parlamento. En junio de 1990, por ejemplo, el Partido Popular incluyó al superespía en la lista de personas propuestas para intervenir ante la ponencia del Congreso que estudiaba el modelo de Fuerzas Armadas. Pedro Moya, portavoz del PSOE en la Comisión de Defensa, justificó el veto:

—No entendemos esta petición, porque los temas del servicio militar no son competencia del CESID.

Casi un año después, en abril del 91, con Julián García Vargas en el Ministerio de Defensa, nuevamente el Grupo Popular e Izquierda Unida coincidieron en proponer la creación de una subcomisión dentro de la Comisión de Defensa que investigara las actividades de los servicios de inteligencia españoles. Una nueva iniciativa que no sirvió para nada. Así que, en definitiva, el Congreso de los Diputados y el Senado carecen de mecanismos de control sobre Manglano. Tampoco el poder judicial dispone de medios para determinar si los miembros de La Casa sobrepasan sus prerrogativas legales (¿cuáles en realidad?). Además, si iniciaran una acción contra algún agente, el citado documento firmado al ingresar en el Centro haría inútil cualquier actuación, particularmente los interrogatorios.

Manglano piensa de otra forma. Durante su única intervención pública, en los cursos de verano de la Universidad Complutense de 1991, negó su exceso de poder:

«El primer elemento que controla es el propio servicio y la figura de su director. Les puedo asegurar que todos los directores de servicios que he conocido ejercen esta responsabilidad con el escrúpulo y con la sensibilidad de tener que enfrentarse a veces con ese conflicto entre legalidad y seguridad. Pero es el director, que es dueño y responsable de sus actos ante el Gobierno, el que hace ese acto solitario de decisión. Otro elemento de control muy claro es el Gobierno, de quien depende el servicio».

Pero aquí no acaban las limitaciones a que está sometido el CESID, según Manglano:

«Hay un control judicial. En el caso de España se realiza

para todas las investigaciones extralegales como son, por ejemplo, los controles telefónicos. Y, finalmente, el control parlamentario, que es distinto en cada país. Lo que hacen es recibir información sobre las misiones del servicio y sobre los resultados. En cualquier caso, yo tengo que decir aquí que ningún servicio está obligado ante una comisión parlamentaria a arriesgar sus trabajos».

Hasta el momento ha conseguido evitar a los parlamentarios, pero en los próximos años la situación puede cambiar. La opinión en los círculos políticos influyentes es partidaria de una comisión de control, aunque ven muchos problemas. Piensan que el sistema actual de comisiones del Congreso no sirve y habría que habilitar un camino nuevo. Debería haber un único representante por partido, pero se preguntan: «¿A quién designaríamos del Grupo Mixto?, porque si fuera rotatorio... un día acabaríamos encontrándonos con un miembro de Herri Batasuna».

Mientras tanto, y desde hace diez años, el *Manual de Inteligencia* del CESID que dirige Emilio Alonso Manglano ofrece una preocupante definición de lo que es un agente: «Persona especialmente adiestrada para realizar actividades secretas, legales o no...». Y es que, para ellos, el fin sí justifica los medios.

Notas

1. Fernando Rueda, «Manglano: "El CESID está preparado para tener un director civil"», *Ya*, 23 de diciembre de 1987.

2. La información es de Fernando Baeta y fue publicada el 16 de agosto de 1987.

3. Javier García lo contó el 7 de diciembre de 1987.

4. Javier García, 8 de diciembre de 1987.

5. Fernando Delgado informó de este asunto el 26 de enero de 1988.

6. Javier García, 16 de marzo de 1989.

11

El espionaje antes de Manglano

Gutiérrez Mellado y Suárez crean el CESID

*E*l CESID como institución oculta encargada de la fontanería del Estado comenzó su andadura en 1977 gracias a la aparición del teniente general Manuel Gutiérrez Mellado como
ministro de Defensa del Gobierno de Adolfo Suárez. «El
Guti», como posteriormente se le conocería cariñosamente,
tenía sesenta y cinco años cuando accedió al importante
cargo, y en los cuarenta y ocho que llevaba vistiendo el uniforme caqui había desempeñado las más variopintas misiones, pero solo una de ellas le marcaría para el resto de su vida
(sin contar, claro está, su brillante y decidida intervención
durante el golpe del 23-F): ser espía durante la Guerra Civil.
Sus compañeros de armas le desacreditaban cruelmente alegando que no había pegado un solo tiro en el frente, como si
la tortuosa labor de obtención de información por los más
perturbadores cauces imaginables, lejos o cerca del frente de
batalla, no le hubiera supuesto en más de cien ocasiones jugarse el pellejo. Aquellos años de «vete y vuelve» le impri-
mieron en la piel una especial sensibilidad hacia los temas de
inteligencia que le llevaron a comprender claramente
cuando estuvo en el Gobierno la necesidad de crear el CE-
SID, un servicio dependiente ante todo del Ministerio de Defensa y no del de Justicia o de la Presidencia del Gobierno,

como es habitual en otros Estados. Gutiérrez Mellado, un hombre de profundas convicciones democráticas, sabía que el nuevo régimen monárquico nunca triunfaría sin un servicio de información eficaz y poderoso que sirviera fielmente a los nuevos intereses de una sociedad española en plena transformación.

Cuando en octubre de 1977 sembró los cimientos del CE-SID, como consecuencia de una orden por la que se estructuraba el Ministerio de Defensa (la primera ley propia del Centro no se publicó en el *Boletín Oficial del Estado* hasta 1982), sabía que en España había un excesivo número de servicios de inteligencia, producto de la desconfianza permanente del general Franco hacia todo lo que le rodeaba. De entre los once centros de espionaje de la dictadura los más importantes eran el Servicio Central de Documentación (Seced), creado por el almirante Carrero Blanco; las «segundas bis» de cada uno de los tres Ministerios militares; el de la Guardia Civil, conocido por «la brigadilla»; y la Brigada de Investigación Social de la Dirección General de Seguridad. Todos coincidían en su fidelidad al franquismo y en estar dirigidos por hombres que se habían caracterizado por su participación en la represión política. No obstante, hubo honrosas excepciones, como la de un sector del Seced que colaboró abiertamente en hacer más fácil la transición democrática.

De entre todos ellos hay que destacar la figura de un joven militar, Andrés Cassinello, el hombre que durante más años ha estado implicado en asuntos de inteligencia y que ya en la época difícil de la transición dio un paso al frente para evitar que la cúpula militar franquista impidiera con sus amenazas las reformas democráticas que Suárez se había empeñado en llevar a cabo. Igualmente, su participación desde la sombra (como siempre) fue imprescindible para conseguir que el presidente de la Generalitat, Josep Tarradellas, regresara a España. Y todavía fue más importante su colaboración para evitar que los militares hicieran efectiva su amenaza de desenfundar los sables cuando Suárez legalizó el Partido Comunista. Algún día la historia desvelará el contenido de las conversaciones que semanas antes de llevarse a cabo esa decisión mantuvieron el presidente del Gobierno y su amigo Cassinello, gracias a las cuales se pudo impedir el tan temido golpe de Estado.

Apoyándose en agentes del Seced como Cassinello y en otros destinados en el Alto Estado Mayor, Gutiérrez Mellado diseñó una plan para crear un nuevo servicio secreto cuyos hombres, modos de actuar y fines supusieran un respaldo incondicional a la democracia. Sabía que el Seced era el mejor servicio en ese momento, realmente de altura, pero también conocía su gran debilidad: había nacido durante la dictadura, a la sombra del almirante Carrero Blanco, con el fin de contestar a la consabida pregunta de «¿qué ocurre en España?». Al mando del teniente coronel San Martín, un grupo de militares cuidadosamente seleccionados entre lo mejor de la joven oficialidad, con la idea de «patria, servicio y sin ambición política», realizaron una labor de control pormenorizado en cuatro sectores: laboral, eclesiástico, estudiantil y político (una de cuyas divisiones era el terrorismo).

Cuando el almirante Carrero Blanco (su valedor y gran impulsor) fue asesinado por ETA, sin que los terroristas llegaran a abrigar la más mínima sospecha y por tanto pudieran impedirlo, el Seced contaba ya con doscientos cincuenta militares en nómina, la mayoría de los cuales eran de Estado Mayor y trabajaban a tiempo completo o como colaboradores. El hecho de haber trabajado para el mantenimiento del régimen franquista espiando las actividades de los grupos que luchaban por traer la democracia a España nunca fue óbice para que alcanzaran años después los más importantes puestos en el organigrama del Ministerio de Defensa. Así, a principios de 1993 eran generales los destacados miembros del Seced, Santiago Bastos Noreña, José Faura, José González Soler, Juan José Hernández Rovira, Gilberto Marquina López, Antonio Martínez Teixidó, Luis Oliver Buhigas, Juan Peñaranda Algar, José Peñas Pérez, Juan Pérez Crusells, Carlos Ruiz Ballesteros, Luis Ruiz de Conejo y Francisco Sáenz de San Pedro.

De entre ellos, tal vez el caso más representativo sea el del teniente general José Peñas, que actualmente es coordinador de Programas de Inversión del Ministerio de Defensa. Nunca ha ocultado su pasado y, es más, se siente orgulloso de su largo paso por el Seced, en el que, siendo capitán, durante el régimen franquista, ocupó el puesto de jefe de Documentación. Después, desde 1974 hasta 1977, ya como comandante, desempeñó el cargo de secretario general, pasando tras la creación del CESID a desempeñar idéntico puesto de responsabilidad. El teniente general asume claramente su pasado, lo que no ocurre en el caso de muchos de sus compañeros, como el general de división Juan Peñaranda, que guarda un profundo silencio sobre el extremo cuando alguna institución le pide inocentemente el *curriculum vitae*.

La otra cara de la moneda son los que acabaron sus carreras encerrados en una prisión militar por haber colaborado activamente en el intento de golpe de Estado que inició Tejero, pistola en mano, en el Congreso. Entre ellos hay que citar a Ricardo Pardo Zancada y José Luis Abad, aunque a la cabeza está el fundador del Seced, José Ignacio San Martín, que estando en prisión escribió *Servicio especial*[1] para redimir años de condena; el libro defraudó las expectativas que despertó al no contar los más importantes secretos de su paso por el servicio creado por Carrero Blanco. Ya tiene escritas sus esperadas memorias, que no verán la luz hasta después de su muerte. San Martín mandó el Seced desde su fundación hasta comienzos de 1976, fecha en la que fue cesado por Carlos Arias Navarro. Antes de ese día ya disponía de uno de los mejores y más detallados trabajos que le habían encargado tras su nombramiento: el «Plan Jano». También conocido como «el proyecto de las dos caras», contenía el resultado de los seguimientos e investigaciones llevados a cabo durante varios años sobre las personalidades más importantes de la vida nacional, en sus facetas públicas y privadas. Curiosamente, nadie conoce en la actualidad el paradero de este archivo comprometedor para tantas personas que tuvieron notoriedad en la primera mitad de la década de los setenta. Algunos aseguran que llegó a manos de Suárez y después desapareció, pero de ello no existe constancia.

Para cubrir la vacante de San Martín fue designado el dicharachero y encantador gerente de Urbanismo del Ayuntamiento de Madrid por elección del Tercio Familiar, Juan Valverde, que ocupó el puesto durante las elecciones de junio de

1977 y que hasta su muerte, a principios de 1993, mandó como general retirado la Gerencia de Infraestructura del Ministerio de Defensa. Cuando Gutiérrez Mellado se planteó crear un nuevo servicio que tuviera su componente principal en el Seced, el mando lo ostentaba interinamente el comandante de la máxima confianza Andrés Cassinello.

Si el Seced era uno de los pilares (el más importante) en que se iba a asentar el nuevo servicio de inteligencia, el otro era la sección exterior del servicio de información del Alto Estado Mayor. Siempre fue el más liberal de todos los centros de espionaje, aunque hay que considerar ese progresismo dentro del conservadurismo general de los once servicios de información de la época de Franco. En los días del fallecimiento de este, su mando estaba a cargo de Ricardo Arozarena Girón, quien posteriormente fue capitán general de Madrid, uno de los mejores destinos dentro del Ejército de Tierra.

En aquella época, este servicio se caracterizó por contar entre sus filas con un grupo de jóvenes pertenecientes al grupo «Forja», una especie de pequeña mafia muy unida entre sí que tenía sus orígenes en la escuela premilitar del mismo nombre creada hace más de treinta años para preparar futuros cadetes de la Academia General Militar y que estaba dirigida por el entonces capitán Pinilla y por el jesuita padre Llanos. Inicialmente eran de un patriotismo exaltado, con prácticas católicas integristas, pero con el paso de los años fueron evolucionando hacia teorías abiertamente democráticas. Algunos de ellos participaron incluso de manera activa en la Unión Militar Democrática (UMD), el único grupo de profesionales que lucharon sin tapujos por traer la democracia durante el franquismo y que a cambio consiguieron la expulsión del Ejército, estando entre ellos el actual diputado socialista Julio Busquets. Una parte importante de sus miembros terminaron apasionándose por los temas de inteligencia y, al no fiarse de San Martín, prefirieron ingresar en el Alto Estado Mayor. De entre ellos destacan Javier Calderón y Florentino Ruiz Platero, quien tras la unificación terminó mandando la División de Inteligencia Exterior, algo normal teniendo en cuenta que el Alto Estado Mayor disponía de la única red de espías en el extranjero. En una época tan machista como la dictadura, en los ambientes militares no se hablaba de otra cosa que de la tapadera que tenía en Alemania Andrés Fuentes Gómez, casado con una nativa del país y perteneciente a la X Promoción de la Academia de Zaragoza: una tienda de «todo tipo» de ropa para señoras. En junio de 1977, cuando Gutiérrez Mellado decidió crear el CESID, el mando de la división de inteligencia estaba en funciones a cargo del general de brigada Manuel Vallespín Fernández Valdés, actualmente fallecido.

El fracaso de los primeros directores y el 23-F

Con la perspectiva que proporciona el paso de los años, no es de extrañar que el primer director del Centro durara menos de dos años, porque cuando Gutiérrez Mellado tuvo que elegir entre los candidatos posibles se vio imposibilitado para designar a cualquiera de los que a él personalmente (a él y a Suárez) le hubieran gustado, entre los que destacaba Andrés Cassinello. El problema estaba en que la rígida jerarquización del Ejército exigía que fuera un general el designado, y a Cassinello todavía le faltaban bastantes años.

Así que tuvo que optar por un general de brigada de Artillería, que había sido fusilado durante la Guerra Civil por un pelotón del bando republicano. Luis Bourgón López Dóriga, a quien solo un milagro casi de cinemascope hizo que no le remataran, sabía que no era el candidato ideal del Gobierno, pero sí el mejor de los posibles. Con buena voluntad ocupó el cargo en noviembre de 1977, aunque no supo llevar a buen término la mezcla de ingredientes tan distintos que le dieron (el Seced y Exterior del Alto Estado Mayor) para hacer una nueva tarta, con sabor propio, llamada CESID. Poco a poco se encontró con que decenas de miembros del antiguo servicio de Carrero Blanco solicitaban destino en regimientos, al no estar de acuerdo con los cambios que se querían introducir. Entre peleas internas y falta de resultados acordes con los que quería el nuevo Gobierno democrático, pasó el tiempo hasta junio de 1977, cuando Bourgón fue trasladado, aprovechándose su ascenso a general de división.

Sin embargo, si las circunstancias políticas hubieran sido otras, con un régimen más asentado, el cese se habría producido antes. El 4 de enero de 1979 se celebró en el Cuartel General del Ejército el funeral *corpore insepulto* por el alma del general de división Constantino Ortín, gobernador militar de Madrid, asesinado por un comando terrorista de ETA dirigido por el francés Henri Parot. Finalizado el acto, y cuando el féretro estaba ya introducido en el furgón fúnebre para su traslado al cementerio, un grupo de militares comenzó a insultar ardientemente al Gobierno en general y al ministro de Defensa en particular. En medio del griterío, algunos mandos, entre los que destacó un coronel de fuerte complexión, pidieron a gritos que el féretro fuera sacado a hombros del Cuartel General, lo que provocó el enfrentamiento con varios generales que se opusieron y motivó un duro intercambio final de insultos e incluso de empujones. Finalmente, el féretro fue sacado a hombros de militares hasta la calle de Alcalá. Este acontecimiento provocó el malestar de Gutiérrez Mellado, quien telefoneó de inmediato a Bourgón solicitándole las fotos que su servicio había tomado del acto para identificar a los culpables de tamaña falta de disciplina y poder arrestarles.

—Lo siento, pero yo no estoy para espiar a mis compañeros —fue la respuesta del director del CESID.

La confianza que Gutiérrez Mellado había depositado en él se acabó instantáneamente. Desde 1979 hasta 1981 el CESID tuvo otros dos directores, hecho que habla por sí solo de la falta de una política compacta, clara y permanente para hacer efectivo el servicio. El segundo fue Gerardo Mariñas Romero, que terminó ascendiendo a teniente general y que había sido alférez provisional durante la guerra civil, como su antecesor en el cargo. Hombre afortunado, abandonó la dirección, por la que pasó sin pena ni gloria, aunque con bastante más pena en lo que respecta a operatividad, seis meses antes del intento de golpe de Estado del 23-F. Le sustituyó en el puesto el coronel de Infantería de Marina Narciso Carreras, que no pudo evitar hacer el más espantoso de los ridículos al no enterarse de lo que iba a ocurrir antes de la ocupación del Congreso por Antonio Tejero.

Ese amargo día para la democracia fue también uno de los que más daño han producido sobre la credibilidad de La Casa. Porque no es solamente que no informaran de nada de lo que durante meses se estuvo cociendo, sino que además algunos de sus hombres participaron de manera activa en la intentona. Los colaboradores, condenados o absueltos en el juicio posterior, pertenecían a la Brigada Operativa de Misiones Especiales (más tarde reconvertida en el Grupo de Apoyo Operativo), la división de élite del Centro, encargada de los trabajos más arriesgados y comprometidos. Mandada por el comandante José Luis Cortina, carecía en ese momento de la misión de perseguir el golpismo, que estaba encargada a las «segundas bis» (inteligencia) de los cuarteles generales de los tres ejércitos. No obstante, Cortina había intervenido en la desarticulación de la «operación Galaxia», de la que finalmente salieron en libertad Antonio Tejero y Ricardo Sáenz de Ynestrillas. La aureola democrática que adquirió entonces le valió de poco cuando un mes después del 23-F fue detenido bajo la acusación de ser uno de los organizadores de la intentona.

Los más espectaculares trapos sucios contra él los lanzó Tejero, a quien meses antes había ayudado a detener. El todavía teniente coronel de la Guardia Civil le acusó de organizar la reunión que él mantuvo con Alfonso Armada. Cortina, después de tener que soportar un duro e interminable juicio, salió absuelto y pudo a duras penas continuar su carrera, aunque como consecuencia de su implicación fue dado de baja en el CESID.

El que sí fue condenado por su participación en la intentona fue el que podía ser considerado número tres de la Brigada Operativa de Misiones Especiales, el capitán de la Guardia Civil Vicente Gómez Iglesias. Aunque conocía la preparación del «tejerazo», no participó, alegando que estaba enfermo. Perdió la carrera. Además, varios hombres de Cortina fueron llamados a declarar durante el juicio. El sargento Bando Parra aseguró ante el tribunal militar que el cabo Monge Segura le había informado, poco después del asalto al Congreso, de que él mismo había conducido hasta el Parlamento los autobuses de guardias civiles procedentes de Valdemoro. En el proceso también aparecieron relaciones finalmente no concretadas entre el CESID y las empresas privadas GODSA y Aseprosa, esta última conectada con el piso de la calle Juan Gris en el que se reunió Tejero con Armada.

Las palabras del entonces ministro de Defensa, Agustín Rodríguez Sahagún, meses antes de la intentona, señalando que los servicios de información militar estaban plenamente controlados, se demostraron bastante equivocadas. Cualquiera que fuera designado para ocupar la dirección del CESID lo primero que tendría que hacer sería limpiar tanta suciedad.

Notas

1. José Ignacio San Martín, *Servicio especial*, Planeta, 1988.

Terminología del espionaje

Acción psicológica. Empleo de medios y medidas destinadas a influir en las opiniones, los sentimientos, las actitudes y, en último término, el comportamiento de los elementos enemigos, neutrales o amigos, con el fin de modificarlos en un sentido favorable para la consecución de los fines perseguidos. Parte sustancial de la guerra psicológica, se utiliza como forma de acción en todo tipo de guerras o actos subversivos. Como actividad de la Contrainteligencia, tiene por objeto oponerse a la acción psicológica enemiga protegiendo la conciencia nacional.

Agente. Persona especialmente adiestrada para realizar actividades secretas, legales o no, en beneficio y bajo la dirección de un servicio de inteligencia al que puede pertenecer o no. Normalmente recibe contraprestación económica.

Ciclo de inteligencia. Secuencia mediante la cual se obtiene información, se transforma en inteligencia y se pone a disposición de los usuarios.

Colaborador. Persona conocida y ajena a un servicio de inteligencia que coopera facilitando su labor en cualquier tipo de actividad. No proporciona información.

Contraespionaje. Actividad cuyo objetivo es la detección y neutralización de los agentes, así como de sus actividades, que al servicio de potencias extranjeras efectúan espionaje en la nación propia.

Contrainformación. Conjunto de actividades encaminadas a anular la eficacia de la actividad informativa que las potencias extranjeras realizan en asuntos relacionados con la nación propia.

Contrainteligencia. Conjunto de actividades encaminadas a anular la eficacia de la agresión indirecta clandestina realizada por agentes al servicio de potencias extranjeras.

Contrasabotaje. Actividad que tiene por objeto la detección y neutralización de los agentes que realicen acciones clandestinas encaminadas a privar a la nación del uso o de la plena eficacia de sus recursos. Al mismo tiempo protege estos recursos de tales acciones.

Contrasubversión. Es el conjunto de actividades encaminadas a anular y contrarrestar la acción subversiva desarrollada dentro de la nación propia.

Contraterrorismo. Actividad que tiene por objeto la detección y neutralización de agentes que realicen o apoyen acciones violentas que, por medio de la intimidación, persiguen una finalidad subversiva. Al mismo tiempo protege a los objetivos del terrorismo.

Decepción. Conjunto de actividades que tienen por finalidad inducir una estimación errónea de la situación, las posibilidades o las intenciones propias en los órganos directores de las posibles amenazas.

Defensa nacional. La disposición, integración y acción coordinada de todas las energías morales y materiales de la nación ante cualquier forma de agresión.

Elemento complementario de información (ECI). Conjunto de informes cuyo conocimiento desvela un EEI o una NBI.

Elemento esencial de información (EEI). Informe concreto que el responsable de la decisión considera necesario para la adopción de dicha decisión.

Fase de difusión. Distribución oportuna de inteligencia, en la forma adecuada y por los medios apropiados, a aquellos que la necesitan.

Fase de dirección. Determinación de las necesidades de inteligencia, preparación de un plan para su obtención y mando, coordinación y control de todos los órganos de que se dispone.

Fase de elaboración. Transformación de la información en inteligencia al someterla al proceso apropiado. Comprende las siguientes subfases:

- Subfase de elaboración. Determinación del valor de una noticia desde el punto de vista de su pertinencia, oportunidad, fiabilidad y exactitud.
- Subfase de análisis. Estudio de la información una vez valorada para examinar y extraer todos los datos de interés en función de las necesidades de inteligencia.
- Subfase de integración. Proceso de selección y combinación de todos los datos extraídos, con la inteligencia disponible para un determinado tema al objeto de formar modelos coherentes o hipótesis de trabajo y verificarlos.
- Subfase de interpretación. Determinación del significado y extracción de conclusiones del modelo verificado, en relación con el conjunto actual de conocimiento sobre el tema de que se trata.

Fase de obtención. Explotación de las fuentes de información por los órganos de adquisición y entrega de información a la correspondiente unidad de elaboración para la producción de inteligencia.

Fuente. Persona, actividad, cosa o hecho del cual obtiene noticias un órgano de investigación.

Indicio. Hecho o circunstancia cuya manifestación contribuye a responder a una necesidad concreta de inteligencia.

Información. Conjunto de noticias que pueden estar o no relacionadas entre sí. Tienden a aplicarse a noticias interrelacionadas, es decir, que se refieren a un mismo tema.

Informador. Persona anónima o conocida, ajena a un servicio de inteligencia, al que proporciona información consciente o inconscientemente.

Informar. Actividad de rendir informes.

Informe. Inteligencia que sobre un tema determinado se presenta al mando. Por extensión: documento en el que se rinden informes.

Inteligencia. La información elaborada de interés para la toma de decisiones relativas a la defensa nacional.

Inteligencia actual. Es la inteligencia de interés y de utilización actual. Sirve, además, para mantener al día a la inteligencia básica.

Inteligencia básica. Es la inteligencia de carácter general y de relativa permanencia que se utiliza como banco de datos.

Inteligencia clásica (HUMINT). La procedente de información que no requiere ni procedimiento técnico de interpretación previa ni métodos de adquisición de técnica compleja.

Inteligencia de las comunicaciones (COMINT). La procedente de información obtenida a través de la escucha de telecomunicaciones.

Inteligencia electrónica (ELINT). La procedente de información obtenida a través de la escucha electrónica.

Inteligencia estimativa. Es la inteligencia orientada a determinar, en una situación o circunstancia específicas, cuáles son las posibilidades de actuación de otros países u organizaciones o las probables evoluciones de la situación y su orden de probabilidad.

Inteligencia de imágenes. La obtenida de la interpretación de películas, fotografías, televisión, etc.

Inteligencia de señales electromagnéticas (SIGINT). Es la procedente de información obtenida por escuchas tanto de comunicaciones como electrónicas.

Investigar. Actividad dirigida a obtener noticias de las fuentes.

Misión informativa (MI). Actividad que debe ser acometida para desvelar los indicios.

Necesidad básica de inteligencia (NBI). Necesidad de inteligencia sentida por un servicio de inteligencia para poder actualizar y elaborar la inteligencia que se prevé necesaria en un futuro más o menos inmediato, como consecuencia del análisis de la situación.

Noticia. Conocimiento de cualquier elemento, hecho o circunstancia que pueda estar relacionado con la defensa.

Órgano de inteligencia. Entidad que cuenta con los medios y métodos precisos para producir inteligencia.

Órgano de investigación. Conjunto de elementos operativos que se dedican a obtener noticias. Es una parte de un órgano de obtención.

Órgano de obtención. Conjunto de elementos precisos para llevar a cabo la fase de obtención del ciclo de inteligencia, constituido por los órganos de investigación y de apoyo técnico.

Plan de información del mando (PLIN). Es la objetivación y sistematización de las necesidades informativas del responsable de la decisión.

Plan permanente de información (PPI). Plan para la obtención de la información que satisface las necesidades de inteligencia. Es un documento interno de trabajo del servicio de inteligencia.

Programa de investigación (PRI). Programa que asigna las misiones informativas a los órganos de obtención disponibles, especificando prioridad y prelación.

Seguridad. Condición que resulta de la adopción de determinadas medidas de protección.

Seguridad nacional. Situación obtenida al adoptar una eficaz defensa nacional.

Servicio de inteligencia. Conjunto de órganos de inteligencia que sirven a un determinado nivel de decisión.

Subfuente. Origen real de una noticia cuando el supuesto origen no coincide con la fuente.